高等院校经济学管理学系列教材

国际企业管理：理论与实践

International Enterprise Management: Theory and Practice

王朝晖　朱云霞◎主编

北京大学出版社
PEKING UNIVERSITY PRESS

图书在版编目(CIP)数据

国际企业管理:理论与实践/王朝晖,朱云霞主编. —北京:北京大学出版社,2013.8

(高等院校经济学管理学系列教材)

ISBN 978-7-301-22918-7

Ⅰ. ①国… Ⅱ. ①王… ②朱… Ⅲ. ①跨国公司-企业管理-高等学校-教材 Ⅳ. ①F276.7

中国版本图书馆 CIP 数据核字(2013)第 173145 号

书　　　名:国际企业管理:理论与实践

著作责任者:王朝晖　朱云霞　主编

责 任 编 辑:朱　彦　王业龙

标 准 书 号:ISBN 978-7-301-22918-7/F·3688

出 版 发 行:北京大学出版社

地　　　址:北京市海淀区成府路 205 号　100871

网　　　址:http://www.pup.cn

新 浪 微 博:@北京大学出版社

电 子 信 箱:law@pup.pku.edu.cn

电　　　话:邮购部 62752015　发行部 62750672　编辑部 62752027
出版部 62754962

印　刷　者:北京大学印刷厂

经　销　者:新华书店

730 毫米×980 毫米　16 开本　21.25 印张　405 千字

2013 年 8 月第 1 版　2016 年 8 月第 2 次印刷

定　　　价:39.00 元

前　言

国际企业管理是顺应企业竞争国际化的发展趋势而形成的一门综合性管理学科。更确切地说，国际企业管理是研究国际企业实现其全球目标的管理过程的科学，包括企业跨越国界的组织、运营、营销、财务和人力资源管理等内容。20世纪90年代以来，国际企业管理由于经济全球化进程的加快而日趋成熟。这不仅表现在各种管理学杂志刊登了许多探讨国际企业管理的论文，各家出版社出版了大量国际企业管理的专著，而且表现在国际企业管理作为一门正式课程业已进入各国大学工商管理教育的课程系列之中。

由于环境的复杂性、文化的差异性以及市场的不确定性，国际商务较之于国内业务来说更为困难。因此，国内企业所实施的管理理念、管理原则与管理方法在国际企业中不一定适用。在这种情况下，国际企业的管理者不能仅仅依赖传统的一般管理原则进行国际化经营，他们必须补充与更新管理知识与技能。所以，对管理学家来说，特别是对跨文化管理或比较管理学研究者来说，开发与经济全球化、企业国际化和管理多元化要求相适应的管理理论和方法是他们所肩负的历史使命。对国际企业的管理者来说，学习和运用这些在国际环境中适用的原则和技巧，是他们获得成功的必要条件。

经济的飞速发展和巨大的市场潜力，使中国成为对全球性国际企业最具吸引力的市场之一。同时，国际企业的进入使中国市场已经成为全球市场的一个组成部分。所以，即使是那些销售收入主要来自国内的中国企业，也必须以全球化视野看待国内市场与国际市场的关系，以国际化方略对企业重新进行业务与市场定位。随着经济全球化进程的发展，特别是当中国企业走出去，到其他国家寻求自己的"发展空间"时，国际企业管理的方法与技巧成为保证中国企业在跨国经营过程中取得成功的非常重要的实践课题。所以，加强国际企业管理研究，为中国企业的国际化经营提供智力支持，也是中国管理学研究者面临的一项重要的任务。

这里有必要说明一下国际企业管理与国际商务的关系。国际企业管理与国际商务是既有交叉又有区别的两门不同的学科。它们都以经济全球化为背景探讨企业的国际化经营活动，都必须考虑国际环境因素的影响，都需要探讨国际化经营战略等内容。它们的区别主要在于："国际商务"是更为宽泛的概念，它研究的侧重点主要是国际性的商业交易活动，包括国际贸易、金融和投资等。人们可能在不离开自己国家的情况下从事国际商务。例如，不用离开自己在纽约或东京的办公桌,业内人士就可以进行外汇交易,或通过电子商务销售产品。这些活动并不涉及管理国外分支机构的运作。国际企业管理学探讨的侧重点则是企业在全球范围内的经营和管理活动,其目的是协助与引导企业达成全球性资源配置最优化和利益最大化的战略目标。

值得一提的是,本书是中外合作的产物,是两所大学交流的成果。2012 年到 2013 年,上海对外经贸大学的王朝晖应邀到澳大利亚昆士兰大学做访问学者,与教授和研究国际企业管理的朱云霞进行合作。在听了昆士兰大学商学院相关专业教师的授课,以及与到此访学的各国教授交流以后,两人决定在王朝晖 2006 年主编的《国际企业管理》基础上,重新编写一本适合大学生、研究生(包括 MBA)使用的教材。这一想法得到了上海对外经贸大学工商管理学院和昆士兰大学商学院领导和同事的大力支持,也得到了北京大学出版社的密切配合。

本书第一章"导论"介绍国际企业管理的背景,即经济全球化进程和国际商务的发展,使得国际企业日益成为世界经济舞台上的主角;第二章介绍企业国际化经营的基本理论,包括国际贸易理论、对外直接投资理论和其他企业国际化经营理论;第三章介绍国际企业的经营环境,包括政治与法律环境、经济环境、文化环境和技术环境;第四章介绍国际企业的海外市场进入模式,包括贸易型、契约型和投资型三种进入模式;第五章介绍国际企业的组织结构及其控制模式;第六章至第九章介绍国际企业管理的四大职能:运营管理、营销管理、财务管理和人力资源管理。

本书的编辑宗旨是,以大学生作为主要读者对象,内容力求全面、系统、实用,注意通俗易懂,强调"应知"(知识点)和"应会"(可操作性),以国际企业为核心,以跨国经营为重点,立足于全球化与本土化、标准化与差异化,理论与实践相结合,不再详述一般的企业管理理论,避免在国际贸易、国际金融、国际投资等宏观领域着笔太多。

本书由王朝晖和朱云霞设计框架并负责统稿,各章的写作分工如下:

王朝晖:第一章、第七章、第八章

王　辉:第二章、第五章

金　泉:第三章

陈　瑶:第四章

阎海燕:第六章

赵　平:第九章

本书的出版,得到了上海对外经贸大学姜秀珍、周霞等老师和张抑扬、刘媛、刘慧、邱琴等硕士研究生的帮助,在此表示特别感谢!本书编写过程中,参阅了不少教材、论著和资料,谨向作者们表示衷心感谢!对于本书的不足和错误之处,敬请各位专家与读者批评指正。

目　录

第一章　导　论

教学目的和要求

1. 掌握经济全球化的概念及其影响
2. 了解国际贸易和国际投资的发展情况
3. 认识国际企业的概念和特征

随着经济全球化的推进和国际商务的发展,企业的经营能否成功不再简单地取决于对国内业务的高效管理。对于任何一家渴望做大做强和可持续经营的企业来说,开展国际化经营,在世界范围内获得和保持竞争优势,成了新时代新环境下必须考虑的现实问题。

第一节　经济全球化进程

历史的车轮进入21世纪以后,人们回顾过去尤其是第二次世界大战(以下简称"二战")以来的道路,发现经济全球化使国内市场与国际市场的界限日趋模糊,各国经济实际上都已不同程度地融入了国际大市场,企业的国内竞争也正成为全球竞争的一部分。

一、经济全球化的概念

"全球化"的概念最早是美国经济学家西奥多·莱维特(Theodore Levitt)在1983年的《市场的全球化》一文中提出的。他用这个词形容前二十年间国际经济的巨大变化,即商品、服务、资本和技术在世界生产、消费和投资领域的扩散。国际货币基金组织(IMF)在1997年5月发表的《世界经济展望》中指出,全球化是指由于全球范围内的跨国商品和服务交易及国际资本流动的规模和形式的增加,以及技术的广泛迅速传播,世界各国在经济上的相互依赖程度越来越强。这一定义是从经济全球化的表现角度描述的。

对于经济全球化的定义,学术界现在还没有一致的看法,许多学者从不同的角度给出了自己的解释。例如,经济合作与发展组织(OECD)前首席经济学家西尔维亚·奥斯特雷(Sylvia Ostry)认为,经济全球化是指生产要素在全球范围内广泛流动,实现资源最佳配置的过程。这些观点虽然有差别,但基本点是一致的,即都强调资本的流动以及世界各国经济之间越来越密切的联系。

综上所述,可以这样表述:经济全球化是指各国经济无一例外地参与国际分工和国际交换,全球物流、资金流、信息流和技术流加速运动,从而实现资源在世界范围内的优化配置的过程。

二、经济全球化的主要内容

经济全球化意味着在日趋开放的全球化背景下,各国经济的相互依赖、相互渗透日益加深,阻碍资源在全球自由流通的各种壁垒正在不断削减这样一个历史进程。经济全球化的主要内容包括以下三个方面:

(一)贸易全球化

贸易全球化是经济全球化的基本要求,主要表现为:国际贸易自由化使各国互通有无,大量的商品来自其他国家,世界各国的消费日益不受本国生产能力的限制,越来越具有世界性。

目前,贸易全球化进程的新阶段开始起步,其原因是:第一,贸易自由化的发展为贸易全球化奠定了重要的物质基础;第二,电子商务(E-Business)为贸易全球化提供了技术基础;第三,统一的世界市场为贸易全球化清除了体制上的障碍;第四,世界贸易组织等国际经济组织为无序的贸易全球化创造了良好的秩序环境;第五,越来越多的国家"入世",不断地推进贸易全球化。

经济全球化是人类社会经济发展的一个历史过程,包括两个层面:第一个层面是指"全球统一市场"的形成,即世界范围内各国、各地区的经济相互交织、相互影响、相互融合,形成统一整体的过程。第二个层面是指"全球市场规则"的建立,即世界范围内规范经济行为的全球规则以及以此为基础的经济运行的全球机制的建立。在这一过程中,国际商品市场的发展左右了经济全球化的进程。

国际商品市场的迅速扩大是全球统一市场形成的基础和前提。世界市场最早是以商品市场形态出现的。从最初的货物商品贸易开始,国际商品市场的发展已有几百年的时间。从历史上看,资本主义国家的商品全球化在经济全球化过程中,从一开始就起着主导作用。在资本主义出现以前,随着三次社会大分工和商品生产的发展,商品交换的场所已初步形成。早期的国际商品交易从各国王室间的馈赠发展到等价交换,并逐步发展为国际商品贸易。例如,中国的丝绸贸易就有类似的发展过程。到 15 世纪,由于美洲大陆的发现和亚欧商路的开通,东西方之间的贸易迅速发展。16 世纪初叶,在重商主义思潮的影响下,国际商品贸易更加活跃,一些西方工业发达国家依靠不平等贸易和对殖民地的剥削维持其国际收支平衡。进入资本主义时期后,国际商品市场随着资本主义生产方式的形成和发展得到了扩充。但是,在出现经济全球化趋势前,国际商品市场的贸易规模非常有限,增长速度也比较缓慢。"二战"之后,发达资本主义国家兴起了新科技革命,由一般垄断资本主义转变为国家垄断资本主义。新科技革命创造了品类繁多的新产品和新技术,拓展了国际商品市场的空间,推动了世界商品交易总量、结构、体制等方面的深刻变革,给世界经济注入了新的活力,国际分工也由产业间深入到产业内部,各国间的经济联系更加紧密。国际商品市场的发展成为带动世界经济增长的“引擎”。

另一方面,“二战”后,在美国的发动下,世界各国签署了关贸总协定(GATT),1995 年演变成世界贸易组织(WTO),使国际贸易更加规范和自由。经过多个回合的谈判,WTO 成员国的平均关税由 1948 年的 40% 降至 1997 年的 4%,再加上全球生产大幅度提高,国际贸易得到了迅猛发展,增长速度超过历史上任何时期,而且增长率远远高于世界生产的增长率。

国际商品市场迅速发展主要是因为以下几个因素:

第一,市场经济和对外开放政策的普遍实行,使各国商品贸易更加自由化,西方发达国家主张贸易自由,发展中国家从原来的内向型、保护主义贸易战略转型为促进出口和开放经济。随着国际分工的不断扩大与深入,世界各国的对外贸易依存度均有不同程度的提高。表 1-1 为 2011 年世界货物贸易前十名的对外贸易依存度等数据。

表 1-1 2011 年世界货物贸易前十名的对外贸易依存度 单位:亿美元

国家	进口额	出口额	进出口总额	GDP	对外贸易依存度(%)
美国	22654	14806	37460	150940	24.82
中国	17435	18986	36421	73011	49.88
德国	12540	14739	27279	35786	76.23
日本	8543	8227	16770	58729	28.55
法国	7147	5971	13118	27775	47.23
荷兰	5972	6604	12576	8401	149.70
英国	6363	4733	11096	24180	45.89
日本	5569	5230	10799	21996	49.10
韩国	5244	5552	10796	11171	96.64
加拿大	4624	4522	9146	17378	52.63

第二,随着科学技术的进步,国际商品市场已经从传统的“硬”商品领域扩展到技术、专利、金融等“软”商品领域,这使国际商品市场的规模和发展速度达到了历史上前所未有的水平;同时,交通和通信成本的降低,也促进了国际商品市场的发展。尤其是 21 世纪以来,电子商务等便利快捷的交易手段的出现,给国际商品市场带来了革命性的影响

第三,商业机会的增多和全球性竞争的日趋激烈,导致企业生产、管理和销

售范围的分散和扩大。国际商品市场在经济活动主体、方式和结构等方面发生的一系列重大变化,公司内部交易、中间产品国际采购、服务贸易的蓬勃发展,大大加快了全球统一市场建立的进程,促进了各国经济相互依赖和相互影响的程度进一步加深。

(二) 金融全球化

金融全球化是经济全球化的重要内容,主要表现为:各国经济的发展日益不受本国资金条件的约束,大量的资金来自其他国家和国际金融市场,巨大的国际融资和资金配置能力为各国创造出巨大的发展空间。

金融全球化既是贸易全球化的结果,又是生产全球化的基础,是整个世界经济运转的"血液循环"。金融全球化的动力主要来自于两方面:其一是来自于微观的动力,即大量的资金为寻求出路而刺激了跨国银行在海外的融资活动;其二是来自于宏观的动力,即主要发达国家对外汇管制的取消促进了资本的国际流动。金融全球化进程反映在以下几个方面:第一,金融市场面向全球开放:第二,金融交易日趋全球化;第三,国际金融机构的作用日益显著;第四,地区间金融合作加强。

"二战"后至20世纪60年代,伦敦仍然作为传统的国际金融中心,在世界金融市场占有重要地位。同时,美国由于经济发展很快,成为西方势力最强的大国,美元在西方货币中居于举足轻重的地位,纽约因而成为国际金融中心。欧洲各国货币中,瑞士法郎比较稳定,仍然保持自由兑换的地位。当时的国际金融市场形成伦敦、纽约和苏黎世三足鼎立的局面。但是,这几个金融中心主要经营本国的货币流通,世界金融市场的发育尚不完善。60年代以后,由于美国收支连年出现巨额逆差,美元地位下降,美国政府不得已采取了严格的货币外流管制政策,致使美国境外形成了很多美元市场以逃避管制。70年代以来,亚洲、非洲、拉丁美洲的许多国家开始涉足国际金融业务,尤其是一些新兴工业国家和地区纷纷建立国际金融中心,并发挥着越来越重要的作用,促进了国际金融市场的发展。

另外,20世纪70年代以后,发达国家聚集了大量资本,由于金融创新和境外市场的形成,这些资本逐步从实物经济中游离出来,进而形成了全球性的金融市场。随着金融衍生品的丰富,各国货币的可自由兑换,新兴金融市场的兴起,通信工具和网络的支持,金融全球化成为经济全球化发展最深入、最核心的部分。电子支付、电子银行、电子证券迅速发展,使得全球外汇市场可以全天24小时运作,外汇资本流动可以顷刻完成。

当前,金融市场形成了多元化、竞争性和风险性的特点。全球已出现多个金融中心,这些金融中心在时区上相互衔接,在地理分布、经营规模上形成各种层次的补充。由于交通和通信的现代化,各地市场已无距离,形成一个整体,金融市场的竞争也更趋激烈。

金融全球化具体表现在以下几个方面:

第一,全球各地的金融市场和金融机构日益紧密地联系在一起。

遍及全球的金融机构和金融中心正在形成一个大规模的金融市场,使得资金在国家间的调拨和融通变得空前便捷,大大提高了资本流动的速度和效率。另外,国际金融机构的地位得到进一步加强,国际货币基金组织在国际金融市场上仍然起着举足轻重的作用,世界银行(World Bank)加强了对发展中国家经济发展的支持,国际清算银行(BIS)的功能也进一步强化。

第二,世界各国的金融政策趋向一体化。

由于各国经济相互依赖性的增强,一国的货币、汇率政策和国际收支调节政策往往会影响到其他国家的金融市场。因此,各国的中央银行通常会进行跨国界的思考,站在全球的角度制定金融政策。于是,各国的金融政策越来越呈现出一体化趋势。

第三,银行国际化促进了对外直接投资的发展。

银行是国际金融的主要载体。企业对外直接投资所涉及的资本流动数量大、地区范围广,需要相应的银行业务的支持。同时,企业跨越国界发行债券和股票,在国际范围内寻找廉价、自由资金的过程,又促进了资本市场的国际化。

金融全球化已成为经济全球化的必然结果和重要特征,同时又是推动经济全球化的巨大动力。但是,也必须注意到,随着金融市场的快速发展,各国纷纷开放本国市场,给一些金融投机者带来了可乘之机,国家金融市场的风险性也在加大。

(三)生产全球化

生产全球化是经济全球化的深刻内涵,主要表现为:企业的生产越来越不受国内市场的限制,生产的国际化程度不断提高,国际分工的深化使得企业能够根据各国的比较优势条件进行生产的全球配置,在更大的市场范围内实现规模经济。

生产全球化主要是指在全球范围内组织和协调生产的过程。它的最重要特征是把分散在全球各地的生产组织作为一个统一的整体进行管理。在此之前,这种全球范围的对生产的协调工作还很少存在。进行国际化经营与全球化采购和销售的企业尽管可以在本国为其他国家或地区,也可以在其他国家或地区为当地市场进行全球化标准化生产或个性化生产,但是它们在各国的生产彼此之间的联系仍然很少,它们设在各国的经济组织的主要任务还是为某一特定地区服务。生产全球化则要求在一个或多个国家进行的创造价值的生产活动突破国家和地区的界限,把全球作为一个大平台,进行统筹计划和组织,最大限度地有效利用全球资源。

“二战”以后,生产全球化开始进入蓬勃发展的新时期。究其原因,这与“二战”后的社会背景有着深刻的关系。

第一,随着统一的资本主义世界大市场的形成,以及以微电脑技术、核能、塑料和精细化工、航天工业为代表的第三次科技革命的深入发展,世界生产力获得了前所未有的巨大增长,发达资本主义国家的生产和资本高度积聚和集中,拥有大量资本、先进技术和经营管理优势的垄断企业迫切需要到国外寻求有利的投资机会和销售市场。

第二,科学技术的发展使国际分工格局呈现出新的特点。国际分工从传统的以自然资源禀赋为基础的产业部门间的分工发展成为以现代生产技术、工艺为基础的产品内部的分工,从垂直型分工日益走向水平型分工。国际分工的深化使国际分工的范围也随之扩大,在发达国家与发展中国家旧的垂直型国际分工继续维持的同时,技术水平接近的发达国家之间的相互投资和渗透日益加强。同时,高度发达的现代通信技术和交通运输又为参与国际分工的国家提供了重要的物质基础,从而使国际生产成为可能。

第三,“二战”以后,世界经济格局发生了深刻的变化,传统的殖民地和半殖民地纷纷取得独立,新独立的国家为了维护自身的发展权益,对原来宗主国带有掠夺性质的商品输出采取各种限制办法,迫使国际资本采用受东道国欢迎的直接投资形式进入。在1997年东南亚金融危机爆发后,为减少本国经济受国际游资的冲击,许多发展中国家对国际金融资本流动采取了同样谨慎的态度,转而更为欢迎国际资本以直接投资形式进入。在经济逐步发展的同时,许多发展中国家尤其是新兴工业化国家的国际企业开始出现,并积极地参与到国际化经营中。

三、经济全球化的影响

在21世纪,经济全球化不可阻挡的发展趋势必将对世界各国的经济发展和社会生活产生深远的影响。像许多其他事物一样,全球化也是一个二律背反:既包含一体化的趋势,又包含分裂化的倾向;既有单一化,又有多样化;既是集中化,又是分散化;既是国际化,又是本土化。面对经济全球化,世界各国纷纷权衡对策,趋利避害,由此产生了几种情形。

(一)区域经济一体化进一步加强

区域经济一体化是全球统一市场必然经历的一个阶段。区域经济一体化组织早在20世纪50年代末就已出现。但是,在以后的二三十年里,大部分区域经济一体化组织进展缓慢,有的甚至处于瘫痪状态,无法发挥其应有的作用。由于经济全球化的推动,区域经济一体化趋势在80年代中期呈现出重新高涨的势头,到了90年代已形成一种不可阻挡的潮流。

已经建立的区域经济一体化组织有欧盟、北美自由贸易区、亚太经济合作组织、东盟、安第斯集团、南部非洲经济发展共同体、阿拉伯马格里布联盟、澳新自由贸易区等。这些组织的目的都在于加强本地区的经济联系,扩大合作。目前世界上绝大多数国家都参加了一个或一个以上的经济集团组织,未来区域经济一体化组织相互交叉、重叠现象将日益增多,大区域组织包容次区域组织,关系错综复杂。

在区域经济一体化发展的过程中,20 世纪 90 年代以来,出现了扩散化和大型化两个新的发展趋势。首先,区域经济一体化的范围不断扩大。亚太经济合作组织不断接受新的成员;北美自由贸易区正在构建泛美经济圈;欧盟也在推行东扩、南下计划,其实力范围已经从东欧扩展到北非和中亚。其次,各区域经济集团的规模越来越大。区域化组织原来都是在陆地相连的国家之间建立,现在转向以某一大洋为中心,出现由沿岸各国组成的发展趋势,如已经建立的太平洋经济圈和跨大西洋经济圈,环印度洋经济圈也正在构建中,如此大大增加了成员国的数量和地域覆盖范围。正是由于规模越来越大的区域经济集团的出现,区域经济一体化组织越来越发达和完善,世界经济比以往任何时候都更具组织性,越来越走向一体化。经济圈规模扩大、内部不平衡、差异逐渐缩小的过程就是经济全球化的过程。

在此过程中,各国除了参与多边机制外,更加倚重区域合作,以免在地区政治经济事务中被边缘化。区域合作改变了国际经贸格局,同时也使部分区外贸易转向区内。区域经济合作已成为当今世界政治经济格局中的新亮点。区域合作呈现"两强一弱"的大格局,北美自由贸易区、欧盟两大板块已经成形,东亚的中、日、韩和东盟还没有整合。但是,从长期看,东亚增长势头最好,有望与北美、欧盟形成"三足鼎立"之势。

在区域经济一体化进一步加强的过程中,区域性经济集团之间不可避免地存在着相互排斥和竞争。因此,有人担心这会不会分裂全球经济一体化,形成地区割据和集团对垒,破坏世界市场的统一。实际上,这种担心是没有必要的,至少目前这种可能性不存在,因为各区域经济集团在贸易上仍对区外市场有很大程度的依赖。同时,区域经济一体化带来的企业跨国兼并和投资活动也加强了各区域经济的相互依赖性。所以,世界经济一体化将制约区域经济一体化的分化作用,而区域经济一体化将促进世界经济一体化的进一步发展。

(二)发达国家主导世界产业结构调整

科学技术等因素促进了新的生产方式的形成,国际企业在全球范围内重新布置生产和销售,变革了传统国际贸易的分工模式。一个国家出于效率和成本的考虑,已不再一味地追求完整地占领一个产业,而是根据自身综合实力和比较优势,尽力抢占一个产业中高技术和高附加值的生产环节,同时把劳动密集和低附加值的生产环节留给其他国家,从而形成了新的国际贸易分工体系,处于不同国际分工层次的国家有机地组合在一起。

国际分工的深化也使产业布局的国际化加深,国际要素组合使传统工业模式发生根本改变,产业国际化对民族工业形成严峻挑战。此外,产业国际化也使一个国家仅仅依靠出口参与国际分工,带动经济发展的战略显得很有限。因为如果出口的发展只是增加了就业,而较少在产业关联上对整个经济产生联动效应,那么就会使产业水平仍处于较低层次,不能充分参与高层次的国际分工和合作,影响一个国家产业国际化的调整和发展,最终也会使国民经济的发展受到瓶颈制约。

从根本上看,经济全球化是一场以发达国家为主导、以国际企业为主体的世界范围内的产业结构调整。这种调整不仅表现为一些产业的整体转移,更重要的是同一产业的一部分生产环节的转移。因此,西方国家,特别是在投资和贸易方面比较开放的国家,由于在全球范围内实行产业结构调整,正经历从工业经济向"知识经济"的过渡,从而给经济带来了强劲的发展势头。

这种调整大体上采取两种形式:一是发达国家之间通过国际企业之间的相互交叉投资、企业并购,在更大的经济规模上配置资源、开拓市场、更新技术,从而实现母国技术与资金密集型产业的升级。二是发达国家把劳动和资源密集型生产环节向发展中国家转移,通过合作谋取更低的生产投入成本,从而赢得自身产品在世界市场上的竞争力。

(三) 广大发展中国家面临诸多机遇与挑战

从理论上讲,经济全球化能使世界各国经济和企业受益。但是,经济全球化进程却表明,它也不可避免地产生了一些消极影响,特别是对发展中国家提出了不少挑战。

第一,经济全球化可能导致国与国之间的贫富差距进一步扩大。在经济全球化的国际市场上,尽管提倡公平的自由贸易,但是各国及各国的企业并不是处于同一起跑线上。在全球竞争中,发展中国家通常处于劣势地位,它们很少具有国际领先的技术优势,主要靠低成本、低附加值的劳动密集型产品在国际交易中获利。在现有的全球化交易规则下,这种状况的发展趋势很可能是导致富国越来越富、穷国越来越穷。

第二,经济全球化使国家调节和干预经济的权力受到限制和缩小。它赋予了全球跨国企业更大的权力,弱化了国家直接调节经济的职能。在全球竞争中占据优势地位的发达国家的大企业比以前更容易影响甚至控制发展中国家的重要决策。

第三,在国际和国内相关规则和政策没有确定或尚不完善的情况下,发达国家的企业进入发展中国家的市场,导致国内企业间竞争的加剧,可能会带来对资源的掠夺性开发利用和严重的环境污染问题。

尽管如此,发展中国家的经济发展还是离不开经济全球化,关键不在于市场问题,而在于自身现代经济结构的建立。在始于西方工业革命的现代经济中,绝大多数经济技术和方法都发轫于发达国家。发展中国家自身的技术创新固然也很重要,但这必须建立在充分利用国外现成技术方法尤其是基本技术方法的基础之上。由于经济全球化带来的规模经济效应,新技术产生和应用的速度大大提高,发展中国家如果不积极从外部引进技术而依靠闭门造车,将不断拉大与发达国家的差距,长期停留于落后状态。

从这个意义上说,发展中国家比发达国家更需要全球经济体系,更需要参与经济全球化。经济全球化尽管会给发展中国家的经济发展带来一定的冲击,但从总体上说是利大于弊。它不是发展中国家的陷阱,而是发展中国家后来居上的必由之路。

第二节 国际商务的发展

经济全球化的趋势使各国经济的相互依赖和合作进一步加强,同时也推动了国际商务的深化。国际商务作为一种跨越国界的经营活动,是在一定的历史条件下产生的,有其内在的客观演进规律。国际贸易是最古老的国际商务活动,随着世界统一市场的逐渐形成,活跃的经济要素必然冲破国家疆界的束缚。因此,国际商务也不再局限于单纯的商品交换,而是包括商品、资本、技术以及劳务等在国家间的移动,其经营范围和方式获得了空前的发展。

一、国际商务的概念

国内外学者对"国际商务"(International Business)概念的理解日趋一致。美国著名的国际商务管理专家迈克尔·辛可塔(Michael R. Czinkota)、伊卡·罗卡尼(Ilkka A. Ronkainen)和迈克尔·莫菲特(Michael H. Moffett)在他们合著的《国际商务》一书中指出,国际商务包括那些为满足个人和组织需求而进行的跨越国界的交易。这些交易可以表现为相互关联的不同形式,其基本形式有进出口贸易和对外直接投资,以及许可、特许经营和管理合同等。[①] 另一位美国学者克里斯托弗·科斯(Christopher M. Coase)认为,国际商务包括越过国界的任何形式的商业活动。它几乎包括任何形式的经济资源——商品、劳务(如技术、熟练劳动、运输)和资本的国际转移。[②]

---

① See Michael R. Czinkota, Ilkka A. Ronkainen, Michael H. Moffett: International Business, Fifth Edition, The Dryden Press, Harcourt Brace College Publishers, 1999, p. 4.

② 参见〔美〕克里斯托弗·M. 科斯:《国际商务》,汪尧田、薛番康等译,中国对外贸易出版社 1990 年版,第1页。

在相当长的历史时期内，传统的、狭义的国际贸易，即不同国家间的货物商品贸易一直是国家间经济联系的唯一形式，并且今天仍然成为国际商务活动的主体。但是，“二战”以后，随着世界经济的发展和国际经济交往的扩大，全球资本流动规模不断增大，技术交流速度明显加快，人员跨国界流动日益频繁。因此，围绕商品交换的各种服务，如运输、保险、金融、通信、旅游服务，以及劳务贸易、资本转移、技术转让等关系，随之得到了迅速扩展。20 世纪 60 年代以来，伴随着生产要素的跨国界流动和合理配置，以及由此产生的国家之间在经济和技术等方面的合作，出现了“国际经济技术合作”的概念。除此之外，交钥匙工程、合作生产、国际承包等也属于国际商务活动。还有一些活动或多或少地带有国际商务的某些特征，如补偿贸易等。因此，国际商务活动的业务范围、表现形式一直在不断发展。这一系列变化使得传统的国际贸易与国际经济合作日益融合，并赋予了国际商务以全新的内涵，人们开始用统一的概念看待国际商务活动。

综上所述，国际商务是一种跨越国界的活动，是在不同国家之间进行商品、劳务、资本、技术和信息等资源的国际转移。一般来说，当代国际商务活动主要包括两种形式：国际贸易和国际投资。

二、国际贸易

国际贸易是最常见的传统国际商务活动。在经济全球化浪潮的推动下，世界各国之间的贸易也得到了快速发展。

（一）国际贸易的概念和种类

国际贸易是从对外贸易发展起来的。对外贸易（Foreign Trade）是指一国和地区与其他国家和地区进行货物和服务交换的活动。海岛国家，如英国、日本等，也常用“海外贸易”表示对外贸易。从一国和地区的角度看，这种交换活动是对外贸易。从国际范围看，这种交换活动就被称为“国际贸易”（International Trade）或“世界贸易”。可见，国际贸易是指不同国家和地区之间的进出口活动。

国际贸易包括国际商品贸易、国际服务贸易和国际技术贸易等内容。国际商品贸易是指货物的进口与出口。进出口贸易往往是企业从事国际商务的第一步。与许可和投资等其他国际商务形式相比，进出口贸易更容易进行，简单的进出口活动并不一定要求与外国买主或卖主有许多的联系。国际服务贸易是指国家之间出售或购买服务的交易。它以提供活劳动的形式满足他人需要并获取外汇收入。按照世界贸易组织的分类，国际服务贸易分为商业、通信、建筑及工程、销售、教育、环境、金融、健康与社会、旅游、文化与体育、运输业及其他，共 12 大类、155 个项目。国际技术贸易是指一个国家的企业、经济组织或个人按一定的交易条件，将其技术转让给不同国家的企业、经济组织或个人的活动，是跨越国界的一种技术转移方式。国际技术贸易的形式主要有许可贸易、技术援助以及技术咨询服务和技术购买三种。

（二）"二战"以来的国际贸易状况

"二战"以来，国际贸易发展迅速，世界进口和出口呈直线上升趋势，只是在四次经济危机期间（1951—1952 年、1957—1958 年，1974—1975 年、1980—1983 年）才有不同程度的下降。"二战"后，国际贸易的增长速度普遍超过世界生产的增长速度。进入 20 世纪 90 年代以来，国际贸易更是以前所未有的速度和规模迅速发展。90 年代，世界货物和服务出口的年均增长率分别达到 6% 和 7%，几乎是同期世界生产增长率的 3 倍。2000 年，世界货物出口增长率为 12.5%，服务出口增长率为 6.0%，均超过同期世界生产 4.5% 的增长率；贸易额分别达到 6.18 万亿美元和 1.44 万亿美元，二者之和占世界 GDP 的 29%，比 1990 年增长了近 10 个百分点。①

2012 年 4 月 12 日，世界贸易组织发布数据：2011 年世界货物贸易额为 182170 亿美元，比 2010 年增长 19%，扣除价格因素，实际增长 5%，低于 2010 年 13.8% 的增幅。中国、美国和德国为前三大出口国，占全球出口比重分别为 10.4%、8.1% 和 8.1%。美国、中国和德国为前三大进口国，占全球进口比重分别为 12.3%、9.5% 和 6.8%。若不考虑欧盟内部贸易，欧盟为世界最大出口方和进口方，占全球出口和进口比重分别为 14.9% 和 16.2%。过去 60 多年国际贸易的迅速增长表明，世界经济的融合在不断深化，不同国家和地区的生产和生活越来越被纳入国际化轨道，各国经济对外贸的依存度日益加深。

三、国际投资

"二战"以来，国际商务活动的主要形式是以国际企业为主体的生产资本国际化及其带动的商品资本国际化。同时，随着社会分工的不断深化，国际直接投资迅速增长，其增长速度大大超过了国际贸易的增长速度，成为世界经济发展的主导因素。国际投资主要有国际间接投资和国际直接投资两种方式，这两种方式各有自己的优缺点。

（一）国际间接投资（Portfolio Investment）

国际间接投资也可称为"国际证券投资"，是指在国际证券市场上以购买外国企业发行的股票和外国企业或政府发行的债券等有价证券，获取利息或红利为主要目的的投资行为。

我们可以按照不同的标准，对国际间接投资进行分类。按照从事国际间接投资主体的不同，国际间接投资可分为：全球性或区域性国际机构投资、政府投

① 以上数据均来自：WTO，International Trade Statistics 2001。

资和私人投资。根据筹资的手段和管理的方法的不同,国际间接投资可分为:国际银行信贷、出口信贷、政府贷款、国际金融机构贷款、国际证券、混合贷款和国际项目贷款。

早在自由资本主义时期,国际间接投资就已经出现了。19 世纪末 20 世纪初,随着垄断的加强,在少数先进的资本主义国家里出现了大量的"过剩资本"。它们为获得高额利润,争夺商品销售市场,把"过剩资本"输出到国外去。这一时期的资本输出主要是以间接投资的形式进行的,即投资者通常采取提供贷款、发行股票和债券形式对外投资。"二战"以后,国际投资的格局发生了变化,国际直接投资的规模和比重都大大超过了国际间接投资。同时,国际间接投资的形式也发生了变化。20 世纪 70 年代,商业银行贷款在国际资本市场上还占主要地位。但是,80 年代国际债务危机发生后,国际资本市场上的筹资方式发生了重大变化,商业银行贷款迅速下降,而债券因可随时转让债权,分散所承担的风险,投资相对安全,有了较大的发展。

国际间接投资能够使投资者获得与其所承担风险相应的收益。此外,它还具有可以变现的特点。尽管国际间接投资也有较大的风险,但仍有很大的吸引力。

(二) 国际直接投资(International Direct Investment)

当前,国际直接投资对资金、产品、人员、技术的国际流动起着巨大的推动作用,在全球经济中扮演着越来越重要的角色。

1. 国际直接投资的定义

国际直接投资是指一国的投资者跨国投入资本或其他生产要素,以获取或控制企业经营管理权为核心,以获得利润或稀缺生产要素为目的的国际投资活动。国际直接投资是国际经济联系较高级的形式,它是在国际分工发展到一定阶段、一国经济发展到一定水平的条件下产生和发展起来的。国际货币基金组织、经济合作与发展组织建议,在具体确认一项投资是直接投资还是其他形式的投资(如证券投资)时,以 10% 为划分标准,即直接投资者应拥有直接投资企业 10% 或以上的股权或投票权。在企业的国际化经营中,国际直接投资的形式通常包括独资、合资和跨国并购等。

2. 国际直接投资对母国和东道国的影响

国际直接投资的发展对世界经济的发展产生了巨大的影响,尤其是对母国和东道国的经济影响更为明显,其中既有有利的方面,也有不利的方面,具体表现如下:

(1) 国际直接投资对母国经济的有利影响

第一,母国国际收支的经常项目将因对外投资收益的流入和国外子公司对母国产品的进口而得到改善;第二,母国出口的增加会产生有利的就业效应;第三,母国的国际企业还能从外国市场学到有价值的技能等资源,并将这些资源转移回母国,相当于逆向的资源转移效应,从而有利于母国经济增长。

(2) 国际直接投资对母国经济的不利影响

第一,国际收支的资本项目最初为国际直接投资提供资金,从而导致资本流出时受到损害;第二,国际收支的资本项目可能会因为国外子公司产品对母国的返销而受到损害;第三,在对外直接投资替代直接出口的情况下,国际收支的经常项目也会受到损害;第四,国际直接投资可能会减少母国的就业机会。

(3) 国际直接投资对东道国经济的有利影响

第一,资源转移效应。国际直接投资可以提供东道国所缺乏的资源,如资本、技术和管理技能,从而提高该国的经济增长速度。第二,就业效应。国际直接投资能够增加东道国的就业岗位。第三,国际收支效应。国际直接投资在一定程度上可以改善东道国的国际收支。第四,竞争效应。国际直接投资通过增加消费者的选择,有助于提高东道国市场的竞争水平,从而降低价格,提高消费者的经济福利。

(4) 国际直接投资对东道国经济的不利影响

第一,对竞争的负面效应。如果东道国的企业在竞争中被淘汰,外国公司取得东道国的市场垄断地位,就会抬高价格,对东道国经济福利产生不利影响。第二,对国际收支的负面效应。外国子公司将利润汇往国外或从国外大量进口设备、原材料等,会对东道国的国际收支产生不利影响。第三,对国家主权的负面效应。外国母公司作出的重大决策会影响到东道国的经济,而东道国政府对此没有实际的控制能力。

(三) 国际直接投资和国际间接投资的比较

国际直接投资和国际间接投资之间的主要区别表现在以下几个方面:

1. 企业的控制权和经营管理权

国际直接投资和国际间接投资的根本区别在于是否拥有对企业的控制权和经营管理权。对外直接投资是“在投资人以外的国家(经济)所经营的企业中拥有持续利益的一种投资,其目的在于对该企业的经营管理具有有效的发言权”。国际直接投资强调直接控制企业,对其经营管理直接施加有效影响。国际货币基金组织对国际间接投资所下的定义是:这种投资是“为了获得投资收入或资本收益”,而不是对企业的经营有直接兴趣。在国际间接投资中,通过购买企业的股票而掌握企业的部分财产所有权,但并不能加以控制;即使掌握了足够的控制股,但并不直接派人参与企业的经营。

2. 投资流向

国际直接投资必定流入具体的生产或服务部门(包括金融业)。在国际直接投资中,其目的主要在于利用国外的廉价劳动力、自然资源和市场潜力等,这些因素是影响国际直接投资流向的重要因素。国际间接投资的直接流向并不是具体的生产或服务部门,而是各种资本市场,因此无须根据劳动力、原料市场等因素决定投资与否,其投资决策首先须考虑货币、金融市场和国际政治、经济形势的变动。

3. 生产要素的流动

国际直接投资经常伴随着生产要素的转移和重新配置,如资本设备(Capital Goods)、人员等跨国界流动。国际间接投资则并不必然引起生产要素的国际移动和配置,虽然在有的场合也会发生这种情况。例如,在国际贷款或技术援助协议中,往往附加条款,借方或受援方必须购买对方的设备或聘请对方的人员作为专家和顾问。但是,这时生产要素的流动是作为商品交易而进行的,并非国际间接投资固有的内涵。

4. 收益的稳定性

国际直接投资的收益来自企业利润,其多寡取决于企业经营的好坏,因此常有波动,并不固定。国际间接投资则不然,其收益大多都是固定的,如债券利息和优先股息,只有普通股的红利才是变动的。

第三节　国际企业的崛起

国际企业作为实现国际化投资、经营和管理的组织载体和国际市场行为主体,活跃于世界经济舞台。国际企业的海外经营、全球战略和组织设计不但使传统的国际经济格局发生了重大演变,同时也引起企业管理从理论、战略到方法的创新和发展,并被迅速付诸实践。

一、国际企业的概念

国际企业,特别是跨国公司的崛起,早已成为一种世界性的经济现象。从企业国际化经营的角度考虑,"国际企业"这一名词相对于其他同类的概念更具有普遍性;而跨国公司作为国际企业最主要的代表,在国际直接投资中扮演的角色越来越重要,在各种文献中出现的频率也越来越高。

(一)国际企业的名称和分类

描述国际企业的名称有很多。最初,西方报刊把跨越国界从事经营活动的企业称为"多国企业"(Multinational Enterprises)。此外,还有种种名称,如"多国公司"(Multinational Corporations)、"国际公司"(International Corporations)、"全球企业"(Global Enterprises)、"跨国公司"(Transnational Corporations)等。

人们可以从完全不同的角度衡量国际企业:第一类是从企业经营活动的内容看,把凡是有海外业务的企业都看作国际企业。这种划分方法由于没有限定国外业务的频率和规模，会使偶然进行了一次出口业务或贷款业务的企业也成了国际企业。第二类是从企业的海外业务量看，以企业海外销售额在企业总销售额中所占的比例，或者以企业在海外的直接投资数额或在海外设立的子公司数量作为衡量国际企业的标准。这种划分方法的难点在于，行业不同，企业的经营范围不同，无法形成统一的、确定的衡量标准。第三类是从企业海外业务质的方面解释国际企业，以企业的战略、企业组织结构的特征以及企业海外业务对企业目标实现的重要程度作为衡量国际企业的标准。企业如果采用国际化战略，设有专门的海外管理部门，海外业务直接影响企业目标的实现等，就会被视作国际企业。

给国际企业下定义是一件非常难的事情，至今没有统一的标准。从广泛意义上说，从事国际商务经营活动的企业都可以被称为“国际企业”。因此，从经营的角度看，国际企业应该包括：(1) 从事与国外有业务联系的活动的企业；(2) 经营进出口活动的外贸企业；(3) 多国性企业。它们代表了国际企业成长的三个不同的阶段。从发展的角度看，前两种形态虽然在本质上仍是国内企业，但可以看作国际企业的雏形，从事初级的国际商务活动。本书中提及的“国际企业”虽然有时也会涉及其初级发展形态，但主要是指其高级形态，即多国性企业。联合国跨国公司问题研究报告认为，多国公司（国际企业）就是在它们的基地所在的国家之外拥有或控制生产或服务设施的企业。

(二) 跨国公司的定义及其界定标准

鉴于国际企业的名称很多，在使用过程中容易造成混乱，1974 年以后，联合国将其统称为“跨国公司”(Transnational Corporations)，并设立了一个政府间的跨国公司委员会和跨国公司中心作为永久性机构。自此，“跨国公司”取代“多国公司”，成为联合国使用的统一名称。值得注意的是，因为跨国公司是国际企业的主体，为了更好地理解国际企业的性质，所以下文对跨国公司进行专门阐述。但是，由于并非所有的国际企业都是跨国公司，所以本书的其余内容仍然围绕国际企业展开。

1. 跨国公司的定义

1986 年联合国制定的《跨国公司行为守则》(United Nations Code of Conduct on Transnational Corporations) 指出：“本守则中使用‘跨国公司’一词，系指在两国或更多国家之间组成的公营、私营或混合所有制的企业实体，不论此等实体的法律形式和活动领域如何；该企业在一个决策体系下运营，通过一个或一个以上的决策中心，使企业内部协调一致的政策和共同的战略得以实现；该企业中各个实体通过所有权或其他方式结合在一起，从而使其中的一个或多个实体得以对其他实体的活动施行有效的影响，特别是与别的实体分享知识、资源和责任。”

这个定义不是仅仅停留在企业的跨国数量和生产销售规模上，而是更强调跨国公司实质性的内容，强调它的一体化战略，因而也更体现了它的深度,目前应用最为广泛。

2. 跨国公司的类型

按经营项目的性质,可以将跨国公司主要分为以下三种类型：

(1) 资源开发型跨国公司

资源开发型跨国公司以获得母国所短缺的各种资源和原材料为目的,对外投资主要涉及采矿业、石油业、种植业和铁路等领域。资源开发型跨国公司是西方企业早期积累时经常采用的形式,今天仍有许多著名企业属于这一类型,如美国埃克森石油公司(Exxon)、英荷壳牌公司(Royal Dutch Shell)等。

(2) 加工制造型跨国公司

加工制造型跨国公司主要从事机器设备制造和零配件中间产品的加工业务,以巩固和扩大当地市场份额或产品返销为主要目的,主要涉及金属制品、钢材、机械以及运输设备等产品。加工制造型跨国公司是当代重要的公司形式,为大多数东道国所欢迎,如美国通用汽车公司(General Motors)等。

(3) 服务提供型跨国公司

服务提供型跨国公司主要是指向国际市场提供技术、管理、信息、咨向、法律服务以及营销技能等无形产品的公司,包括跨国银行、保险公司、咨询公司、律师事务所以及会计师事务所等。20 世纪 80 年代以来,服务业迅猛发展,逐渐成长为当今最大的产业部门。

3. 跨国公司的界定标准

很长一段时间以来,对于如何界定一个企业是不是跨国公司,众说纷纭,争论不休。总结起来,各种国际组织、公私机构、专家学者关于跨国公司的界定标准主要有以下三种:

(1) 结构性标准

结构性标准主要包括企业的跨国程度、企业的所有权和股权或对国外公司的控制程度等。企业的跨国程度标准是指以在多少个国家设立分支机构和从事业务活动作为划分跨国公司的标准,强调跨国公司从事经营活动的地理区域或活动规范。企业的所有权在这里有两种含义:一是指企业属于哪些国家的公民所拥有,即所有者和高层主管的国籍;二是指企业资产的所有权形式和性质,强调跨国公司所有权的多国性。股权或对国外公司的控制程度是跨国公司在国外形成分支机构的基本条件。

(2) 营业标准

营业标准主要是指以企业在海外的资产额、销售额、生产总值、利润及雇员人数等的绝对值占公司总值的百分比作为划分跨国公司的标准。这一标准强调跨国公司国外生产经营活动的范围或成效。至于百分比具体应为多少,目前并无统一的认识,实践中以25%作为衡量标准的情况比较多。

(3) 行为标准

行为标准主要包括企业在经营决策中的思维方式和战略取向。名副其实的跨国公司应该具有全球战略目标和动机。高层领导的决策行为不是片面的和带有歧视性的,而是公平地对待和处理企业在世界各地面临的机遇和挑战。例如,是否从全球角度制定企业的生产经营战略,是否对公司的人、财、物等资源配置实行全球统筹等。

二、国际企业的产生和发展

企业的国际化经营与经济全球化密不可分。国际企业的崛起导致经济全球化的进程加快,而经济全球化又促使企业的国际化经营发生量和质的变化。考察国际企业的产生、发展和经济全球化的进程可以依据同一时间线索,因为经济全球化的微观主体就是那些国际企业,特别是跨国公司。

(一) 国际企业的产生

在资本主义生产方式准备时期,西欧国家推行重商主义政策,争夺海上霸权,进行殖民扩张。通过不等价交换和其他暴力方式,大量掠夺殖民地的财富,是资本原始积累的主要途径之一。这一时期,为了保证在殖民地贸易中的垄断地位,统治阶级的行政权力与殖民者、冒险家的金钱相结合,建立贸易公司,由王室颁发特许状(Charter),授予其独占的权力,称为"特许公司",王室从中攫取暴利。特许公司拥有武装,并在殖民地行使政府的职权。因此,特许公司是殖民地统治的产物,与现代意义上的国际企业在本质上不同。但是,其掠夺性的商业活动为资本主义生产方式的确立创造了条件。英国、荷兰、法国当时都有这类特许公司。除著名的东印度公司外,英国主要还有赫德逊湾公司(the British Hudson's Bay Co.),经营北美洲西北一带;皇家非洲公司(the British Royal African Co.),经营西非;莱文特公司(the Levant Co.),经营东地中海地区。荷兰则有荷属东印度公司,垄断今天的印尼地区的经济贸易。

资本主义生产方式确立后,国际化经营主要是为了保证市场的稳定和原料的供应。最著名的例子是美国的胜家(Singer)公司,它于1851年取得缝纫机专利。由于国际市场潜力很大,为了占领市场,同时防止外国仿造,胜家公司1868年在苏格兰格拉斯哥设厂,1880年在伦敦设立负责欧、亚、非等销售业务的机构。继胜家公司之后,国际收获机公司(International Harvester Co.)、通用电气公司(G. E.)、国民收银机公司(National Cash Register)等大公司也都到国外设厂生产销售。1880—1914年,德国和瑞士的化学染料公司,如德国的巴斯夫(BASF)、荷埃斯特(Hoechst)、拜耳(Bayer)和瑞士的切巴(Ciba)和盖吉(Gaigy)

等,在英、法、俄、美等国设厂生产销售。1850 年,德国的西门子(Siemens)公司在英国设厂生产电缆。英荷皇家壳牌石油公司和标准石油公司(Standard Oil Co. N. J.)在东欧、北美、非洲、中东等地设立机构,从事开采、提炼和销售。据估计,第一次世界大战(以下简称"二战")以前,美国在国外拥有的制造业子公司达 122 家,欧陆国家拥有 167 家,英国拥有 60 家。

(二)"二战"以后,国际企业迅速发展

"二战"以后,特别是 20 世纪 50 年代以来,在全球范围内,直接投资迅猛增长,国际企业得到迅速发展。这一时期,国际企业的发展可以分为以下三个阶段:

第一阶段,1945 年至 20 世纪 70 年代初。这一阶段,国际企业发展的一个明显特征是美国企业占据了主导地位。"二战"以后,国际政治经济环境发生了对美国有利的变化。由于欧洲和日本的工业能力大部分被摧毁,20 世纪 40 年代末,美国工业品产量占世界工业总产量的 60% 以上,国民生产总值占经济合作与发展组织成员国国民生产总值的 61%,出口贸易占世界出口贸易额的 1/3,垄断了 3/4 的黄金储备,经济实力达到了顶峰。美国作为"二战"的胜利国,在战后的欧洲重建中取得了大量的市场,大部分欧洲和日本公司都没有实力参与世界性的跨国投资竞争。美国利用其经济和技术的优势,使国际企业横跨拉丁美洲、亚洲和欧洲。据统计,1956 年,在世界最大的 200 家国际企业中,美国有 144 家,占 70% 以上,占有绝对优势地位。

第二阶段,20 世纪 70 年代初至 80 年代末。经过战后的恢复和发展,西欧和日本的经济实力大大加强,到 70 年代初,对外直接投资的年增长率均达到 20% 左右,远远高于同期美国 11.1% 的年增长率。它们的国际企业不仅数量增加,而且规模扩大,经济实力和竞争能力迅速增强,与美国企业的差距日趋缩小。另一方面,随着 70 年代石油和某些原材料价格上涨,一些发展中国家的经济实力增强,开始对外直接投资。80 年代后,"亚洲四小龙"以及巴西、墨西哥等新兴工业化国家涌现了一批大型国际企业,尽管对外投资规模和地域分布与发达国家相比还相当有限。因此,这一阶段,虽然美国国际企业仍处于领先地位,但相对优势已大大下降,国际直接投资和国际企业呈现多极化的格局。

第三阶段,20 世纪 90 年代初至今。90 年代以来,国际直接投资迅速发展,扩大了国际生产在世界经济中的作用,国际企业得到了空前发展。据联合国贸发会议的统计,1990 年,全世界国际企业总数为 3.5 万家,在海外设立分支机构 15 万家,在全球共雇用 2420 万员工,全球销售额达 5.5 万亿美元,有史以来第一次超过世界贸易总额。2003 年,全世界有约 61000 家国际企业,在海外拥有 90 万家分支机构,雇用 5417 万员工。据不完全统计,2010 年,全世界 6.5 万家国际企业创造了全球 60% 以上的贸易额,有 80% 以上的投资额和 30%—40%

的 GDP 来自于国际企业。

三、国际企业的国籍问题

判明自然人或法人的国籍,与确定其法律地位以及相应的权利和义务有着密切关系。但是,在国际化经营中,企业的国籍问题较之自然人要复杂得多。美国学者梅森劳基(J. Maisonrouge)认为,跨国或多国公司的股权应是多国公民所有,管理权也应是多国性的。美国麻省理工学院教授查尔斯·金德伯格(Charles P. Kindleberger)则认为,跨国或多国公司的特征是"无国籍性",即"并不忠于哪一个国家,也没有一个国家使它感到特别亲近"。

(一) 确定企业国籍的标准

通常,确定企业国籍的标准大致有三个:一是"组建标准",指按其法律注册登记而组建企业的所在国;二是"管理标准",指总部或实际管理机构的所在国;三是"控制标准",指其股权(有表决权的股份)足以控制企业的股东的国籍。

各国法律采用不同的标准,因此在测定企业国籍时的依据也就不同。一般说来,英美法系国家偏重于"组建标准",大陆法系国家偏重于"管理标准"。但是,大多数的情况是规定两项标准任择其一或二者结合。个别国家如澳大利亚则规定,企业如符合上述三项标准之一,即为该国法人居民。这说明,澳大利亚在测定企业国籍时依据"控制标准"。

(二) 国际企业国籍的争议

由于企业与东道国之间、母国与东道国之间的利益矛盾,在实践中测定企业的国籍时往往发生争议。例如,一方坚持上述第一项或第二项标准,另一方为了自己的利益而可能强调第三项标准,从而使法律争议变为两国之间的政治关系问题。较为经常发生的争议大概有以下几种情况:

1. 限制跨国经营的领域

有的国家在法律上采用"组建标准"或"管理标准",但为了限制外资进入某些领域,在实践中又转而推行"控制标准",因而引起争议。例如,有的东道国以"国家安全"为理由,规定某些行业只准"本国公司"(Domestic Corporation)参与经营,如沿海航运、民用航空、电视广播等。在该国登记注册或经营管理的外资企业虽按法律应被视为该国法人居民,也不得进入这些领域。此外,对于政府提供财政补贴的行业以及有关的招标或采购,也只准"本国公司"进入,理由是本国公司才应享受此项权利。由此可见,上述情况很明显是以"控制标准"为依据的,即只有股份控制权操于东道国公司之手的企业才算"本国企业",才能进入上述领域。

2. 对海外企业实施司法管辖权

海外分公司与总公司(母公司)为同一法律实体,因此母国政府可以对海外分公司实施司法管辖权。按东道国法律注册登记的海外子公司是独立法人,母国政府按理不能对它实施司法管辖权。但是,在有的场合下,母国政府却提出管辖要求。这显然不符合国籍原则。其理由往往是这些企业(母公司、子公司)应视为一个整体,可称之为"企业整体处理法"(Enterprise-Unity Approach)。此法虽不被东道国接受,但母国当局可对母公司施加压力,再由母公司对海外子公司施加影响,使之就范。与此相反,东道国政府有时也可置子公司是独立法人这一原则于不顾,向母公司追究法律责任。这实际上也采用了"企业整体处理法",或者是根据"揭开公司面纱"的原则。欧共体就有这类规定。曾任联合国国际贸易法委员会主席的克里夫·施米托夫(Clive M. Schmithoff)指出:欧共体所设的欧洲法院有时会根据共同体的竞争法,揭开这种"法人面纱",把国际企业视作一个法律单位。如果一家国际企业的母公司设在非成员国,但在成员国设有子公司,该子公司又没有根据市场情况自主地决定其行动,实际上是执行其母公司的指示,则欧洲法院对该母公司享有司法管辖权。但是,必须强调的是,这不等于改变了母公司的国籍。

3. 行使国际法的权利

设在海外的分公司与母公司属同一国籍,因此母国政府有对该分公司行使外交保护的权利,而对海外子公司则不能行使外交保护。母公司有时会依据上述"控制标准",提出应将海外子公司与母公司视为一体,从而要求母国政府对子公司给予外交保护。但是,这很难被他国接受。1970 年海牙国际法院对西班牙巴塞罗那公共运输业案(Barcelona Traction Case)的判决,对企业的国籍问题确立了更为严格的标准,即把"组建标准"与"管理标准"统一起来,认定一企业在该国注册登记并在该国设有管理机构,该国才可对它行使外交保护。1989 年,海牙国际法院对另一判例(Elsi Case)也作了基本上相同的结论。这就明确了企业国籍与外交保护的关系。

四、国际企业的主要特征

国际企业是一般公司的特例,它具有一般公司的性质、作用、职能和使命。但是,它广泛的全球性和在世界经济舞台上的重要作用又不同于一般意义上的公司。国际企业的主要特征包括:

(一) 国际化(Internationalization)

国际化是指国际企业在全球范围内实行资源的最优配置,以期达到长期的总体效益最优化,即在变动的国际经营环境中,为求得长期生存和发展而作出总体的、长远的谋略。企业从事国际化经营,必定要有资源(商品、服务要素等)跨越国界的转移。跨国经营与货物进出口业务的不同之处就在于,转移资源到国外后,仍然必须保持对它的控制,这样才能加以支配和运用,以便开展国际化经营。因此,国际企业越来越注意从全球的角度进行战略思考,抓住全球性机遇,合理安排有限的资源,制定国际战略目标,替代仅从一个国家或地区的目标出发而确定的局部型战略。例如,2011 年,沃尔玛再次荣登《财富》世界 500 强榜首,在全球 27 个国家开设了超过 1 万家商场,下设 69 个品牌,员工总数为 220 多万,每周光顾沃尔玛的顾客有 2 亿人次,销售额达 4190 亿美元,可居于世界各国 GDP 排名前 30 位。

舍尔姆(E. Schem)和苏斯(S. Suess)在研究了国际企业规模和企业国际化程度关系的基础上,提出了评价企业国际化程度的三个基本原则:第一,企业跨国业务的数量越大,国家的地理距离和心理距离越大,企业的国际化程度就越高。第二,企业在海外创造价值的方式越多,创造的价值量越大,企业的国际化程度就越高。第三,企业的整体性越增加,企业的国际化程度就越高。规模大的国际企业面临着总公司与其海外各个分支机构在决策、企业资源共享、不同文化的融合等方面的大量协调工作。如果企业表现出的整体协调能力很强,就证明其国际化程度已经发展到了较高的水平,已经能够有效地把企业作为一个整体,进行全球业务的统一协调和管理。[①]

上述三个原则中,前两个涉及的是量的评价标准,后一个涉及的是质的评价标准。在实践中,最常使用的评价企业国际化水平高低的量的标准,是企业海外营业额指标;最常使用的评价企业国际化水平高低的质的标准,是企业管理的职能领域国际化发展指标。

（二）多元化(Diversification)

纯粹的国内企业在相同的政治、经济、法律体制以及文化背景下从事生产经营活动,其管理方式和方法是某一种特定环境的产物。国际企业则不同,它要在不同的国家从事生产经营活动,而母国和东道国、东道国和东道国之间的环境差异比较大。根据权变学说,可以将管理看作环境的函数,环境变量发生变化,管理变量作为因变量也要随之而变化,这样才能使企业得以生存和发展。国际企业只有同时针对不同的情况进行多元化的管理,才能在每一个特定的环境中立于不败之地,从而在国际竞争中取胜。

同样,国际企业指挥下的一体化生产体系,无论是横向的还是纵向的,其产品必定趋于多元化。多元化正是国际企业发挥其经营优势、降低风险的重要方法。一般企业限于规模和资金实力,则难以充分实现多元化。从营销学的角度说,为了适应不同层次、不同类型的市场需求,产品还需要进行"差异化"(Differentiation),如不同的档次、款式等。但是,还应注意另一种趋势的存在,这就是许多国家消费的同步化。西方发达国家的经济水平较接近,居民人均收入差距不

① See Ewald Scherm, Stefan Suess, Internationales Management, Verlag Vahlen, Muenchen, 2001, p. 11.

大,生活方式相似。因此,一项新产品在甲国市场推出后,会很快吸引乙国、丙国的消费者购买,这就是所谓“示范效应”。

同步化与多元化、差异化并不矛盾,而是相辅相成的,这也充分反映在国际企业的经营活动中。例如,可口可乐、麦当劳、雀巢等都采取了“全球产品一地方口味”(Global Product and Local Tastes)的营销战略。它们首先使自己的产品具有“全球性”的形象,成为“世界产品”,因而使用统一的商标以及广告中某些统一的标志和形象。在这个前提下,它们再推出系列化产品,实现多元化、差异化,以适应不同国家、不同类型消费者的需要。即使是同一规格的产品,为了迎合当地口味,也可对其作某些调整。

(三) 内部化(Internalization)

国际企业,特别是通过对外直接投资跨国经营的企业,通常是一个由母公司、子公司或分公司构成的企业群或企业集团,而每一个子公司或分公司在东道国又是一个独立的经营实体。随着国际分工的发展,某个产品的生产经营过程会具有内部化的性质。

最典型的例子是美国福特嘉年华汽车在欧洲组织跨国生产的情况。在英国,福特公司在北爱尔兰的贝尔法斯特生产充电器、配电器,在英格兰的利明顿和达根安生产引擎铸件,在巴西尔顿生产水箱、水泵、引擎零件,在特雷富里斯特生产火花塞、绝缘器,在恩非尔德生产仪表盘、油表、水表、插座。在比利时,福特公司在亨克生产车身部件、车轮。在德国,福特公司在维尔弗拉特生产变速器、引擎零件,在科隆生产车身底盘、引擎零件,在萨尔路易总装。另外,福特公司还在法国的波尔多生产变速器,在西班牙的巴伦西亚进行车身总装。这种原先企业内部分工的国际化必然会催生众多的海外子公司或分公司。

目前,国际企业内部交易在国际贸易中占有相当大的比重。国际企业的生产体系实际上是企业内部分工在国际范围内的再现,母公司与国外的附属公司之间以及各附属公司之间的交易正是上述分工的表现形式。国际企业必须通过这种内部交易才能作为一个国际化生产体系正常运转。

本章小结

经济全球化是指各国经济无一例外地参与国际分工和国际交换,全球物流、资金流、信息流和技术流加速运动,从而实现资源在世界范围内的优化配置的过程。经济全球化的主要内容有贸易全球化、金融全球化和生产全球化。

国际商务是在不同国家之间进行商品、劳务、资本、技术和信息等资源的国际转移。它主要包括两种形式:国际贸易和国际投资。国际投资又包括国际间接投资和国际直接投资,其中国际直接投资对母国和东道国经济均可能产生有利和不利的影响。

国际企业的称呼很多,“跨国公司”已经成了最主要的代名词。联合国关于跨国公司的定义是:在两国或更多国家之间组成的公营、私营或混合所有制的企业实体,不论此等实体的法律形式和活动领域如何;该企业在一个决策体系下运营,通过一个或一个以上的决策中心,使企业内部协调一致的政策和共同的战略得以实现;该企业中各个实体通过所有权或其他方式结合在一起,从而使其中的一个或多个实体得以对其他实体的活动施行有效的影响,特别是与别的实体分享知识、资源和责任。

习题

1. 经济全球化的影响表现在哪些方面?
2. 国际直接投资对母国和东道国的经济有何影响?
3. 国际企业的主要特征有哪些?

案例

默多克与新闻集团的全球化路径

新闻集团(News Corporation)是世界上规模最大、国际化程度最高的综合性媒体集团之一,在2012年《财富》世界500强排行榜上排名第332位。它主要的股东和首席执行官是鲁伯特·默多克(Rupert Murdoch),他的家族控制着这个公司30%的股份。新闻集团的前身是澳大利亚新闻有限公司,经过60多年的时间,默多克将其缔造成了一个庞大的传媒帝国,涉足几乎所有的媒体领域。

一、澳洲起步

1931年,默多克出生在澳大利亚阿德莱德,在传统的欧式教育和开放的移民生活环境中成长起来。1949年,他来到英国,就读于牛津大学的伍斯特学院。他在这里阅读了很多成功人物的传记,获得了丰富的知识和推动他在事业上迈步前进的巨大力量。他热衷于当时风起云涌的政治运动,对赌博也很有兴趣。在同学和朋友眼中,他显得视野开阔且雄心勃勃。

1952年秋,默多克的父亲病故,年仅21岁的他只身回到澳大利亚,开始了承担家族事业的重任。虽然默多克家族是依靠农场致富的,但默多克的父亲拥有澳大利亚4家报纸。在处理后事的过程中,默多克发现父亲的几家报纸处于亏损状态。于是,他设法保留住了《星期日邮报》和《新闻报》,而将其他报纸出售。面对主要的竞争对手《广告报》,默多克果断与其合并,并且努力使《新闻报》开始盈利。同时,他又筹措到足够款项,收购了位于帕斯、正处于亏损的《星期日时报》,并将阿德莱德的一些记者和编辑调往帕斯,使该报纸重获生机。

在阿德莱德和帕斯站稳脚跟以后,默多克开始转战澳大利亚最大的城市悉尼。在这里,他以400万美元的价格获得了经营不善的《镜报》及多家印刷厂。不久,他开始筹划创办澳大利亚第一家全国性报纸。1964年,《澳大利亚人报》正式发行。1967年,该报年发行量达到75000份。1972年,默多克又收购了帕克的《每日新闻》和《星期天电讯》。

澳大利亚是新闻集团的故乡和根基所在,也是默多克的感情归宿之地。从一个家族化的地方报业集团发展到跨国化的媒体集团,新闻集团的扩张离不开澳大利亚的支持。在国际化的最初阶段,新闻集团靠的就是在澳大利亚的资金积累。同时,澳大利亚也一直是新闻集团的人才基地。每当新闻集团出现人才危机的时候,默多克总是"打回老家,招兵买马"。直至2004年,这家公司的总部才由澳大利亚的阿德莱德搬迁到美国的特拉华州,重组为后来的新闻集团。

二、进军英伦

在已经掌握澳大利亚报业"半壁江山"的时候,为了寻求更大的发展空间,默多克决定进军经济、文化发达的欧美国家,英国成为其首选对象。新闻集团之所以选择英国进行跨国经营,有其深刻的历史原因:第一,澳大利亚和英国属于同一语言文化圈,有着相似的人文环境;第二,澳大利亚是英联邦成员国,新闻集团在英国投资有很多便利的条件;第三,默多克是第三代欧洲移民,他还在英国牛津大学读过书。

1968年秋,英国最大的星期日周报《世界新闻报》开始转手,默多克购买了该报40%的股份。在他看来,报纸地位下降的原因是教育水平的提高与电视的普及。他为了让该报重获新生,大量发布耸人听闻的消息。为了便于控制这家报纸和在英国寻求更大的发展,新闻集团将澳大利亚的部分资产转移到了英国。半年之后,默多克占有了该报49%的股份,成为主席。

接着,默多克得知《太阳报》的年销售量从150万份下降到85万份,面临出售的局面,立即赶在别人之前以150万美元买下了这份报纸。他认为,《太阳报》应该办成《世界新闻报》的每日版,并且应该以文摘类的文章为主。此后,他就开始裁减《太阳报》的员工,从澳大利亚调来有经验的文摘文章编辑,并且加大促销力度。在这些措施下,《太阳报》成为了一份独树一帜的新颖报纸,年销售量迅速攀升至200万份。到20世纪80年代至90年代初期,《太阳报》成为日销售量最大的英文报纸。1981年,默多克看准时机,又购买了象征着大不列颠的体面和尊严的、有着200年历史的《泰晤士报》,此举使得他更加名扬世界。

默多克很容易判断出大有发展前途的报纸,并果断地据为己有,然后大把赚钱。但是,他并不满足于在报业经营中展示自己超乎常人的才能,很快就把目光转到了电视领域。1983 年,新闻集团发起成立了英国第一家卫视频道,试图以伦敦为基地,建立一个在欧洲有领导地位的电视网,结果年年亏损。1989 年,新闻集团调整战略,将卫星频道改组为天空电视台(Sky TV),经营重心从欧洲收缩到英国。1990 年,天空电视台兼并英国卫星广播公司,成立了英国天空广播公司(BSkyB),设有电影、娱乐、体育、新闻等多个频道。

三、转战美国

进入英国还没有几年,默多克就同时在美国这个全世界最重要的市场展开拳脚了。从投资环境来说,美国是一个非常开放的国度,资本可以在很大程度上按市场规则运作。1970 年,默多克获得在美国的居住权后,立即着手将自己的事业延伸到美洲大陆。美国的报业非常发达,但要想在美国收购一家报纸非常难。经过默多克的不懈努力,新闻集团美国公司才在美国扎下了根,并且成为新闻集团的主要收入来源。

1973 年,默多克在美国收购了哈特·汉克斯报系三家报纸,为此支付了 1970 万美元,这些钱来自于他在英国和澳大利亚的报纸集团。此后,他沿用老办法,力推爆炸性新闻,加大宣传力度,使得报纸的发行量逐渐提高。他发现,美国报纸更关注广告收入,而非发行量。1976 年底,他收购《纽约邮报》。他还花 1200 万美元创办了一份周报《国民之星》。当他发现该报无法盈利后,立刻从澳大利亚抽调人手,把其改造成一份名为《星》的彩色杂志。不久,该杂志就获得了大量广告收入。

接下来,默多克买下了《纽约》周刊。但是,许多采编人员反对收购并退出了杂志。默多克就派专人回澳大利亚招聘文字和摄影记者,渡过了危机。后来,他又买下《乡村之声报》《新西部》。每当默多克买下新的报纸后,他总是想方设法将其转变为文章短小、标题鲜艳的出版物。他还于 1982 年买下《先驱美国人报》,并将其改名为《波士顿先驱报》,第二年又收购芝加哥《太阳时报》。

如同在英国一样,新闻集团在发展报业的同时,也积极地向利润更加丰厚的电子媒体进军。由于美国法律禁止外国人控制任何电视频道,为了在美国发展,默多克加入了美国国籍。1985 年,默多克买下了 20 世纪福克斯电影公司。他看中的不只是电影公司,还有该公司下属的福克斯电视台。默多克用了一年的时间,把这家名不见经传的小型独立电视台改造成了一个结构合理的电视网,从此这家电视台就成了一座“宝藏”。福克斯电视网所拥有的会员从最初的 12 家电视台发展到 188 家,与美国老牌电视业巨头美国广播公司、哥伦比亚广播公司和全国广播公司并肩而立,成为美国第四大电视网。

四、登陆中国

中国是世界经济的新热点,是国际企业抢滩的地方,也被认为是最有潜力的媒体市场。香港特殊的历史条件使它成了中西方沟通的桥梁。回归祖国后,香港更是中国最重要的自由港,也是全球最开放的地区之一。默多克因此把香港作为进军中国内地的"桥头堡"。为了打入中国市场,新闻集团1993年以5.25亿美元的价格,从李嘉诚家族手中购买了卫星电视台(Star TV)64%的股份,1995年买下其余股份。

默多克对中国市场情有独钟,不断寻找与中国政府的共同点,在长期合作中建立信任。早在1985年,默多克首次访华,就向中央电视台赠送了50部20世纪福克斯电影公司拍摄的影片,包括《音乐之声》《巴顿将军》等。1994年到1995年间,默多克属下的哈珀—科林斯出版公司推出了邓榕的《我的父亲邓小平》的英文版。1995年和1999年,新闻集团属下的《泰晤士报》先后两次赞助在大英博物馆举行的大型中国文物展。1998年,默多克出资400多万美元,帮助创办了《人民日报》网络版。

伴随着新闻集团与中国有关方面的各种合作,新闻集团的业务在中国市场上也随之开展起来。新闻集团开始以技术等能规避媒介政策限制的方式进入中国内地市场。1994年,新闻集团与天津广电局组建了天津金大陆公司。公司成立后,其重要的业务是进行频道包装,并逐步将业务转到节目制作上来。2001年,新闻集团的子公司NDS集团宣布在中国成立第一家独立的分公司——NDS科技(北京)股份有限公司。该公司已经成为独立向国家级有线电视网提供数字有线电视的前端、接收、机顶盒和互动式节目指南软件等全套系统的供应商。2002年,新闻集团下属星空传媒集团与湖南广播影视集团结成战略联盟,约定今后在节目拍摄、世界性发行以及节目交流等方面进行广泛合作。

新闻集团的电视节目也不断进入中国内地市场。2001年10月19日,中国国家广电总局正式批准新闻集团持股38%的凤凰卫视中文台进入广东珠江三角洲地区有线网络。2001年12月,新闻集团的全资子公司星空传媒旗下的星空卫视获准在中国广东落地。这是中国首次将有线网落地权授予一个全新的境外频道。中国观众由此可以直接或间接地收看到星空传媒9个频道的节目,其中包括很多人已经熟知的凤凰卫视中文频道、Channel[V]音乐频道和国家地理频道等。作为对等条件,新闻集团的福克斯电视网安排中央电视台的英语频道CCTV-9在美国播出。

结语

如今,新闻集团已经覆盖了所有的媒体领域。在英国,40%的报纸都由新闻集团控股,6 张发行量最大的报纸(其中包括《泰晤士报》《每日电讯》《镜报》《卫报》等)的日总发行量达到 2500 万份。在澳大利亚,新闻集团控制 2/3 的报纸。在美国,新闻集团拥有 20 世纪福克斯电影公司、福克斯电视网和 35 家电视台,占全美电视台总数的 40%。在拉美,新闻集团与 3 家电视台合作,通过卫星播送 150 套节目。在欧洲,新闻集团有天空电视台。在印度,新闻集团有 EETV。在中国,3500 万个家庭可以通过卫星收看到新闻集团的电视节目。现在,新闻集团可以用 7 种语言,通过 40 多个频道,向亚洲 53 个国家和地区提供娱乐和信息节目。

从 60 多年前的一家地方小报发展成为今天营业收入 300 多亿美元、业务遍布全世界的跨国媒介集团,这就是默多克坚持全球化战略的成果。新闻集团的势力范围已经扩展到世界上 1/3 的地区和 2/3 的人口中。回顾其扩张历史,从澳大利亚到英国,再到美国和中国等地,新闻集团在世界传媒市场逐渐产生强大的影响力,产业拓展的地域延伸和分布起到至关重要的作用。

? 思考题

1. 经济全球化为新闻集团的国际化经营提供了哪些有利条件?
2. 新闻集团对外直接投资的主要方式是什么?
3. 新闻集团具备哪些国际企业的特征?

第二章　企业国际化经营理论

教学目的和要求

1. 认识国际贸易理论的发展变化
2. 掌握对外直接投资理论的主要内容
3. 了解企业国际化阶段理论的不同表述
4. 掌握日本式对外直接投资理论的观点
5. 认识发展中国家对外直接投资的原因

国际化经营理论主要由国际贸易理论和对外直接投资理论构成。前者研究国家之间的贸易是如何发生的,一个国家应当向哪些国家出口何种产品,又应当从何处进口何种产品以增进国家福利;后者则解释为什么会产生跨国直接投资活动,企业如何有效地管理这些活动,以获得所需资源和利润。

第一节　国际贸易理论

国际贸易是国家之间历史最为悠久的经济联系,同时也是企业进行国际化经营的重要手段。人们对贸易问题进行了深入持久的探索,在此基础上形成了众多的国际贸易理论。国际贸易理论是国际企业管理的基础理论,影响着国际企业管理的思路,尤其是对政府的政策制定有很大的影响。国际贸易理论可以帮助我们理解企业在什么地方生产并销售某种产品具有竞争力,也可以帮助我们理解并预测政府会制定什么样的贸易政策,以及这些政策会对企业竞争力产生怎样的影响。

一、亚当·斯密的绝对优势理论

亚当·斯密(Adam Smith)被认为是国际贸易理论的奠基者。19 世纪初,他将贸易问题的研究转向生产领域,将对生产过程的研究作为贸易理论的起点,以地域分工为基础,提出了绝对成本说。

斯密认为,社会分工会形成贸易专业化,这是因为社会分工可以提高劳动生产率,而其出发点是成本差异。他指出,如果一件东西在购买时所花费的比自己在家里进行生产时所花费的要少,那么人们就不会选择在家里进行生产。同样的道理，可以将这种家庭分析推广到国际分工和交换。如果其他国家能以比本国制造还便宜的价格供应某种产品，那么最好的选择就是用本国生产的比较有利的产品的一部分与它们进行交换，以购买不利于本国生产的产品。例如，斯密假定苏格兰生产酒的成本绝对高，是葡萄牙的30倍。在这种情况下，对苏格兰来说，自己生产葡萄酒并不合算，不如进口国外酒。他认为，每个国家都有适宜生产某些特定产品的条件，其成本绝对低于其他国家而具有优势，因而可以通过交换取得本国不适宜生产的产品，从而得到各自的经济利益。一个国家如果生产最适宜的产品，并将这种产品与其他国家的产品相交换，那么这个国家就能使实际收入最大化。当然，在这里，市场是完全竞争和自由的。斯密的绝对成本说也可以被看作绝对优势理论（the Theory of Absolute Advantage）或绝对利益理论。

斯密指出，劳动是主要的生产要素，产品成本高低以劳动单位衡量，提高劳动生产率是取得产品绝对成本或贸易绝对利益的来源。在他看来，一个国家劳动生产率的高低取决于其所拥有的先天优势（Natural Advantage）或后天优势（Acquired Advantage）。先天优势是自然优势，指超乎人力范围之外的气候、土地、矿产或其他相对固定的优势。例如，葡萄牙生产葡萄酒的成本低，是因为其气候温暖；而苏格兰生产葡萄酒的成本之所以比较高，是因为其气候寒冷。后天优势是获得性优势，如生产过程中所积累的经验、技术等。斯密更加注重自然条件形成的优势，把自然条件视作决定国际分工的因素。在他看来，自然资源要素对于一国的贸易格局具有头等重要的意义。

斯密的绝对成本说以一国的市场成本绝对低廉为贸易发生的先决条件，却无法解释现实经济生活中常见的现象，即一个国家虽然不具备生产成本绝对低的商品的条件，但仍然可以进行国际贸易。

二、大卫·李嘉图的比较优势理论

英国古典经济学家大卫·李嘉图（David Ricardo）在绝对优势理论的基础上，提出了比较优势理论（the Theory of Comparative Advantage）。他认为，即使一国各个行业的生产都缺乏效率，没有成本绝对低的产品，但是从生产成本的相对差别出发，只要能生产出成本相对低的商品，就可以与另一国进行贸易以获得经济效益，即比较利益。

李嘉图认为，产品的比较优势来自于不同产品之间劳动生产率的相对差别，一国劳动生产率相对较高的产品具有比较优势，而劳动生产率相对较低的产品则不具有比较劣势。每个国家都集中生产并出口具有比较优势的产品，进口具有比较劣势的产品，将使彼此都获得比较利益。举例来说，假定英国生产葡萄酒和布匹的单位劳动成本比法国高，但两国不同产品的成本比例不同。两国生产布匹的成本比例是100:80，即1.25；两国生产葡萄酒的成本比例是120:80，即

1.5。将这两个成本比例相比较,从英国方面看,生产布匹的成本相对低一些,效率相对高一点。所以,英国生产布匹具有相对优势,通过交换得到葡萄酒,就可以得到比较利益。从法国方面看,虽然生产葡萄酒和布匹都有绝对优势,但相对而言,生产葡萄酒的成本更低,优势更大。因此,法国应该选择生产葡萄酒以换取布匹,取得比较利益。这就是说,国与国之间的生产要素禀赋不一,各国只要发挥其优势,充分利用所拥有的生产要素,生产和销售各自具有比较利益的产品,并与其他国家具有比较利益的产品相交换,就可以做到双方都有利可图。

比较优势理论的科学性在于,它揭示了一个客观规律——比较成本法则。即无论是生产力水平高还是生产力水平低的国家,按照比较优势理论,参与国际分工和国际贸易都可以得到实际利益。这一理论对世界各国(无论贫富)参与国际分工和国际贸易的必要性作了解释,是一百多年来西方国际贸易理论的核心。

三、赫克歇尔和俄林的要素禀赋理论

20世纪初,瑞典学者赫克歇尔(E. F. Heckscher)和俄林(Bertil Cottard Ohlin)将斯密和李嘉图的研究成果整合为一体,提出了要素禀赋理论。他们认为,不同国家拥有的生产要素不同,各国在生产那些密集使用其较充裕的生产要素的产品时,必然会有比较利益产生。因此,各国应将能利用本国较充裕的生产要素生产的产品出口,去进口那些需要利用本国相对稀缺的生产要素生产的产品。这是一种能获得比较利益的国际分工,国际贸易由此得以进行。

该理论认为,各国生产要素禀赋丰裕程度的差别,导致各国生产要素价格的差异。这就使得具有相同要素构成比例的同一种产品在不同的国家具有不同的生产成本。某个国家使用其丰富而便宜的生产要素生产的产品的成本较低,反之则成本较高。一般来说,在劳动力相对充实的国家,其劳动力价格偏低,因此劳动密集型产品的生产成本会相对低一些;而在资本相对充实的国家,生产资本密集型产品可能会有利。

赫克歇尔、俄林克服了斯密和李嘉图贸易模型中的某些局限性,认为生产产品需要不同的生产要素,而不仅仅是劳动力,资本、土地以及其他生产要素也都在生产中起重要作用,并影响到劳动生产率和生产成本。因此,国际贸易产生的基础是生产资源配置或要素储备比例上的差别。

与古典贸易理论相似,要素禀赋也有若干假定:(1) 在国际流动中没有运输成本;(2) 完全竞争;(3) 充分利用所有生产要素;(4) 固定供应同种生产要素;(5) 没有技术创新;(6) 生产要素在国家之间完全不流动。这些假定常常受到批评。

四、贸易理论的发展

（一）贸易要素分析

贸易要素分析否定传统贸易理论的某些假定，对贸易要素进行新的分析和理解。这主要表现在：(1) 否定传统贸易理论暗含的土地、劳动和资本本身无差异的假定，认为每一种生产要素都具有非同一性。这就是说，各国生产要素禀赋不仅有量的区别，而且有质的区别。同样是土地、劳动和资本，由于在质上存在差异，其发挥的效能可能大相径庭。这种分析在一定程度上对要素禀赋起到了补充作用。(2) 否定传统贸易理论有关一国要素禀赋固定不变的简单假定，认为一个国家所拥有的资源或生产要素具有可变性。这就是说，随着技术的进步、人口的增加和资本的积累，任何国家的资源或生产要素在质和量上都是一个变数，从而使一个国家的比较优势也随之发生变化，并进一步影响国家贸易的流向和种类。雷布钦斯基(Rybczynski)指出，一种生产要素增加，将增加密集地使用该种生产要素的生产，同时将减少密集地使用另一种生产要素的生产。随着经济增长，一般来说，资本存量的增长总是快于劳动力的增长。因此，根据雷布钦斯基的理论，这类国家的劳动密集型生产将会减少，资本密集型生产将会增加，资本密集型产品的出口增长速度从而将超过劳动密集型产品的出口增长速度。(3) 否定传统贸易理论设置的同种产品在各国生产要素配置的密集型特征下具有同一性的假定，认为各国生产同种产品的生产函数存在差异，同种产品可以有不同的要素配置比例和生产方法。从横向看，各国由于技术水平存在很大差异，因此以实物表示的生产同种产品所需的要素配置比例就会不同。此外，各国生产要素的价格不同，以价格表示的生产同种产品所需的要素配置比例也不尽相同。这就是说，一种产品在美国生产，表现的是资本密集型特征；而在发展中国家生产，表现的却是劳动密集型特征。从纵向看，技术进步和技术创新为节约劳动或资本提供了可能性，从而使一个国家在不同时期生产的同种产品的要素密集型特征也会发生转移或变化。18 世纪末，在欧洲，由于机器生产代替了手工制造，结果相对降低了纺织品的劳动密集程度。

（二）新要素理论

“二战”以后，科学技术有了长足的进步，推动了国际经济的发展，同时也对世界贸易的格局产生了重大影响。新要素理论就是对这种贸易的变化所作的一种理论说明。该理论认为，在考虑国际贸易比较优势时，像传统的生产要素禀赋理论那样，仅仅只分析土地、劳动和资本三种生产要素是远远不够的。传统理论强调自然条件决定比较优势，这在一些国家和地区至今仍是适用的。但是，在现代经济快速发展的时代，一个国家的禀赋不仅仅局限于其所在的地理位置或自然资源。许多国家完全可以通过自己的努力，取得后天的比较优势。例如，从自然资源上看,日本是一个资源小国。但是,从国际贸易看,日本却是一个贸易大国。究其原因,是因为日本取得了后天比较优势,而不是先天比较优势。新要素理论认为,技术、人力资本、研究与开发、信息以及管理等都是生产要素,这些新要素对于说明国际分工与交换的基础与格局有重要作用。

1. 技术要素说

这一学说认为,比较优势来自于国际技术差异。技术是应用于生产和服务的知识、技能和工艺的总和。技术不仅能够提高土地、劳动和资本的生产率,而且可以提高三者作为一个整体的全部要素生产率,从而改变三者在生产中的相对比例关系。一国如果在技术进步和技术创新上领先于竞争对手,拥有了技术进步和技术创新所带来的比较优势,就可能获得一个准垄断的地位,而其他国家要模仿或复制创新国的新技术和新产品就会有一个"模仿时间差",贸易就发生在"模仿滞后"的时间差期间内。随着新技术被模仿,在国际上成为标准化的技术,其动态优势就会逐渐丧失,国家间的生产函数再次接近。这时,生产与贸易格局将由要素禀赋理论的静态条件所决定,比较优势将偏向于劳动力成本较低的地区。

因此,技术也是一种独立的生产要素,技术进步和技术创新意味着一定的要素投入量可以生产更多的产品,或者一定的产量只需较少的投入量。可见,技术进步和技术创新会对各国生产要素禀赋的比率产生影响,从而影响各国产品的相对优势,对贸易格局的变动发挥作用。比如,一国节约资本型的技术进步会使其资本密集型产品处于相对优势。

2. 人力资本说

这一学说强调了新的生产要素,即人力资本,把人力资本独立于通常的资本和劳动力,作为影响比较优势的一个重要因素。事实上,劳动力是有内在区别的。古典贸易理论只是笼统地讲劳动力,不区分熟练劳动力和非熟练劳动力。但是,在实践中,管理人员、技术专业人员和高级熟练工人对比较优势有着重要的贡献。这种通过在人力资源上的投资所形成的高素质劳动力能在技术密集型生产上创造优势。一国如果能够对劳动力进行投资,就可以使劳动者的素质得到极大改善,大大提高劳动生产率,对该国的对外贸易格局产生重要影响。通常,资本充裕的国家往往也是人力资本充裕的国家,人力资本充裕从而也是这类国家参与国际分工与交换的基础,它们往往出口人力资本要素密集型产品。

3. 研究与开发要素说

研究一般指与新产品、新技术、新工艺紧密相关的基础和应用研究,开发则指新产品的设计开发与试制。有学者认为,研究与开发也是一种生产要素,一个国家越重视研究与开发,产品的知识与技术密集程度就越高,在国际市场竞争中就越有利。在一定条件下,投入研究与开发的资金的多少可以改变一个国家在国际分工中的比较优势,产生新的比较利益。

4. 信息要素说

现代经济生活不仅需要传统生产要素,而且需要信息这样的无形生产要素。信息作为一种能创造价值的资源,和有形资源结合在一起,构成现代生产要素。

随着科学技术的发展,人们对决定国际分工和交换的生产要素的认识不断深化。赫克歇尔—俄林模型中的生产要素可视为有形要素,技术、人力资本、研究与开发、信息以及管理等可视为无形要素。无形要素越来越成为贸易的基础,决定着一国的比较优势格局。可见,新要素理论是对要素禀赋理论的发展。

(三) 生产要素的国际移动

传统贸易理论都假定生产要素在国家之间没有移动。俄林最初用商品移动代替生产要素移动,后来也开始讨论要素移动对贸易的影响。他认为,尽管国内要素供应变动较小,要素移动对贸易的短期效应较小,但对各国工业的发展以及相互之间的长期效应则可能较大。要素移动与商品贸易存在相互替代的关系。传统贸易理论强调商品贸易使要素价格均等化,从而替代了生产要素的移动;生产要素移动理论则正好相反,强调要素移动有替代贸易的作用。商品移动和要素移动都是由相对要素的稀缺性造成的,而且都能减轻要素相对稀缺的程度。所以,生产要素的国际移动数量越多,国际贸易的动机与所取得的利益越小,国际贸易的需求量就越少。可以说,生产要素的国际移动具有"反贸易的倾向"。

五、迈克尔·波特的国家竞争优势理论

当代国际竞争的一个显著特点是,市场价格机制与企业机制都在起作用。这一点和李嘉图时代不同。在李嘉图时代,企业还是传统式的小工场手工业,资源配置主要靠市场价格机制,企业在资源配置中不占主导地位,外生比较优势能够发挥比较充分的作用。在当代,国际企业这种最典型的现代企业制度的出现说明,国际竞争已成为国际商务发生的一个重要原因。新古典经济学将研究重心放在市场上,严重忽视了企业的组织生产功能与技术创新功能,导致企业的创新能力与动态竞争能力未能进入分析视野。迈克尔·波特(Michael Porter)的国际竞争优势理论在这方面作出了重要的贡献。

波特提出了关键性问题:为什么一个国家在一个同时存在贸易与投资的行业中会成为成功的竞争者?为什么某些特定国家的特定企业能持续创新?为什么它们能不断改进并寻求保持竞争优势的更多来源?波特认为,国家竞争力受到四个相互关联的因素的直接影响。这四个因素决定了一个国家在某行业中促进或抑制竞争优势的环境。波特把这四个因素画成了一个菱形,构成国家竞争力的解释模型,即国家产业竞争优势决定的"钻石模型",如图 2-1 所示。

波特认为,作为国家竞争力的菱形图是一个系统,四个因素相互作用,直接

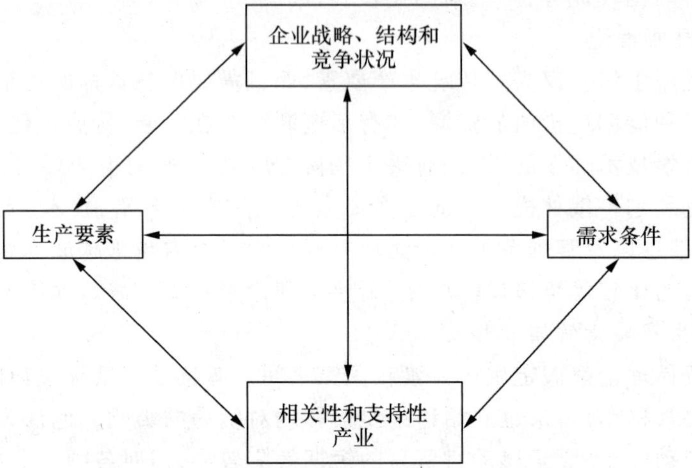

图 2-1 国家产业竞争优势决定的"钻石模型"

影响国家竞争力的生成和维持。

(一) 生产要素

波特把生产要素分为基本要素和高等要素,其中高等要素包括现代化通信网络、高科技人才、高端科技的研发机构等。具体来说,生产要素主要包括:

(1) 劳动力素质、技能、成本;

(2) 自然资源的丰裕、质量、可得性及成本;

(3) 可用于支持产业的资本数量及成本;

(4) 国家知识来源和存量,如科学、技术、市场知识等;

(5) 基础设施如通信、交通、医疗等的数量、质量及成本。

这些要素决定了贸易的流动。一个国家会出口充分利用本国优势资源生产的产品。在形成任何一个先进国家经济体系的支柱产业中,国家并不是继承而是创造了最重要的生产要素:人力资源、科学基础、持续大规模的专业化投资。

(二) 需求条件

需求条件是一个行业、一个产品是否具有国际竞争优势的重要影响因素。一国企业的投资、生产和营销首先是从本国需求角度考虑的。国内市场是企业"市场导向"的真正含义。从本国需求出发建立起来的生产方式、组织结构和营销管理,是企业是否具有国际竞争力的重要影响因素。需求条件主要包括:

(1) 由各种细分市场反映的国内市场需求结构,购买者的复杂性,以及国内市场需求在何种程度上预示了国外市场需求;

(2) 国内需求的规模和增长速度;

(3) 国内需求国际化,以及本国产品和服务走向国外的方式。

国内市场的构成和性质对公司如何理解和回应购买者的需求具有很大的影

响。国家在这样一些产业中能获得竞争优势:这些产业的国内需求能给予公司一个较清晰的购买者需求情况,严苛的购买者迫使公司更快创新或获得比国外竞争者更强的竞争优势。对于企业来说,国内需求的性质比规模更重要。

(三) 相关性和支持性产业

对一国某一产业的国际竞争力有重要影响的另一个因素是该国该产业的上游产业及其相关行业的国际竞争力。一定程度上,一国的优势产业往往会表现为一个"优势产业群",因为相关产业的优势对一个具有国际竞争力的产业会起到互相促进优势扩大的作用。具体来说,相关性和支持性产业主要包括:

(1) 具有国际竞争力的上游产业,它通过有效、及时、廉价地提供投入品,给下游产业带来竞争优势;

(2) 那些在竞争中可以协调和参与价值链活动并与国际竞争相关的产业,或那些生产互补产品的产业。

以国内需求为基础的、具有国际竞争力的供给方企业能通过多种方式为下游产业创造竞争优势。一群互相靠近、互相支持并具有国际竞争力的产业能在相互间的作用中创造竞争优势。它们进行快速信息交流、技术交流和市场需求方面的沟通,从而促进和加快了创新和提升。

(四) 企业战略、结构和竞争状况

波特认为,企业战略、结构和竞争状况是一国企业如何创建、组织和管理的决定条件,在不同的国家和不同的产业中有很大的差别。国家竞争优势来源于在特定产业中各种竞争优势能恰当地匹配在企业中,而国内的市场竞争结构对培育企业的国际竞争力也有很大影响。企业战略、结构和竞争状况主要包括:

(1) 企业的经营管理,以及选择竞争产业的方式;

(2) 企业要达到的目标,以及企业雇员和管理者的动机;

(3) 国内竞争程度,以及建立并保持产业竞争优势的能力。

除了以上四个主要因素之外,波特认为还有两个辅助因素会影响国家的竞争优势,即机会和政府的作用。

机会因素是非常重要的。例如,微电子技术的出现,为日本公司改变其竞争地位提供了机会;船舶的需求增加,为韩国的造船业赶超日本提供了机会。机会因素通过改变"钻石模型"中的条件而发挥作用。它主要包括:新发明的出现、主要技术的中断、成本的突然提高(如石油危机)、国际金融市场的突然变化、世界或地区需求的改变、外国的政治影响、战争等。

政府的政策对国家竞争优势有相当重要的影响。日本、韩国政府的政策就与两国的产业发展有着相当重要的关系。但是,政府的政策是通过四个关键因素发挥作用的。例如,对资本市场的政策、对教育的政策等就直接影响着要素条件。政府在很多产业(如在武器、电器设备、航天器等领域)中也是最大的买主。

政府的政策同样可以通过对资本市场进行不一样的管理、调整税率、制定或修改反垄断法等方式影响企业的战略、结构和竞争状况。当然,政府的作用也受四大关键要素的影响。例如,当地竞争者的数量会影响政府教育投资的选择,市场需求的增加会促使政府尽快建立安全标准等。

波特认为,创立一个有竞争力的产业集群并非易事,即使许多方面共同努力,也不一定能成功。只有拥有足够的资源,借以弥补最初进入所带来的损失,新进入者才能克服已存在的其他产业集群的先发优势和其他不利因素。单个企业的战略行动可能会得到政府的支持,政府决策可以对"钻石模型"的四个组成要素施加正面或负面的影响。政府补贴、资本市场政策和教育政策等均可以影响要素禀赋。政府可以通过制定国家标准或影响消费者需求的规定塑造国家需求,也可以通过制定各种规定影响相关产业和辅助产业,还可以通过资本市场规则、税收政策和反垄断法等影响公司之间的竞争。政府为企业提供的支持可以弥补企业最初的损失。政府干预在一定程度上保护了国内企业免受外来冲击,同时还能帮助国内企业开拓市场,提高某些产品的国际竞争能力。

波特的国家竞争优势理论弥补了其他国际贸易理论的不足,较圆满地回答了理论界长期未能解答的一些问题,对国际经济理论的发展作出了贡献。这一理论富有启发性,它试图捕捉现实竞争世界的丰富性和复杂性,更加强调对竞争力和经济发展的微观经济基础的研究,因而也更加具有应用价值。

第二节 对外直接投资理论

国际贸易理论研究的角度是国家间的经济行为,而现实情况是:经济活动的基本决策机构是企业,而不是国家。所以,在分析和解释国际商务活动时,问题的焦点应该是企业本身。企业除了采用传统的进出口贸易外,还可以通过对外直接投资等方式满足国外市场的需求,或从国外获得所需的各种产品。因此,在贸易理论不断发展和完善的同时,投资理论开始得到越来越多的关注。与国际贸易理论一样,对外直接投资理论相当丰富,本节主要选择其中的主流理论进行介绍。

一、特定优势理论

传统的贸易理论假定生产要素在国际上是不流动的,而市场又是完全竞争的,所以无法解释在国际经济关系中出现的直接投资行为。斯蒂芬·海默(Stephen H. Hymer)首先突破了这一框架,认为国际企业的优势缘于市场不完全竞争,而这种优势实质上就是特定优势。

（一）特定优势理论的提出

传统的国际资本流动理论建立在收益率基础上，认为国际投资的原因在于各国利率的差异，每一个投资者都会将资金投在回报最多的地方，以获取最大化利润。这一理论的基本假设是：资金的流动是收益可以预期的、无障碍的——资金会自由地从收益较低的地方流向收益较高的地方。直至各处的收益都相等，资本流动的内在动力才会衰竭。

海默于20世纪60年代在他的博士论文《民族企业的国际经营：关于对外直接投资的研究》中，对“国际投资的原因在于各国利率的差异”的传统理论提出了质疑和批判，并首次提出以特定优势解释国际企业对外直接投资行为的理论，后经其导师查理斯·金德伯格（Charles P. Kindleberger）等人的补充和发展，成为研究对外直接投资最早的和最有影响力的理论。

海默认为，传统的国际资本流动理论能够说明的是证券资本的国际移动，而不能解释发达国家之间相互直接投资的现象。他说，如果美国公司对外直接投资的原因在于国外的利率高于美国，那么为什么大批美国公司在海外借款投资建厂？为什么大量的外国投资进入美国？显然，这与传统的国际资本流动理论是矛盾的。

海默抛弃了传统的国际资本流动理论的假设——产品和生产要素市场是完全竞争的，主张将理论建立在不完全竞争市场的基础上。他认为，不完全竞争市场（Market Imperfections Approach）是导致对外直接投资的主要原因。所谓市场不完全，是指介于完全竞争与完全垄断之间，也就是一种垄断竞争的市场状况。市场不完全表现在四个方面：(1) 产品和生产要素市场的不完全；(2) 由规模经济导致的市场不完全；(3) 由政府管制引起的市场不完全；(4) 由赋税和关税产生的市场不完全。正是由于国内和国际市场存在这种不完全性，才形成了企业对外直接投资的社会经济基础。

海默认为，在解释对外投资为什么会发生这个问题上，传统的国际资本流动理论最大的缺陷是没能把“控制”这个概念弄明白。如果国外的收益率比国内高，投资者会不犹豫地将资金借给国外企业，但是否会控制国外企业显然与资金的流向没有逻辑上的必然联系。他认为，必须将对外投资分为对外直接投资和对外间接投资。直接投资强调拥有对管理的控制权，而间接投资不强调拥有管理控制权。

在特定优势理论逐步被主流研究接受以后，海默将对外投资分为对外直接投资和对外间接投资的主张被广泛应用，而且关于资本国际流动的研究逐步完成了从流通领域向国际生产领域的转移，具有现代意义的对外直接投资理论正式创立。该理论认为，特定优势是企业对外直接投资的根本原因，一个企业之所以要对外直接投资,是因为它拥有比东道国同类企业更有利的特定优势。①

(二) 特定优势的类型

与“特定优势”相近的概念还有“所有权优势”和“垄断优势”等,它们在内容上基本一致。为了能在国外与当地企业竞争,国际企业必须拥有特定优势,以克服在国外生产所引起的成本问题。企业国际化经营取决于其所拥有及能够获利的特定优势。特定优势可以分为四种类型:技术优势、消费者认同优势、市场优势和投入优势。

1. 技术优势(Technological Advantage)

技术优势是企业独立拥有并能够在生产过程中直接使用的信息。它通常被称为“技术”、“生产技能”(Production Technique)、“专门的管理技术”(Know-How)和“知识”等。技术优势分为三种:一是创造、开发和生产新产品的信息;二是用于改善现有产品生产过程的信息,例如使企业提高生产效率、降低投入、降低生产成本以及提高产品质量;三是在管理职员、组织运作以及控制手段等方面所具有的能力和技巧。

技术优势很难被测量和观察到,具有很强的隐蔽性、持久性和企业专门性。其中,最重要的是,技术优势在企业内部具有公共性,可以被重复使用,并被不同业务单元共享。这意味着企业一旦获得了技术优势,就可以在无须支付额外费用的情况下充分利用这些技术。或者说,即使支付额外成本,这些成本也是无足轻重的。当企业在本国或国外投资建厂的时候,技术优势的公共性特征显得尤为重要。这是因为,如果企业从事跨国投资和经营,那么技术优势的使用就可以形成规模经济优势。同时,在企业想出售技术或者以许可证方式授权其他企业使用该技术时,技术优势的公共性特征也是很重要的。

2. 消费者认同优势(Consumer Recognition Advantage)

消费者认同优势是指消费者对企业具有一定程度的特别偏好(Favor),这种偏好来自于企业商誉(Good-Will)、品牌、商标、服务、对消费者具有吸引力的价格以及产品的质量等。拥有此优势的企业能够获得消费者一定程度的忠诚度。因此,即使市场需求出现比较大的波动,该企业的产品销售仍然能够保持相对平稳。

消费者认同优势有两个重要特质:第一,消费者认同优势对企业的新产品销售有重要的推动作用。当企业开发的新产品类似于它现有的产品时,消费者的忠诚和对现有产品的信任有助于新产品的销售。第二,在很多情况下,消费者认同优势可以在区域市场之间进行地理转移。当一个国内企业在某个国家进行投

① 参见王林生、范黎波:《跨国经营理论与战略》,对外经济贸易大学出版社2003年版,第110—113页。

资的时候，其商誉、品牌和在本国市场上获得的消费者忠诚度对在东道国的市场开发和竞争是有帮助的。当然，本土市场的消费者认同优势对企业在东道国市场经营的有利程度会受到许多因素的制约，如两国的地理距离和文化差异程度。毋庸讳言，如果企业已经向东道国市场出口产品，那么当它在东道国投资建厂时，企业更容易利用在本土市场上所获得的消费者认同优势，并获得东道国消费者的认同。

尽管消费者认同优势可以从本国转移到其他国家，但它通常具有市场专门性。也就是说，本国的消费者对某种产品的信任度会比东道国的消费者更高。消费者通常信任上市很久的产品，而歧视新产品或者来自于其他国家的产品。所以，如果企业的产品在当地具有一定的替代性，那么对跨国投资的企业来说，与当地企业相比，其在消费者认同方面处于一定的劣势地位。

3. 市场优势（Market Advantage）

市场优势有两种类型：一是企业对其占有的市场的认知或熟悉，如消费者偏好、竞争者战略和其他信息，原料供应的可得性，以及经济、法律和政治环境因素等。二是企业把产品或服务有效地送达消费者的能力。市场优势的获得包括：企业通过各级批发和零售降低分销成本，通过产品的差异化增强其垄断能力以吸引更多的消费者。

市场优势通常与特定的市场相联系，且不适用于其他市场。市场优势的特征在企业国际化经营理论中非常重要。如果企业在国外新建工厂，它会缺少现有企业的市场优势。与当地企业相比，它也不熟悉当地的文化、政治、法律和经济体制。因此，新的进入者在东道国市场上具有市场劣势。

4. 投入优势（Input Advantage）

如果企业具有可以获得原材料或中间产品的专门途径，那么它就具备了超过其竞争对手的优势。企业获得原材料，可能是由于企业控制了一些原材料，或是与资源的所有者（如政府）签订了长期合同。企业对中间产品进行控制，可能是由于企业已经建立了高度的纵向一体化经济体系。

投入优势还包括企业拥有无弹性的中间产品，如具有丰富经验的管理者以及熟练的工程师和工人。这些人所具有的经验和技能具有企业专用性，对某个企业很有用，而对其他企业可能用处不大。在一些情况下，企业拥有其对手没有的专门的生产性机械或工具也可以成为投入优势。

由于资本市场通常是不完善的，所以投入也可以来自于企业能够以较低的成本从资本市场上筹措大量的资金，或者说企业有能力保持大量的留存收益。如果企业在国外投资，情况更是如此。在国外投资，企业可以通过两种贷款方式筹集资金：在本国贷款与在东道国贷款。一般来说，大公司在银行的信用等级更高，更容易得到银行的贷款。

原材料和中间产品是有形的,通常是可以观察到的,而且在国与国之间是可以转移的。投入优势的公共物品性质即使有,也是很有限的。例如,如果企业派母公司的管理人员到国外的新建子公司工作,那么在短时间内培训新的管理人员以替代派出的管理人员是不可能的。短期内,这种供给是无弹性的。因此,从母公司向子公司转移管理人员是在损害母公司的利益。国际企业在国外投资的时候必须考虑这些成本。

二、产品生命周期理论

产品生命周期理论(Product Life Cycle Theory)在20世纪60年代后期至70年代中期曾一度盛行,其主要代表人物有雷蒙德·弗农(Ramond Vemon)、小路易斯·T.威尔斯(Louis T. Wells)和赫希哲(Hirsch)等。

(一)弗农的产品生命周期理论

弗农认为,特定优势理论还不足以说明企业在出口、许可证和国外子公司生产之间的选择,其理论分析只停留在静态阶段,应该将企业的特定优势、产品周期以及区位因素结合起来,从动态的角度考察企业的海外投资行为。1966年,他在分析了产品技术变化对对外直接投资的影响后,提出了产品生命周期理论。该理论将产品的生命周期界定为创新、成熟和标准化三个阶段,这实际上是产品区位转移的三段模式论,即在母国生产并出口——转移到发达国家投资生产,母国减少生产和出口——转移到发展中国家和地区投资生产,母国停止生产,改为从海外进口。其具体内容如下:

1. 第一阶段:产品的创新阶段

在这个阶段,创新国利用其拥有的技术垄断优势,开发新的产品。由于产品尚未定型,技术上也不十分完善,因此在本国生产和销售这些产品是企业的最佳选择。此时,由于产品的质量不稳定,创新企业将工作重点放在产品的设计和功能的完善上,产品的质量、成本、价格等尚未受到重视。同时,企业需要与原料供应商保持密切的联系,以便迅速适应市场需求的变化。所以,在这个阶段,企业生产的新产品大部分在国内销售。当生产发展到一定水平后,会有少量产品被出口到其他发达国家。

之所以会出现这种技术上的差距使各国企业的创新机会不均等,是由于各国在经济实力上存在差距。经济实力强大的国家在产品开发上拥有相对的和绝对的优势,能够不断地开发新产品。在这方面,美国、英国、日本等发达国家具有明显的垄断优势。所以,新产品往往在这些国家形成,这些国家就成为创新国,在这个阶段就是产品净出口国。

2. 第二阶段:产品的成熟阶段

在这个阶段,产品基本定型,对产品的需求量急剧扩大,需求的价格逐渐增大,市场上开始出现产品的仿制者和竞争者。由于市场竞争日益加剧,参与竞争者增加,替代产品增多,创新国的创新企业的技术垄断和市场寡占地位受到削弱,企业开始注重产品成本的节约,较低的成本成为企业处于有利竞争地位的重要因素。其他发达国家竞争者的出现、国内面临的生产成本上升以及国内市场日趋饱和的挑战,迫使企业作出进行对外直接投资、开拓海外市场的决策。于是,企业开始在发展中国家投资建厂,以便降低生产成本,提高经济效益,从而弥补出口的减少和抑制国内外仿制者的竞争。此时,其他发达国家纷纷效仿,在发展中国家投资设厂。随着国外竞争的加剧,创新国为了巩固海外市场,会放弃国内生产。其他发达国家和后来的发展中国家会向创新国出口产品。创新国开始逐步由净出口国转变为净进口国。接下来,发展中国家开始向其他发达国家出口一定的产品,其他发达国家的出口开始下降。

3. 第三阶段:产品的标准化阶段

在这个阶段,产品和技术均已标准化,企业所拥有的特定优势完全消失,产品的竞争主要表现为价格竞争,生产的相对优势已转移到生产成本较低和采取劳动密集型经济模式的国家和地区。为保持竞争优势,企业开始在发展中国家和地区进行直接投资,转让其标准化技术;同时,大规模减少或停止在本国生产同类产品,从国外进口所需要的产品。

20 世纪 60 年代初,美国施乐公司发明了复印机,并在本土市场销售。接着,施乐公司开始向日本、西欧的一些发达国家出口。随着这些国家市场需求的增长,施乐公司开始在日本(富士—施乐公司)和英国(兰克—施乐公司)建立合资企业。按协议规定,在合资期间,施乐公司拥有复印机生产技术和工艺的专利权。到期后,外国合作伙伴便可以使用该技术工艺,进入复印机市场。随着国外合资企业的发展,美国复印机的出口量开始下降,美国的用户也开始从成本更低的外国渠道,特别是从日本购买复印机。后来,日本公司发现在本土生产复印机的成本大幅上涨,于是又将生产基地陆续转移到新加坡和泰国等国家。

复印机技术起源于美国,然后向其他几个发达国家(比如日本和英国)出口和转移技术。接下来,这些发达国家又从复印机出口国转变为净进口国。复印机产品国际贸易模式的这种演变与产品生命周期理论的预测是基本一致的。

(二) 其他学者的产品生命周期理论

类似地,威尔斯也提出了产品生命周期的五个阶段:第一阶段,通过研发,为国内市场提供新产品;第二阶段,将国内产品出口到海外市场;第三阶段,在其他工业化国家建立生产制造机构,并通过这些子公司或分公司将产品出口到发展中国家;第四阶段,在发展中国家建立子公司或分公司,例如在韩国、新加坡生产收音机和电视机;第五阶段,从发展中国家出口产品到美国市场,例如东南亚国家将电视机出口到美国。

与弗农对产品生命周期的划分相对应,威尔斯的第一阶段即新产品阶段,第二、三阶段类似于成熟产品阶段,而第四、五阶段则与标准化产品阶段相仿。

1967年,赫希哲将世界贸易国分为工业高度发达国家、较小的工业发达国家与发展中国家和地区。工业发达国家,如美国等是产品创新国,出口新产品;较小的工业发达国家,如大多数欧洲国家,介于创新国与发展中国家和地区之间,是除创新国以外的其他发达国家;发展中国家和地区,是指已开始工业化的某些发展中国家和地区,如印度、中国香港等。

"二战"后,美国曾经是收音机的主要出口国。当国外特别是日本开始熟悉这门技术时,美国就成了收音机的大量进口国。随着半导体收音机的发展,贸易流动又开始有利于美国。但是,最后,美国又开始进口半导体,并依靠印刷电路的发展开始了它的第三代出口。在电子元件行业,从真空管到晶体管,然后又转到集成电路和微型电路这一过程中,也产生了类似的贸易类型。

因此,从贸易的角度看,产品生命周期理论说明,随着产品生命周期的变化,产品比较优势有一个动态转移的过程,贸易格局和流向也会逆转,如产品创新国从出口国变成进口国。从对外投资的角度看,产品生命周期理论指出,国际企业在国外建立子公司或分公司是在成熟产品阶段和标准化产品阶段,且对外投资一般都拥有技术和产品的特定优势;而当地企业不具备这种优势,也无法在市场上获得这种比较优势。

产品生命周期理论主要反映了20世纪50年代至60年代美国制造业对外直接投资的情况,将技术和产品垄断因素与区位因素结合起来,分析、解释了对外直接投资现象,具有一定的合理性。但是,这种理论无法解释许多现实的对外直接投资现象,例如:(1) 一般发达国家向最发达国家投资;(2) 创新国如日本直接向东南亚地区投资,这些地区中的许多国家是发展中国家,收入低,消费也低;(3) 发展中国家对外直接投资,特别是发展中国家向发达国家投资;(4) 国际企业在产品创新期,同时在国内外组织生产,甚至在东道国研究开发新产品;(5) 产品创新国如美国的国际企业一方面对外直接投资,另一方面继续保持母国的技术优势,而不是在技术优势丧失以后才对外直接投资。①

三、内部化理论

对外直接投资理论至少要能回答两个问题:一是为什么企业采用对外直接投资的方式以利其特定优势?二是为什么国际生产采用不同的组织形式?在过去二十多年的时间里,交易成本学说在国际企业领域得到了较成功的应用。北美和西欧的学者们利用这一分析工具,相对独立地对以上两个问题作出了基本

① 参见金润圭:《国际企业管理》,中国人民大学出版社2005年版,第46—48页。

相似的回答,统称为“内部化理论”。

(一) 交易费用理论

内部化理论是在交易费用理论的基础上建立起来的。因此,在介绍内部化理论之前,有必要了解交易费用理论的相关概念。

1. 交易费用理论的提出

“交易费用”的概念是由罗纳德·科斯(Ronald H. Coase)创立的。一般认为,科斯1937年发表的经典性论文《厂商的性质》标志着“交易费用”范畴的创立和交易费用理论的初步形成。在这篇论文中,科斯开拓性地指出了自由价格制度运转的代价问题,并把交易费用引入到经济学的分析中,从而拓展了经济学的领域与视野,引发了经济学上的一场革命。

科斯论文的新颖之处在于,它以一种完全不同的视角看待企业这种经济实体出现的原因及企业的范围。它的核心思想是:在企业外部,价格变化引导生产,这种引导是通过市场上众多的自愿交易实现的。在企业内部,这种市场的自愿交易不复存在,取而代之的是企业家直接指导生产。这两种引导生产的选择截然不同,但又能够相互替代。所以,企业是“镶嵌”在市场中的非市场实体,它组织生产的方式不是依赖讨价还价的自愿交易,而是一种命令与指导,或是通常被称为“管理”的企业家活动。

发现市场的运作需要成本,或者说自愿交易也存在着费用支出,而不是主流经济学通常所认为的“免费的市场”,这是科斯的一大创新。可以说,“交易费用”是科斯理论以及在此基础上衍生的其他企业理论和交易费用经济学的核心概念。对科斯来说,市场交易费用的存在是企业产生的必要条件。当市场在组织生产和销售一定数量的产品,所花费的成本大于企业完成同样工作时所花费的成本时,企业就出现了。科斯的企业理论能够解释为什么一些经济活动在企业内部进行,另一些却通过市场组织。也就是说,它对企业边界或规模的确定给出了理论诠释。

2. 交易费用理论的完善

随着交易费用理论的兴起,“交易”真正成为经济分析的基本单位。作为交易费用理论代表人物之一的威廉姆森(Williamson)赋予了“交易”新的含义,他在《资本主义经济制度》一书的序言中写道:“当一项物品或劳务在技术上可分的结合部(Interface)发生转移时,交易就发生了。”“技术上可分的结合部”指的是技术上不可分的实体之间发生联系的区域。例如,生产某种产品(物品或服务)的活动是通过一定的技术完成的,技术上不能分开的活动就是一个独立的阶段;该工作在这一阶段完成后就要向下一阶段转移,这个转移过程就是一项交易的发生。这一新界定大大拓展了“交易”的范围,交易不再仅限于所有权的转移,组织内部或组织间发生的很多活动都可被纳入交易的分析范围。另外,它使交易活动更为具体,因而更具可分析性。威廉姆森不仅对“交易”重新界定,而且提出把交易涉及的资产专用性、不确定性和交易发生的频率作为描述交易的性质,以便把交易分为不同的类型,从而使交易分析方法真正成为组织现象的一种分析工具。

(二) 内部化理论

交易费用理论扩展到国际企业,就称为“内部化理论”(Internalization Theory)。该理论是英国学者巴克利(Peter J. Buckley)在1976年出版的《跨国公司的未来》一书中首次提出的。加拿大学者拉格曼(A. M. Rugman)于1981年出版的《跨国公司内幕》一书中,进一步发展了这一理论。他们认为,导致对外直接投资发生的原因,不仅仅在于最终产品市场的不完全性,更重要的在于中间产品市场的不完全竞争。

该理论认为,中间产品(包括知识、信息、技术、管理专长等)市场是不完全的,由于存在这种市场缺陷,企业之间通过市场发生的买卖关系就可能出现时滞并产生交易费用,不能保证企业获利。因此,将中间产品市场在一个厂商中内部化,即将市场上的买卖关系纳入到企业内部生产活动中去,就可以避免时滞、讨价还价以及购买者的不确定性,并将政府干预的影响缩小到最低程度。

所谓内部化,是指把市场建立在公司内部的过程,以内部市场取代原来固定的外部市场。在此过程中,公司内部的调拨价格起着润滑内部市场的作用,使之像固定的外部市场那样有效地发挥作用。与垄断优势理论不同的是,内部化理论并不是强调企业本身特有的技术优势,而是强调企业通过内部组织体系和信息传递网络,以较低成本在内部转移这种优势的能力,并认为这才是国际企业对外直接投资的真正动因和优势所在。国际企业只有直接投资,在国外建立自己能够控制的子公司或分公司,才能以较低的成本将技术优势转移到国外,并且保护这些技术优势不被外人染指。美国学者马克则强调,跨国界的内部化可以使企业在新产品和其他信息的开发上的投资得到充分报偿。创新企业直接投资设厂,把技术创新的信息内部化,有利于把结合在产品中的新技术隐藏起来,从而保证它获得创新投入的充分报偿。

内部化理论的创立者认为,有四种因素会影响企业实现中间产品市场的内部化:

(1) 行业特定因素,包括中间产品的特性、外部市场结构、规模经济;

(2) 地区特定因素,包括地理距离、文化差异等;

(3) 国别特定因素,包括东道国政府的政治、法律、财政状况等;

(4) 企业特定因素,包括企业的组织结构、管理经验、控制和协调能力等。

在上述因素中,行业特定因素最为重要。当一个行业的产品需要多阶段生产过程时,如果中间产品的供需通过外部市场进行,供需双方关系既不稳定也难于协调,因此通过内部市场稳定和调节中间产品的供需就特别必要。

内部化理论的进步之处在于,它指出了中间产品市场与最终产品市场在完全性上的区别,并把理论基点放在中间产品市场的不完全性上。因此,该理论更接近国际生产过程的实际,运用它也能解释发达国家企业的相互投资。

四、国际生产折中理论

英国里丁大学教授约翰·邓宁(John H. Dunning)于1977年提出国际生产折中理论(Eclectic Theory of International Production),并被广泛接受,逐渐成为企业国际化经营理论的主流。

国际生产折中理论实际上是一种综合理论。邓宁指出,这一理论有三个方面的特点:

(1) 它吸收了近年出现的各种对外直接投资理论的特长;

(2) 它和直接投资的所有形式有关;

(3) 它能够解释企业进行国际经营活动的三种主要形式,即直接投资、出口贸易和技术转移。

邓宁将特定优势理论、内部化理论和区位理论三者紧密结合起来,把国际化经营的决定因素概括为三类优势,并把这三类优势的拥有程度作为判断企业选择国际化经营方式的依据和条件。按照邓宁的提法,国际企业进行国际生产的决定因素可分为三类:所有权优势、内部化优势和区位优势。

所有权优势,也称"竞争优势"或"垄断优势",是指一国企业拥有或者能够得到别国企业没有或难以得到的生产要素禀赋、技术创新能力、无形资产以及规模经济等方面的优势。之所以被称为"所有权优势",是因为这些优势要在对外投资、国际企业经营中发挥作用,必须为企业所特有和独占。它主要包括几个方面:(1) 技术优势;(2) 管理优势;(3) 规模经济优势;(4) 金融和货币优势。

内部化优势是指拥有所有权优势的企业为避免市场的不完全性,而把企业的优势保持在企业内部所获得的优势。由于外部市场的不完全性和市场失灵,企业只有通过内部化将其所拥有的优势保持在企业内部,按企业的长期战略目标配置资源,才能使企业的垄断优势得到最大程度的发挥。内部化使企业的各种优势能够在企业内部自由转移,并且能够跨越一定距离进行配置。这显然是开展对外直接投资的必要条件。内部化优势越大,企业越容易开展对外直接投资。

区位优势是指东道国特有的、不可转移的要素禀赋优势,如优良的地理位置、丰富的自然资源、潜在的市场容量等。区位优势是由投资国和东道国的多种因素决定的,包括直接区位优势和间接区位优势。直接区位优势是由于东道国的某些有利因素所形成的区位优势,如广阔的产品销售市场,政府的各种优惠投资政策,低廉的生产要素成本,相对充分可供的当地原材料和其他投入品等。间接区位优势是由于投资国某些不利因素所形成的区位优势,如产品出口运输费用过高,产品出口受到东道国贸易保护主义限制,生产要素成本过高等。

邓宁认为,企业要想从事对外直接投资,必须同时拥有以上三种优势。如果仅有所有权优势和内部化优势而无区位优势,那么就意味着缺乏有利的投资场所,因此只能将有关优势在国内使用,生产后出口。如果只有所有权优势和区位优势而无内部化优势,则说明企业拥有的无形资产优势难以在内部使用,只能转让给外国企业。邓宁认为,尽管以上这些优势的内容和性质因国别、行业或企业的特点而互不相同,但仍可用它们解释和判别绝大多数企业的国际化经营活动。他据此列出了一个表,以说明以上三个优势与经营方式选择的关系(如表 2-1 所示)。

表 2-1 供应国际市场的方式选择

供应市场的方式	优势		
	所有权	内部化	区位
对外直接投资	有	有	有
出口	有	有	无
非股权资源转让	有	无	无

资料来源:John Harry Dunning:International Production and Multinational Enterprise,George Allen & Unwin,London,1981.

表 2-1 中所列的选择方案具有两层含义:首先,它说明了作几种国际化经营方式选择时所必备的基本因素。其次,更重要的是,它说明了假如一个公司同时具有三种优势,却采用其他经营方式,就会丧失某些优势可能带来的收益。

邓宁从微观的角度概括了企业国际化经营的主客观因素:在主观方面,企业拥有对特定无形资产的所有权;在客观方面,某些国家和地区具有特别适合于这些无形资产发挥作用的有利条件,把二者结合起来,促使企业国际化经营的则是其转移使用无形资产的内部化组织能力。这样,他的折中理论更全面、更综合地说明了企业国际化经营的基本动因。

邓宁后来又对他的折中理论作了动态化的发展。他研究了 67 个国家在 1967—1978 年直接投资与经济发展阶段之间的关系,认为一个国家的直接投资流量与该国的经济发展水平密切相关,从而提出了“对外直接投资周期”的概念。根据一个国家的经济从较低水平向较高水平的发展,直接投资的流入、流出也有一个四阶段的发展变化过程。

第一阶段,人均国民生产总值在 400 美元以下。处于这一阶段的国家由于经济发展落后,缺乏足够的区位优势和所有权优势,只有少量的外来直接投资,完全没有对外直接投资,净对外直接投资等于零或是接近于零的负数。

第二阶段,人均国民生产总值在400—2000美元。由于经济发展水平的提高,国内基础设施有了较大的改进,投资环境得到改善,对外直接投资的吸引力加大。外国对本国的投资量有所增加,本国的对外直接投资开始出现,但投资水平仍然很低,净对外直接投资仍呈负数增长。

第三阶段,人均国民生产总值在2000—4750美元。在这一阶段,由于经济实力有了很大提高,国内部分企业开始拥有自身的所有权优势,对外直接投资增长迅速。但是,另一方面,随着国内技术力量的增强和劳动力工资水平的提高,本国作为东道国的区位优势逐渐丧失。总体而言,在这一阶段,外国对本国的直接投资量虽然仍然大于本国的对外直接投资,但本国对外投资的速度明显快于吸收外资的速度,因此净对外直接投资不断增长。

第四阶段,人均国民生产总值大于5000美元。在这一阶段,净对外直接投资仍然保持持续增长。此时,本国企业的所有权优势不断加强,且在对外直接投资过程中更加熟练合理地运用区位优势,确保了自身在对外直接投资中的有利地位。

邓宁认为,对外直接投资的发展阶段也可以用国际生产折中理论解释(见表2-2)。

表2-2　直接投资流出、流入与经济发展阶段

发展阶段	投资流入	投资流出
第一阶段	外国所有权优势显著 外国内部化优势显著 本国区位劣势	本国所有权劣势 本国内部化优势不适应 外国区位优势不适应
第二阶段	外国所有权优势显著 外国内部化优势可能下降 本国区位优势上升	本国所有权较少 本国内部化劣势和专业化程度低 外国区位优势开始出现
第三阶段	外国所有权优势下降和更专业化 外国内部化优势可能上升 本国区位优势下降	本国所有权优势上升 本国内部化优势仍受限制 外国区位优势上升
第四阶段	外国所有权优势下降和更专业化	本国所有权优势上升

资料来源:Dunning, International Production and the Multinational Enterprise, 1981.

在第一阶段,本国的所有权优势、内部化优势和区位优势都缺乏,而本国的区位优势对外国投资者的吸引力也较小,因而没有资本流出,资本流入也较少。

在第二阶段,随着国内市场的不断扩大,购买力不断提高,直接投资流入并开始增大。

在第三阶段,国内经济发展水平显著提高,对外直接投资开始显著增加,直接投资流入速度相对开始减慢。

在第四阶段,经济发展水平已经很高,对外直接投资净额变为正数,说明本国的垄断优势很强,并且具备了所有权优势、内部化优势和利用外国区位优势的能力。

第三节 其他企业国际化经营理论

除了以上主流的企业国际化经营理论外,还有很多学者对企业的国际化经营现象进行了深入研究,并且很有影响力。以下将对企业国际化阶段理论、日式对外直接投资理论以及发展中国家企业的对外直接投资理论进行介绍。

一、企业国际化阶段理论

企业国际化阶段理论是对企业国际化发展过程的理解和概括,主要回答以下几个基本问题:企业国际化是怎样一个发展过程?是渐进的还是跳跃的?是演化的(Evolution)还是突变的(Revolution)?什么因素决定企业的国际化成长?一个国内企业又是怎样成长为国际企业的?为什么一些企业成功地实现了国际成长战略,而另一些企业却不能达到其预想的目标?不同国家的学者通过研究对此作出了自己的解释。

(一)北欧学者对企业国际化阶段理论的研究

20世纪70年代中期,一些北欧学者以企业行为理论研究方法为基础,提出了企业国际化阶段理论。该理论认为,企业国际化应该被视为一个发展过程,这一发展过程表现为企业对外国市场逐渐提高承诺的连续形式。

约翰逊(Johanson)和瓦尼(Vahlne)对瑞典四家有代表性的制造业公司进行了深入的案例研究,发现它们在海外经营战略步骤上有惊人的相似之处,大致都经历了以下四个发展阶段:(1)不规则的出口活动;(2)通过代理商出口;(3)建立海外销售子公司;(4)从事海外生产和制造。

约翰逊和瓦尼认为,这四个阶段是一个连续、渐进的过程,它们分别表示一个企业的海外市场卷入程度或由浅入深的国际化程度。企业国际化的渐进性主要体现在两方面:一是企业市场范围扩大的地理顺序,通常是:本地市场→地区市场→全国市场→海外相邻市场→全球市场。二是企业国际化经营方式的演变,最常见的类型是:纯国内经营→通过中间商间接出口→直接出口→设立海外销售分部→海外生产。企业海外经营活动从第一阶段向第四阶段的演进,说明其资源投入量的增加,同时也表明其对海外市场信息渠道的控制能力的变化。

显然,在偶然出口阶段,企业对出口市场不需要或极少投入资源,在掌握市场信息方面也是零散和不规则的。在代理出口阶段,企业有了固定的海外市场信息渠道,同时也为出口市场投入一部分资源。当企业开始建立海外销售子公司时,需要在投资的种类和数量上有相当增加。同时,企业可以直接掌握市场信息，并获得该市场的知识和经验。最后，当企业在海外建立直接的生产基地时，表明该企业更深入地融入了海外市场。

北欧学者用“市场知识”（Market knowledge）解释企业国际化的渐进特征。市场知识分为两部分：一部分是一般的企业经营理论和技术，即客观知识，可以从教育过程、书本中学到。另一部分是关于具体市场的知识和经验，或称“经验知识”，只能通过亲身的工作实践积累。决策者市场知识的多寡，直接影响其在海外市场的机会和对风险的认识，从而影响其在海外市场的经营决策。所以，北欧模型的关键假设是海外经营的经验决定海外经营活动。（如图 2-2 所示）

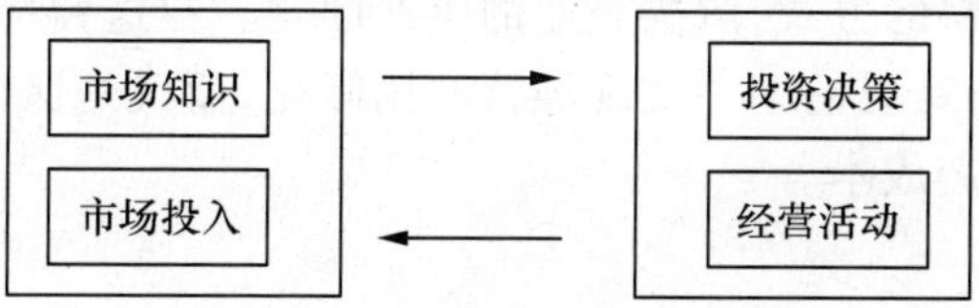

图 2-2　北欧学派企业国际化模型

资料来源：J. Johanson and J. E. Vahlne, The Mechanism of Internationalization, International Marketing Review, 1990, 7.

当企业经营者缺乏对市场的信息时，减少风险的本能使其把海外市场投入降到最低点，由此而来的企业决策也处于试探阶段。经过一段时间的海外经营活动，企业经营者获得并积累了对该市场的认识和经验。海外经营活动反过来增加了决策者的市场知识，成为决策者认识和把握海外市场机会的新基础，从而推动企业把更多的资源投向海外市场。

北欧学者用“心理距离”（Psychic Distance）的概念分析、解释企业选择海外市场的先后次序。所谓“心理距离”，是指妨碍或干扰企业与市场之间信息流动的因素，包括语言、文化、政治体系、教育水平、经济发展阶段等。他们认为，当企业面对不同的海外市场时，选择海外市场的次序遵循心理距离由近到远的原则。例如，瑞典的公司总是把其周围的国家——丹麦、挪威、芬兰作为海外经营的首选目标，理由是：企业在一个相对熟悉的环境下经营的成功概率要比在一个完全陌生的环境中高得多。总而言之，北欧学者坚信企业的国际化经营应遵循以下两个原则：一是当面对不同的海外市场时，企业首先选择市场条件、文化背景与母国相同或相似的国家，即企业的海外经营具有文化上的认同性；二是在某一特定市场的经营活动中，企业往往走从出口代理到直接投资的渐进道路。

约翰逊等人认为，企业的海外经营应该遵循上述渐进过程。在一定条件下，企业海外经营也会“飞跃”某些阶段。第一，当企业拥有足够雄厚的资产，相比之下其海外投资微不足道时，海外经营阶段的“飞跃”是有可能的。第二，在海外市场条件相近的情况下，企业在其他市场获得的经验会使其跨过某些阶段而直接从事生产活动。

(二) 美国学者对企业国际化阶段理论的研究

美国学者理查德·罗宾逊(Richard Robinson)、泊尔穆特(H. Perlmuter)、H.伊戈尔·安索夫(H. Igor Ansoff)等也对企业国际化进行了研究,但是得出了不同的结论。例如,罗宾逊在他1976年和1989年所作的论述中,将企业国际化进程分为六个阶段:

1. 国内阶段

在这一阶段,企业的经营重点完全放在国内市场。但是,当国内原材料市场供货紧张、价格昂贵,而国外市场的原材料充分且价廉时,企业就会采取以部分产品换取国外原材料的方式,解决企业的生产问题。在这种情况下,企业开始涉足国际市场。但是,其目的不是实现经营的国际化,而仅是保证国内企业生产的正常运转和降低生产成本。

2. 出口阶段

当国内市场竞争加剧并有饱和迹象时,企业开始逐步开发国际市场以争取更多的市场份额。在这一阶段,企业会设立专门开发国际市场的部门,统一管理产品的出口事宜。

3. 国际经营阶段

随着出口规模的进一步扩大,企业不再满足于单纯出口且利润较低的局面,而开始转向对外直接投资,在国外创建子公司或分公司。在这种情况下,企业组织结构也会有所调整,开始增设海外事业部门,专门负责海外直接投资业务。但是,此时企业对国内市场的依赖仍然很大。

4. 多国阶段

这是指企业在多个国家建立子公司或分公司,经营规模日益扩大,而国内市场的地位逐步下降,只占其世界市场的较小份额。企业开始在掌握世界市场的基础上,全球性地调配资源,在组织形式上也作出相应调整,设立了全球性产品机构或地区机构等。但是,在这一阶段,各子公司或分公司间的衔接并不紧密,合作性差,企业尚未成为统一的经营整体。

5. 跨国经营阶段

在这一阶段,企业开始从全球战略的角度对整个经营过程进行调整,通过加强统一管理,使母、子公司关系从松散型向紧密型过渡,从而进入到真正的国际化经营阶段。

6. 超国家阶段

在这一阶段,企业的经营范围遍及全球,组织形态已发生某些根本性的变化。许多企业可能会出现无国别的约束,在国际机构注册登记,在法律上并无国籍的存在,也就是达到企业国际化的最高形态。但是,罗宾逊认为,超国家企业在当今企业界并不存在,它只是国际企业未来的发展方向。

（三）日本学者对企业国际化阶段理论的研究

日本学者小林规威用定量的分析方法，对拥有五个以上国外经营机构且投资额在10亿日元以上的89家美、欧、日企业的经营情况进行调查后，提出了五阶段论，认为国际企业的发展可划分为五个阶段：

1. 以母公司为中心的经营阶段

在这一阶段，企业的海外行销只是出口的延伸，子公司的经营权仍被直接控制在母公司手中，子公司缺乏自主权。

2. 当地经营阶段

在这一阶段，企业用海外就地生产取代了传统的海外行销，子公司的经营权得以加强并逐渐独立运作。母公司与子公司间的联系由"单向联系"转为"双向联系"，但子公司间仍处于相互封闭状态。

3. 区域联系经营阶段

在这一阶段，母公司对子公司的组织控制方式进行了调整，即由母、子公司之间的"双向联系"转为母公司与区域总部的联系，而子公司则只能服从其直接上级——区域总部。至此，组织层次变为：母公司—区域总部—子公司。

4. 全球经营阶段

在这一阶段，企业经营视野转向世界市场，各区域总部之间的协作更加紧密，资源的配置趋于国际化。

5. 全球调配式经营阶段

在这一阶段，企业形成全球性的统一调配模式，母公司能有效地协调全体子公司的有关业务。

二、日式对外直接投资理论

日本学者小岛清研究了20世纪70年代日本国内企业对外直接投资的特征，并在此基础上作出了相应的解释。他的理论在西方国际投资理论中独树一帜，被称为"边际产业扩张理论"，也称"小岛清模型"。

小岛清认为，以海默、弗农等为代表的以往研究都将美国作为其研究对象，只是针对某一种商品或某一个行业并停留在表面，未能在多种商品、多个行业的基础上展开讨论；同时，已有的理论大多是就事论事，不能将对直接投资的研究与国际贸易的相关解释相联系。因此，它们只能被用于解释美国企业的对外直接投资情况，而忽略了日本式的对外直接投资的发展。于是，小岛清借鉴西方经济学中的国际分工原则和比较成本原理，并以此为基础，详细分析了日本企业自20世纪70年代以来的对外直接投资现象。通过研究，他试图建立一个对外直接投资与国际贸易相统一的理论，用来解释包括日本在内的世界各国企业的对外出口和直接投资现象。

在边际产业扩张理论中,小岛清依据对外直接投资的目的和动机,将一国企业的对外直接投资活动分为以下几类:

1. 自然资源导向型

这种对外直接投资的首要目的是克服国内的资源瓶颈,增加国内已失去比较优势或在国内无法生产的产品的进口。应该说,这种对外直接投资是纯贸易型的。这种投资多流入资源充足的国家,从而形成最终产品生产地与初级产品生产地之间的垂直专业化分工。由于初级产品附加值低,使得其生产国在对利润分配问题的讨价还价过程中处于不利地位,这时跨国的垄断厂商将通过扭曲的价格体系获取超额利润,由此造成的“木桶效应”极为强烈。

2. 劳动力导向型

随着发达国家劳动力成本的不断上升,它们会把本国传统的劳动密集型行业向外转移到劳动力成本较低的国家。这种国际投资重新调整了国际分工格局,使各国间的国际贸易增加。这实际上也是国内企业开始通过直接投资在世界范围内重新配置资源、组织生产的一个过程。这种直接投资的主要目的是转移劳动密集型产品的生产,使东道国成为以投资国及第三国为目标市场的生产基地,而不是为了在东道国设厂生产以替代对该国的进口贸易。

3. 市场导向型

随着世界经济区域化、一体化的加速,经济发达国家希望将其生产的产品出口到别国以赚取利润。但是,后起国为了保护国内民族工业的发展,或实现其进口替代的经济战略,往往会对最终产品的进口征收高关税,使投资输出国转而出口零部件、中间产品、机器设备等。这将迫使产品生产者以直接投资设厂生产的方式,巩固其在该国市场的占有份额。同时,也不应该忽视寡头垄断性质的企业在实施对外直接投资中固有的动力。

4. 企业经营的国际化型

这种类型的对外直接投资往往是伴随着企业的国际化发展以及规模的不断壮大而出现的,它可能包括水平的或垂直的一体化过程及其延续。

通过以上对各国企业的对外直接投资情况分类概括,小岛清具体比较了美国与日本企业的国际投资模式。

日本是一个资源贫乏的国家,而且国内市场狭小。因此,一方面,日本企业要通过对外直接投资,保证其生产所需资源的稳定供给,这一类型的投资往往伴随着资源等初级产品的贸易增加;另一方面,日本国内市场的狭小使其企业更多地着眼于国际市场的拓展,这时产品成本的重要性不言而喻。但是,随着日本经济的发展,国内劳动力成本不断上升。因此,日本便开始将其制造业中许多零部件的标准化生产等正在或已经失去比较优势的产业,即所谓“边际产业”,转移到劳动力资源相对比较丰富、价格较低的发展中国家。日本企业通过对外直接投资在东道国所建立的生产企业，其产品销售的目标市场往往是东道国本身、日本国内市场以及第三国市场。日本的这种投资促进了东道国对外贸易的增长，并使东道国的比较优势在这个过程中得到开发和充分利用，有利于东道国的经济发展。与此同时，日本企业通过组织国际生产，进一步降低其产品的成本，使产品的生命周期得以延续，进而获得更大的收益。

此外，由于产品大多不具备技术上的垄断优势，日本企业只是在生产工艺上有所改进，对外投资中多与东道国当地企业合资建厂，以降低专利技术扩散的风险。这种情况也有利于东道国迅速掌握成熟的生产技术，进而使其进口替代战略的周期缩短。因此，日本式对外直接投资更加有利于东道国的产业升级，同时产业的转移也必然促进日本本国的产业结构优化。

相比之下，美国对外直接投资则多集中于技术密集型行业，投资主体多以国内寡头垄断企业和垄断性企业为主。美国的对外直接投资多为市场导向型，为的是争夺东道国市场，巩固已有的垄断优势。与日本企业相比，美国企业在海外投资设厂，更多地是为了绕开壁垒、当地销售。这必然会挤占美国本土企业的出口贸易市场，使美国出口贸易下降，国内经济受到冲击，失业率上升。同时，美国在发达国家的投资行业也是技术密集型行业。这些行业往往是美国具有相对比较优势的行业，一旦美国国际企业进入，随之而来的就是这些国家与美国技术差距的日趋缩小。这一过程使美国企业的比较优势逐渐丧失，从而给美国企业带来了较大的竞争压力。同时，美国企业致力于海外市场的扩展，使国内经济空心化，国内产业结构无法通过国际投资进行调整，原来的比较优势又不断为竞争对手所模仿而减少，使国内进口量大幅度上升，导致美国国际收支状况恶化。除此之外，由于美国企业的跨国直接投资多为技术密集型产业，因此其所面临的专业技术扩散的风险会大得多。于是，美国企业的海外子公司往往是采用不利于专业技术传播的独资形式，不利于东道国的技术升级和产业结构优化。

通过以上分析，小岛清进一步指出，美国对外直接投资弊病的根源在于不符合比较成本与比较利润相对应的原则。美国对外直接投资多集中于比较成本较高的行业。如技术密集型行业，在投资过程中，美国在这一行业的比较优势日渐微弱，相应的比较利润率当然也会不断下降。从这个角度分析，美国企业的对外直接投资在其初期会对投资国与东道国之间的出口贸易产生替代作用，在后期将最终使投资国沦为该种产品的净进口国。相比之下，日本对外直接投资则集中于比较成本较低的行业。在此过程中，本国企业与东道国企业的比较成本差距不断扩大，这使两国间的贸易得到促进。可以说，美国的对外直接投资是逆贸易型的，日本的对外直接投资是顺贸易型的。

小岛清理论的核心内容可以简单地概括为：按照本国已经处于或即将处于比较劣势的产业——亦可称之为“边际产业”，依次进行对外直接投资，以实现产业的梯次转移。需要强调的是,这里的"边际产业"概念的涵盖范围还可以扩大,不仅包括业已趋于比较劣势的劳动力密集型部门,还可以包括某些行业生产链中已经呈现比较劣势的环节和部门。

小岛清的直接投资理论显然受到了李嘉图的比较成本理论和传统国际分工理论的重要影响。可以说,小岛清的理论是建立在比较原理基础上的要素禀赋学说的一种延续和发展。应该承认,小岛清的理论在当时日本所处经济发展阶段,对其国内企业的对外直接投资现象是充满解释力的。但是,20 世纪 70 年代中期以后,随着日本的经济实力与产业结构发生明显变化,其企业对外直接投资也逐渐向贸易替代型发展,而并非小岛清所预言的投资与贸易互补型。

三、发展中国家企业的对外直接投资理论

20 世纪 80 年代,国际直接投资理论发展的一个重要标志是发展中国家国际企业理论的崛起。发展中国家国际企业的兴起促进了理论研究的深入。发展中国家对外直接投资理论所要回答的核心问题是:发展中国家的企业为什么要向海外投资?为什么这种国际企业在与发达国家的国际企业的竞争中能够生存并日益发展?以下将主要对其中的小规模技术理论、技术地方化理论、技术创新与产业升级理论、产业集群理论进行介绍。

(一) 小规模技术理论

1977 年,美国经济学家刘易斯·威尔斯(Louis T. Wells)发表了题为《发展中国家企业的国际化》的论文,首次提出了小规模技术理论,并用以解释发展中国家企业的国际化经营现象与特点。1983 年,他又出版了专著《第三世界跨国公司》,对小规模技术理论进行了更为详尽的论述。

威尔斯认为,传统的对外直接投资理论的最大缺陷是把竞争优势绝对化。发展中国家国际企业的竞争优势是相对的,主要来自低生产成本。这种低生产成本与其母国的市场特征密切相关。发展中国家市场与发达国家市场存在着巨大的差别,它的一个突出特点是大多数制成品市场需求有限、规模很小。如果发展中国家企业直接从发达国家引进制造技术,相对于国内狭小的市场,引进的技术往往不能被充分利用,存在着资源的闲置与浪费。另一方面,发展中国家作为直接投资母国,其企业技术优势恰恰是一种反映母国市场规模特点的特殊优势,而母国市场规模与(发展中国家的)东道国市场规模的相似性确保了这种特殊技术在(发展中国家的)东道国的投资过程中的实用性并具有比较优势。

威尔斯主要从以下三个方面分析了发展中国家国际企业的相对比较优势:

1. 市场需求的差别化与小规模技术供给

根据威尔斯的理论,如果发展中国家的企业在相对欠发达的国家和地区设厂生产,并将产品主要在东道国市场上进行销售,则可能具备一定的比较优势。

这里首先提到的就是相关生产技术的适应性问题，东道国市场被限定在相对欠发达的国家和地区，其市场需求将有所不同。其原因是：

（1）该类市场的需求相对较小，往往无法满足发达国家国际企业的规模经济性要求，从而使开工率严重不足，获得的利润相对有限。

（2）由于在生产价值链上相差甚远，发达国家的生产技术在欠发达国家和地区虽然前途远大，但不切实际。

（3）在产业层次上，发达国家的国际企业随着经济的不断发展，在向海外转移的过程中，劳动密集型产业已开始渐渐消失，代替它的往往是更多的技术与资本密集型产业的转移。在低收入的东道国市场上，最为丰富的要素资源仍然是劳动力，因而发达国家的国际企业向这里转移的产业显然与其所具有的要素优势不相符。

由于发展中国家在国际生产链上的位置与东道国更为接近，它们的技术是在发达国家相关技术的基础上改进而来的，它们的国际企业在相关技术上往往与东道国的市场需求更为相近，其规模经济要求也更容易达到，因此它们将更有可能以更低的成本提供产品和服务，进而抢占市场。发展中国家国际企业所转移的往往是劳动密集型产业，这与东道国的要素优势不谋而合。以上几种比较优势表明，小规模技术有利于发展中国家国际企业在东道国市场上以更为低廉的成本提供产品和服务，从而在与发达国家的跨国企业的竞争中占得先机。

2. 当地采购和特殊产品

威尔斯指出，发展中国家的竞争优势还来自于当地采购和特殊产品。发展中国家的经济发展往往是伴随着发达国家企业的国际生产所带来的加工贸易和产业转移。在这一过程中，无论发展中国家实行的是内向型还是外向型的政策，都将促使国内企业对国外企业先进技术、工艺的模仿以及相关生产要素的替代。在这种学习的过程中，发展中国家将逐渐寻求用本地的原材料和零部件对外来的投入进行替代。这些相关的经验和技术一旦日渐成熟，将随着该国的对外直接投资而被输出到东道国的子公司。这时，发展中国家国际企业的当地采购能力开始成为其应对发达国家国际企业的一个有力武器。在争夺东道国市场过程中，发展中国家国际企业的另一个主要优势体现在其产品的特殊性方面。一些发展中国家的对外直接投资往往是针对当地市场中的同一种族社区的需要而建立的，并且这种具有民族文化内涵的产品对其他种族的国际企业而言具有较强的排他性，从而使其具备了某种程度上的垄断优势。一个突出的例子是，华人社团在食品加工、餐饮、新闻出版等方面的需求带动了一部分东亚、东南亚国家和地区的对外投资。根据威尔斯的研究，这种“民族纽带”式的对外投资在印度、泰国、新加坡、马来西亚以及中国的台湾和香港地区都占有一定比例。

3. 物美价廉的产品营销策略

这里的“物美”是以“价廉”为前提的。与大多数发达国家国际企业的营销策略不同,发展中国家的国际企业所依靠的不是商标优势或营销网络优势,而是通过低价格的方式销售产品。发达国家国际企业的产品营销战略往往是投入大量广告费用,树立产品形象,以创造品牌效应。与此相比,发展中国家国际企业则从压缩广告费用、节省建厂成本和充分利用东道国的廉价劳动力资源等方面着手,尽量降低其产品的生产成本,从而在产品价格竞争中获得优势。威尔斯根据有关资料,还详细分析了发展中国家国际企业走出国门的一些驱动因素:

(1) 保护出口市场。发展中国家的对外直接投资往往有这样一个特点:先向某些国家出口产品,然后在那里进行投资,并就地供应东道国市场。

(2) 突破配额限制。近年来,贸易保护主义逐渐抬头,发展中国家的出口受到威胁。这促使发展中国家的企业到不受配额限制的第三国或发达国家去投资。

(3) 寻求低成本。威尔斯发现,大约有40%的资本投在劳动力价格比母国还低的国家。在这里,劳动力成本也是发展中国家对外进行投资的诱因之一。只有保持较低的成本,才能保持和加强发展中国家国际企业的竞争优势。

(4) 种族纽带。分散在不同国家和地区的同一种族的企业家之间的关联往往会导致对外直接投资。首先,海外侨胞可以帮助企业获得可靠的信息,其成本比企业派人到国外进行可行性研究的成本低得多。事实上,许多贸易和投资倡议都是海外侨胞先提出来的。其次,发展中国家国际企业在选择当地合伙人时,往往选择同一种族的人,特别是原先提出倡议的人。最后,许多企业为家族所拥有,企业常派其家族成员到国外去作为利益代表,并参与企业业务决策。总的来看,东方民族(尤其是华人)更多地倾向于种族纽带,拉丁美洲大多数西班牙裔家族内部因缺乏相互信任而使这种作用减弱。

(5) 分散资产。许多发展中国家政局动荡不安,企业家为了避免资产的损失,常常寻找机会分散资产,结果促使企业进行对外投资。

(6) 其他动因。除上述原因外,本国、东道国政府或国际机构的倡议和帮助,企业主为亲朋好友寻找职业,在海外培训人才等,都是发展中国家企业向外扩张的动因。

威尔斯的小规模技术理论被理论界认为是该研究领域具有代表性的理论之一。他把发展中国家国际企业的竞争优势与这些国家自身的市场特征结合起来。世界市场是多元化、多层次的,即使对于那些技术不够先进、经营范围和生产规模不够大的小企业,参与国际竞争仍有很强的经济动力。这不仅有利于实现企业的经营战略和长期发展目标,而且大大增加了发展中国家企业参与国际竞争的可能性。也正是由于发展中国家对成熟技术不是被动地模仿和复制,而是积极主动地改进、消化和吸收，从而形成了一种适应东道国环境的技术。因此，这种技术的形成包含企业内在的创新活动，而恰恰正是这种创新活动给发展中国家的企业带来了其独特的竞争优势。

（二）技术地方化理论

英国经济学家桑尼亚·拉奥（Saniaya Lall）在对印度国际企业的竞争优势和投资动机进行了深入研究之后，提出了关于第三世界国际企业的另一种理论——技术地方化理论，并在其1983年出版的《新跨国公司：第三世界企业的发展》中阐述了这一理论。

拉奥认为，虽然第三世界国际企业的技术特征更多地表现为小规模生产、标准化技术和劳动密集型，但这种技术的形成包含着企业内在的创新活动。这些创新活动使发展中国家的国际企业形成并不断发展着自己的特定优势。通过对不同发达国家国际企业的比较，拉奥论证了即使对于发达国家而言，直接投资的特定优势也并不是完全一致的，而是随着各国具体情况的不同而变化的。比如，美国企业的技术创新属于节约劳动型，而欧洲企业的技术创新则属于原材料节约型。

拉奥认为，以下几个条件使发展中国家企业能够形成和发展自己的特定优势：

（1）在发展中国家，技术知识的当地化是在不同发达国家的环境下进行的。这种新的环境往往与一国的要素价格、机器质量相联系。

（2）发展中国家企业生产的产品适合于它们自身的经济条件和需求。只要这些企业对进口的技术和产品进行一定的改造，使产品能够更好地满足市场需要，这种创新活动就会形成竞争优势。

（3）国际企业竞争优势不仅来自于其生产过程和产品与当地的供给条件、需求条件紧密结合，而且来自于新的创新活动。这种情况下产生的技术在小规模生产条件下具有更高的经济效益。

（4）在产品特征上，发展中国家企业仍然能够开发出与名牌产品不同的消费品。当国内市场较大，消费者的品味和购买能力有很大差别时，来自发展中国家的产品仍然有一定的竞争能力。

（5）上述几种优势还会由于民族的或语言的联系而得到加强。

因此，拉奥认为，发展中国家也能够根据自身独特的情况发展并拥有独具特色的竞争优势。他指出，发展中国家特有的优势是建立在使用成熟技术和对非差异化产品的特殊营销技能基础上的。这种优势可能源于发展中国家企业自身的技术创新，或源于对从国外引进的成熟技术、生产工艺的改进，也可能源于在提供该类成熟技术方面所具有的成本优势。发展中国家向东道国提供的技术可能不是新技术，但这种技术通过母国企业的改进而更加适应其他发展中国家的需要,更好地顺应了东道国的要素价格条件和东道国对产品质量的要求,即把这种技术知识当地化。同时,发展中国家企业的技术创新往往还具有小规模倾向,这种小规模技术更能适应一些发展中国家东道国市场较小的特点。

拉奥的技术地方化理论对于分析发展中国家国际企业的意义在于,它不仅分析了发展中国家国际企业的竞争优势是什么,而且更强调形成竞争优势的企业创新活动。在拉奥看来,企业的技术吸收过程是一种不可逆的创新活动,这种创新往往受到当地的生产供需条件和企业组织的学习活动的直接影响。与威尔斯相比,拉奥关注和强调的是企业对所引进技术的再生过程,即欠发达国家对外国技术不是一种被动的模仿和复制,而是对技术的消化、改进和创新。正是这种创新活动给企业带来了新的竞争优势。虽然拉奥的技术当地化理论对企业技术创新活动的描述是粗线条的,但是它把发展中国家国际企业研究的注意力引向了微观层次,以证明欠发达国家企业以比较优势参与国际生产和经营活动的可能性。

(三) 技术创新与产业升级理论

20 世纪 90 年代初,英国经济学家坎特威尔(Cantwell)与其弟子托兰惕诺(Tolentino)在共同对发展中国家对外直接投资活动进行系统的考察与分析的基础上,提出了技术创新与产业升级理论。这一理论的代表性文献为托兰惕诺的博士论文《技术创新与第三世界跨国公司》。

技术创新与产业升级理论可以被总结为两个基本命题与一个结论:

(1) 发展中国家产业结构的升级,说明了发展中国家企业技术能力的稳定提高和扩大,而这是一个不断积累的结果。

(2) 发展中国家企业技术能力的提高,是与它们对外直接投资的增长密切相关的。现有的技术能力水平不仅是影响发展中国家国际企业生产活动的决定因素,同时也是影响其对外投资的形式和增长速度的因素。

(3) 在前两个命题的基础上,可以得出的基本结论是:发展中国家对外直接投资的产业分布和地理分布是随着时间的推移而逐渐变化的,并且是可以预测的。

在发展中国家技术创新与产业升级理论中,坎特威尔和托兰惕诺指出,从历史的宏观角度看,技术积累无论是在发达国家还是在发展中国家,在对于国民经济发展的推动方面并无本质上的差别,它所起的作用从来都是最为核心和根本性的。但是,在关于某一具体阶段国家发展的"微观性"讨论中,由于在经济发展水平上所存在的差距,发达国家与发展中国家企业的技术积累与创新活动表现出了不同的特征。发达国家企业的技术创新活动更多地把其研究力量与资金投入到了高新技术领域,从而在世界技术的发展过程中处于主导地位。与之相比,发展中国家的经济水平较低,企业的技术创新与相关的研发能力相对有限,因此主要采取的是“拿来主义”，其研发资源大多投入到了对现有技术与生产工艺的掌握与改进等方面。随着生产经验的积累，以及对现有技术的吸收消化与工艺创新，后起发展中国家，主要是新兴工业化国家，在与外来国际企业的市场竞争中，开始逐渐显现出更强的技术适应性与竞争优势，而这种优势又随着管理水平与市场营销水平的不断提高得到进一步的强化。

坎特威尔和托兰惕诺还考察分析了发展中国家企业对外直接投资的产业特征和区位特征。他们认为，由于国内产业结构和内生技术创新能力的影响，发展中国家国际企业对外直接投资的发展是有规律可循的：首先是以自然资源开发为主的纵向一体化生产活动，然后是以进口替代和出口导向为主的一体化生产活动。从海外经营的区位扩张看，发展中国家企业在很大程度上受“心理距离”的影响，其投资方向遵循周边国家—发展中国家—发达国家的渐进发展轨迹。首先是在周边国家进行直接投资，充分利用种族联系；随着海外投资经验的积累，种族因素的重要性下降，逐步从周边国家向其他发展中国家扩展直接投资；最后，在经验积累的基础上，为获取更先进的复杂制造业技术，开始向发达国家投资。

由此可见，技术创新与产业升级理论是以地域扩展为基础、以技术积累为内在动力的。随着技术积累固有的能量的扩展，直接投资逐步从低级阶段向高级阶段发展，从资源依赖型投资转向技术依赖型投资。

（四）产业集群理论

从20世纪80年代中期开始，一些具有较强国际竞争力且以中小企业为主体的产业集群引起了人们的关注，如“第三意大利”的传统产业集群、美国硅谷的信息产业集群、中国台湾地区的计算机产业集群以及印度班加罗尔的软件产业集群等。从产业集群的发展看，每一个产业集群都具有相当程度的国际化水准，而且聚集了大量的具有创新技术的中小企业。从产业集群与国际企业的联系看，许多国际企业在产业集群里寻求技术来源，发展新生业务。因此，可以说，重视产业集群，有助于加快国内企业的国际化经营进程。

与此同时，技术创新理论与竞争力理论的发展为学者们重新审视中小企业政策提供了新的思路。例如，波特在分析国家竞争力时采用了集群分析法，认为一国在某些产业的竞争力与该国在这些产业中的产业集群优势有关；而由弗里德曼（C. Freeman）、伦德瓦尔（B. A. Lundvall）等人所倡导的国家创新体系理论则强调创新过程中交互式学习的作用，用以解释为什么集群化有利于创新绩效的提高。

20世纪90年代中期，一些国际组织和一些国家的政府开始有意识地推动产业集群的实践，并以此作为促进中小企业发展的新途径。比如，联合国贸易和发展会议在拉丁美洲的一些国家进行了实践，并将所获得的经验向发展中国家和地区推广;丹麦、荷兰等欧洲国家由政府启动若干集群化项目;亚太经合组织(APEC)也组织其主要成员国对集群化的效果以及基于集群化的政策进行研究。

本章小结

国际化经营理论主要由国际贸易理论和对外直接投资理论构成。传统的国际贸易理论建立在比较利益的基础上。斯密提出了绝对优势理论。李嘉图发展了绝对优势理论,认为是比较优势而不是绝对优势决定了一个国家将生产和进出口何种产品。两者的共同点是:对国际贸易原因的解释都是建立在生产率的差异基础上的。后来的要素禀赋理论、新要素理论以及国家竞争优势理论突破了这一局限性,尤其是波特的“钻石模型”,试图将影响国家竞争优势的各种因素融为一体。

对外直接投资理论主要解释国际企业对外直接投资的动因和条件。海默的垄断优势理论、弗农的产品生命周期理论、巴克利的内部化理论、小岛清的边际产业扩展理论以及邓宁集大成的国际生产折中理论,都力图解释发达国家企业国际化经营形成的动因和条件。威尔斯的小规模技术理论、拉奥的技术地方化理论以及坎特威尔与其弟子托兰惕诺的技术创新与产业升级理论,则解释了发展中国家企业国际化经营的动因和背景。

习题

1. 运用比较优势理论解释不同国家之间进行自由贸易的合理性。

2. 根据波特的国家竞争优势理论,政府在本国建立某个产业的竞争优势时可以起何种作用?

3. 运用弗农的产品生命周期理论的观点,阐述中国企业在对外直接投资战略的制定方面有何借鉴。

4. 为什么中国要采取许多优惠政策吸引外国直接投资?

案例

宜家的国际化经营

宜家(IKEA)于 1943 年创建于瑞典,是以公司创始人因格瓦·坎普拉德(Ingvar Kamprad)的名字以及他的农场(Elmtaryd)和家乡(Agunnaryd)的首字母组合命名的。中文的“宜家”除了是取“IKEA”的谐音外,也引用了“宜室宜家”

的典故,以此表示带给家庭和谐美满的生活。

一、背景和历史

"二战"结束以后,很多被压抑已久的需求开始大量地释放出来。此时,传统的瑞典样式的家具已得不到年轻人的青睐,他们喜欢新潮且便宜的家具。但是,瑞典的生产商和零售商之间的供应协议使得家具价格高昂,并且阻止新的企业进入。坎普拉德觉得这既是一个社会问题,又是一个商业机会。他认为,如果提供一个范围很广的家具目录,其产品包含好的设计和功能,而且价格低到绝大部分人都能负担得起,这样的企业一定会受到热烈欢迎。

坎普拉德的创意很快就得到了市场的认可,这令竞争者们如临大敌。当他的新公司开始参加斯德哥尔摩每年的家具行业交易会时,其产品遭到了传统零售商的抵制。此后,事情愈演愈烈。1951 年,宜家被明确禁止在交易会上直接向顾客销售产品,因此只好选择获取定单的方式,同时开始出版第一本宜家目录。1952 年,宜家连在交易会上获取定单也被禁止。于是,坎普拉德就让雇员记下潜在顾客的名字,以后再和他们联系。最终,宜家甚至被禁止在它的家具上标明价格。此外,零售商还向制造商施加压力,要他们不给宜家供货。这样,坎普拉德只能从一些独立的瑞典家具制造者那里采购,并且在波兰开辟新的来源。没想到因祸得福,宜家因此可以更低的价格进货,其家具的成本反而降低了。

在 20 世纪 50 年代初期,宜家产品系列集中在家居产品上。家具展销厅的开放是宜家理念形成过程中的重要时刻。宜家发现自己卷入了与主要竞争对手的一场价格战。双方都降低了价格,质量却没有保证。1953 年,家具展销厅在 Aumllmhult 开放。通过此举,宜家能够以立体的方式展示其产品的功能、质量和低价格。正如宜家希望的那样,人们明智地选择了物有所值的产品。

由于来自竞争对手的压力,供应商停止向宜家供货。1955 年,宜家不得不开始自己设计家具,这实际上为其以后的发展奠定了基础。宜家自己设计的家具很有创意,功能得到改善,而且价格较低。后来,宜家早期的一位员工突发灵感,决定把桌腿卸掉,这样可以把它装到汽车内,而且还可以避免运输过程中的损坏。从那时起,宜家便开始在设计时考虑平板包装的问题。平板包装进一步降低了产品的价格。这样,在宜家便开始形成一种工作模式,即把问题转化为机遇。

坎普拉德紧跟时代,坚持创新。为了省钱,1953 年,他将一个废弃的工厂改造成仓库陈列室。针对人们逐渐形成使用汽车购物的习惯,他一反传统的做法——主要考虑在市中心地段选址,而是优先考虑宽阔的停车空间。1965 年,他在斯德哥尔摩郊区开设的新商店成为当时欧洲最大的家具店。这一阶段,宜家的几个基本做法也被确定下来:大范围分发信息丰富的目录和在商品展览会上使用附有说明的入场券,方便了顾客自己动手;家具可以拆卸,使得所有陈列商品的零部件能够被保存在商店仓库扁平的货箱里;拥有大型停车场的郊区商店的发展,给家具零售带来了"现购自运"的概念。这些实践加强了宜家作为这个行业中价格领导者的地位。

二、进入欧洲大陆

1965 年到 1973 年间,宜家在斯堪的那维亚开了 7 家新的门店,占领了瑞典市场份额的 15%。然而,这时瑞典家具市场的增长变得缓慢。坎普拉德感到这是宜家进行国际扩张的时候了。1963 年,宜家在奥斯陆郊外开办了挪威第一家宜家商场,这也是在瑞典以外开办的第一家商场。1969 年,宜家又在丹麦开办了第一家商场。当时业内流行一种观点,认为家具零售业是一种严格的本地业务。然而,坎普拉德对此并不认同。即使 1973 年发生石油危机,造成世界范围内的经济滑坡,他也毫不惧怕,觉得这个事件反而对宜家有利。原因是:宜家的营业费用很低,并且顾客确实欣赏宜家的货真价实。

由于讲德语的国家组成了欧洲最大的家具市场,瑞士成了宜家优先考虑的对象。如同其他的欧洲国家,瑞士的家具零售业也高度分散,67% 的公司的雇员在 3 个或 3 个以下,其中大多数公司位于市中心地段。当时瑞士的家具保持传统的设计、保守的式样,并且大多是用深色的木料制成的。但是,宜家反其道而行之,1973 年在苏黎世的郊区开了一家门店,没有采用当地周到的服务销售模式,只是提供一些由买主自己装配、设计简单和时髦的家具,并且引进"顾客自助"和"现购自运"的概念。再加上通过分发 50 万份商品目录,这个新店在开业的第一年里就吸引了近 65 万个顾客,很快就占有这个国家家具市场份额的大约 20%。

接下来是联邦德国,那里传统的零售商建立起精致的家具陈列室,他们往往被动地接受制造商的供货,很少拥有自己的商品目录,而制造商又经常由于时尚改变或经济低迷面临剧烈波动。结果,顾客往往不得不花几个星期等待送货。然而,宜家的到来使这一切大为改观,它承诺便宜的价格、迅速的交货,以及由瑞典家具协会提供保证的高质量形象,使得其产品大受欢迎。例如,1974 年,宜家慕尼黑的一家门店在开业的前 3 天里就吸引了 3.7 万人,立即成为联邦德国最大的家具商。

联邦德国的零售商对此深感不安。他们的行业协会抱怨,对于联邦德国和邻近国家高质量的家具来说,瑞典家具协会为宜家提供的保证已经在最低标准之下了。紧接着,有零售商采取法律行动挑战宜家的广告。法院也支持联邦德国零售商,并限制宜家的所作所为。尽管如此,宜家的生意还是很火爆,3 年里在联邦德国又开了 10 家新店。到 20 世纪 70 年代末期,宜家已经在联邦德国的现购自运市场占有50%的份额。那些早期曾经反对宜家进入的零售商也开始承认这种新的零售方式的潜能，模仿者如同雨后春笋般冒了出来。针对这种情况，80年代以后，宜家除了继续在欧洲开店外，还授权其他人在欧洲以外的地方开店。

宜家在欧洲大陆成功的基础是向客户提供物有所值的产品，其经营之道是：首先，建立一个宽广的供应商网络，该网络由分布在若干国家的众多企业组成。供应商们能够从宜家获得长期订货和技术咨询，甚至从宜家租赁到设备。宜家的设计员与供应商密切协作，力求把节约成本的理念体现在产品中，使产品能够在设计阶段就保证在后期的生产过程中实现低成本。作为回报，供应商们给宜家提供包销合同和低廉价格。其次，宜家把自己多达一万个品种的产品放在非繁华地区的低成本商店中展示。大部分的家具以配套元件的形式卖给消费者，然后由消费者拿回家自己组装。由于每家商店的规模巨大，也由于在世界市场上销售相同的产品，宜家能够实现大批量生产，也因此获得了巨大的规模经济效益。这种战略一方面使公司在产品质量上不逊于对手，另一方面又使产品的价格比对手低而仍然有利可图。

三、不断扩张的组织

1976年，坎普拉德感到有必要大力推广宜家几十年来形成的价值观。他向外界发布了自己的宣言——《一个家具商的圣经》，其中总结了宜家的成功经验：宜家精神建立在热情似火、持续创新、成本意识、勇挑重担、永不知足、行为简单的基础上。宜家的基本宗旨是为大众服务。从长远看，宜家的产品应该始终符合消费者的利益，具体表现为简单和容易安装，耐久和使用方便，表达设计、色彩和乐趣等理念。它们在斯堪的那维亚应该被认为是典型的宜家产品，在斯堪的那维亚以外则应该代表瑞典风格。

由于宜家深信自己对市场能产生重大影响，认为自己可以为国内外的装饰业务作出有价值的贡献，因此它把扩张作为自己的使命。在宜家快速进行国际化时期，《一个家具商的圣经》成为了传播宜家理念的指南针。坎普拉德据此要求在不同的国家努力保持宜家独特的文化。到1989年，大约有300个受过特别训练的“宜家大使”在一个特殊的长期研究班被训练出来。他们不仅了解公司的历史和文化，而且仔细学习了如何推广公司的哲学和价值观。他们被派到所有部门的关键岗位上，通过教育部下和担任示范角色，将宜家文化传播到了世界各地。

随着经验的积累，宜家的国际化逐渐形成了一套行之有效的模式：在瑞典以外的地区，坎普拉德将公司的业务分成扩张集团和经营集团两个部分。前者负责制定进入新市场的计划。首先，一个“施工队”被派去筹建新的商店。然后，在商店开张前的两个月,一个“接力队”负责训练职员,并且准备开张事宜。大约一年以后,他们再把责任转移给经营集团。在组织结构方面,20 世纪 80 年代早期,作为一个国际组织,宜家的零售业务被重组成四个地理区域,分别由当地的管理人员负责,而采购、分销和设计还是由总部控制。

宜家的高级管理人员主要是斯堪的那维亚人,他们遵循简单、人本、非等级制的管理哲学。宜家文化根源于瑞典,并且被深深地打上了公司创始人坎普拉德的烙印。公司的一些非瑞典人感到说瑞典语和理解瑞典人的心理对于成为管理层中的一员非常重要。宜家一位总裁讲的话曾被作为格言到处引用:“我建议公司里那些真正想进步的外国雇员学习瑞典语,这样他们对我们的文化、经营管理模式和价值观将会有完全不同的认识。”

宜家的高速扩张也开始引起不少人的担忧,因为保持公司的文化价值观将变得越来越困难。想象一下,公司成千上万个雇员分布在世界各地,而且每年招聘一千多个新人,他们对于宜家的行事方式可能只有模糊的感觉。要把宜家的风格反复灌输给这样一个迅速增加的人群,对公司来说是一个巨大的挑战。于是,疑问产生了:宜家在世界范围内迅速扩张,那么它应该将自己的理念推广到什么程度?例如,谦卑在欧洲可能是一种美德,但是总部应该把它强加于美国的分店吗?

四、美国市场的启示

在向全球市场扩张的最初阶段,宜家的标准化策略实施起来得心应手,所以后来进军美国市场时,公司还是坚持自己的观点。这种观点用公司创始人坎普拉德的话说,就是不论在世界什么地方,公司都应该销售具有“典型瑞典风格”的基本产品系列。宜家还坚持采用生产导向型战略,即由瑞典的管理层和设计人员决定应该销售什么,然后把产品展示给世界公众,而很少研究人们的实际需要。不仅如此,宜家还在国际广告中强调自己的瑞典出身,甚至坚持要求商店采用“瑞典式”的蓝黄色调。

结果,宜家毫无商量余地的产品虽然在欧洲销售良好,但是并不符合美国消费者的习惯。例如,瑞典的床对美国人来说不够宽,宜家也不提供美国人喜欢的配套的床上用品。消费者经常把他们的汗衫放在抽屉里,但宜家生产的床头柜抽屉太浅。宜家生产的橱柜也太窄,放不下大的盘子。美国市场需要用来装电视机的架子,而宜家的架子往往被设计成仅仅是用来放书的。

1990 年,宜家的高级管理层认识到,公司忽视了国际化成功的零售业法则,即必须坚持市场导向,给单个的门店留出自由和创造的足够空间,使产品符合各地的偏好,走一条本土化和定制化结合的道路。宜家要想在美国取得成功,就必须对其产品进行调整,使之符合美国人的口味。于是,宜家重新设计了它的产品。例如,床头柜的抽屉比原来加深了1英尺,结果销售量随即增加了30%到40%;开始销售大号和特大号的美式床,并且提供与这些床配套的床上用品;对厨房家具进行改动,使它们更加符合美国人的口味。此外,宜家还把用美国本地原料制作的产品的比例从1990年的15%提高到1994年的45%。宜家突破传统的做法产生了很好的效益,从1990年到1994年,其在北美的销售额增长了2倍,达4.8亿美元。

上述实例表明,时代在前进,环境在变化,宜家适应市场的策略必须不断地调整,否则随时可能遭遇被淘汰的命运。现在大多数发达国家中年人的人数和收入水平开始增加,而宜家的目标市场——年轻人、中低收入以下的家庭的数目逐渐减少。这样,宜家不得不扩张到其他市场中去,例如提供办公室家具,针对年纪较大而富有的人作更加传统的设计。此外,在广告中,宜家应该低调处理"疯狂的瑞典人"的形象,代之以一个更高品质的形象,并且防止目标过于散乱,以免模糊了自己的定位。

结语

"一招鲜,吃遍天。"经过几十年的国际化进程,宜家已经成为全球最大的家具、家居用品商家。每年印刷量高达1亿本的IKEA商品目录中,收录了大约1.2万件商品,号称是除了《圣经》之外最被广为散布的书籍。"为大多数人创造更加美好的日常生活"是宜家自创立以来一直努力的方向。尽管经历了不少沧桑和坎坷,宜家依然坚持自己的理念,即"提供种类繁多、美观实用、老百姓买得起的家居用品"。

思考题

1. 宜家的产品及其经营手段有哪些特点?
2. 宜家在全球不断扩张的原因有哪些?
3. 宜家在国际化经营中是如何处理标准化和差异化问题的?

第三章　国际企业的经营环境

教学目的和要求

1. 认识国际企业的政治与法律环境的复杂多变
2. 了解国际企业经济环境的组成部分和内容
3. 理解国际企业面临的文化差异现象
4. 掌握国际企业的技术环境

环境是企业生存发展的土壤和条件。用系统的观点看，国际企业是一个开放的系统，是从属于各个特定的社会区域与全球大系统的子系统。那些影响和制约着国际企业生产经营活动的各种外部因素的集合，即构成国际企业的经营环境。当企业的经营活动从国内扩展到国际，其基本功能和原则可能并不会发生本质的变化，关键在于由多种因素组成的外部环境发生了变化。因此，企业进行国际化经营时，必须清楚地了解其所处的环境。

国际企业所处的外部环境可以被概略地划分为一般环境和作业环境两类。一般环境指的是能够影响某一社会区域内所有企业的那些外部因素的集合，也称“宏观环境”，具体包括政治与法律（Political and Legal）、经济（Economic）、技术（Technological）以及文化（Cultural）环境。本章所要讨论的国际企业的经营环境主要指国际企业的宏观环境。作业环境则与特定企业相关，又称“微观环境”。对于企业微观环境的分析常常使用战略管理大师迈克尔·波特提出的“五力”分析法，即分析某一特定产业的新进入者、供货商、顾客、替代品以及现有企业间竞争这五个因素。关于国际企业与外部环境的关系，如图 3-1 所示。

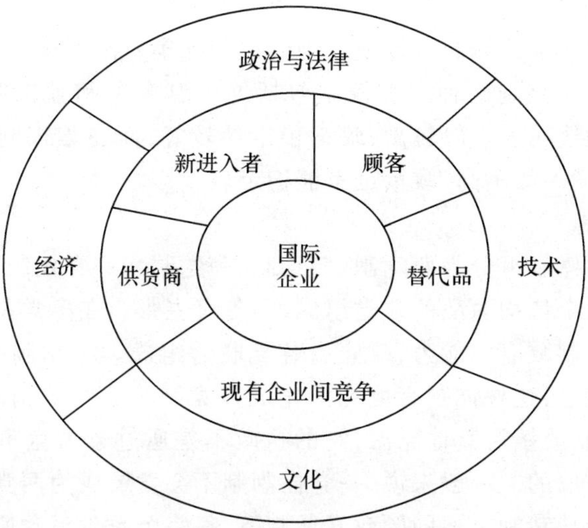

图 3-1　国际企业与外部环境的关系

第一节　国际企业的政治与法律环境

在现代各国的经济生活中,政府是企业活动一个不可分割的组成部分,各种社会政治集团及其政治力量不同程度地影响着国际企业的经营。从企业的角度看,全球性运作要求国际企业的管理人员熟悉外国的政治与法律体制。国际企业必须遵守东道国的法律规定,熟悉与东道国各类部门打交道的各种策略。此外,国际企业的管理人员还必须了解本国政府与企业所在国政府之间的相互关系。总之,国际企业的管理者只有充分了解国际政治与法律环境的复杂性,认识到在国外经营业务的风险,才能制定合理的计划与决策并高效地执行。

一、国际企业的政治环境

政府行为是现代经济活动的重要组成部分之一,是形成国际经营中政治风险的主要原因。正如有学者所指出的:“政府是国际企业经营所在地的机构整体中的一部分,它是一个沉默的合伙人,一个具有无形控制力的合伙人。”任何企业要顺利地贯彻其国际经营战略,提高国际经营效果,就必须对目标市场的政治环境予以充分的关注,并努力把握其内在的规律。

（一）基本政治环境因素

一国的基本政治环境因素包括政治体制、政党体制、国家利益、政府在经济中的介入程度以及政治环境的稳定性等。

1. 政治体制

大多数国家的政治体制可以划分为代议制和集权制两种。代议制可以细分为共和制和君主立宪制两种。集权制包括绝对君主制和独裁制。在代议制国家,政策、法规的透明度一般较高,政策稳定性较好;而在集权制国家则相反,政策、法规的透明度一般不高,政策也不够稳定。

2. 政党体制

一国的政党体制可分为两党制、多党制、一党制和一党控制制。实行两党制的国家往往由两个势均力敌的政党组成,并各有主张。在多党制国家,没有一个政党具有独立控制政府的能力,政府由各党联合组成。一党制是某一政党占绝对支配地位。但是,这种体制有可能演化成多党制。一党控制制与一党制有所不同,执政党压制或镇压其他党派,它的执政不是通过自由竞争,而是通过军事或政变的手段获取的。一般来说,一党控制制不会发展成为两党制或多党制,反而可能发展成为独裁制。不同的政党体制下,每一个政党对政府的影响力不同。因此,国际企业的投资决策必须考虑东道国的政党体制。此外,政党之间的交替也会对国际企业的经营活动产生影响。例如,英国的保守党执政时对外国企业的限制较松;而工党执政期间则采取了一些重要的控制措施,如对进口产品征收15%的附加税。

3. 国家利益

一国政府对发生在其国内的外国企业的投资活动采取鼓励或限制性政策的出发点是国家利益。它的主要内容和表现形式通常包括自我保护、安全、繁荣、声誉和意识形态这五个目标。国家利益在国与国之间有可能大相径庭,但是东道国政府通常都希望从外国资本和技术的输入中得到好处,而在国际合作过程中付出的代价又必须是东道国政府可以忍受的,否则东道国就会拒绝外国企业进入。

4. 政府在经济中的介入程度

通过政治体制和管理规则,各国政府会在国家经济发展中担当起某些角色。不同国家的政府对企业发展的介入存在较大差异。一些国家的政府会积极参与到企业的运营活动中,而另外一些国家的政府对私营企业的经营则执行不干涉政策。例如,在瑞典和日本,政府参与企业发展是一种优良传统,企业和政府官员之间不会发生利益冲突,而是共同决定行业政策、调整工资水平或实现私人贷款和政府基金间的平衡关系。两国政府都参与私营企业的发展,甚至影响它们的战略决策和行业发展。与之不同,美国和加拿大政府认为政府与企业的利益是不一致的。除了公共部门和国家安全部门之外,它们一般倾向于采取政府不干预政策。

5. 政治环境的稳定性

政治环境的稳定性是指一国政治活动中,各关键参与者之间现存的关系在一定时期内有无根本性或实质性变化的趋势。① 一国政治环境的不稳定性具体表现在以下几个方面:

(1) 东道国政权更替频繁;

(2) 东道国国内各种不同文化相互倾轧;

(3) 宗教势力的影响;

(4) 经济危机的发生。

(二) 政治风险

企业国际化运作中,一定会遇到各种各样的风险,政治风险是其中值得重点关注的一种。企业要适应国际政治环境,就必须对可能面临的政治风险有正确的认识。

1. 政治风险的定义

在作出跨国经营的决策之前,管理人员需要评估相关决策的风险水平。关于政治风险的定义有很多,首先必须区分国家风险、经济风险以及政治风险这些密切相关的风险概念,并且了解它们之间的关系。

国家风险指的是在不同国家的经济、社会与政治环境下进行企业活动的风险因素。例如,银行家通常会审查欲投资国的经济情况,包括该国的国际收支状况、中央银行的政策及其效果、主要经济部门状况、社会情况、国际关系以及世界性事件对本地经济的影响。国家的政治事件与经济风险之间有着密切的关系。一国政治环境的特征及其变化使得经济发展不可能独立于政治状况而独善其身。因此,一国的政治事件通常也会带来经济风险。例如,黎巴嫩内战时期,其市场结构瓦解,国家经济体系瘫痪,损失巨大;伊朗革命成功后,霍梅尼政府禁止对某些西方产品的进口等。这些都表明政治事件有可能使经济风险加重。同样地,虽然多数劳工罢工有其经济原因,例如薪资、福利的原因,但许多全面罢工,例如 1978 年的尼加拉瓜、1980 年的波兰大罢工,带有明显的政治性质,并且广泛波及经济。因此,分辨经济风险与政治风险的差异有时是很困难的,这两种风险在很多情况下会混合在一起。

美国经济学家史蒂芬·柯宾(Stephen Kobrin)将政治风险定义为"由政治事件及其过程引起的潜在而重大的偶然性经营危机"。值得注意的是,政治风险并不一定就是战争时期的经济封锁。在和平时期,政治关系的交恶也会借力于市场环境变化给两国经济交流带来较大的负面影响。因此,由于政府行为或其他带有政治性质的非市场事件而使投资价值或现金发生变动的一种不确定性,

① 参见薛求知、刘子馨主编:《国际商务管理》,复旦大学出版社 2002 年版,第 112 页。

构成了政治风险。同时,按照美国学者富兰克林·鲁特(Franklin R. Root)的说法,政治风险的不确定性表现为:第一,转移的不确定性,即资本偿付、技术和人员流动的不确定性;第二,经营的不确定性,即政府政策直接束缚和干涉当地企业经营的不确定性;第三,所有权控制的不确定性,即有关公司所有权的政策的不确定性。

2. 政治风险的具体体现

以下是一些产生政治风险的事件,这些事件可能对国外投资产生负面影响:

(1) 税法及汇兑控制的变化;

(2) 东道国对本地生产、来源或雇佣等措施的规定;

(3) 对所有权隶属于外国的企业在商业上的歧视;

(4) 东道国对贷款能力的限制;

(5) 政府对私下协商合约的干涉;

(6) 无适当补偿的没收征用;

(7) 因政治暴动或内战而引起设备上的损失及毁坏或人员的伤害。

不同的事件会带来不同的影响,国际企业必须及时了解那些可能影响东道国及其特定行业、公司或计划的各类政治风险。革命与政变常常是可能带来巨大风险的政治事件。例如,1977年12月,吉悌电信(GTE)与伊朗政府签了一纸价值5亿美元的电子通信合约。根据合约,吉悌以一般应用于中东交易的公开信用状而非保证金的方式,预支给伊朗9400万美元。根据长期以来对伊朗的经验及信心,吉悌并未在合约中声明在何种情况下伊朗才可以兑现信用状,也没有为自己所需承担的风险投保。结果,在伊朗革命后,这项计划无法进行,吉悌可能损失5000万美元。如果将信用状也包括在内,吉悌潜在的税后损失会超过6000万美元,可能是在伊朗损失最大的一家公司。

当然,政治事件本身并不一定总会对企业构成风险,有时甚至会为企业跨国经营提供机会。例如,1975年,在安哥拉内战时期,海湾石油公司因与不同的执政党谈判而获得了十分优惠的条件。陶氏化学公司在1973年智利的艾伦迪政府被推翻后,重新进入智利。

又如,欧洲市场的统一既为全球性公司带来了巨大的机会,也带来了巨大的风险。当欧洲实现经济、政治统一时,一些公司可能因为法律条例的改变而被排斥在某些市场之外。如西班牙与葡萄牙,曾经因为其廉价的劳工,吸引了许多外国投资者。但是,在欧洲市场一体化以后,当两国提高工资以符合欧洲共同体1992年单一市场计划的要求时,它们的劳工在未来便可能不再有吸引力了。那些根据1992年以前的经济情况而在西欧作出重大投资决策的公司也可能发现它们的投资在1992年以后不那么划算了。

全球性市场及其政治环境充满着变化。这些政治环境的不稳定所带来的政治风险对企业的影响是多方面的，造成的结果也是不确定的。政治风险因素及其影响不仅会因不同的国家和公司而存在差异，甚至在同一国家内也会因行业的不同而不同，在许多情形下还因公司计划而异。因此，衡量国际直接投资的政治风险，既要分析总体或全局性风险因素，也要具体分析影响公司或其计划的特有的政治风险因素。

3. 政治风险的类型

尽管政治风险的具体表现有很大差异，但为了解国际企业运作中面临的主要政治风险，我们可以将其概括为以下几类：

（1）战争风险。战争风险包括内战、边境战争、骚乱以及与政治因素相关的恐怖事件所导致的风险。这类事件带有突发性，难以预测，其破坏性可能波及国内外许多企业。两次世界大战、越南战争、两伊战争、英阿战争、海湾战争等均曾导致投资者重大的经济损失。

（2）转移风险。转移风险是指东道国政府通过外汇管制等措施，使国际企业无法将其投资所得利润、资产等汇回本国或转移到其他国家。例如，拉美诸国在 20 世纪 80 年代债务危机中宣布冻结一定时期的对外汇款行为。

（3）国有化风险。根据《简明不列颠百科全书》的权威定义，国有化是指“由国家改变或承担私人财产的管理或所有权”。在国际经济中，国有化就是将外国投资及资产没收，归东道国所有。20 世纪 50 年代以前，人们很少看到国有化的事例。但是，60 年代以后，发展中国家出现了国有化的高潮。据统计，从 50 年代到 70 年代，100 多个发展中国家中有半数以上的国家对外资实行了国有化，共发生了 1954 件国有化案件，其中 50 年代为 412 件，60 年代为 406 件，70 年代为 1136 件，可见国有化的步伐一再加快。[①]

1975 年，美国政府将导致本国企业从国外被迫撤回资产的威胁分为五种类型：

① 正式征用：由政府接管企业财产，无论是否给予补偿；

② 干预：政府对企业经营予以非经济性的管制；

③ 限制：政府出于某种目的，对企业经营作出暂时管制；

④ 强制出售：政府禁止外国公司向当地企业或政府以低于市场的价格出售部分或全部资产；

⑤ 重议契约：政府强制修改和变更与外国公司合作、合营企业的协议，而不予赔偿。

（三）政治风险的防范

在企业实施跨国经营的活动中，必须树立风险防范意识，采取必要的措施防

① 参见姚梅镇主编：《比较外资法》，武汉大学出版社 1993 年版，第 764 页。

范各种政治风险。

1. 监视发展

监视包含:建立情报网络,提供政治、社会和经济上的信息,以及了解东道国的事件。例如,那些在全世界设置分行机构的跨国银行通常会专门指派当地或部门内的职员去搜集资讯,并传递至总部进行评估。此外,现在许多大公司还雇用经济学家和政治学者,以提供对国家风险的评估。由于一般没有足够的资源发展本身的信息网络,一些小公司也可以从专门的资讯公司购买相关信息。

2. 预期政策

国际企业还可以积极地预测东道国政策的变化以作好应对的准备。政治环境的变化可以是一般性或具有特殊性的。前者表现为一国政府企图刺激或限制经济活动的总体经济政策。例如,那些出现通货膨胀的国家很可能采用紧缩性的货币或财政政策,这会减少以从事内销为主的公司的收益。如果管理层可以事先预期这些政策,就可以采取必要的措施以减轻冲击。在时常出现罢工的国家,公司可以选择较不依赖劳动力的生产技术,或采取能够减少罢工威胁的雇员政策。如一家在英国有主要生产设备的大型美国电子公司,面对高度工会化的英国,却拥有完全非工会的雇员。公司以慷慨的福利与公开的"员工—管理阶层"关系维持这样的劳资情况。这些雇员政策虽带来额外费用,却减少了劳工抗争的风险。由此,公司从未因罢工而损失生产时间。

3. 适应环境

修正和更改公司制定的政策以反映东道国的政策改变,就是一种适应力的象征。国际企业在海外从事经营活动,需要愿意并有能力回应不同的政治、法律环境变化,以减少政治风险带来的负面影响。即使这些适应性的改变在某些方面并非公司所愿,但是为减少国外投资的风险,这却是必要的。其中,合资就是一个重要的例子。合资代表两个或两个以上的独立公司或团体的投资者分享营业实体的所有权和控制权。

但是,在合资的过程中,很多公司会担心合资伙伴因为接触核心的技术和市场信息而成为公司未来的强势竞争者。因此,在选择以合资形式进入国际市场时,仔细选择本地合作伙伴是十分重要的。最佳的情况是:除了能提供国籍的便利外,还能为企业带来技术或其他贡献;如果国籍是仅有的贡献,那么外国投资者应尽量寻找政治上可靠的合作伙伴。

4. 购买保险

减少暴露政治风险最后的方法就是购买保险。许多发达国家,包括美国,都有政府或类似政府组织支持的保险计划,为海外投资保战争、没收或货币无法汇兑的风险。一些私人保险市场也提供类似的保险计划。在美国,海外私人投资公司(Overseas Private Investment Corporation, OPIC)提供保险及融资专案,以协助美国私人公司在较落后的国家进行投资。购买 OPIC 保险的决策必须依照一般风险管理决策而定。公司需要衡量费用与预期损失,以及其负担损失的意愿及能力。购买 OPIC 保险的行为也可能为公司带来"道德赌注"。由于已经投保,公司可能忽略减低风险的政策,反而由此造成较高的损失。

二、国际企业的法律环境

从某种意义上说,法律代表一个国家书面的或正式的政治意愿,因而一个国家的政治与法律制度是密切相关的。一般来说,影响国际企业经营的法律环境是由企业的本国法律(国内法律)、国际法律和东道国法律共同组合而成的。其中,本国法律与东道国法律之间的差异常常体现为法律体系或者具体法律规定的差异。不同国家的法律在国内和国际两个层面上影响着企业的商业活动。通常,一国政府或者是以本国法律为基础,或者是通过双边或多边的国际公约和条约,管理本国企业和外国企业的经营活动。从这个意义上说,国际企业必须重视各种法律体系,这样才能顺利地开展国际化运作。

(一)世界主要法律体系

"法律体系"或"法系"(Legal Genealogy 或 Legal Family)是西方法学理论中经常使用的概念,它是在对各国法律制度的现状和历史渊源进行比较研究的过程中形成的。所谓法系,就是根据各国的法律特点和历史渊源的传统外部特征,对法律进行的分类。通常,具有一定特点的某一国的法律与仿效这一法律的其他国家的法律被归为同一法系。当今世界国家众多,法律更是繁杂,但是可以归纳出少数几种类型的法律。目前,一般认为,世界主要法系有两个:民法法系和普通法系。

1. 民法法系

民法法系又称"大陆法系",是指 19 世纪初以来,欧洲大陆大部分国家以罗马法为基础建立起来的,以 1804 年《法国民法典》和 1896 年《德国民法典》为代表的法律制度,以及其他国家和地区效仿这种制度建立起来的法律制度。

民法法系的特点主要是:明确立法和司法分工,强调成文法典的权威性;比较强调国家的干预和法制的统一;重视法律理论的概括,强调法典总则部分的作用;注重法典的体系排列,讲究规定的逻辑性、概念的明确性和语言的精炼。

当前,属于这一法系的国家,除了法、德两国以外,还有比利时、荷兰、意大利、西班牙、日本、奥地利和南美诸国。另外,因历史原因,美国的路易斯安那州和加拿大的魁北克省的法系也属于民法法系。

2. 普通法系

由于普通法系的代表国家是英、美两国,所以又称"英美法系"。它是指英国以 11 世纪起主要起源于日耳曼习惯法的普通法为基础,逐渐形成的一种独特的法律制度。它还效仿除英国外的其他一些国家和地区的法律制度,是当今与民法法系并列的一种历史悠久、影响较大的法系。

普通法系的特点主要是:在法律渊源方面,普通法系国家的制定法和判例法都是正式的法律渊源,上级法院特别是最高法院的判决对下级法院有拘束力,法官自由裁量的余地较大。在庭审中,采取当事人主义,法官居中裁判,判案时多采用归纳法。另外,普通法系一般不倾向于采取法典形式,制定法往往是单行法律或法规。

属于普通法系的国家除了英、美两国外,还有大部分英联邦国家和一些原属英国的殖民地或附属国的亚洲、非洲、大洋洲和加勒比海地区的国家。中国香港特别行政区也属于普通法系。

3. 重要法律原则

在国际法律体系中,有以下一些基本的法律原则,从事国际化经营的企业应该予以重视:

(1) 主权原则(Principle of Sovereignty)。这一原则强调每个主权国家都有按照其认为合适的方式管理自己的国家和领土的权力。即每一个主权独立的国家都有权制定自己的法律体系,一国的法律体系不能自动地适用于另一个主权独立的国家。根据国家法的实践,主权原则将高于其他国际法原则,或者说国际法原则均是基于主权原则的。例如,中国的法律规定男女同工同酬,但是该规定不一定适用于其他国家。

(2) 国籍原则(Nationality Principle)。这一原则强调每个主权国家都有对其公民的裁判权,而无论其公民住在哪里。如果一个在国外从事经营活动的中国管理者违反了中国的有关法律规定,中国政府仍然对其具有司法审判权。

(3) 地域原则(Territoriality Principle)。这一原则强调每个主权国家都有在其司法管辖领域内进行裁判的权力。如果一个美国企业在中国从事经营活动的过程中触犯了中国的有关法律规定,中国政府有权根据本国法律规定对其作出相应的法律制裁。

(4) 保护原则(Protective Principle)。这一原则强调每个主权国家都有对危害其国家安全的行为进行裁判的权力,而不管这种危害行为发生在何处。

(5) 礼仪信条(Doctrine of Comity)。虽然礼仪信条不属于法律范畴,但是很多人视其为一种对于国际法律、组织以及政府间相互尊重的良好习惯。即各国政府必须尊重一个主权国家根据其法律体系对自己的公民进行的审判。

(二) 国际经济法

国际经济法是指调整国家之间、国际组织之间、国家与国际组织之间、国家与他国私人之间、国际组织与私人之间以及不同国籍私人之间相互经济关系的法律规范的总称。它是随着各国之间贸易和经济往来日益增长以及国家对贸易和经济活动的干预日益加强而形成和发展的。关于国际经济法的概念和范围，可归纳为广义和狭义两种。

1. 广义国际经济法

广义国际经济法泛指调整国际经济交往的法律，包括一切关于超越国界并涉及任何经济利益的交易和交往的法律规则和制度，不论进行交易和交往的主体是国家、国际组织或机构、国营金融机构（如国家的中央银行），还是个人、法人或国际企业司。

广义国际经济法的内容甚广，主要包括以下几方面：(1) 关于外国人经济地位的国内立法和国际法。(2) 关于国际商业交易的私法，包括货物买卖、运输、契约的法律，以及保险法、公司法和海商法。(3) 关于国际贸易的国内法规，如关税法规、内地税法规、进出口管制法规、外汇管制法规以及关于质量和包装标准等方面的法规等。(4) 关于外国人投资的国内立法和国际法，包括外国人投资的组织和清理、投资的待遇、保护和保证，国有化和征收，以及解决投资争端的方法和适用的法律等。(5) 关于国际贸易制度、国际货币和金融制度以及国际机构投资制度的国际法和国际经济机构法，如国际贸易组织、国际货币基金组织、世界银行、区域性国际开发银行（如亚洲开发银行）的法律，以及国际商品协定等。这部分法律都是通过国际条约的形式制定的，构成国家之间的条约义务，属国际公法的范围，不直接涉及或约束个人。(6) 关于区域经济一体化的法律，如欧盟、经济互助委员会、安第斯条约组织的法律。(7) 国际税法，包括课税管辖权范围、关于解决双重课税的法律。

2. 狭义国际经济法

狭义国际经济法是国际公法的一个特殊部门。凡国际贸易、经济交易中涉及的私法问题（如国际货物买卖合同等）和国内法问题（如关于进出口管理的国内立法等），都不属于国际经济法的范畴。狭义国际经济法的范围和内容主要包括以下几方面：(1) 关于一国公民（自然人）和法人在其国境外经济领域的法律地位。(2) 关于私人国外投资的法律制度。(3) 关于国际机构投资的法律制度，主要涉及世界银行和各区域开发银行的组织机构法以及关于其资金来源和经营的法律。(4) 关于调整国际经济关系的法律制度，其中主要包括国际贸易、金融和货币关系的国际法原则和规则。关于国际货币制度的法律涉及的问题包括：根据《国际货币基金组织协定条款》建立的关于国际货币体制的行为规则及其实施和改革，以及区域性货币制度等。国际贸易法律制度包括：《关税及贸易总协定》体现的各项原则（如非歧视原则、多边最惠国待遇和国民待遇、普遍和逐步降低关税、禁止数量定额制、关于防止出口贸易中限制竞争的原则、关税同盟和自由贸易区制度涉及的原则、关于保障措施和免除执行某项原则的制度等）、国际商品（初级产品）协定、综合商品方案问题、调整不同发展水平国家（即发达国家和发展中国家)之间贸易关系的非对等性质的优惠原则、关于禁止商业上限制竞争的做法的国际行为准则、消除或减少非关税贸易障碍等。(5) 国际经济组织和机构法,包括组织结构、决策程序和职能范围等方面的问题。(6) 区域性经济一体化的法律制度。(7) 国际税法等。

第二节 国际企业的经济环境

国际企业的经济环境是各种经济要素和变量的总和,反映了各国经济发展的水平及其市场的吸引力差异,进而会直接影响国际企业在各种市场中的获利能力。要理解国际企业的经济环境,必须对国际经营环境中的世界货币制度、国际金融市场、国际经济组织、各国经济发展阶段与水平以及国家类型等要素有必要的认识。

一、世界货币制度

货币制度,即货币体系,是支配各国货币关系的一系列共同标准、国际协议、规章制度、组织机制和由此产生的协调机制的总称。纵观国际货币体系的百年变迁,大致可以分为五个阶段:

(一) 1870—1914 年是金本位的"黄金时期"

金币可以自由铸造、自由流通、自由兑换,在各国之间可以自由转移,从而保证了金币内、外币值的稳定。"黄金输送点"规则也使得国际金本位制具有自由调节国际收支的机制,从而保证了各国货币之间汇率的稳定。因此,在此期间,全球经济贸易迅速发展,国际货币秩序和汇率较长时间保持稳定。但是,国际金本位制运行到 20 世纪初,面临瓦解的困境。这主要是由于黄金生产与需求的矛盾日益突出,纸币与黄金的自由兑换难以维持。

(二) 国际货币体系的金本位制和金汇兑本位制并存及金本位制瓦解阶段

"一战"爆发后,各参战国实行黄金禁运并停止用纸币兑换黄金,金本位制崩溃。战争结束后,人们重建了金本位制。除了美国外,英、法等国家也实行金本位制,其他大多数国家实行金汇兑本位制。金汇兑本位是一种"虚金本位",使得本国的对外贸易和财政金融受到金本位制国家的控制和影响,是一种附庸货币制度。1925 年、1933 年,英、美先后放弃了金本位制,资本主义各国组成相对独立的货币集团。各货币集团为了自身的利益,加强外汇管制,对世界经济和贸易产生了巨大的破坏作用。这一时期不存在统一的货币制度。这种状况一直持续到"二战"结束。

(三) 布雷顿森林体系的诞生与瓦解

1944 年 7 月,在美国布雷顿森林召开了有 44 个国家参加的"联合国国际货币金融会议”,签订了以怀特计划为基础的《布雷顿森林协议》,规定了关于汇率安排和对成员国国际收支调节机制的一系列规章制度。布雷顿森林体系实际上是一种“可兑换黄金的美元本位”,其建立是英美货币主导权之争的结果。美元与黄金挂钩,其他国家货币以固定汇率与美元挂钩,实质上使美国几乎控制了货币金融领域的游戏规则。更为重要的是,布雷顿森林体系隐含着深刻的内在矛盾,即“特里芬两难”:若美国国际收支保持顺差,则国际金融市场美元短缺,势必影响全球经济的正常发展;若美国国际收支持续逆差,虽可满足各国对美元作为支付手段和储备手段的增长性需求,但逆差的扩大意味着美元的泛滥、各国对美元信心的下降乃至瓦解,布雷顿森林体系的基础必将动摇。20 世纪 60 年代,美国爆发了美元危机,并宣布放弃维持黄金和美元的比值的义务,其他国家纷纷宣布不再继续履行货币平价的义务,布雷顿森林体系瓦解。

(四) 后布雷顿森林体系

1976 年的《牙买加协定》和《IMF 章程第二次修正案》标志着布雷顿森林体系的终结,也是后布雷顿森林体系的起点。其主要特点:一是货币的大量黄金化成为既定事实,美元成为未制度化的主要本位货币;二是全球固定汇率制度崩溃,汇率调节更多地依赖市场机制的自发作用;三是大国之间缺乏制度化的货币合作,实际上是一种放任自由制度。这种既无本位及其适度增长约束,也无国际收支协调机制的体系,通常被称为“无体系的体系”。这一时期,世界性通货膨胀开始蔓延,各种区域性金融危机频繁爆发。因此,欧盟开始了向货币联盟迈进的初步尝试;而大多数发展中国家选择了“钉”住单一货币或一揽子货币,绝少任由汇率自由浮动。

(五) 全球化中的货币联盟时期

20 世纪 80 年代后期,国际货币体系出现了一些新的特征:一是经济、金融一体化背景下,世界上出现了一股货币集团化的潮流,产生了不少区域性货币组织。其中,欧盟的建立及欧元的成功启动将货币一体化推向了一个全新的高度。二是美国经济保持了长时期的景气,北美洲、南美洲部分国家和地区出现了“区域美元”,即美元化现象。三是区域性金融危机频繁爆发,各国都在寻求组建区域性货币联盟的有效途径,以维系世界金融的稳定。

在世界多极化的发展趋势下,统一的国际货币制度一时难以建立。世界货币体系的多元化发展为国际企业经营提出了新的要求,浮动的汇率也给国际企业带来了不稳定的外汇市场环境。

二、国际金融市场

国际金融市场与国内金融市场相比,所涉及的信贷关系不仅有本国居民,而且有外国居民;所从事的交易对象不仅有本国货币,而且包含其他国家货币,但主要指能在国际上自由兑换的货币。与国际商品市场相比,国际金融市场在经营对象和供求关系上有很大区别。国际金融市场的经营对象是货币,表现为形态的单一性,而不像国际商品市场经营对象形态的多样性,其供求双方关系也不再是单纯的买卖关系,而表现为借贷关系即信用关系。

(一) 国际金融市场的概念

从广义上说,国际金融市场是进行各种国际金融业务活动的场所,包括货币市场、资本市场、外汇市场、黄金市场。从狭义上说,国际金融市场则是国家间经营借贷资本及进行国际借贷活动的场所,也称"国际资金市场"。从范围上看,国际金融市场中的经济活动具有国际性。从内容上看,国际金融市场中的基本经济活动包括货币金融业务和资金融通业务。从形态上看,国际金融市场既包括实际意义的场所,又包括抽象意义的网络或系统。

(二) 国际金融市场的发展

国际金融市场是随着国际贸易的发展和国际借贷关系的扩大而逐步产生和发展的。

1. 伦敦国际金融市场的形成和发展

"一战"以前,英国是资本主义的头号工业强国和贸易大国,积累了巨额财富,政治稳定,对外殖民统治加强。英格兰银行地位巩固,业务发展比较完备,结算和信用制度发达。英镑成为主要的国际结算货币,伦敦也随之成为资本主义世界最大的国际金融市场。

2. 纽约、苏黎世、伦敦并列为三大国际金融市场

"二战"以后,英国经济受到了严重破坏,美国以其在"二战"中逐渐增强的经济实力成为资本主义世界的经济霸主。美元成为各国的储备货币和重要的结算货币,纽约作为国际金融市场也日益崛起。美国当时是资本主义世界最大的资金供应者,国际借贷和资本筹措主要集中在纽约,成为西方最大的长短期资金市场。西欧受战争破坏,只有瑞士因其中立国的地位能继续保持货币的自由兑换,活跃了自由外汇市场的交易和黄金市场,从而促进了苏黎世金融市场的产生和发展。

3. 欧洲货币市场的产生和扩展阶段

欧洲货币市场(Euro Money Market,EMM),又称"离岸金融市场"(Off-Shore Finance Market)或"境外金融市场"(External Finance Market),是允许交易者向非居民筹资、投资或贷款而基本不受法规和税制限制的市场。20 世纪 60 年代后,美国国际收支出现巨额逆差,黄金流失,美元信用动摇,美国政府被迫采取了一系列限制美国资本外流的管制措施。这些措施不但没有达到目的,反而加剧了美元资金外逃,各国将美元资金转移到伦敦的银行,形成了巨额境外美元资金。英国政府对英镑管制很严,英国银行纷纷转存美元。这些对于美国来说,就

是境外美元交易，也就是最早出现的离岸金融市场。欧洲美元市场形成后，经营范围不断扩大，为国际金融中心的扩散创造了重要的条件，从而使国际金融市场迅速扩大到很多国家的金融中心。

（三）国际金融市场的构成

国际金融市场按经营业务的种类划分，可以分为传统的货币市场、资本市场、外汇市场、黄金市场，新型的欧洲信贷市场、欧洲债券市场、亚洲美元市场以及金融衍生市场等。这些市场是一个整体，各个市场相互影响。这里着重介绍货币市场、资本市场、外汇市场以及金融衍生市场。

1. 货币市场

国际货币市场是经营期限在一年以内的国际借贷资本市场。货币市场的重要参与者是商业银行，此外还有政府、证券交易所以及大量的金融与非金融机构。其作用是调剂资金余缺，满足交易需求。按照借贷方的不同，货币市场可以分为：

（1）银行短期信贷市场，即国际银行间及银行对工商业提供无抵押短期借贷资金的场所，主要以银行间同业拆借为主。

（2）贴现市场，即经营贴现业务的短期资金市场，政府国库券、短期债券、银行和商业银行承兑汇票均可在贴现市场上办理贴现。

（3）短期票据市场，即进行短期信用票据交易的市场，交易国库券、大额可转让存单、商业票据以及银行承兑汇票等。

2. 资本市场

国际资本市场是经营期限在一年以上的国际借贷资本的场所或活动，也是国际金融市场的重要组成部分和国际金融市场中最为活跃的领域之一。资本市场是国际资本流动的重要途径，可以分为：

（1）银行中长期信贷市场，即为企业长期紧急需求者提供一年以上的中长期贷款的市场。

（2）国际债券市场。国际债券是指一国的企业或政府在其他国家发行的债券。国际市场上主要的债券有：美国美元债券、日本日元债券、欧洲美元债券、欧洲日元债券、亚洲美元债券等。

（3）国际股票市场，即在国际范围内发行并交易股票的场所或网络。利用发行股票集资不仅是各国企业筹集资金的重要手段，而且逐渐成为国际企业扩大资金来源、实现资金来源国际化的重要渠道。股票市场由股票发行市场和股票交易市场构成。

3. 外汇市场

外汇市场是进行外汇买卖的场所。目前，各主要国际金融中心，如北美的纽约、旧金山，欧洲的伦敦、法兰克福、苏黎世、巴黎、米兰、阿姆斯特丹，亚洲的东京、新加坡、香港、巴林等,都有大规模的外汇市场。

世界外汇市场有两种形式:一种是有形的,如在欧洲大陆的德、法、荷、意等国有专门进行外汇买卖的固定场所,参加外汇交易者集中于此买卖外汇;另一种是无形的,如在英、美、加拿大、瑞士等国,没有固定的交易场所,交易者通过电报、电话或电传等进行外汇买卖。由于国际贸易和金融的日益发展,外汇交易的数量和范围不断扩大,国际交易越来越重要。近年来,欧洲大陆各国的大部分当地外汇交易及全部国际外汇交易都是通过电讯方式进行的。有形市场仅做部分当地现货交易,无形市场已成为外汇市场的主导形式。

4. 金融衍生市场

金融衍生市场不是一个独立的市场,它是金融市场在发展过程中,伴随着期货合约、期权合约等创新产品而派生的市场。金融衍生市场的兴起与快速发展始于20世纪70年代,原因主要有:

(1) 世界经济形势的变迁。布雷顿森林体系崩溃后,通货膨胀的压力贯穿整个20世纪70年代。由于浮动汇率的推行、石油市场的冲击以及欧洲货币市场的发展,使市场更趋动荡,利率与汇率风险与日俱增。无论发达国家还是发展中国家,通胀性筹资已成常规,对市场通胀、利率和汇率风险规避产生强力需求,因而推动金融不断创新,金融衍生商品不断涌现,市场不断派生。

(2) 金融管制松动。各国在20世纪70年代金融管制的松动化为金融市场提供了极为宽松的环境,使金融衍生商品在交易双方分散市场风险的强烈需求刺激下,不断孕育与诞生,促进了金融衍生市场的发展。

(3) 技术革新。科学技术日新月异,计算机与信息技术在金融市场得到广泛应用,使金融衍生市场加速发展。

(4) 金融机构业务交叉与渗透及竞争加剧。金融管制放松后,各金融机构的业务可以相互交叉、相互渗透,打破了传统的垄断格局,使市场竞争更趋白热化,金融创新不断被提上首要的议事日程,推动着金融衍生市场的发展。

(5) 融资方式证券化。有价证券以其筹资成本低、流通性强以及收益高的优势而取代银行贷款成为主要的筹资方式,成为国际市场融资的主渠道。融资方式证券化,推动了金融衍生市场的发展。

(6) 全球性金融资产组合的偏好,以及新保守主义思潮与"经济自由化"倾向,对金融衍生市场的发展起到推波助澜的作用。金融衍生市场的发展,预示着金融世界新秩序的开始,使国际金融市场发生"革命性"变化。但是,金融衍生市场却遭遇"政治性"与"经常性"攻击,增加了它的风险性。同时,金融衍生市场也给我们提供了机遇,如果恰当运用,不仅有高收益,而且能排除风险。

金融衍生市场是金融市场的派生市场,金融衍生工具自然也是原生金融工具所派生的工具,其价值主要依据原生金融工具的未来价格确定。金融衍生工

具在形式上大都表现为合同或契约,合同主要有:

(1) 远期合同。它是交易双方通过交易所或柜台市场,约定在未来一定时间以固定价格买卖一定数量货币或利率的一张契约。远期合同的交易数量若通过交易所确定是规范、标准化的,若通过柜台市场确定则是不规范、非标准化的。它的价格确定方式可以是竞价(场内),也可以是议价(场外)。

(2) 期货合同。它是交易者通过交易所,按标准交易品种、交易数量、交割时间以及交割地点,以集合竞价方式,达成买进或卖出未来特定金融资产交易的一张契约。期货合同涉及的特定金融资产有利率、外汇、股市价格指数等。

(3) 期权合同。它的具体内容与期货合同基本相同。不同的是,期权合同指交易者与交易所达成在约定时间买进或卖出一定金融资产的权力,而并不承担相应的义务。即权力买方在未来一定时间可执行这一权力,亦可放弃这一权力。期权合同的标的物可以是外汇与利率,也可以是股票价格指数。

(4) 掉期合同。它是交易双方在未来一定时间相互交换各自原本约定的本金支付方式而为对方支付的一张契约。这是以本金为基准的利率掉期合同。

三、国际经济组织

根据国际经济组织的活动性质,我们可以将其划分为三种类型:一是论坛型。这类国际经济组织基本上是讨论共同问题和机会的机构,通常没有独立或代表成员国利益执行决议的权威性。但是,它十分有价值的意义在于,可以使成员国聚集在一起,讨论并解决一些重要问题。例如,世界贸易组织、石油输出国组织(OPEC)、国际清算银行、经济合作与发展组织。二是独立权威型,即独立的、多国的权威管理机关,负责完成单个国家无法完成的职能,如国际货币基金组织、世界银行、泛美开发银行、亚洲开发银行、非洲开发银行以及联合国的职能机构等。三是多国联合型,即统合成员国部分政治和经济活动的组织,如欧盟、北美自由贸易协定、欧洲货币体系等。

世界贸易组织、国际货币基金组织以及世界银行是当今世界非常重要的经济组织,对国际企业所处的经济环境发挥着巨大的影响力。随着经济全球化下货物、服务、资本、技术、人员、信息等要素的流动范围日益拓宽,规模日益扩大,速度加快,自由化程度提高,世界各国经济的相互联系日益密切。现有的国际经济组织为适应形势,制定出更多规则,以管辖相关经济活动,平衡成员的权利与义务,协调成员之间的利益分配。

(一) 世界贸易组织

"二战"以后,一些资本主义国家继续保持高关税壁垒,维持战时实行的进口数量限制。美国为推行国际贸易自由化,向联合国经社理事会提议召开世界贸易和就业会议,建立国际贸易组织。23 个国家于 1947 年 10 月 30 日签署了

《关税及贸易总协定》,于 1948 年 1 月 1 日正式生效,总部设在日内瓦。关贸总协定在互惠的基础上,安排以降低关税和非关税壁垒为主的多边贸易谈判。从 1947 年以来,关贸总协定共举行了 8 轮多边贸易谈判。1986 年开始的最后一轮多边贸易谈判即“乌拉圭回合”,历时 8 年。1993 年 12 月 15 日,在乌拉圭回合结束时,根据美国的动议,将“多边贸易组织”改名为“世界贸易组织”(World Trade Organization,WTO)。

世界贸易组织于 1995 年 1 月 1 日正式成立,其宗旨是:在提高生活水平和保证充分就业的前提下,扩大货物和服务的生产和贸易,按照可持续发展的原则,实现全球资源的最佳配置;努力确保发展中国家,尤其是最不发达国家在国际贸易增长中的份额与其经济需要相称;保护环境。世界贸易组织的目标是建立一个完整的、更具有活力的、永久性的多边贸易体制。与关贸总协定相比,世界贸易组织管辖的范围,除传统的和乌拉圭回合确定的货物贸易外,还包括长期游离于关贸总协定之外的知识产权、投资措施和非货物贸易(服务贸易)等。

世界贸易组织的基本原则是非歧视贸易原则,包括:最惠国待遇和国民待遇条款;可预见的和不断扩大的市场准入程度,主要是对关税的规定;促进公平竞争,致力于建立开放、公平、无扭曲竞争的“自由贸易”环境和规则;鼓励发展与经济改革。

世界贸易组织的基本职能有:管理和执行共同构成世界贸易组织的多边及诸边贸易协定;组织作为多边贸易谈判的讲坛;寻求解决贸易争端;监督各成员的贸易政策,并与其他和制定全球经济政策有关的国际机构进行合作。

世界贸易组织具有法人地位,在调解成员争端方面具有更高的权威性和有效性。它凭借具有约束力和有效性增强的争端解决机制,帮助弱小发展中成员在与发达成员的贸易摩擦中较好地维护了自己的正当权益。2005 年 12 月太平洋岛国汤加加入后,世界贸易组织的成员增至 150 个,发展中成员约占 80% 以上,世界贸易组织作为“经济联合国”的角色已露端倪。

(二) 国际货币基金组织与世界银行

世界银行和国际货币基金组织,是 1944 年世界各国首脑在美国新罕布什尔州的布雷顿森林举行的会议上同时成立的,已经成为国际货币基金组织成员国的国家均可加入世界银行。人们有时把这两个机构称作“布雷顿森林机构”。它们的共同宗旨是:在“二战”之后,让国际经济在一个坚实的基础上发展。

国际货币基金组织的宗旨是:促进国际货币领域的合作,保持汇率的稳定,协助成员国建立多边支付体系,在有充分保障的前提下,以基金组织的资金暂时提供给成员国,维持和减轻成员国的国际收支不平衡等。它对“二战”以后资本主义经济的恢复和世界经济的增长起到了促进作用。但是,由于国际私人资本流动不稳定的负面影响和国际货币体系的演变,国际货币基金组织的职能已逐渐弱化和异化。特别是1997年亚洲金融危机以来,世界各国普遍感受到在经济全球化的大背景下,国际经济组织对确保国际金融体系稳定、防范危机发生起着重要作用。如今,如何对国际货币基金组织的作用和职能进行改革已成为各国关注的焦点之一。

世界银行集团由国际复兴开发银行、国际开发协会、国际金融公司、解决投资争端国际中心和多边投资担保机构组成,各下属机构成员均涵盖世界大多数国家和地区。世界银行向广大发展中国家尤其是欠发达地区的政府和重点企业提供优惠贷款、投资担保和技术服务等,从而使发展中国家能利用经济全球化带来的机遇实现经济增长。

世界银行与国际货币基金组织的工作是互补的,但它们的具体作用却是相当不同的。第一,世界银行是一个贷款机构,其目的是帮助成员国融入更广泛的世界经济,促进旨在减少发展中国家贫困的长期经济增长。国际货币基金组织负责监督世界货币体系,维护各国支付体系的有序运转,并向那些有严重国际收支困难的国家提供贷款。第二,世界银行既提供政策改革贷款,也提供项目贷款,而国际货币基金组织则只是关注政策问题。第三,世界银行只向发展中国家和转轨国家提供贷款,而所有国际货币基金组织成员国(不论是富国还是穷国)都可以要求国际货币基金组织提供服务和资金。此外,由于国际贸易和投资都是跨越国界的,因此所有国家都必须为进口和出口购买和出售外汇。国际货币基金组织对这类交易进行监督,并就如何对实现流动性的、稳定的全球货币体系作出贡献与成员国进行磋商。世界银行最初的重点是项目,其大多数资金目前还是投在项目上,同时也为改善经济政策提供贷款。除其他目标之外,这些改革还旨在把有限的资金运用到效益最高的投资项目上,以减少预算赤字,控制通货膨胀或加强公共机构管理。通过消除扭曲、调整贷款,可以帮助发展中国家更有效地使用资金和确保长期经济增长。

过去二十多年,国际经济机构的职能大大扩张。与以往相比,它们囊括了诸多项目和政策,影响到更广大的人口、群体和组织。国际经济组织的扩张采取了两种形式。20世纪90年代,国际货币基金组织和世界银行对借贷国的条件限制在深度和广度上都有提升,包括了对国内管理和经济决策的体制架构的要求。与此同时,1995年世界贸易组织成立后,又创建了一套新的约束成员国的体系,深入且还在继续深入到国内立法的许多领域。可以说,国际经济组织如今处理的是国内政府以往的分内之事。换句话说,国际范围内的决策和政策越来越影响到一国内部的组织和人群。以往,这些人可以要求国内政府对其政策负责,如今他们必须面向影响决策的各类国际机构。因此,国际经济组织在影响国际企业的经济环境中扮演着越来越重要的角色,并越来越直接地影响一国政府及在其中运作的各类企业。

四、各国经济发展阶段与水平

一国所处的经济发展阶段不同，其对进出口商品的数量、结构以及档次的要求不同，对其吸引投资和技术以及在境内组织生产和销售也有不同的动力和制约，这些对企业的国际化经营均会产生重大的影响。（见表 3-1）

表 3-1　不同学者划分的发展阶段之对应关系

	时期数（个）	未开发阶段	发展阶段			发达阶段
			前期	中期	后期	
李斯特	5	（1）原始未开发时期 （2）畜牧时期 （3）农业时期	（4）农工业时期			（5）农工商业时期
赫尔希曼	5	（1）出口是经济增长的发动机	（2）进口替代决定发展的速度	（3）不平衡增长导致结构性膨胀	（4）打破“瓶颈”限制，降低进口倾向	（5）低进口倾向，经济增长率高
罗斯托	6	（1）传统社会 （2）为起飞创造条件的阶段	（3）起飞阶段	（4）向成熟推进阶段	（5）高额群众消费阶段	（6）追求生活质量阶段
钱纳里	3	（1）初级产品生产阶段	（2）工业化阶段			（3）发达经济阶段
黄小祥	4	（1）起步阶段	（2）加速阶段 （3）转型阶段			（4）稳定增长阶段或成熟经济阶段

数据来源：http://www.jjbk.cn.

（一）经济发展的六阶段论

1960 年，美国经济学家华尔特·惠特曼·罗斯托（Walt Whitman Rostow）在《经济成长的阶段》中提出，可以将经济发展划分为五个阶段。后来，他在 1971 年的《政治和成长的阶段》中又增加了第六个阶段。他认为，从经济角度将所有社会归于六个阶段之一是可能的，这六个阶段是：传统社会、为起飞创造条件、起飞、向成熟推进、高额群众消费以及收入边际效用递减（追求生活质量）六个阶段。

在罗斯托看来，经济发展阶段是以经济的工业化程度加以划分的，其重要的标志是产业结构和资本系数。处于不同经济发展阶段的国家，其市场功能和特点有很大的差异。作为国际企业，必须根据市场所在国的经济发展阶段制定经营计划，创造经营机会，并克服经营中的难题。

（二）经济发展的三阶段论

1986 年，钱纳里（H. Chenery）等在《工业化和经济增长的比较研究》一书中分析了工业化的结构转变和特点。钱纳里认为，工业化的一般特征是国内需求的变动、工业产品中间使用量的增加、国际贸易中比较优势的变化、资本和劳动的再分配。他把工业部门分为早期工业部门、中期工业部门和晚期工业部门三类。早期工业包括食品和轻纺工业等，中期工业包括非金属、橡胶和化学工业等，晚期工业包括耐用消费品和耐用资本品等重工业。

(三) 经济发展的四阶段论

此外，市场学家菲利普·科特勒(Philip Kotler)还把经济发展分为四个阶段：

1. 维持生存的经济

在这种经济里，大部分人从事农业。他们消费了自己生产的大部分产品，并将余下的产品以物换物，取得简单的货物和服务，几乎没有出口的机会。

2. 原材料出口经济

这种经济建立在一种或几种自然资源丰富的基础上，在其他方面却十分贫乏。国家大部分收入来源于出口这些自然资源。这些国家是提炼设备、工具和备用品，材料处理设备，以及卡车的理想市场。由于一些外国居住者和当地富人的需求，这些国家也成为一般消费品和奢侈品的市场。

3. 工业化经济

在这一经济发展阶段，制造业在国民生产总值中所占的比重达10%—20%左右。当制造业日益发展时，国民经济越来越依靠进口纺织品原材料、钢和重型机器，却不直接进口纺织品和纸品。新的富裕阶层和正在发展的中产阶级则希望进口新的商品以满足需求。

4. 工业经济

属于这种经济类型的国家是制成品和投资资金的主要出口国。工业国之间互相进行制成品贸易，同时也向属于其他经济类型的国家出口商品，换取所需的原材料和半成品。工业国之间目的不同的大规模生产活动，以及大量中产阶级的存在，使这些国家成为各种商品的市场。

虽然对一国经济发展阶段的划分有多种方法，但都是试图揭示出经济发展各个阶段的经济结构特点。随着经济结构的转变，一国所需要的产品结构、数量以及层次都将发生重要的转变。同时，不同经济发展阶段的国家对国际投资的需求是不同的。在工业品市场方面，发达国家着重使用投资大却能节省劳动力的生产设备，即资本集约型或知识集约型；而发展中国家的生产设备偏重于多用劳动力而节省资金，即劳动集约型，以适应劳动力对资本的合理比例以及熟练技术工人较少的现实。

第三节 国际企业的文化环境

国际企业所面临的文化环境是由生活在既定群体或社会中的人的态度、要求、期望、智力高低、受教育程度、信念以及习惯构成的。国际企业的管理者需要面对各个国家不同的行为方式,关键是要了解其中的差异,而文化或者亚文化也许是全球各地人们的行为产生差异与变化最重要的原因。

一、文化的性质

一个社会的文化与生活在这个社会中的人所具有的价值观是相关联的。文化的力量会有助于(或阻止)社会中的人和组织的行为。因此,了解文化及其作用将对我们理解与判断国际企业的行为有非常大的帮助。

(一) 文化的定义

要把握文化的本质,首先应从明确文化的定义入手。各种学科对于文化常常有不同的理解:

一是人类学家对文化所作的定义。美国人类学家克莱德·克拉克洪(Clycle Kluckhohn)在《文化与个人》一书中对文化作了一些总结:文化是学而知之的;文化是由构成人类存在的生物学成分、环境科学成分、心理学成分以及历史学成分衍生而来的;文化具有结构;文化分隔为各个方面;文化是动态的;文化是可变的;文化显示出规律性,它可借助科学方法加以分析;文化是个人适应整个社会环境的工具,是表达其创造性的手段。被称为"人类学之父"的英国学者爱德华·伯内特·泰勒(Edward Burnett Tylor)是第一个在文化定义上具有重要影响力的人。他对文化所下的定义是经典性的:"文化或文明,就其广泛的民族学意义而言,是一个复合整体,包括知识、信仰、艺术、道德、法律、习俗以及作为一个社会成员的人所习得的其他一切能力和习惯。"显然,这个定义将文化解释为社会发展过程中人类创造物的总称,包括物质技术、社会规范和观念精神。

二是社会学家对文化所作的定义。可以说,社会学家在文化的定义方面与人类学家最为相近。美国社会学家戴维·波普诺(David Popenoe)认为,社会学家与人类学家对文化的共同定义是:文化是人类群体或社会的共享成果,这些共有产物不仅包括价值观、语言、知识,而且包括物质对象。

三是荷兰文化协作研究所所长霍夫斯泰德(G. Hofstede)教授的观点。他认为,文化是一个环境中人的"共同的心理程序"(Collective Mental Programming)。文化不是一种个体特征,而是具有相同的教育背景和生活经验的许多人所共有的心理程序。

其他一些学科,诸如政治学、经济学、历史学、哲学、语言文学等,在对文化的定义上都有许多有益的观点。这些关于文化的多样化的定义共同为人们展现了理解文化的开阔视野。

（二）文化的类型

在对文化的理解中，尤其是对文化进行区别和划分的时候，存在不同的观点。

1．广义的文化与狭义的文化

关于文化的区分，最为常见的说法就是广义的文化与狭义的文化，也有人称之为“大文化”与“小文化”。日本著名社会学家富永健一说，正如我们将社会区分为广义的社会与狭义的社会那样，有必要将文化也区分为广义的文化与狭义的文化。广义的社会是与自然相对应的范畴。同样，广义的文化也是作为与自然相对应的范畴定义的。在这种情况下，政治、法律、经济和技术等都属于文化的领域。也就是说，广义的文化与广义的社会的含义是相同的。但是，另一方面，狭义的文化与狭义的社会却有不同的内容。后者是通过持续的相互关系而形成的社会关系系统，而前者是产生于人类行为但又独立于人类行为的客观存在的符号系统。

2．显性文化与隐性文化

这一区分的代表性人物是克莱德·克拉克洪，他说：“对文化作分析必然既包括显露方面的分析，也包括隐含方面的分析。显性文化寓于文字和事实所构成的规律之中，它可以经过耳濡目染的证实直接总结出来。人们只需在自己的观察中看到或揭示其连贯一致的东西。人类学家不会去解释任意的行为。然而，隐性文化却是一种二级抽象。……只有在文化的最为精深微妙的自我意识之处，人类学家才在文化的承载者那里关注隐性文化。隐性文化由纯粹的形式构成，而显性文化既有内容又有结构。”

3．文化与亚文化

社会学对文化类型加以区分时，还提出了“亚文化”的概念。即当一个社会的某一群体形成一种既包括主文化的某些特征，又包括一些其他群体所不具备的文化要素的生活方式时，这种群体文化被称为“亚文化”。亚文化可以是围绕着职业种类发展而成，如医学或军事部门的亚文化；也可以是基于种族或民族的差异而成，如美国黑人亚文化。亚文化可能是源于地区的差异，如美国南部各州的亚文化；也可能是基于个体原来的国籍，如美籍墨西哥人亚文化和美籍意大利人亚文化。每一个复杂社会都包含许多亚文化，社会成员常常是在一个以上的亚文化中发挥作用。也就是说，他们在一生中会经历许多种亚文化。

4．物质文化、制度文化与精神文化

文化哲学把文化结构区分为物质文化、制度文化与精神文化三个层面。物质文化是指人在物质生产活动中所创造的全部物质产品，以及创造这些物质产品的手段、工艺、方法等。制度文化是人们为反映和确定一定的社会关系，并对这些关系进行整合和调控而建立的一整套规范体系。精神文化也称为"观念文化"，是以心理、观念、理论形态存在的文化。它包括两个部分：一是存在于人心中的文化心态、文化心理、文化观念、文化思想、文化信念等；二是已经理论化、对象化的思想理论体系，即客观化了的思想。

5. 其他文化类型

在较近的文化研究中，出现了高雅文化、精英文化、通俗文化、大众文化、流行文化、产业文化、商业文化等新概念，并且迅速拥有了大量的专家学者和相关论著。此外，在各个学科领域内都有相应的文化概念，如政治文化、经济文化、企业文化、行政文化、管理文化、法律文化等。

二、文化分析方法

文化差异的广泛存在就像一座冰山，浮在水面上的仅仅是些可视的冰山一角，比如行为的差异、能力的差异、语言的差异；而那些被淹没在海平面以下不可视的巨大部分，则是文化潜在的差异，体现在诸如价值观、态度、信仰和理念等方面。我们应该意识到、理解并重视文化的差异。

（一）组织文化理论

荷兰学者吉尔特·霍夫斯泰德（Geert Hofstede）经调查发现，民族文化对于雇员与工作相关的价值观和态度起着主要的影响。他从五个方面分析了各国的文化：个人主义与集体主义、不确定性规避、权力距离、男性主义与女性主义以及长期取向与短期取向。

1. 个人主义与集体主义

个人主义（Individualism）指的是一种松散结合的社会结构。在这一结构中，人们只关心自己或直系亲属的利益，展示的是人们对独立倾向的重视程度。个人主义色彩比较强的文化通常强调个人成就、创新能力、自治力和冒险精神。另外一种比较过激的说法是，个人希望自己和家人能够超过其他人，通常忽略了更广义的社会需要。很多国家显示出个人主义较严重的行为模式，例如美国、澳大利亚和英国，其个人成就是成功最明显的标志。与此相反，集体主义则以一种紧密结合的社会结构为特征，通常强调团体合作、社会秩序、团体关系的协调、团体规范、家庭关系和团体忠诚度。人们希望自己所归属的群体中的其他人能在遇到困难时帮助和保护自己。以这种安全感为交换条件，他们感到自己应该对群体绝对忠诚。有些国家非常重视集体行为，包括许多亚洲、拉丁美洲和西非国家。

2. 权力距离

霍夫斯泰德提出用"权力距离"（Power Distance）衡量人们对于机构和组织

内部权力分配的不平等这一事实的接纳和认可程度。权力距离大意味着组织中的高层成员很少会接受下级地位，而且他们期望得到更高层成员享有的权力。在权力距离大的社会中，人们认可组织内权力的巨大差异，雇员会对权威表现出极大的尊敬。在权力距离小的社会中，则尽可能减少这种权力分配的不平等。上级虽然有权威，但下级并不恐惧或者敬畏。霍夫斯泰德发现，墨西哥、印度尼西亚、巴基斯坦、印度和日本是最重视权力距离的国家，官方等级权力受到人们的尊重，而且员工很少会违反统一管理或公开质问主管人员的决策。与此不同的是，最不重视权力距离的国家包括澳大利亚、新西兰、美国、丹麦和芬兰。在这些国家，上级和下级的关系非常融洽，他们共同制定决策，而且员工不希望得到更多的权力。

非常有趣的是，霍夫斯泰德在研究中发现，重视权力距离的国家普遍采用那些强调社会差异的体系，这意味着人们非常重视集权环境或等级环境中的上进心；而不重视权力距离的国家可能会降低人们之间的不平等性，这些文化普遍取缔了社会阶层中的相互差异，而且尊重个人获得成就的权利。

3. 不确定性规避

霍夫斯泰德用"不确定性规避"（Uncertainty Avoidance）这一概念描述一个社会对不确定的事情的反应的强烈程度，以反映这些不确定因素促使产生社会忧虑的程度。对于未知的世界，不同的社会以不同的方式对不确定性作出反应。一些社会使其成员能够接受这种不确定性。在这样的社会中，人们通常对风险泰然处之。他们还能对与自己不同的行为和意见表现出容忍，因为他们不觉得这种差异会带来威胁。瑞士就属于这种类型。

在不确定性规避较高的社会中，成员显示出高焦虑水平的特征，表现出不安、压力和进取性。在这种社会中，人们感到受社会中不确定性和模糊性的威胁，因此他们倾向于通过创建机构保证安全和减少风险。这种组织机构有正式的规则，人们对异常的思想和行为缺乏容忍。日本、希腊、葡萄牙和韩国就属于这种类型，它们努力避免各种不确定因素，制定出相对完善的社会法律，并期望国民都能达到共有的社会标准。

4. 男性主义与女性主义（生活数量与生活质量）

霍夫斯泰德认为，男性主义（Masculinity）的文化特征或者注重生活数量的文化特征表现为过分自信和物质主义；而女性主义（Femininity）的文化特征或者注重生活质量的文化特征则重视人与人之间的关系，并对他人幸福表现出敏感和关心。研究显示，日本在生活数量上得分较高，而挪威、芬兰等国家在生活质量上得分较高。

具体来说，在男性导向的国家，如日本、澳大利亚、墨西哥和阿根廷，男性通常控制着最重要的工作，女性一般留在家中照顾孩子。男性控制的企业组织具有独断性等特点,由此可以营造出竞争性较强的工作环境。此外,男性可以接受高水平的教育,进而担任重要的工作岗位;而女性只能做一些辅助性工作。在女性导向的国家,如葡萄牙和西班牙,女性控制着管理和专业领域,其工作环境相对平和一些。与男权导向型企业相比较,这些国家的组织竞争没有那么明显,对个人成就不是很重视。

5. 长期取向与短期取向

深受儒家文化影响的一些亚洲国家在20世纪下半叶取得了令世界瞩目的经济成就,霍夫斯泰德对此也进行了研究。他认为,在众多国家文化中存在两种倾向:长期取向与短期取向。长期取向的文化关注未来,注重节约、节俭和储备,做任何事均留有余地。如日本,国家以长远的目光进行投资,每年的利润并不重要,最重要的是逐年进步以达到一个长期的目标。

在短期取向的文化里,价值观是关注过去和现在。人们尊重传统,关注社会责任的履行,但此时此地才是最重要的。在管理上,最重要的是此时的利润,上级对下级的考核周期较短,要求立见功效,不容拖延。如美国,公司更关注季度和年度的利润成果,管理者在逐年或逐季对员工进行的绩效评估中更关注利润。

(二)"六因素"模型

分析文化的另一种方法是克拉克洪—斯托特柏克(Kluckhohn-Strodtbeck)构架,又称为"六因素"模型。这一模型运用六项基本的文化维度描述文化的差异,即与环境的关系、时间取向、人的本质、活动取向、责任中心和空间概念。

1. 与环境的关系

这个维度关注人们是屈从于环境,还是与环境保持和谐关系,抑或能够控制环境。在很多中东国家,人们把生活视为命中注定的事情。当什么事情发生了,他们倾向于认为是"主的旨意"。相反,美国人和加拿大人则相信他们能够控制自然。比如,他们愿意每年花费巨额经费从事癌症研究,因为他们相信可以找到癌症的病因,发现癌症的治疗办法,最终消除这种疾病。介于两个极端之间的是一种更为中立的看法,即希望寻求与自然的和谐关系。比如,在很多远东国家,人们以环境为中心活动。这些对环境的不同看法会影响到组织的实践活动。例如,在屈从环境的社会中,组织目标的设置并不普遍。在一个与环境保持和谐的社会中,可能会设置目标,但人们预期这些目标会发生偏差,并且对未能达到目标的惩罚是极轻的;而在一个控制环境的社会中,广泛地应用着目标,人们希望实现这些目标,并且对未能达到目标的惩罚是很严重的。比如,美国重视目标管理。

2. 时间取向

这一维度关注的是,一国的文化注重的是过去、现在还是将来。不同的社会对时间的价值观是不一样的。比如,美国人关注的是现在和近期未来。对于员工的绩效评估,典型的北美组织每六个月或一年对员工进行一次评估。相反,日本的员工常常用十年以上的时间证明他们的价值。还有一些文化关注的是过去。比如,意大利人追随着他们的传统,并寻求保护他们历史的实践活动。

3. 人的本质

这一维度关注的是,文化把人视为善的、恶的,还是两者的混合物。这种对人本质认识的差异会影响到管理者的领导风格。如果国家关注的是人邪恶的一面,则以更为专制的风格规范人的行为。在强调信任价值观的文化中,参与甚至自由放任的领导风格占主流;而在混合型文化中,领导可能会重视参与,但同时通过严格的控制手段迅速识别违规行为。

4. 活动取向

这一维度关注的是人们活动的目的。活动取向的差异可以显示人们是怎样对待工作和娱乐的,以及人们的偏好是怎样的。一些文化重视做事或活动,强调成就。比如,北美人生活在做事取向的社会中,他们工作勤奋,并希望因为自己的成就而获得晋升、加薪以及其他方式的认可。另一些文化重视存在与即时享乐,强调体验生活并寻求对欲望的满足。还有一些文化重视控制,强调使自己远离物质而约束欲望。

5. 责任中心

这一维度关的是,人们的责任是如何分配的。比如,美国人是高度个人主义者,他们使用个人特点和个人成就定义自己,相信一个人的责任是照顾好自己。马来西亚人和以色列人更注重群体,看重群体的和谐、统一和忠诚。英国人和法国人则依赖于等级关系,这些国家中的群体分成不同的层次和等级,每个群体的地位保持稳定,不随时间的改变而改变。文化的这一差异对于组织中的工作设计、决策方法、沟通类型、奖励系统和选拔活动均有着重要影响。这也是在美国选拔人才时,个人简历十分流行,而对裙带关系却持有否定意见的原因。

6. 空间概念

这一维度关注的是特定文化环境中对空间的拥有程度。一些文化非常开放,并公开从事商业活动。另一些极端的文化则极为重视让事情在私下进行。大多数社会是两个极端的混合物,并落在某一处中间位置上。例如,日本的组织表现出社会的公开特性,几乎没有私人办公室,经理和操作工人在同一间屋子里,在中间不分隔的桌子上办公。北美人的公司也反映出他们文化的价值观,他们通过一个人使用的办公室和拥有的秘密反映这个人的地位。重要会议都要在关着门的房间里进行,空间常常是除本人之外其他人无权使用的。在具有混合取向的社会中,隐私和公开也是交融在一起的。特定文化下,在空间概念方面的差异势必会对国际企业管理产生影响,进而影响组织的效率。

三、文化环境对国际企业的影响

在跨国经营中产生的国际企业由于处在不同的文化背景、地域环境中，必然会遇到前所未有的机遇与挑战。

（一）文化差异的负面影响

按霍夫斯泰德的观点，既然文化是许多人所共有的心理程序，而这种心理程序又是在多年的生活、工作、教育下形成的，那么在不同的群体、区域、国家就会互有差别，因而也会形成不同的思维模式和行为方式。进入到不同的文化背景、地域环境中进行跨国经营所形成的国际企业，作为一种多文化的机构，必然会面临来自不同的文化体系的文化域的摩擦和碰撞。在这个国际化的运作区域中，不同的文化环境，包括不同的经济、社会和政治等因素的影响，必然会形成较大的文化差异。同时，由于文化的演变是一种漫长而又缓慢的过程，这种文化差异对企业来讲，在一段时间内是不会消灭的，而是保持稳定。这种文化差异的客观存在，也就可能在企业中造成文化间的冲突，从而成为企业跨国经营的重大挑战。戴维·A. 利克斯（Darry A. Lics）就指出："但凡跨国公司大的失败，几乎都是仅仅因为忽视了文化差异——基本的或微妙的理解所招致的结果。"国际企业中，处于不同文化背景下的各方经理人员由于有不同的价值观念、思维方式、习惯作风等，对企业经营的一些基本问题往往会产生不同的态度。这种文化上存在的冲突也就给企业的全面经营隐埋了危机。

从各文化维度的指标值中可以看出，东西方的文化差异是十分明显的。即使是在同为东方文化圈的日本、中国、新加坡，文化差异也很明显。文化差异表现在社会文化的各个方面，除了民族、地域文化差异之外，还有投资合作伙伴"企业文化"的风格差异。可以说，企业内文化差异越大，产生文化冲突与困惑的可能性与强度就越大。在一个具体的国际企业组织中，文化冲突的产生可能是因为种族优越感、不恰当地运用管理习惯、不同的感性认识、沟通误会、文化态度等。文化冲突是一种客观现象，谁都无法回避，也无法制止。

（二）文化差异的正面影响

当然，文化的差异也可能为国际企业提供机会。在不同的文化背景下，不同的社会文化习俗、信仰传统、技术水平、人力资源的条件能给国际企业创造丰富的市场机会和丰厚的利润回报，这就是所谓的"跨文化优势"。例如，麦当劳（McDonald's）通过跨国经营，使它的"快餐文化"成功地辐射到了各国，包括与美国文化迥异的亚太地区。麦当劳在1997年共建了2110家餐厅，其中约有85%是在美国境外。截至2005年，麦当劳在亚太地区的17个国家拥有4500家以上的店面，销售量占它全部销售量的16%左右。

（三）提高文化敏感度以应对文化差异

成功的国际企业管理人员通过努力理解文化差异避免各种误解，这种努力的目标是提高文化敏感度。文化敏感度（Cultural Sensitivity）是指能够接受文化差异，并避免通过对抗性的方式表现本国的文化。这意味着个人已经充分认识到文化差异的存在，可以在减少批判意识的前提下提高工作效率。驻外管理人员不必放弃自身的价值观念，但是必须提高理解、包容、适应其他文化的相关能力。

民族中心主义认为，人们通常相信自己的行为方式永远是最正确的，因此他们会把这些信念强加给别人。同样的道理，地区主义意味着人们认为其他人乐于接受自己的行为标准。民族中心主义暗含着故意强加个人观点的意思，而地区主义意味着缺乏对无知行为的敏感度。经过对在德国工作的日本管理人员的研究，调查人员发现日本管理人员认为德国管理人员非常喜欢争论、过于直率且缺乏合作意识。与此不同的是，德国管理人员认为日本管理人员骄傲自大、过于消极且优柔寡断。他们都尽量避免把自己的观点强加给对方，但是都认为对方在极力影响自己，迫使自己接受对方的价值观念。研究表明，德国人和日本人都不了解对方制定决策的相关方式。实际上，双方都没有故意强加自己的价值观念，而且都无法影响对方的行为模式。

国际企业管理人员可以通过学习其他国家的文化知识减少地区主义，还可以学会如何理解潜在的各种误解，其最终目标是尊重文化价值观念中的差异。如果出现无法协调的文化差异，在这种误解发展成为严重的冲突之前，他们必须认识到这种危险性，并采取必要的行动予以缓和、遏止。总之，国际企业面对多重文化挑战，必须建构自己的跨文化管理战略，减少由文化摩擦带来的交易成本，才能成功地开展国际化经营。

第四节 国际企业的技术环境

技术是人类为满足社会需求，在改造和控制自然的实践中所创造的劳动手段、工艺方法和技能体系的总和，具有自然和社会的双重属性。技术在社会经济系统中属于直接生产力的范畴，对国民经济有直接的影响。在传统的经济学理论中，技术包括生产过程中的综合要素，可以在交易中引起价值增值并带来利润。市场需求和技术突破常常以一种相互作用的方式共存：在有市场需求的地方，会引导人们从事各种研发工作；而在有技术突破的地方，会有一大批市场专家在研究和引导该技术走向市场。随着新经济时代的到来，作为企业经营环境的技术因素，既在一国经济增长和市场扩展中发挥关键性作用，同时还成为国际企业赢得国际竞争的优势来源。此外，随着企业的国际化经营，各类技术成果得以在更大的范围内传播。

一、国际企业技术环境的概念

国际企业的技术环境是指企业所面临的对国际化经营产生影响和制约作用的各种技术因素的集合。企业从事国际化经营所面临的技术环境可以大致分为三大层面:母国的技术环境、东道国的技术环境和整个世界的技术环境。

技术与企业的产品设计、开发、生产制造、销售密切相关。技术的发展对于国际企业来说,既是机遇,也是挑战。技术环境包括基础技术环境和应用技术环境,前者涉及技术的开发和研究环境,后者为技术的应用环境。国际企业在重视新技术的研究和开发的同时,在国际化经营中应该强调应用技术的开发和获取,重视技术的商业化问题。国际企业唯有适应技术环境的变化,紧紧跟随技术潮流,才能在激烈的市场竞争中立于不败之地。

二、技术创新的国际化进程

创新(Innovation)是科学或知识的有效利用。这一过程包括新产品和新流程的发明,但是其具体范围还远不止于此。发明(Invention)是创造出全新的事物。很少有人或企业能发明全新的事物,但是很多人可以利用科学知识,通过具体应用或商业化过程创造财富。创新和发明都不是孤立进行的,它们也很少被一个国家或企业拥有,而是通过国际交易关系逐渐为更多的人所使用。如19世纪改革了钢铁工业的贝西墨炼钢法,就是在英国、德国、法国和美国之间进行的开采、熔炼和工程方面的不断改进过程中产生的,历时五十多年。出口、国际造船业、铁路建设和基础设施的需求促使钢铁制造商不断创造出新方法以超越竞争对手。同时,随着钢铁技术的发展,该行业的领先技术逐渐向大西洋对岸转移,一直到贝西墨炼钢法发展成为行业标准为止。

创新过程和国际竞争力是一个国家基本财富的两个决定因素,很多国际企业都战略性地定位于通过创新提高竞争优势。不过,各个国家的创新模式之间存在很大差别。例如,日本集中发展加工技术,并通过国家政策的调整,重点投资了汽车、钢铁、电讯和微电子技术等行业。与日本不同的是,德国率先在化学、医药、自动技术、医学仪器和机械等领域做出了创新工作。意大利是纺织、石头加工工艺和皮革领域的领先国家。瑞典在电气工程领域超越了其他国家。法国的技术优势在军备武器领域,包括航空工程技术等。美国和英国主要追逐综合优势,其中美国的规模、市场和资源的组合作用,帮助美国企业跻身于每一个工业部门。

在企业国际化经营的过程中,尽管各种贸易限制会影响国际企业的对外业务领域,但是大多数选址决策的基础受到东道国技术能力的影响。例如,福特公司在以德国为基地的欧洲设计中心巩固了研发方面的优势地位；飞利浦电子公司的总部设在荷兰，却把设计工程分派给四十多家海外子公司，从而可以根据不同的市场需求定制电器和仪器等产品。

三、技术的发展对企业国际化经营的影响

技术的发展对企业国际化经营的影响体现在以下一些方面：

（一）促进产业结构和产品结构升级

随着技术的发展，一些旧的行业受到冲击甚至被淘汰。例如，晶体管的出现导致真空管业被淘汰；VCD机的出现使得录像机的市场份额大为减少；无氟冰箱将最终使含氟冰箱无市场立足之地等。同时，技术的发展也造就了一些新的行业。如电子信息、生物工程、新型材料、航天技术、果蔬保鲜、遗传工程等产业，为企业提供了新的市场机会和发展机遇。此外，许多新技术被运用到传统产业，加快了传统产业和传统产品的升级换代。例如，把微电子技术和机械、电器、仪表技术相结合，形成了数控机床等机电一体化产品。这些产品由于采用了传统产品所不具有的新工艺、新材料与新技术，因而能节省原材料、能源与劳动力。通过这些产品，还能制造出高品位、高档次的精优产品。还需说明的是，科技发展正在推动高科技风险投资、新技术培训、信息处理、科技服务、电脑教育等第三产业的发展。

（二）推动企业生产过程的变化

随着人们收入的不断增加，消费偏好发生变化，加之大众媒介传播，广告的作用不断增强，世界各地的人们都能了解尚处于开发阶段的新产品。消费者宁愿牺牲对产品高质量和低价格的传统偏好，而要求产品品种的迅速扩充和多样化。消费者更具有选择能力，消费形式也变化得更快。科学技术特别是信息技术的发展推动了市场需求的多样化和多变化，这就要求企业对市场的变化作出更快的反应。在市场机会稍纵即逝的国际经营环境中，产品的上市速度已与技术、创新一样，成为决定企业成败的关键因素。成功企业的经验表明，谁能领先在市场上推出新产品，及时地更新换代，谁就能在一段时间里成为市场领先者。企业一旦进入市场的速度稍慢，就有可能面对一个不断萎缩的、进入衰退期的市场容量。分秒必争真正成了企业发展的现实需要。为了加快新产品的上市速度，许多企业采用了先进的技术和手段，如设计领域的计算机辅助设计（CAD）技术，制造领域的柔性制造（FM）技术、计算机集成制造（GIM）技术、敏捷制造（AM）技术，流通领域的物流（Logistic）技术等。

（三）促进国际技术贸易增加

技术贸易是把技术作为商品，按照等价交换原则进行交易（买卖）。技术贸易的对象包括工业产权、专有技术和技术服务。随着科技的迅速发展，为了争取

技术领先和缩短技术差距,世界各国都在积极地、更多地引进先进技术,并加以消化、吸收和创新。发达国家的企业为争夺市场,也在加强技术输出,技术贸易量迅速增加。在全球技术贸易中,发达国家及其企业是主要的技术输出方,广大发展中国家及其企业是主要的技术输入方。引进技术对于发展中国家及其企业来说,可以增强薄弱环节,迅速提高生产水平,节省人力、财力、物力和时间。值得注意的是,许多拥有高新技术的企业为了躲避关税等贸易壁垒而进入到别国市场,常常采取将技术作价的形式与东道国企业合营,双方按协议共享收益。

(四) 推动企业组织形式和经营模式的变化

科学技术特别是信息技术的发展,正在迅速改变着世界经济的增长方式和人们的生活方式,从而推动着企业组织方式和经营模式的变化。为了适应信息技术时代产品生命周期越来越短、更新换代速度加快、技术性和风险性增强、竞争更加激烈等经营环境,企业需要一个面向全球市场,充分利用各国资源和政策优势,有利于科研—生产—市场一体化,能够实现快速应变的经营体制。国际企业的经营方式正符合以上一些要求。因此,自 20 世纪 70 年代以来,国际企业发展极为迅速。

此外,从国别技术环境因素的角度考虑,一般说来,技术水平高的国家可降低国际化经营的风险;东道国的专业人才(如电脑工程师、研发人员、会计师、律师等)素质高、人数多,也可降低国际化经营的风险和成本;具有相当技能的劳动者是吸引国际化经营的高级形式——直接投资的有利条件。科技的进步,尤其是新技术的发展,还会带来一些难以预见的长期后果。例如,避孕药的发明,导致产生了更小的家庭、更多的职业妇女和更多的可自由支配收入,从而引起市场需求的变化,给汽车制造业、饮食业、旅馆业、航空业等行业创造新的市场机会。

四、信息技术成为全球经济发展的重要推动力

国际企业总是努力寻求着技术和成本之间的最佳结合点,而最重要的一点是如何管理世界范围内的经营业务。信息技术的广泛使用,帮助企业实现了信息传达的整合性,并集合了经常处于分散状态的经营业务。信息技术(Information Technology,IT)是指创造和使用信息资源的科学。虽然很多人认为信息技术等同于计算机,但是很多行业还使用计算机硬件之外的信息技术,其中包括全球金融信息、证券投资、商品市场、视频娱乐传媒、电子商务和物流配送等。

从管理的角度看,信息本身就是一种非常重要的资源。信息技术已经成为影响企业发展的重要战略要素,其发展将企业体制的建立和管理结合起来,并且改变了企业实现目标的过程。例如,航空业已逐渐实现了全球化,一个重要的原因就是信息系统在众多的经济航线和旅行社中连接起世界范围内的预约业务。

利用信息系统提供的相关信息，航空公司可以快速重新配置资源、改变路线、调整人员安排等，以便实现相关业务全球体制的最优化。从最简单的意义上讲，信息技术可以通过办公自动化和账户程序提高效率。例如，计算机辅助设计系统和自动化的工厂控制等。从较高的水平上讲，信息技术可以支持战略管理决策和竞争性分析。信息技术还成为一些企业的主营业务，如微软和英特尔公司。

信息技术作为一种战略资源，主要表现在以下两个方面：

（一）网络经济的发展

从某种意义上说，国际互联网（Internet）的出现是人类进入知识经济时代或者信息技术时代的一个重要标志。信息技术革命可以分为两个阶段：一个是个人电脑（PC）时代，另一个就是后 PC 时代——网络时代。在 PC 时代，个人电脑的普及使得 IT 行业获得了迅猛发展。到了后 PC 时代，电脑技术的运用在 IT 行业的地位开始逐渐被网络技术的运用替代，这主要是因为国际互联网的发展速度已经超出大多数人的想象。电脑作为一种工具虽然是国际互联网得以存在和不可或缺的重要因素，但是网络的发展并不依赖于个人电脑的发展。随着网络技术的发展，能够与国际互联网连接的通信工具越来越多，个人电脑的各种信息传递、信息处理等功能逐渐被分离、独立出来，以适应未来人们对上网日益增多的需求。

信息技术革命不仅使 IT 行业获得了迅猛发展，而且还通过国际互联网这一交换平台，改变了传统经济的交易方式以及人们的生活和工作方式。网络经济对传统经济的影响主要在于，它改变了传统的交易方式。从理论上讲，交易方式的改变本身并不必然导致传统经济的总量发生本质上的改变。实际上，自工业革命以来，人们的交易方式一直处于不断变化之中。轮船、火车、飞机的出现使人类在空间上不再受到地理位置的束缚，电话、电报、传真机等通信工具的发明使人类在信息的沟通上更加方便，这些都为人类从传统的面对面交易方式向新的交易方式转化创造了有利条件。与工业革命以来的许多发明一样，国际互联网的出现在某种程度上可以被看作一种“工具革命”。作为一种工具，国际互联网是一种速度更快、成本更低的信息交流方式，从而使它可能成为一种跨国界、跨地区的交易平台。原本由于受到地理位置、信息阻隔等因素而无法或难以实现的交易可能因为国际互联网的便捷而得以实现。因此，充分的信息交流有助于交易规模的扩大。

随着国际互联网的发展，越来越充分的信息交流也将意味着市场的竞争度大大增加。在传统的交易方式下，由于信息交流的困难，地区之间的价格差别可能是一个较为普遍的现象，大企业会利用各种非竞争手段获取超额垄断利润。国际互联网的出现使信息的交流更加充分，网络经济中的分工将更加细化，企业竞争也将更加激烈。

(二) 信息产业的发展

从全球范围看,信息技术及其产业发展也表现出了显著的特点:

第一,产业发展走出低谷,开始恢复性增长。20 世纪 90 年代以来,以通信、计算机及软件产业为主体的信息产业凭借其惊人的增长速度,一举成为当今世界上最重要的战略性产业之一。

第二,产品技术更新快,研发成本高且风险大。高创新性和高更新率已经成为全球信息产业发展的重要特点。信息产业是知识密集型和投资密集型的产业,一般的信息技术企业的研发投资占销售额比重都在 5% 以上,处于发展前沿的信息技术企业的研发投资占销售额的比重甚至高达 15% 到 20% 。一旦投入巨资的新技术、新产品不能被市场接受并得到回报,投资失败的风险很大。

第三,产业界限模糊化,技术创新一体化。信息技术与机械、汽车、能源、交通、轻纺、建筑、冶金等技术互相融合,形成了新的技术领域和更广阔的产品门类。

第四,以计算机和通信产品为代表的投资类产品的比重开始上升。经过几十年的发展,世界信息产品的结构发生了较大变化,投资类信息产品的生产规模逐步扩大,消费类电子产品的生产规模逐渐减小,元器件生产保持稳定的比例。

第五,信息产业的市场分布开始向亚太地区(除美、日以外)扩散。目前,全球信息产品的市场主要分布在四个区域:美国、日本、西欧和亚太地区。近年来,全球信息产业的市场分布向亚太地区扩散的趋势日益明显,亚洲和拉丁美洲信息产品的产值和市场规模一直保持着高速发展态势。2008—2010 年全球电子信息产业的产销规模见表 3-2。

表 3-2 2008—2010 年世界主要国家和地区电子产品产值及增长率

(单位:百万美元,%)

年度/国家	2008 年		2009 年		2010 年	
	产值	增长率	产值	增长率	产值	增长率
中国	424140	12.31	410120	-3.31	484153	18.06
美国	266941	-4.24	250206	-6.27	259768	3.82
日本	199038	6.14	179970	-9.58	189491	5.29
韩国	100819	-0.82	94018	-6.75	107615	14.46
德国	78838	-0.03	65631	-16.75	66087	0.69
新加坡	52263	-1.63	48477	-7.24	54534	12.49
墨西哥	47114	5.82	46428	-1.46	52410	12.88
马来西亚	56310	-2.40	46158	-18.03	51852	12.34
巴西	35216	16.74	31244	-11.28	34292	9.76

资料来源:贵阳市电子信息与软件产业处:《贵阳市电子信息和软件产业发展研究》,2012 年 2 月。

第六,信息产业转移出现四大趋势。从转移的动机看,由成本单一导向型转变为成本与市场双重导向型;从转移的模式看,由单个企业的分散转移转变为企业群落的集群转移;从转移的要素看,由加工制造的单一环节转移转变为包括研发、制造、销售在内的产业链的多环节转移;从转移的形式看,由以直接投资设厂为主的单一投资转变为以投资设厂与整合并购相结合的多元投资。

可见,信息技术不仅成为国际企业外部技术环境中的重要影响因素,其本身也成为全球经济发展的重要推动力。

本章小结

本章围绕着影响国际企业经营的环境要素展开讨论,包括国际企业的政治与法律环境、经济环境、文化环境以及技术环境。

一国的基本政治环境因素包括政治体制、政党体制、国家利益、政府在经济中的介入程度以及政治环境的稳定性等。企业要适应国际政治环境,就必须对可能面临的政治风险有正确的认识。一般来说,影响国际企业经营的法律环境是由企业的本国法律(国内法律)、国际法律和东道国法律共同组合而成的。

要理解国际企业的经济环境,必须对国际经营环境中的世界货币制度、国际金融市场、国际经济组织、国家的经济发展水平以及国家类型等要素有必要的认识。国际企业所面临的文化环境是由生活在既定群体或社会中的人们的态度、要求、期望、智力高低、受教育程度、信念以及习惯构成的。国际企业的技术环境是指企业所面临的对国际化经营产生影响和制约作用的各种技术因素的集合。

习题

1. 如何对政治与法律环境进行分析?选择你熟悉的两个国家,试对其政治与法律环境要素进行分析与比较。

2. 国际企业的经济环境主要包括哪些内容?

3. 如何对文化进行分析?选择你熟悉的两个国家,试对其文化环境要素进行分析与比较。

4. 谈谈信息技术发展给国际企业经营带来的影响。

案例

迪斯尼乐园的跨文化管理

迪斯尼乐园(Disneyland Park)是世界上最具知名度的主题公园。它由华特·迪斯尼(Walt Disney)创办,最早的一家于1955年在美国加利福尼亚州开幕。此后,在美国和海外又陆续建了五家,分别位于美国佛罗里达州、法国巴黎、日本东京和中国香港。

所谓"主题公园",就是园中的一切,从环境布置到娱乐设施,都集中体现一个或几个主题。美国迪斯尼主题公园始终试图满足美国人的口味和感觉,其建筑反映了19世纪末20世纪初美国中西部地区的乡村小镇的风格,如维多利亚式建筑、马拉车、清洁小道等。主题公园的主要街道都是按美国西部电影的风格建立起来的,能将人们带到遥远的过去,这对美国人来说很有吸引力。由于迪斯尼主题公园在美国的巨大成功,公司管理层不断将其扩展到海外,并以此作为向世界传播美国文化的一种方式。

一、日本市场的成功

迪斯尼决定进入日本市场时,一开始并不是很有把握。比如,日本寒冷的冬天可能使迪斯尼主题公园不能保证一年四季都吸引到足够的游客。同时,反映和介绍美国家庭风格的迪斯尼节目是否能获得日本人的认同和接受?因为美国和日本毕竟是具有不同文化的国家,美国人喜欢的东西可能并不是日本人喜欢的。

人类学家阿维德·拉兹(Aviad Raz)说,东京迪斯尼乐园的成功在一定程度上是因为它巧妙地进行了日本化改造,从而使日本人接受了迪斯尼的卡通人物和独特风格。为适应环境的变化,迪斯尼为日本主题公园准备了特殊的动画电影和电视片;在设计东京主题时加上了等候区域,以便使日本游客在寒冷的冬天可以在这里等候游程。同时,主题公园也销售日本风味食品,每份指南和街牌都用英文和日文两种文字显示。迪斯尼对建筑布局也进行了一些改动,如将主街命名为"世界市场",将"拓荒天地"更名为"西方乐土",还按照日本流行的一些历史传说将爱丽斯仙境加以改造。日本游客可以在这里购买他们喜欢的纪念品,包括几十个一套的礼品罐子、手机饰件和日本折扇等。由于这些变化,东京迪斯尼主题公园成为日本人所接受的一个最有吸引力的游乐场,获得了巨大的成功。

被誉为"亚洲第一游乐园"的东京迪斯尼乐园自1983年4月15日开放以来,已成为男女老少各享其乐的旅游胜地。1987年,主题公园接待了超过100万的儿童,日本投资方对其利润收入非常满意。从迪斯尼管理层的角度看,东京迪斯尼乐园的成功预示着迪斯尼可以将美国的价值观、特征、行为方式、音乐、歌舞演出以复制的形式"出口"到国外,向外国人销售美国文化。尽管迪斯尼根据日本的文化作了某些改变,大多数专家相信迪斯尼在日本成功的主要原因是迪斯尼乐园的原始概念得到了真正的实现。在东京迪斯尼乐园,灰姑娘等"门面人物”都由白人演员扮演，而且只说英语。这正是迪斯尼公司全球战略的一部分，目的是使这些人物最大限度地展现他们在动画片中的原有风格。因此，迪斯尼也标榜东京迪斯尼乐园是美国安纳汉迪斯尼乐园的翻版。

二、进入法国的坎坷

东京迪斯尼乐园的成功为迪斯尼向世界其他国家和地区扩展业务提供了经验和动力。公司管理层认为，欧洲的气候和日本的气候相似，迪斯尼能在日本成功，那么也可以在欧洲获得成功。罗伯特·菲茨帕特里克(Robert Fitzpatrick)被任命为欧洲迪斯尼乐园的首席执行官，他有一位法国妻子，本人也能说流利的法语。1992年4月，投资总额达37亿美元的欧洲迪斯尼乐园建成并投入运营。

欧洲迪斯尼乐园正式开放就面对接踵而来的问题：第一，游客人数要比项目可行性报告中预测的人数少10%，每个游客的人均花费要比在日本少一半；第二，与美国迪斯尼旅店92%的客房出租率相比，法国迪斯尼旅店的客房出租率只有37%；第三，人工成本远远高于美国迪斯尼乐园；第四，法国当地媒体对迪斯尼的负面报道使公司的公众形象不佳；第五，持续不断地出现法国农民的抗议活动，因为法国政府为建设迪斯尼主题公园侵占了大片农民的土地；第六，一些工作人员抵制迪斯尼的管理风格和服饰规范；第七，建设成本超出预算成本近20亿美元，经营亏损达10亿美元，使得迪斯尼背上了沉重的财政负担。

在东京成功的迪斯尼到法国为何如此失利？一部分原因是生不逢时，该乐园开放时正赶上欧洲经济走向衰退。欧洲迪斯尼乐园还犯了一个错误，就是认为所有的欧洲人都是一样的，而没有认识到不同国家之间的差别。以下一些因素可能给我们提供了答案：

第一，东京的常住人口是巴黎的3倍，人均收入比巴黎高50%；东京迪斯尼乐园离东京市中心仅有6公里，而欧洲迪斯尼乐园在巴黎城外20公里。欧洲人可以在几个小时内乘飞机到达佛罗里达(迪斯尼本部所在地)，这样美国迪斯尼和欧洲迪斯尼就形成了直接竞争，而类似的情况对东京迪斯尼却不会发生。东京的冬天虽然寒冷，但还能忍受；而法国的冬天大雪飘扬，严寒令人无法忍受。实际上，中欧地区阴郁的寒冬在一年中1/3的时间里使游客望而却步。欧洲迪斯尼冬季的游览人数估计比东京迪斯尼要少40%—60%。

第二，迪斯尼的计划者们假定旅店里游客的平均滞留时间会在3—4天，例如奥兰多的迪斯尼就是这样。然而，在欧洲迪斯尼，实际时间只是接近2天。很多游客早上到，随即到公园游玩，很晚才回来；第二天一早就付账离开旅店，在公园里度过第二天。这种较短的停留时间使住房率大大下降。迪斯尼以为星期一比较空，而星期五比较忙，并据此相应安排职员。但是，事实恰好相反，由于未预计到的住房登记和付账工作，给旅店的工作增加了始料未及的负担。

第三,游客是高度季节性的,夏季的几个月是高峰期。欧洲人通常在夏季有一个长假期,而不是像美国人那样有许多短假期。欧洲人的假期预算通常比美国人更适度、更谨慎,以适应较长假期的要求。迪斯尼公司的经理们错误地相信自己能够改变法国人的态度,使他们愿意在学期中间带孩子离开学校,在一年中享受许多次短假期,而不是只有夏天的一个长假期。

第四,迪斯尼提供的高质量的美国服务也不是容易输出的。欧洲迪斯尼年轻的法国雇员不理会公司对他们的要求,如剪短头发,衣着整洁,不断微笑,为游客提供世界标准的服务。另外,停车场很宽敞,但为司机服务的设施不足却造成了停车拥挤。公园里的食品价格太贵,而公园外的旅店价格也太高。如果一个人能够住在房间充足且便宜的巴黎,他为什么要住在迪斯尼旅店?对一个曾经去过美国本土的迪斯尼乐园的欧洲人来说,欧洲迪斯尼只是二流的,并不值得为之付出大价钱。游客在食品和纪念品上的花费比预计的少,他们觉得公园里的东西价格太贵了。另外,欧洲人喜欢步行,而不是乘坐昂贵的有轨电车。

第五,迪斯尼不供应酒精饮料,因为它觉得一个以家庭为主题的公园不应该这样做。但是,欧洲人喜欢在吃饭时喝点酒。迪斯尼没有为欧洲顾客提供充足的餐馆座位,这些顾客希望能在他们习惯的用餐时间坐下来享受悠闲的一餐。早餐起初被错误地低估了,结果导致迪斯尼在一个有350个座位的餐馆为2500人供应早餐。顾客还希望享用全套早餐,而不是只有面包和咖啡。

迪斯尼公司一次又一次地漠视当地游客的建议,没有充分考虑到美国与欧洲的文化差异因素。日本人喜欢美国流行文化,但是欧洲人更喜欢自己的文化,希望在他们的迪斯尼乐园里有更多的本土成分。

三、香港消费者的需求

2005年9月12日,香港迪斯尼乐园成为中国第一座迪斯尼主题公园。迪斯尼乐园落地香港,首先采取了一系列有中国特色的变更,例如:

第一,目标市场的大部分游客为中国内地居民,为符合其消费水平,香港迪斯尼乐园的票价全球最低。

第二,所有在园内工作的演艺人员都掌握中文和英文,能讲广东话和普通话。演出的节目也考虑到本地语言的因素。

第三,饮食上的体现更为明显,相当多亚洲特有的美食都能在园内寻到。香港迪斯尼乐园也是全球唯一有中国餐厅的迪斯尼乐园。

由于对中国内地游客的玩乐习惯比较陌生,"克隆"美式迪斯尼服务的香港迪斯尼乐园的游客满意度在试营业期间一直不高。市场导向的迪斯尼于是作了以下调整,以满足顾客需求:

第一,中国人的就餐时间较长,就餐后还喜欢逗留在座位上,花大约20至

25 分钟休息。这与美国游客的快餐模式完全不同。因此,迪斯尼在园内增加了 600 个座位,使总数增至 3500 个,以解决座位不足的问题。

第二,加设更多的销售点,出售热狗、菜包、肉包等食物,它们的价格都不是很昂贵。迪斯尼还聘请了全职食物质量监测员,以确保食品达标。

第三,中国游客普遍喜欢群聚,比如一同去"探险"、一同去就餐、一同去看烟花和巡演等。为此,乐园尽可能将巡演的时间错开,以达到分流游客的效果。同时,乐园提前 20 分钟开放,延后 1 小时关闭。

第四,中国游客和美国游客的玩乐方式不一样。中国游客尤其喜爱拍照,甚至在机动游戏开动时,也会离座"摆姿势"拍照,以致险象环生。"疯帽子旋转杯"等项目经常因此停机。为照顾中国游客独特的"拍照"需要,迪斯尼将游戏设施置于门外当景点,让游客尽情拍摄。

不过,文化差异问题仍然存在。虽然相对富裕的香港人对迪斯尼的卡通人物耳熟能详,但这些形象在中国大陆还没有深入人心。因此,许多游客抱怨说他们不知道怎么玩迪斯尼乐园。有些游客只是在迪斯尼乐园的美国小镇大街上漫无目的地走走,再和玛丽猫——20 世纪 70 年代电影《猫儿历险记》(The Aristocats)中的主人公合影几张就离开了。有些游客对玛丽猫比较熟悉,是因为《猫儿历险记》曾在中国南方反复播过,玛丽猫恰巧也和风靡亚洲的凯蒂猫(Hello Kitty)形象接近。迪斯尼乐园及度假区总裁杰伊·罗苏洛(Jay Rasulo)说,中国人并不怎么知道这些卡通人物的背景故事,不了解它们生存的世界,也不知道它们彼此间的关系,所以迪斯尼止试图给中国人补上这一课。

? 思考题

1. 谈谈美国、法国、日本和中国的文化差异。
2. 迪斯尼乐园可以采取哪些措施改善在法国的处境?
3. 迪斯尼乐园在日本和中国采取了哪些本土化措施?

第四章　国际企业的海外市场进入模式

教学目的和要求

1. 了解海外市场三种进入模式的类型
2. 认识三种进入模式的概念与特点
3. 掌握三种进入模式的区别与选择

国际企业选定目标市场后,将其所拥有的各项资源,如资金、设备、技术、商标、管理经验等,根据需要组合起来,通过直接投资或其他方式,转移到目标国家,建立由其控制或受其影响的经济实体的过程,是狭义上的"进入"(Entry)。从严格意义上理解,"进入"必定体现为有形资产和无形资产的空间转移,"进入"过程也就是国际企业为实施其经营战略,在全球范围内配置资源的过程。

广义上的"进入"可理解为企业进入目标市场、参与国际竞争的过程,不局限于建立受其控制或受其影响的经济实体,也可以是开拓市场,推销产品,或为将来进一步参与创造条件。所以,国际企业的"进入模式"(Entry Mode)也称为"参与模式"或"经营模式"。企业可以根据所处环境、自身条件、产品特点等不同情况采取不同进入模式。本章主要阐释三种进入模式,即贸易型进入模式、契约型进入模式和投资型进入模式。

第一节　贸易型进入模式

所谓贸易型进入模式,就是通过向目标国家或地区出口有形产品而进入该市场。这也是中小型企业经营国际化开始阶段最先、最常用的进入模式。由于该模式的起步费用和风险较低,利润回报的速度较快,通常被看作企业国际经营活动的起点。但是,即使是成熟的国际企业,出口贸易仍是其重要工作。贸易型进入模式只适用于有形产品,具体做法包括间接出口和直接出口。

一、间接出口和直接出口

(一) 间接出口

间接出口是指企业将有形产品卖给国内中间商,或者委托国内的代理机构,由其负责经营出口业务。在间接出口情况下,企业通过中间商经销或代理其产品出口,本身与国外市场无直接联系,也不涉及国外业务活动,不必专设机构和雇用专职人员经营出口,因而既可节省费用,又不承担出口风险。但是,这样做难以获得国际化经营的直接经验,信息反馈不及时,无法控制产品进入国外市场的过程。间接出口大多通过专业外贸公司或出口代理商进行。生产企业与外贸公司达成出口协议后,只要按照协议规定如期交货,跟海外市场打交道的事宜都由外贸公司负责。在有些国家(例如中国),只有那些具有进出口经营权的企业才能够开展进出口业务。所以,不具有进出口经营权的企业要想打开产品的国际市场,还必须走间接出口的道路。

总体而言,间接出口具有下述优点:

(1) 企业利用原有的生产能力和生产组织方式,实施简便易行。

(2) 充分利用中介商的信息、经验和国际销售渠道,迅速进入国际市场。

(3) 投入资金少,节省了国际市场调研、渠道建立等许多费用。

(4) 灵活性大,当国际、国内市场变化或企业实力改变时,企业可迅速调整国际市场进入策略。

(5) 风险小。

间接出口的缺点是:

(1) 商品需经过国界才能进入国际市场,面临着较多的国际贸易障碍和壁垒。

(2) 严重依赖出口中间商,很难控制产品流向和国际价格,多数利润被中间商赚取,且不利于企业自身国际化经营经验的积累。

(3) 国际市场信息反馈慢,企业产品难以及时适应国际市场变化。

基于上述特点,间接出口主要适用于刚刚进入国际市场的企业,在起步阶段可以利用中间商的人才、经验、渠道和信息优势,弥补自身不足,循序渐进地摸索学习。一些有经验的大企业有时也在销售次要产品或覆盖次要市场时选择投资少、风险小、管理易的间接出口方式。

(二) 直接出口

直接出口是指企业将有形产品直接卖给国外的顾客或最终用户。从严格意义上讲,只有直接出口才是企业外向型经营国际化的起点。

直接出口又分两种情形:一是企业设立国内出口部或国际业务部,向目标国家或地区的中间商出口产品,由后者在目标市场上进行产品经销或代销;二是企业在目标国家设立专门的销售分支机构或子公司进行销售。

对第一种情形,企业必须在海外市场寻找商业伙伴——批发商、销售代表或代理。设在当地的代理机构接受委托,为企业的产品寻找买主。一般来说,代理商有权代表他所代理的企业作出承诺。企业在与海外的商业伙伴签订协议时,应当明确规定是否为独家代理、产品覆盖哪些区域、合作的起止时间以及其他问题。

寻找海外商业伙伴并不比在国内寻找代理商难多少,但是需要花一些时间和费用,到目标市场上与潜在的合作伙伴进行面对面的商谈。寻找海外商业伙伴的另一种方法是求助设在本国或外国的贸易协会和外国商会。外国使馆的商务官员也可以为企业寻找合适的外国代理机构。

对第二种情形,企业需建立自己的海外销售分支机构或子公司,在目标市场上寻找顾客。无论是设立驻外办事处还是建立海外销售子公司,企业都可以更直接地接触市场,信息回馈准确迅速,也可以避免代理商三心二意,但需要大量投资。

在海外市场寻找顾客时,可求助当地的商务管理机构,或直接与用户联系。比如,生产医疗设备的企业可以直接向医院销售产品;对于政府部门、学校、企业所需要的产品,也可以直接上门销售。如果企业生产的是消费品,则可以直接卖给海外的零售商。企业可以雇一名销售代表,带着样品前往目标市场与零售商联系,也可以采用直接邮购的方式。直接销售可以节省委托费用和交通费用等成本。此外,到目标市场与零售商进行试探性的联系还有许多好处,如了解价格水平、消费习惯、购买方式等,可以提高企业在海外市场上的经营效益。

总体而言,直接出口具有下述优点:

(1) 企业利用原有的生产能力和生产组织方式,实施简便易行。

(2) 比间接出口获利大。

(3) 直接、迅速、准确地掌握国际市场动向,有利于企业提高产品竞争力。

(4) 就近提供各种服务,建立自己的外销网络,产品流向通畅,价格控制能力强。

(5) 积累国际营销经验,提高国际化经营水平,树立企业的国际商誉。

直接出口的缺点是:

(1) 容易遇到目标国各种贸易壁垒的阻碍。

(2) 适用面较窄,直接出口企业必须在出口产品方面具有竞争优势,如性能独特、质量优异、价格低廉等,才能打开市场。

(3) 如果选择国外中间商代理或代销,则出口业务易为其所控制。

(4) 如果自己设立海外销售机构,则需要一批熟悉国际营销的专才,并且需要承担直接渠道费用,风险较大。

二、贸易型进入的基本步骤

企业在走向国际化之前,对于国际市场往往会有一种畏惧心理,认为把产品销售到外国去要比在国内市场困难。然而,事实上,通过出口进入海外市场有时并不比在国内市场上经营更困难。下面的步骤可以在出口前帮助企业对整个出口过程有一个比较全面的认识：

1．评估在各国从事商业活动所面临的风险

这需要分析各国经济的主要决定因素，判断其经济是否有活力，买方能否如期交付货款；分析收入水平、货币稳定状况、通货膨胀程度及趋势；分析所选择的那个国家的经济是否稳定；分析该国政府是否稳定，是否会受到制裁而影响贸易的进行，是否存在贸易壁垒或文化障碍等。

2．了解进出口的有关规定

各国有关进出口的法规各不相同，在分析全球市场情况时应考虑的主要法规有：

(1) 反商品目的地改变法、反托拉斯法、反抵制法、反倾销法。反商品目的地改变法不允许企业将货物从目的地转移至其他国家或地区；反托拉斯法禁止实行固定价格或其他有碍竞争的行为；反抵制法禁止在抵制外国商品的国家从事商业活动；反倾销法禁止以低于成本的价格出口产品。

(2) 食品和药品管理法以及环保方面的法规。这些法规意在保证食品、化妆品和药品的质量和安全，保证出口货物均符合上述法规的有关规定。

(3) 减免关税的法规。如果向一个即将生产某种产品的国家出口该种产品，并将制成品出口到另一个国家，那么可能会享有关税或其他方面的税率减免待遇。

(4) 知识产权方面的法规。这些法规主要是有关商标、专利和版权等方面的规定。企业必须按照各国有关注册等方面的规定去做。

(5) 国际贸易争端的仲裁。国际上有许多机构受理解决进出口双方之间发生的争端。

3．制定并使用出口货物清单

制定出口货物清单时，可以向提货人、银行和进口公司咨询。以下对一些单据的说明也许会对第一次从事出口的企业有所帮助：

(1) 商业发票：企业交给顾客的标准票据。

(2) 包装明细单：所运送货物的详细清单。

(3) 提单：有两种，一种是不交给运输公司而由出口公司保存的所运送货物的凭证；一种是交给运输公司，再由运输公司转交给进口公司的所运送货物的凭证。

(4) 出口报关清单：进口公司要求出口公司具备的文件，包括两份正式文件，目的是保证货物能够通过海关并获得检查员的许可。该清单包含了发票上的大部分内容。

(5) 产地证明：表明所运送货物的种类，重申货物的产地。

(6) 合法化证明：有些国家要求在运送货物之前，货物的有关证明必须先经其领事馆批准、盖章和公证。

(7) 邮寄清单:这是企业通过邮局托运货物时要用的。

4. 选择运输公司

在选择运输公司时,要对这个公司有一个清楚的了解。比如,该公司从事这方面的业务已经有多长时间?该公司对当地的市场法规了解多少?该公司的业务是否稳定?该公司的声誉如何?该公司是否经营良好?该公司是否具备优良的信用等级?该公司在哪些地区或业务方面具有优势?该公司的自动化程度如何?该公司的电子数据交换能力如何?该公司是否重视向顾客提供优质服务?

5. 了解短期融资

出口时遇到的最麻烦的问题,尤其是对于刚开拓国际市场的企业来说,就是要了解短期融资。关于这方面的术语有:预付现款、信用证、银行承兑汇票、托收单据、未结算账目等。

预付现款和未结算账目在全球市场上很少使用。美国公司也许会在墨西哥或加拿大设立未结算账目,但预付现款却由于影响本公司的竞争能力而不太实用。许多进口商没有预付现款的能力,他们可能会要求宽松一些的付款条件。

带有近期汇票保兑的不可撤销信用证是最安全、最普遍的一种结算方式。这是进口公司所在银行签发给出口公司所在银行的信用证,可以保证进口公司在见到货物并验明凭证有效后立即付款。这种方式比较昂贵,因此也可以采用带有定期汇票的信用证。当货物和单据得到验证之后,银行支付汇票可以有一定的时间期限。

托收单据对于出口公司来说是比较危险的一种付款方式,因为采用这种方式不能保证买主见到货物后立即付款,出口公司也就得不到付款保证。如果出口企业能够负担有关的费用,那么最好采用不可撤销信用证,因为它能够直接向企业开户银行保证进口公司见货付款。

付款方式有以下几种:海外付款法人支票、用外币支付的海外付款法人支票、银行汇票、空邮付款通知、电汇等。

进口公司可以开一张用出口公司所在国家货币支付的法人支票,拿这张支票可以从银行兑款。用外币付款的海外付款法人支票是进口公司所在银行给予出口公司所在银行开具的一种支票,该支票需返回进口公司所在银行,兑换成出口公司所在国家的货币。以上两种方式的缺点是,支票往来于两国之间需要一定的时间。银行汇票、空邮付款通知和电汇所需时间较短。

6. 使用信用保险

信用保险有两种:多进口商类型和单进口商类型。为了降低风险,保险公司专门为单进口商贸易设置了信用保险。企业如果仅向某国的一家公司出口产品,便可以投单进口商信用保险;而如果要向世界上的许多国家同时出口产品,就需要投多进口商信用保险。此外，还可使用“伞状保险”和“新出口保险”，二者差别很小，而且都比较复杂，其具体内容可向有关保险公司咨询。

第二节　契约型进入模式

契约型进入模式是指企业与目标市场的企业或组织之间建立长期的、非投资性的合作协议，转让技术、技能、劳务和工艺等无形资产。这里的“无形资产”包括各种工业产权（如专利、商标、技术秘诀、管理技能、营销技能等）和版权，也包括劳务出口或工程承包等。契约型进入是一种“非股权安排”（Non-Equity Arrangement），在目标国的企业中没有股份投资。这是它与投资型进入的主要区别。它与贸易型进入的主要区别在于，企业输出的是技术、技能、劳务和工艺等，而不是直接输出有形产品，虽然这也可能带来出口的机会。

本节先介绍契约式国际合作经营企业，然后介绍契约型进入的其他主要模式，包括许可证协议、特许经营、合同制造、管理合同和交钥匙工程等。

一、契约式国际合作经营企业

（一）契约式国际合作经营的概念和特征

1. 合作经营的概念

契约式国际合作经营，通常简称为“合作经营”，又称“合作生产”或“非股权式合营”。这种经营形式是两国或两国以上的合作者建立在契约基础上的各种形式合营的总称。它是由外国和东道国投资者根据东道国有关法律，以各自的法人身份，共同签订合作经营合同，规定合作各方的投资条件、风险责任、经营方式、收益分配等权利和义务。在契约式合作经营企业中，决定合作各方权利和义务的基础是双方所签的合同，而不是股权。

契约式合作经营有两种不同的基本方式：一种是“法人式”合作经营，即合作各方通过契约组成统一的合营经济实体，具有东道国的法人资格，并以该实体的全部财产为限对债务承担责任，企业拥有自己独立的财产处置权；另一种是“非法人式”合作经营，即合作各方通过契约组成一个松散的合作经营联合体，不具有东道国的法人资格，没有自己独立的财产所有权和处置权，资产所有权仍然归合作各方各自所有。

2. 合作经营企业的主要特征

（1）合作各方对合作经营企业的投资不折为股本或不计算投资比例。合作各方的投资收益只按各方同意的适当比例进行分配，这种分配比例用契约形式予以规定，可以是长期固定的比例，也可以分若干阶段实行不同的分配比例。债务和其他责任也按契约规定的比例由各方承担。

(2) 合作经营的投资形式和分配方式十分灵活。只要是合作经营活动所必需,为合作各方一致同意的软、硬件资源都可以作为合作各方的投资。在收益分配方面,既可以分现金,也可以分产品。

(3) 合作经营企业的管理关系比较简单,往往采用以一方为主进行管理的方式。例如,非法人式合作经营企业内合作各方为合伙关系,一般不设董事会,只建立联合管理委员会。该委员会的职责只是检查、监督、协调合作各方执行合同的情况。企业的日常管理多数是经协商交合作一方负责,也可以委托第三者进行管理,或者在协定中规定合作各方各负一部分管理责任。至于法人式合作经营企业,虽设立董事会,但其管理也可以采用与非法人式合作企业相类似的形式。

(4) 合作经营在提前收回资本方面比较灵活。如果合作各方或一方希望在合作期满之前收回其出资,则经协商可以采取快速折旧或扩大利润分成比例等方式,并将这种收回资本的方式和期限在合同中作出规定。

(二) 合作经营方式得到迅速发展的原因

合作经营方式在现代国际化经营活动中得到迅速发展的原因在于,它对东道国和外国投资者都具有独特的吸引力和诸多的方便之处。

首先,合作经营对发展中东道国企业的吸引力主要在于,不拿出现金就能办起一个企业。对于发展中国家的企业来说,资金短缺是共同的难题,许多拟议中的经营项目往往由于企业缺乏资金而只得告吹。采用合作经营方式就可以避免这种结局。东道国一方可以不投入现金,仅以场地使用权、部分实物资源和人力资源作为合作的本钱,而兴办合作企业所需的资金、技术、设备、原材料等则主要由外国投资者提供。这就大大地拓宽了利用外资的渠道。

其次,合作经营对外国投资者的吸引力主要在于,投资回收的方式灵活,既可以采用利润分成,也可以采用产品分成,还可以利用快速折旧等方式。更重要的是,有许多国家(例如我国)还允许外国投资者从利润中预提一部分作为投资本息先行回收,余额再由各方按比例分成。这就使外国投资者得以在合作期满之前将投资全部回收,使投资利润率提高、投资风险减小。

契约式合作经营的审批手续简便,企业组织形式灵活,适应性强,容易发展和收缩,这些特点对合作各方都有吸引力。

(三) 合作经营的基本合同

既称“契约式合作经营”,其契约当然就具有特别重要的地位。无论是“法人式”还是“非法人式”的合作经营企业,都必须订立合同文件作为各方进行合作的法律依据。按词义,合同是一种较正规的“契约”。在兴办合作经营企业时,应尽量订立正规的契约。此类正规的合作经营合同有基本合同和专项合同之分:基本合同是管全面的;而专项合同是管某一方面的,如技术转让合同、劳动合同等。这些合同文件一般没有法定格式,各方应根据有关法律、参照国际惯例、结合实际情况、通过慎重协商拟定合同条款。

1. 合作经营基本合同的内容

合作经营基本合同的内容包括:合作各方及合作企业的名称、地址、国籍、法定代表和企业组织形式;合作经营内容、规模、产品、市场和销售方式;合作各方的投资方式、投资额、投资构成和合作条件,若是法人式合作企业,应订有注册资本条款和投资总额条款;合作各方投资的缴付期限,以及迟缴、欠缴时的责任;合作企业联合管理委员会或董事会的组成;合作企业的经营管理方式;合作各方收益分配办法和经营亏损的分担条款;合作企业采用的财务会计制度;合作企业的劳动管理、劳动工资、劳动保险等事项的规定;产品销售方面的规定(如内外销售比例和外汇平衡办法);物资购买办法(如进口物资计价和结算办法);合作期限和终止的条款、合同终止时的清算程序和方法、合同期满时的财产处理;在合作期内一方向第三者转让其全部或部分权利、义务的条款;合作企业中止合作的条件,中止合作后的债务清算和资产处理方式;违约责任;争议的解决方式;签约所用的文字形式、各种文字合同文本的效力;其他应注明的事项;签约日期、地点、代表人。

2. 签订合作经营基本合同时应注意的问题

(1) 凡属违反平等互利原则的条款,不应被订入合同,特别是对在责任和权利上显属不平等的合同条款应坚决拒绝。

(2) 无论何方的出资,都应将其出资额、出资期限、出资的质量(如以设备、技术作投资时的先进性、适用性及其运用效果)作出明确的规定,不能有任何的含糊。

(3) 如果一方以贷款作投资并以合作企业财产作贷款的抵押担保,而另一方以土地、实物和现金作为投资,则经营风险主要在后者身上,后者理应分得过半的权益。

(4) 有关债务分担条款不能过于简单,合同应对债务范围、债务责任的分担比例、履行债务责任的承担物和担保人作出明确的规定。

(5) 合同中应开列经营亏损的分担条款,对于合作各方承担经营亏损的比例,不能简单地照搬利润分成比例,而应把加速折旧和税前利润预提还本付息等实得收益因素考虑进去,然后按收益与风险对等的原则划定一个分担亏损的比例,进而在此基础上订立如何承担亏损、用什么承担、由谁用什么作担保等内容。

(6) 关于合作经营期限,在合同中应确定清楚。行业里常见的合作经营期限一般是:① 合作捕捞项目:1—5 年;② 出租汽车项目:2—3 年;③ 宾馆、旅游业项目:10—15 年;④ 海洋石油、矿藏资源开采项目:20—30 年。

二、契约型市场进入的其他主要模式

(一) 许可证协议(Licensing Agreement)

许可证协议是指让渡专利许可、专有技术和商标使用权的协议。许让方或授权方企业(Licensor)通过签订许可协议向受许方或受权方(Lisensee)企业授权,允许其在一定期限内使用自己的无形资产。许可证协议是双方关于技术、商标等权利义务的文件,签署后便有法律效力。通常,转让的不是无形资产本身的所有权,而是其使用权,所以协议中需规定使用的期限、使用费的支付、使用方面的限制条件等。许可协议的有效期通常都是5—10年。

许可证协议的优点在于;

(1) 确保无形资产受专利法等法律法规和合同的保护。

(2) 绕开目标国限制商品进口的贸易壁垒或投资限制,提高获利能力。

(3) 是开拓目标国市场的试探性行动,有助于提高许可方在目标国市场的知名度,容易博得目标国的好感,以利于进一步扩大经营。

(4) 可以带动附属交易,如企业在向目标国法人授权使用无形资产的同时,往往被允许出售对方不能生产的零部件和中间产品,而这些通常不受目标国贸易壁垒的限制,甚至还可获得优惠政策。因此,许可证协议往往被用来"掩护"产品出口(以零部件出口替代整体产品出口)。

(5) 可规避投资风险和政治风险。

许可证协议的缺点是:

(1) 收取的无形资产使用费一般较低,企业获益不多。

(2) 有可能培养潜在的竞争对手。当被许可方成熟以后,为获得更多的发展,可能中断合作关系,成为企业(许可方)进一步拓展市场的障碍,从而增加了最终商业风险。

(3) 企业在目标国的营销计划、执行、控制难以达到理想效果。

(二) 特许经营(Franchising)

特许经营是许可证协议的特殊形式。特许方企业(Franchiser)不仅将其工业产权(专利、专有技术、工艺、商号、商标等)的使用权转让给外国企业即被特许方(Franchisee),还将经营风格、管理方法转让给被特许方,包括培训人员等,并收取授权加盟费和经营提成。被特许方需要严格遵行统一的经营方法和管理标准。

被特许企业是独立的、自负盈亏的企业。但是,特许经营强调全球品牌的一致性和管理方法的转移,具有全球一致的公司形象和经营管理体制。因此,特许经营适用于企业发展跨国连锁经营体系的业务,特别有利于商业和服务业跨国企业的连锁扩张。例如,遍布全球的麦当劳、肯德基快餐等都是通过特许经营方式实现其全球市场战略的。麦当劳向符合条件的特许经营者收取首期使用费,并按特许经营者每月的销售额收取服务费和许可费。特许经营者的投入应不低于30万美元,接受为期12个月左右的培训。经营中,麦当劳按营业额的17%—23%向特许经营者收取租金、专利权费和服务费,而餐厅的日常业务则由特许经营者管理。

特许经营的优点主要如下:

(1) 向目标国以低成本快速扩张。

(2) 标准化营销独具特色,容易扩大市场影响。

(3) 被特许人能发挥经营积极性,创出业绩。

(4) 风险小。

特许经营的缺点是:

(1) 特许利益有限。

(2) 难以对被特许人进行全面有效的管理与控制。

(3) 适应面较窄,如商业、零售业、餐饮业等行业运用效果显著,但技术密集、资本密集型企业尚难见成功案例。

(三) 合同制造(Contract Manufacturing)

合同制造是指国际企业与东道国企业签订某种产品的制造合同,也称"外包生产"或"贴牌生产"。东道国企业按合同规定的技术要求、质量标准、数量和时间等生产出成品,再交由国际企业用本企业的品牌销售。中国大量的服装、轻工类加工贸易都属于合同制造模式。

合同生产是一种发挥国外的成本优势和绕过关税壁垒进入国际市场的常用方式。它实际上是国际企业把生产外包给东道国企业,当地制造,当地销售,使国际生产和国际销售紧密结合,是一种有效的扩展国际市场的方式。一些国际企业实施外包战略,通过合同制造将生产活动全部外包,将精力集中在研发和营销环节上,其中包括Apple、Dell、LV等国际著名品牌。

合同制造的主要优点是:

(1) 充分利用了东道国的生产能力和优势资源,减少了大量生产资金投入。

(2) 能够迅速组织生产,快速进入市场。

(3) 起步快,风险小。

(4) 当地生产,当地销售,可以绕过关税壁垒。

合同制造的缺点是:

(1) 为确保产品符合要求,国际企业要提供技术援助和管理支持,控制外包生产的产品质量,否则可能给企业声誉带来不利影响。

(2) 有可能培养未来竞争对手。例如,宏碁、华硕、格兰仕等企业早期均是从为知名国际品牌进行合同制造发展而来的。

(四) 管理合同(Management Contract)

管理合同是具有管理优势的国际企业通过合同的形式委派其管理人员到另一国企业承担经营管理任务,提供管理诀窍,并按照销售额的一定比率(通常是2%—5%)收取费用。这种方式在酒店管理中被经常使用。例如,2010 年 10 月,中国世茂集团与希尔顿全球签署了战略合作协议,世茂集团旗下在天津、南京、武汉、厦门、沈阳、青岛、烟台、无锡八大城市的酒店项目均委托希尔顿全球管理。

以管理合同开拓国外市场的优点如下:

(1) 不需要投入资金,基本无风险。

(2) 容易了解对象国经营环境和市场需求情况,为进一步扩展业务奠定基础。

(3) 管理方可出口有关产品或设备作为提供管理技术的附加条件,获得收入。

管理合同的缺点有:

(1) 占用大量优秀的管理和技术人才,却有可能培植今后的竞争对手。

(2) 获利较少。

(五) 交钥匙工程(Turn-key)

交钥匙工程是指国际企业接受委托,为东道国企业建造工厂或其他工程项目,当设计和建造完成并初步运转后,将该工厂或工程项目的所有权和管理权的"钥匙"依照合同完整地"交"给对方,由对方开始经营。它通常适用于复杂的大型基础设施项目,如发电厂、铁路、炼油厂、运动场等,建设周期长,可能承担建设资金的融资风险,一般只有实力较为雄厚的国际公司才能承担。

第三节 投资型进入模式

企业对外投资活动分为对外直接投资和对外间接投资,以是否拥有目标企业的控制权为划分标准。投资型进入模式专指对外直接投资(FDI),指企业通过直接投资进入目标国家或地区,将资本连同本企业的生产设备、关键材料、专门技术、管理方法、商标等其他生产要素转移到目标国家或地区,建立受母公司控制的分公司或子公司。

从生产制造的角度讲,这类分公司或子公司可能有各种不同的模式,从完全依靠由母公司进口半成品的简单组装厂,到那些承担产品制造全部任务的生产厂。从所有权和管理控制的角度讲,设在国外的企业可以是独资经营或与东道国合资经营。从建立方式角度讲,企业可以创建独资或合资的新企业,也可以采用收购方式购买当地企业股份或兼并当地企业。

一、国际独资企业

（一）国际企业海外分公司与独资子公司的区别

分公司与独资子公司虽都是国际企业在海外的独资公司，但两者在以下几个方面是有区别的：

1. 法律地位不同

独资子公司是由母公司完全投资，并根据东道国法律在当地注册登记的独立法人，具有东道国的“国籍”；而分公司并不是一个独立的法律实体，它仅是母公司的一个部分，不具有东道国的“国籍”，在东道国被视为外国公司。

2. 创办手续不同

由于分公司在东道国被视为外国公司，在创办时一般只需经过登记程序，办理正式授权书（授权当地某人或某厂商为该分公司的代表人），即可取得营业许可，其手续比较简单；而子公司则必须按东道国法律建立，在申请、验资、登记、发证等每一环节上的手续都必须完备，程序比较复杂。

3. 税收负担不同

这是国际企业选择子公司或分公司形式时考虑的首要因素。东道国对这两类公司的税种、税率、计征办法和优惠政策等实行差别对待，通常对子公司较为优待。

4. 法律特点不同

分公司通常不如子公司方便，这主要是由于分公司不具备东道国的法人地位。例如，当分公司在东道国发生债权债务纠纷时，必须由母公司出面解决；分公司到当地银行办理借款、到当地保险公司办理投保等业务时，当地银行和保险公司往往考虑到日后可能的法律纠纷的复杂性，而不愿意给分公司提供方便。相比之下，子公司一般不存在这些麻烦。

5. 受到的管制不同

分公司受到东道国较多的业务经营范围的限制和较严的金融管制。这主要是因为分公司毕竟是外国公司，自然不如被视为本国企业的子公司那样受东道国政府的优待。

（二）国际企业选择子公司或分公司形式的原则

当国际企业决定到某东道国设立独资企业后，究竟是建立一个独资的子公司还是成立一个分公司，必须从税负、法律规定和投资经营的目的出发，进行综合的分析比较后才能决定。国际企业在作这种选择时，一般应遵循以下几条原则：

1. 选择对公司在税负方面最有利的形式

一般有三种做法：一是若预计企业在东道国的经营状况在初期可能发生亏损，则采用分公司形式较为有利。二是若预计企业在投资初期即能迅速获利，而东道国税率又明显低于母国税率,则采用子公司形式较为有利。三是在投资初期先设立分公司,待营业状况转亏为盈时,再将分公司转变为子公司,以便享受东道国的税收优惠。不过,此时也要注意,母国政府也许会对这种做法进行干预,例如要求对分公司的资产进行清理,并课以资产增益税。

2. 寻找对己方较为有利的法规约束条件

这主要是指对当地法规作深入研究,比较其对分公司或子公司所作限制的实质差别。例如,在对转移定价所作的限制方面,若东道国对子公司较为宽容,则可选择组建子公司。

3. 考虑母公司本身的知名度

若母公司在国际市场上知名度高,则易于受到当地人欢迎,易于取得当地政府、社团和消费者的信任,此时设立海外分公司可减少经营上的阻碍,有利于经营业务的迅速开展。若母公司在国外默默无闻,则考虑组建子公司可能较为适宜。

4. 考虑生产和推销成本

可以选择对成本最有利的三种形式之一:第一种形式是在东道国设立既负生产职责又兼销售责任的子公司;第二种形式是在东道国设立一个专门负责生产的子公司,另设一个专门负责销售的分公司;第三种形式是在东道国只设立一个专门负责销售的子公司或分公司。当然,除了取决于成本之外,选择何种形式还要适当考虑市场开拓能力。

(三) 国际企业海外分支机构采用独资子公司形式的场合

当前,世界上相当多国际企业的海外分支机构采用独资子公司的形式。这是因为,在以下一些场合采用独资子公司的形式对国际企业最为有利:

(1) 保持对经营活动的决定权和控制权。

(2) 对自己的技术绝对保密,维护技术垄断。

(3) 在全球实行统一的经营策略,保证产品的质量和信誉。

(4) 难于在东道国找到适当的合伙经营者。

(5) 预期投资报酬率十分高,国际企业希望从子公司独占全部高额盈利。

独资子公司的缺点也非常明显:需要独自承担巨额海外投资,具有很大风险;常被认为是外国企业,面临的国家风险比较大;处理与东道国各方面的关系比较困难,得到的优惠条件常常不如合资企业。

二、国际合资经营

(一) 合资企业的概念与特征

1. 合资企业的概念

股权式国际合资经营企业,简称"合资经营企业",也可称为"合资企业"、

"合股企业"、"合营企业"。这种企业通常是由一个或多个外国公司、企业、其他经济组织或个人与当地的公司、企业或其他经济组织，在东道国按照其法律共同投资设立的，合资各方共同管理，共享利润，共担风险及亏损。合资经营的实质是若干个独立经济实体之间的资源联合，各方为互相利用对方的长处和有利条件而组成一个新的经济实体。之所以被称为"股权式合资经营企业"，是因为这种企业里合资各方所投入的资源均被折算为股份形态，以各方的持股比例作为划分权利与义务的依据。这个新的经济实体是以股权为纽带，将各方联结起来的。

2. 合资企业的基本特征

(1) 企业是一个独立的经济实体，具有独立法人地位，有其自身的经营目标。

(2) 企业的投资者来自两个或更多的国家或地区。

(3) 企业在东道国注册，服从东道国的法律并受东道国的法律保护，是具有东道国"国籍"的法人。

(4) 各方参股的资产不限于现金，可以包括其他实物资产和无形资产，但无论何种类型的资产都必须通过谈判折算为一定的股份。

(5) 企业是股份式合作经营，合资各方以股权份额分取利益、分担风险，根据协议、合同、章程建立管理组织机构，共同管理企业。

(6) 企业的法律形式可以是股份有限公司，也可以是有限责任公司。

(二) 合资经营的利弊

合资经营作为企业开展国际化经营的一种方式，除具有与其他方式(如独资经营、契约式合作经营)类似的一般作用之外，还有其独特的优缺点。

1. 合资经营对外国投资者的有利之处

(1) 有利于外国投资者进入东道国市场，减少或避免政治风险。合资企业给人的印象是当地企业，并受到东道国法律的保护。外国投资者通过合资方式等于获得了一张进入东道国市场的合法通行证，既能享受对外资优惠政策，还能获得国民待遇。

(2) 外国投资者可以用较少的资本形成较大的经营规模，还可以利用东道国合资者取得生产经营所需的资源。外国投资者只要在合资企业中占有了足够的股份(如51%以上的多数股份)，就等于控制了这家合资企业。这比起用创建方式或收购方式建立外商独资企业要省下一大笔投资，但在形成经营规模与实现国际企业经营战略方面的作用则与独资企业几乎不相上下。

(3) 外国投资者有时可以利用合资方式进入东道国高投资回报的产业，获取高额利润。这种情况多发生在发展中国家。在这些国家里，政府对某些行业禁止外商独资经营，但却允许合资经营。由于发展中国家中工人的工资水平低，原材料价格便宜,市场容量大,因此许多生产技术比较成熟的产品在发展中国家设厂生产,使外国投资者得以从这一高投资回报中分享到巨大的利益。

2. 合资经营对东道国投资者的有利之处

(1) 发展中的东道国可以利用合资经营引进一些先进技术,缩短与外国的技术差距。同时,东道国的管理人员在共同参与经营管理中可以学到一些先进的管理方法,提高自身的管理水平。

(2) 合资经营使东道国企业可以利用外商的销售网扩大对外销售。特别是对那些毫无外贸经验的东道国厂商来说,与外商合资等于找到了一条通向外部世界的通道,从而可以打入国际市场。

(3) 合资经营同样使东道国的投资者用较少的投资形成了较大的经营规模。例如,发展中国家的企业在需要扩充规模时,往往因手头无外汇而无法购回国外的先进设备。此时若采用合资方式,由外商以设备、技术作价入股,无疑是帮东道国厂商解决了缺乏外汇的大难题。虽然这样做要将今后企业的盈利分一部分给外国投资者,但东道国投资者可以从劳动生产率的成倍提高中获得比合资前多得多的收益。

3. 合资经营的弊端

合资经营对投资各方来说都有某些好处,各方都感到有利可图,这是使各方走到一起的动力。但是,也应该看到,合资经营存在着某些先天性的弊端,这是使部分合资企业失败或解体的根源之所在。通常,国际合资经营的弊端表现在以下几方面:

(1) 合资各方在建立合资企业目标上的不一致,是各方产生矛盾的主要根由。虽然追求盈利是合资各方的共同目标,但在其他的具体目标方面可能各有不同追求,很难达到完全一致。例如,在产品销售方向上,外国投资者往往希望尽可能多地在东道国当地市场上销售,而东道国政府和投资者则希望尽可能多地在外国投资者的母国或第三国销售,即以出口为主。所以,有关合资企业产品的内销和外销比例常常是东道国与外国投资者之间有争执的问题。另外,在合资企业所采用的技术和设备的档次上,合资各方的目标也可能不一致:外国投资者倾向于采用成熟技术或在母国已显得落后的技术,以达到延长这些过时技术获利期的目的;而东道国投资者常常倾向于通过合资取得国外的先进技术,以提高自己的技术档次。

(2) 合资各方在对企业的控制权和管理权方面的争夺,时常影响到企业的决策效率。虽然合资企业以股权比例作为分配的依据,但拥有多数股权并不意味着对企业拥有完全的管理权。现代企业由于实行了某种程度上的所有权与经营权的分离,因此经营管理权究竟掌握在谁手里就成了一个至关重要的问题。现在在合营企业中普遍实行的董事长与总经理分由合资双方各派人担任的做法，能使合资各方在心理上得到部分平衡，但并不能解决实际矛盾，互相掣肘的现象时有发生。这当然大大地影响了合资企业的管理效率，甚至造成企业合作基础的动摇和破裂。

（3）合资各方在价值观念、道德观念、社会制度、风俗习惯等方面存在的差异，易于造成在管理决策上的意见不一致，导致决策效率下降。这有时会使企业失去很多商业机会，并使企业内部在建立融洽、信任、协调的人际关系方面花费较多的精力，经历较长的时间。

（4）合资各方入股资产的作价是合资过程中最复杂的一个问题，解决这一问题常常需要花费大量时间，拖延了组建企业的进度。特别是当外国投资者以技术和设备作价入股，东道国投资方以厂房、土地和自然资源作价入股时，双方都怕吃亏，往往抬高己方的报价，压低对方的价格，使价格的透明度降低，讨价还价的过程延长。由于作价不合理，在企业营运过程中发现利益格局向某一方过度倾斜，从而导致合营企业解体的事例时有发生。

当然，对合资经营企业的上述弊端，并非毫无办法解决。只要合资各方有长期合作的诚意，抱着互谅互让的态度，用平等协商的办法，绝大多数矛盾是可以化解的。

（三）合资企业的管理形式

合资企业的管理形式是指投资者对合资企业管理控制的实施程度和管理权力的分配方式。从合资企业利弊的分析可以看出，一个合资企业中，一方投资者拥有的经营权越多，其管理就越单纯；如果其他合资者甘当配角，那么这个合资企业的管理形式就越简单、越有效，企业取得成功的可能性就越大。当前，在合资企业中，常见的管理形式有以下三种：

1. 直管式合资企业

这种企业的主要特征是由合资各方中的一个母公司直接管理合资企业。这与独资子公司的管理特征很相似。在这种合资企业里，重要决策并不是由自己的董事会决定，而是由直管母公司决定。合资企业的管理业务实际上已被全部纳入直管母公司的管理系统，合资企业的总经理相当于直管母公司一个产品部或地区部的高级经理。这种直管式的管理形式的管理效率较高，麻烦较少。但是，无论直管母公司在合资企业里是占有多数股权还是对等股权，采用这种直管式的管理形式都必须以其余各合资方放弃管理权力为前提。

2. 分管式合资企业

这种企业是由合资双方母公司（或多方母公司）经协商分别管理合资企业的不同职能部门。例如，由一方母公司管理产品开发、销售、公关等职能部门，另一方母公司管理生产、人事、财务等职能部门。在这种合资企业里，总经理成了一个总协调员，他除了应向合资企业的董事会负责之外，还必须经常分别与各投资方母公司的董事长会晤。在这种管理形式下,由于双方母公司对合资企业的决策都具有很大的影响力,因此管理的有效性必须以双方在合资目标方面广泛一致,在互相沟通信息和工作协调方面不存在障碍为前提。如果双方各行其是,互不买账,则合资经营难以成功。

3. 独立合资企业

在这种管理形式下,合资各方对合资企业既不采取直管式管理,也不采取分管式管理,而是将管理权交由合资企业的总经理行使。总经理可以综合各投资方的意愿,并根据当时当地的实际条件,自主地作出对自身最为有利的决策。但是,实际上,独立合资企业的总经理往往对某一方投资者带有倾向性,所谓"独立经营"只是相对而言。

合资企业究竟采用何种管理形式是一个较为复杂的问题,合资各方在解决这一问题时通常可按以下两种思路考虑:一是按投资股权比例决定,有一方占多数股权的合资企业可以考虑采用直管式,而对等股权的合资企业则可以采用分管式;二是按发挥优势的原则决定,即衡量合资各方的管理技能、管理经验、技术知识等"企业能力",将管理权主要交给能力上占优势的一方行使。实际运用时,往往是将两种思路混合,在考虑股权比例的同时兼顾发挥优势的原则,这样才能为合资企业选择最有利的管理形式。

(四) 合作经营和合资经营的区别

契约式合作经营和股权式合资经营虽然都属于不同国别的企业之间在资本和经营活动方面的国际协作,但两种方式在具体运作上还是有较明显的差别。概括起来,两种方式的区别主要有以下几个方面:

1. 股权安排和风险分担不同

合资经营各方投资者都以参股的方式出资,不论以什么资源投入,都必须以货币计算出资额,并按各方出资比例分享权益、分担风险和责任;而合作经营(特别是非法人式合作经营)没有企业注册资本,不计算各方股权比例,出资方式十分灵活,对各方投资额无限制性规定,各方的权益和责任可以通过合同作出灵活规定。

2. 法律地位不同

合资经营企业必须是东道国的独立法人;而合作经营企业则可以不具备东道国的法人地位,用合作各方各自的原法人身份进行合作。

3. 组织形式和管理方式不同

合资经营企业一般成立董事会,作为企业的最高权力机构,企业实行在董事会领导下的共同管理制度;而合作经营则常常不建立董事会,设联合管理委员会,起协调监督作用,企业实行以一方为主、其他方协助的管理方式。

4. 纳税人和纳税方法不同

按多数国家的规定，合资经营企业是以企业作为纳税人，合资经营的所得税由合资企业统一向东道国缴纳，先纳税，后分利；而合作经营企业则可以先分利，然后由合作各方分别按税法规定缴纳所得税（当地投资方按国内企业看待，外国投资方按外国企业看待）。

5. 投资回收方式不同

合资经营企业的投资者的资本回收主要是靠年度分红和合资经营期满后所分得的剩余资产净值；而合作经营企业的投资者的资本回收主要是靠快速折旧、产品分成或利润分成，合作期满后通常不清算、不分割剩余资产，剩余资产一般归东道国投资方所有或按合同规定处理。

通过以上比较可以看出，合资经营企业的组织比较严密，而合作经营企业的组织则比较灵活，管理比较简单。因此，在酝酿成立国际经营企业时，到底采用何种形式，应根据项目的具体情况和合作伙伴的意见协商确定。通常，在所需投资额较多、技术性强、合作时间长的大项目上，采用合资经营方式较好；而合作经营方式比较适合于合作期限短的中小型项目。不过，像矿山、油田、农业开发等大型项目，采用合作开发、按比例分享产品的方式目前也很普遍。

三、创建和并购

创建新企业和并购东道国原有企业是国际企业以投资型模式进入海外市场的两种基本方式。创建是指国际企业通过购买厂房设备、设立机构、招聘人员等工作建立一个全新的企业。跨国并购是指国际企业通过在资本市场上购买某企业的股票或在产业市场上购买股权，从而接管该企业。

（一）跨国并购的概念[①]

跨国并购是国际企业在国外通过资产经营和运作，迅速有效地进入东道国市场，进行资本扩张的重要方式。并购（M&A）包括兼并和收购两种方式。兼并（Merger）是指一个优势企业吸收另一个或多个企业，前者依然保留自己的法人资格和企业象征；后者则失去法人资格，只作为前者的一个组成部分存在。收购（Acquisition）是指对另一个企业一定控制权的购买，而该企业的企业法人实体并不消失。

跨国并购是国内企业并购的延伸，即跨越国界，涉及两个以上国家的企业、市场和两个以上政府控制下的法律制度的并购。跨国并购的基本含义是：一国企业为了达到某种目的，通过一定的渠道和支付手段，将另一国企业的整个资产

① 参见郭杰、肖善：《企业跨国并购问题分析》，中国三峡出版社 2004 年版，第 20 页。

或足以行使经营控制权的股份收买下来。从中可以看出,跨国并购涉及两个或两个以上国家的企业,一国企业是并购发出企业或并购企业;另一国企业是被并购企业,也称“目标企业”。这里所说的“渠道”,包括并购企业直接向目标企业投资与通过目标国所在地的子公司进行并购两种形式。这里所说的“支付手段”,包括支付现金、从金融机构贷款、以股换股(Stock for Stock)和发行债券等方式。

(二) 跨国并购的基本类型

国际企业采取并购方式进行直接投资,其动机有许多,主要包括:开拓国际同类市场,取得产品商标、品牌和已形成的行销网络;保障原材料的供应和产品的销售市场;实现经营领域、区域和资产的多元化等。这使得国际企业需要采取不同的并购行为以达到自己的目的,结果就出现了不同类型的跨国并购。

作为一种极为复杂的企业国际化经营行为,跨国并购的类型很难按同一标准进行划分。因此,这里对跨国并购按不同标准进行分类。

1. 按跨国并购双方的行业相互关系划分

(1) 横向跨国并购(Horizontal M&A)

横向跨国并购是指两个以上国家生产或销售相同或相似产品的企业之间的并购。比如,1998年,德国戴姆勒—奔驰汽车公司和美国克莱斯勒公司合并,成立戴姆勒—克莱斯勒公司。这种跨国并购的目的通常是扩大世界市场的份额,或增加企业的国际竞争和垄断或寡占实力,并购风险较小,并购双方比较容易整合并形成规模经济,实现利润增长。横向并购是跨国并购中经常采用的形式。但是,由于横向跨国并购(尤其是大型国际企业的并购)容易限制竞争,形成垄断局面,许多国家都密切关注并限制这种并购的进行。

(2) 纵向跨国并购(Vertical M&A)

纵向跨国并购是指两个以上国家生产同一或相似产品但又处于不同生产阶段的企业之间的并购。并购双方一般是原材料供应者或产成品购买者,所以对彼此的生产状况比较熟悉,并购后较易融合在一起。并购的目的通常是以低价扩大原材料供应来源,或者扩大产品的销路或使用。纵向并购又分向前并购(向其最终用户的并购)和向后并购(向其供应商的并购)。

(3) 混合跨国并购(Conglomerate M&A)

混合跨国并购是指两个以上国家不同行业、经营活动无关联的企业之间的并购。这种并购方式与国际企业的全球发展战略和多元化经营战略密切联系在一起,以减少在单一行业经营的风险,降低生产成本,增强企业在世界市场上的整体竞争实力。混合跨国并购与前两种并购方式的不同之处是:前两种并购的目的往往表现得十分明显,因而容易受到限制;而混合跨国并购的目的往往是隐蔽的，所以不易为他人发现和利用。

2．按跨国并购企业和目标企业是否接触划分

（1）直接跨国并购

直接跨国并购也称“协议收购”或“友好接管”。在直接并购中，并购企业可以直接向目标企业提出拥有所有权的要求，双方通过一定的程序进行磋商，共同商定条件，根据双方的协议完成所有权的转移。此外，目标企业如果经营不善或遇到债务危机，也可以主动提出转让所有权。直接并购又可分为前向（Forward）和反向（Reverse），区别在于：前者的存续企业是买方，后者中卖方仍然存续。

（2）间接跨国并购

间接跨国并购通常是通过投资银行或其他中介机构进行的并购交易。间接并购又可分为三角前向（Forward Triangular）和三角反向（Reverse Triangular），区别在于：前者指并购企业投资目标企业的控股企业，存续的是控股企业；后者则存续目标企业。间接并购往往是通过在证券市场上收购目标企业已发行和流通的具有表决权的普通股票，从而掌握目标企业控制权的行为。此种并购如果是善意的，则比较容易取得成功。然而，在大多数情况下，由于间接并购不是建立在共同意愿的基础上，极有可能引起企业之间的激烈对抗。在间接并购中，并购企业并非只满足于取得部分所有权，而是要取得目标企业董事会的多数表决权，强行完成对整个目标企业的并购。

3．按目标企业是否为上市公司划分

（1）私人公司跨国并购

私人公司跨国并购是指他国并购企业在非证券交易所对非上市公司的收购。对私人公司（Private Company）的并购一般是通过公司股东之间直接的、非公开的协商方式进行的。只要目标企业的大部分股东同意出售其持有的股份，私人公司的控制权便由并购企业所掌握，并购行为即告完成。私人公司跨国并购由各公司的章程制约，并受民事法律规范，各国对之一般不以专门立法的形式进行规范。所以，对私人公司的跨国并购一般有较大的自由度。但是，这类并购的规模比较小，风险则比较大。

（2）上市公司跨国并购

上市公司跨国并购是指他国并购企业在证券交易所通过对上市公司股票的收购实现并购。由于在现代经济中占有举足轻重地位的大企业几乎全是上市公司，因而具有重大影响的跨国并购都是通过证券市场实施的。如果借用制度经济学的语言，可以认为企业并购行为的高涨主要依赖于现代公司和证券市场两大制度安排的发展和健全。

（三）跨国并购的程序

跨国并购是一个比较复杂、充满风险的过程。因此，国际企业在采用并购方

式时,要经过一定的工作程序,以尽可能减少可能的损失。一般来说,跨国并购的程序大致分为三个阶段:

1. 计划阶段

跨国并购的计划阶段包括并购规划的整个过程,即战略构想、制定目标、选择对象、进行可行性研究、制定具体的实施方案等几个步骤。

国际企业选择并购对象,就是选择具体的国家行业和企业,决定并购的形式,确定适当的市场份额和费用支出,以符合既定的目标。选择的并购对象往往不是一个,而是多个。因此,企业必须进行可行性研究,具体分析在一个国家如何进行并购和管理,经营风险有多大,并购哪个企业及其可能性有多大,并购的代价和效益多高等。这时,一般必须进行量、本、利分析,再根据这个分析结果制定具体的实施方案。

一般来说,从国家选择看,跨国并购要注意选择国民生产总值增长率高、国际收支状况良好、汇率稳定的国家。从多样化程度看,多样化程度低的横向并购的成功率比较高,复合式并购在低技术产业进行。从市场份额看,目标企业的市场份额越大,并购的成功率也就越大。从规模看,并购规模较大的项目可以引起高层管理人员的充分重视,容易取得成功。最后,目标企业的利润越高,并购成功的把握也就越大。

2. 实施方案

跨国并购涉及不同的国家,关乎目标企业的意愿,在具体实施时,最重要的是实际估价、并购谈判和并购成交三个环节。

(1) 实际估价

估价是指买卖双方根据一定的标准计算分析购买目标企业应支付的价格。对目标企业的估价,可以采取现金流量折现法、市场价值法、市场溢价法、资产评估法等方法。现金流量折现法(Discounted Cash Flow, DCF)是资本预算的基本方法。运用这种方法时,先估计并购后增加的现金流量和用于计算这些现金流量现值的折现率,然后计算出这些增加的现金流量的现值,这就是并购企业所能支付的最高价格。如果实际成交价高于这个价格,并购就不会给并购企业带来好处。这种方法的缺点是主观性较强,需要一系列前提假设。市场价值法是根据一个公司股票的市价总值确定并购的价格,因为上市公司股票的市场价格代表了投资者对该公司未来经营业绩及风险的预期。运用这种方法时,目标企业的价格可以用估价指标(如税后利润)与比率系数(如市盈率)的乘积获得。市场溢价法是更为直观的方法,它是统计同类公司在被兼并收购时并购方支付的平均溢价水平,再在此基础上计算出目标企业的价格。市场溢价水平是指在证券市场的标购中,并购企业公开的上市公司收购价格超出目标公司当时市场价值的水平。

（2）并购谈判

并购谈判可以由并购企业与目标企业直接进行，也可以由第三方协调进行，如投资银行、咨询公司、会计师事务所等。在西方国家中，投资银行在促进各国企业的收购与兼并过程中扮演着十分重要的角色。谈判主要涉及的内容有对市场发展的预测、各自的估价基础和估价结果。谈判的结果要写成文字，以供备案，并由双方股东大会审核批准。

（3）并购成交

国际企业要具体进行并购成交工作，即把并购双方的企业组织在一起，或对目标企业进行改组，以力求使双方能够真正融合在一起。在并购成交的具体操作过程中，双方企业要注意不能违反有关国家商业交易的基本政策以及金融法、会计法、公司法、税法、反托拉斯法等法律法规。从公司法的角度说，一般必须依次经过以下程序：双方董事会通过有关并购的决议；股东大会讨论并批准并购决议；并购各方签订合同；在规定期限内向政府部门登记。

3. 检查阶段

并购后，检查的主要工作是考察并购目标的实现情况，分析计划与实施之间的差异，以及实施中出现的重大问题，并在评价的基础上进一步加强对并购工作的管理与协调，尽快产生效益。

（四）跨国并购和跨国创建的比较

跨国并购和跨国创建是对外直接投资的两种方式，具有各自的优缺点。

跨国并购收购现有企业，不需要建厂就能迅速获取被并购企业的相关经营资源，获取技术，有利于企业迅速进入东道国市场并占有市场份额，投资回收期较短。但是，并购时对目标企业的价值评估困难，存在支付风险；并购后整合困难，两个企业在管理制度、企业文化、经营方式、员工关系等方面存在差异，有时被收购企业的员工会产生抵触情绪，管理上协调困难，存在潜在的经营风险。

相对而言，跨国创建新企业（又称“绿地投资”），从零开始，需要较长的建设周期以及大量的筹建工作和现金投资，输出而非获取技术，市场开发的不确定性大。但是，其评估比并购简单，没有资产高估风险，也没有旧企业遗留问题。国际企业可以根据具体情况选择合适的方式。

跨国并购和跨国创建对东道国带来的影响不同。与跨国创建相比，在市场进入时或进入不久（即短期内），跨国并购会给东道国经济发展带来较小的正面影响或者说较大的负面影响。这主要表现在以下几个方面：

（1）虽然跨国并购和跨国创建都能给东道国注入资金，但跨国并购的资金并不总是能够增加生产的资本存量，而跨国创建则能够。因此，在短期内，一定数量的跨国并购方式的直接投资为生产发展作出的贡献低于跨国创建方式的直接投资，甚至根本就没有贡献。然而，当本地一家公司的唯一选择是关门停产时,跨国并购会扮演“救世主”的角色。

(2) 与跨国创建相比,跨国并购在市场进入初期转移高新技术的可能性较小。另外,跨国并购还会造成本地企业的生产及其他活动(如研发)层次下降或完全停止,或迫使它们迁址。跨国创建则不会直接降低东道国的技术水平和生产能力。

(3) 跨国并购在初期可能不会增加东道国的就业,因为并购过程中生产能力没有立即增加。跨国创建则肯定会增加东道国的就业。

(4) 跨国并购有可能增加对东道国市场的垄断程度,不利于培育竞争。事实上,可以故意用跨国并购的方式减少或消除竞争。从定义上看,跨国创建则能增加市场上企业的数量,不会在初始时造成市场垄断度的提高。

但是,从长期看,考虑到直接和间接效应,跨国并购和跨国创建之间的许多差别都极大地缩小甚至消失了。这主要表现在以下几个方面:

(1) 跨国并购后,一般都会追加后续投资,有时追加额很大,尤其是在私有化等特殊情况下。因此,长期内,跨国并购也会像跨国创建一样增加东道国的生产能力。

(2) 跨国并购后,收购方会运用高新技术(包括组织和管理模式)。特别是当需要对被收购公司进行重组以提高生产率时,跨国收购方引进技术的作用和强度与跨国创建几乎没有什么区别。

(3) 跨国并购后,都会因经营和竞争的需要追加后续投资。因此,要么保留被收购方的原有员工,要么在最初裁员后再陆续招募新员工。随着时间的推移,跨国并购也会增加东道国就业。因此,两种直接投资方式在创造就业上的差别长期内会逐渐减弱。如果为提高生产效率而裁员,那么也比跨国创建迫使本土缺乏竞争力的企业倒闭造成的影响小。

第四节 三种进入模式的比较与选择

国际企业一旦选择了目标市场,就应该决定进入该市场的最好方式。国际企业进入市场的各种经营方式因其所处环境、本身的战略目标和能力以及时间的不同而不同。即使是同一个公司,其采取的进入方式也常常呈多样化,且富有弹性。因此,对国际企业进入海外市场的三种模式作一比较,并考察影响国际企业选择进入海外市场模式的因素,有助于企业在国际化经营中扬长避短、趋利避害。

一、国际企业的海外市场进入模式的比较

国际市场的三种进入模式在某种程度上代表了企业国际化经营从低到高的

三个主要阶段，它们应用的条件和目的各不相同。贸易型进入通常被处于国际化经营初始阶段的企业采用，主要目的是消化过剩的生产能力，使产品赢得更广阔的市场。这时，企业对国际化经营的概念、意识是不自觉的、朦胧的，产品出口也带有不稳定和多变的特征。契约型进入则进了一步，有意识、有步骤、有针对性地在国际市场充分发挥企业的经营优势，对跨越国际贸易壁垒也颇有心得。但是，它对如何深入国际市场进行纵横捭阖的战略性操作还在探索中，所以基本不涉及国际化经营中关键的股权问题。投资型进入属于最高阶段，它以直接投资的方式表明了国际企业渴望在目标国掌握自身命运，参与要素活动，瓜分国际市场，以使货币资本和技术资本获得更广阔的运作舞台。具体来说，三种进入模式在以下几方面有显著差别：

（一）进入深度

所谓进入深度，是指国际企业将资源投入到目标国市场的相对程度。它可用生产单位产品成本所含本企业资源的比例加以衡量，资源投入越多，进入越深，反之亦是。三种进入模式中，贸易型进入深度最浅，投资型最深，契约型居中。在同种模式中，不同做法的进入深度也不同。比如，同为投资型进入，同等规模的投资项目，选择独资比合资投入资源大，进入程度深；贸易型进入中，直接出口比间接出口进入程度深；直接出口中，自己设计国外销售机构比选择中介商进入程度深。

（二）控制程度

所谓控制程度，是指国际企业在目标国的分支机构所拥有的决策能力和影响力。它主要包括经营决策和发展决策两个层次，前者包括运营、营销、财务和人力资源管理职能等方面，后者则指企业长期发展战略和投资等战略性决策。掌握控制权，可以有效保护自身利益，按照自己的战略部署进行经营管理，对处理与目标国政府和合资伙伴的矛盾就有了主动权和影响力。控制程度与进入深度呈高度正相关。

（三）灵活性

所谓灵活性，是指国际企业迅速、低成本地改变经营地点、国际市场进入方式甚至退出目标国的能力。由于资源的专用性，经营灵活性与资源投入程度、进入深度是负相关关系。如长期或大规模的资源投入，中途欲作根本性调整的余地很小，投资灵活度很低。一般而言，在不确定的环境中，国际企业倾向于选择灵活度较高的进入模式，以应付可能出现的各种风险。

（四）风险性

所谓风险性，是指事先未预料到的发生损失的可能性及损失程度。风险与进入深度高度正相关，而高风险也常伴随着高收益。国际企业的经营风险源于国外投资信息的不确定、市场的不完全性、巨大的交易成本和机会成本的存在。

目标国政局动荡和对外贸易法律政策的调整则造成了政治风险。三种进入模式的优劣比较如表 4-1 所示。

表 4-1 国际市场三种进入模式的比较

	间接出口	直接出口	许可证协议	合同制造	合资	独资
资源投入	<	<	<	<	<	<
进入深度	<	<	<	<	<	<
控制程度	<	<	<	<	<	<
灵活性	>	>	>	>	>	>
风险性	<	<	<	<	<	<

注：“ < ”表示左项小于右项，“ > ”表示左项大于右项。

二、影响国际企业海外市场进入模式选择的因素

总的来说，国际企业选择进入模式时，必须综合考虑目标国的投资环境和企业自身的竞争优势，理想的情况是企业同时拥有所有权优势、内部化优势和区位优势。同时，企业还必须从中长期和动态角度预测上述因素的变化，正确定位，循序渐进，以获得满意的国际化经验效果。

（一）企业内部因素

1．产品因素

一是产品地位。企业的主线产品、核心技术在进入目标国时，大多采取投资型进入；而非主线产品、边缘技术则以非投资型转让。二是产品的差异性。体量较大的产品的技术性能、造型设计等往往不易仿效，或已有专利保护，或差异性强，卖方的主动权较大，可采取贸易型进入；而差异性弱，甚至标准化生产的产品宜采用投资型进入。

2．所属行业的要素密集程度

劳动密集型和资源密集型产业一般以具有丰富、廉价劳动力和自然资源的国家为进入对象，且倾向于投资型进入；而资本密集型产业一般以发达国家为进入对象。

3．技术含量和成熟度

行业发展要求技术含量高、专有性强，或者技术处于开发期，相对不成熟时，往往采取股权方式进入，甚至独资，以防止技术泄漏；而技术成熟趋于普及的，可以采取非股权方式进入，及时将技术转让获利。

4．企业实力和优势

企业在资金、技术、营销、人才、管理等方面的综合实力越强，资源越丰富，选择进入目标国模式的余地就越大，且一般采取高投入模式如投资型；反之，则采

取低投入模式，视初步效果再决定进一步的进入模式。

5. 企业的国际营销经验及目标国市场在企业经营战略中的地位

企业从事国际化经营的经验丰富、目标国市场战略地位高的，一般宜采取投资型进入模式。

（二）目标国投资环境

1. 经济制度与经济动态

一般而言，进入市场经济国家的模式选择较灵活，而进入计划经济国家则主要依靠贸易型、契约型等非股权模式。经济动态是指就业率、个人收入增长率、投入资本的利率等方面的变化。根据经济动态预测，可灵活选择或修改进入模式。

2. 经济规模与市场容量

经济规模一般用国民生产总值和人均国民生产总值衡量，它表明了目标国市场规模和潜力。市场规模较小的国家可采取低保本点销售模式如贸易型、契约型进入，市场销售潜力很大的国家则可采取高保本点销售模式如投资型进入。

3. 市场竞争结构

对于完全竞争或垄断竞争结构的市场，由于竞争者较零散、力量薄弱、威胁较小，可选择贸易型或契约型进入；对于寡头垄断市场，则倾向于采取投资型进入，以打破市场均衡，谋求市场份额。

4. 生产因素

基础设施状况，如交通、通信、港口设施的质量和成本显著影响企业的生产进度和货物流转速度，从而影响生产成本。原材料、劳动力、能源等生产要素的供应状况如何也将对生产成本发生作用。生产成本低，则以投资型进入或当地生产较有利；反之，则以贸易型或契约型进入。

5. 对外经济关系和政策

目标国的对外贸易政策、进出口贸易总值、国际支付能力、债务负担及清偿能力、汇率态势会对国际企业的经营产生很大影响。例如，政府采取免税、提供免税待遇等吸引外资政策，刺激和鼓励投资型进入；限制外国投资的政策则会使国际企业放弃独资而转向合资，放弃创建而转向并购，或选择初级进入模式。国际支付能力下降会导致进口限制，抑制了贸易型进入；控制汇率限制了收益和资本的返回，也就限制了投资型进入。

6. 社会文化因素

当目标国与本国在语言、生活方式、价值观念、社会制度等方面差别明显时，进入者会因为心中没底而对在目标国生产经营心存怯意，国际企业一般会选择与自己文化相近的国家进入。

7. 地理位置

地理位置的远近会影响产品运输成本，从而成为选择进入模式的考虑因素。

（三）本国的环境因素

在政府对外经济政策上，如果本国政府采取鼓励出口的政策，保持中立或限制海外投资，企业倾向于采取贸易型或契约型模式进入。如果国内市场广阔，企业发展趋向于国内市场导向型。待企业实力足够大，国内市场已不能满足其需要时，再谋求向国外扩张，而且趋向于投资型进入；反之，贸易型或契约型为多。另外，如果本国生产成本高于对象国，企业往往采用投资型进入或合同制造模式。

本章小结

国际企业一旦选择了目标市场，就应该决定进入该市场的最好模式。国际企业进入市场的各种经营方式因其所处环境、本身的战略目标和能力以及时间的不同而不同。贸易型进入模式是指企业通过向目标国家或地区出口有形产品而进入该市场。契约型进入模式是指企业与目标市场的企业或组织之间建立长期的、非投资性的合作协议，转让技术、技能、劳务和工艺等无形资产。投资型进入模式专指对外直接投资，指企业通过直接投资进入目标国家或地区，将资本连同本企业的生产设备、关键材料、专门技术、管理方法、商标等其他生产要素转移到目标国家或地区，建立受母公司控制的分公司或子公司。

创建新企业和并购东道国原有企业是国际企业以投资型模式进入海外市场的两种基本方式。创建是指国际化企业通过购买厂房设备、设立机构、招聘人员等工作建立一个全新的企业，包括独资企业和合资企业。跨国并购是指国际企业通过在资本市场上购买某企业的股票或在产业市场上购买股权，从而接管该企业。

国际市场的三种进入模式存在显著差别，在某种程度上代表了企业国际化经营从低到高的三个主要阶段。贸易型进入通常被处于国际化经营初始阶段的企业采用；契约型进入则进了一步，有意识、有步骤、有针对性地在国际市场充分发挥企业的经营优势；投资型进入属于最高阶段，它以直接投资的方式表明了国际企业在目标国掌握自身命运，参与要素活动，以使货币资本和技术资本获得更广阔的运作舞台。

习题

1. 直接出口与间接出口有什么不同？

3. 契约型进入模式包括哪些类型?

4. 比较跨国创建和跨国并购两种投资型进入模式?

2. 比较贸易型、契约型和投资型进入模式的优缺点?

案例

万向集团与国际接轨

1969年,万向集团(以下简称“万向”)从4000元资本、84平方米、7个人的一个小铁匠铺起家。经过40多年的高速发展,万向已变身为中国最大、全球领先的汽车零部件生产企业,年营收总额已超800亿元。如今的万向,在美国、欧洲、南美洲、大洋洲都有分支机构,通过接轨国际主流市场、接轨国际先进技术、接轨跨国公司运作的战略,逐步建成按国际惯例运作的跨国集团。回顾万向的国际化历程,其中有几个重要环节可圈可点,值得总结和借鉴。

一、打开海外市场

20世纪70年代末,万向将公司主营产品锁定在汽车零件万向节上。但是,在当时中国的计划经济体制下,作为乡镇企业,万向的产品进不了国家计划,内销当然就没有市场。然而,正是因为这样的市场环境相逼,最终促使万向走上了飞速发展的快车道。对此,企业创始人鲁冠球曾说:“万向最初拓展海外市场,在很大程度上是被逼出来的,当时还没有清晰的国际化思路,想的就是如何为自己的产品找销路。”

1984年3月,万向终于迎来了转危为安、发展壮大的机会。国际汽车零部件巨头美国舍勒公司通过广交会了解到万向,双方随即展开接触。万向质量上乘的产品让美国人非常满意,一份向美国出口3万套万向节总成的合同也被迅速签订。当年8月,万向的产品作为中国汽车零部件第一次销往美国,这就是日后被人们传为佳话的中国汽车产业“出口第一单”。市场的检验使万向的产品得到了客户的信赖。次年,舍勒公司与万向再次签订了一份为期5年、每年向美方出口20万套万向节的意向书。

自此,万向进入了以产品出口为导向的发展阶段。1986年,万向被中国政府定为全国万向节行业中唯一的出口基地,产品出口到澳大利亚、泰国、菲律宾等国家。1987年,万向产品进入日本、意大利、法国、德国等18个国家的市场,当年创汇230万美元。与此同时,万向也在积极地拓展海外市场,在海外设立销售机构。1994年,万向在美国注册成立万向美国公司。1996年初,万向欧洲公司、万向南美公司成立。当年,万向海外销售收入突破1000万美元。

随着业务范围的不断扩大,万向美国公司一直想开发欧洲轴承市场,当时面临两种选择:一是聘请一些做轴承销售的业务员,二是收购一家当地的轴承公司。经过考虑,公司决定:采取收购方式进入欧洲轴承市场,并将目标锁定为经营轴承销售的AS公司。万向美国公司提出一个方案:AS公司向万向转让60%的股份,订单照常执行;AS公司销售后所得的利润算万向对其的投资;万向聘请AS公司总经理为新公司总经理。同时,万向郑重承诺,新公司的发展将得到万向在财务、产品开发和市场上的全面支持。AS公司同意了该方案。在双方最后达成的协议中,还作了以下规定:一、新公司(万向欧洲轴承公司)以"Power Drive"的名义经营,此为万向在欧洲的自创品牌;二、新公司对万向不能生产的产品有对外采购权,若采购超过1万美元,需上报万向美国公司并经其同意;三、万向向对方提供合理价格的产品,并按正常的商业规范付款,前期新公司因发展扩张与库存需要而占用的资金部分可拖欠为对万向的应付货款,拖欠部分应以高于银行利率,按月向万向美国公司缴付利息。

1997年7月,万向收购在欧洲市场上以销售各类轴承为主的营销公司英国AS公司60%的股份。当年,万向海外销售收入达到2000万美元以上。

二、收购舍勒公司,成功转型

随着万向成为国际知名汽车配件厂商这一战略目标的逐步确立,鲁冠球已经不满足于简单的国际化策略——"海外市场+国内生产",而是希望万向在海外市场从产业链下游为他人做OEM转为向产业上游渗透。因此,树立自身品牌,获取技术优势和营销渠道优势等核心竞争能力,成为了实现这一目标的必然策略,而收购国外企业无疑是条捷径。

对舍勒公司的收购成为万向国际化道路上的关键拐点。舍勒公司创立于1923年,是一家主要在美国市场销售汽车零部件的经销商,同时也拥有世界上最多的万向节专利。如上文所述,1984年万向的第一批出口产品正是为该公司所做OEM,在美国市场上以"舍勒"商标进行销售。经过几年的合作,舍勒公司从中获得了高额利润。1987年,舍勒公司提出收购万向公司,使其成为自己下游的单独企业。万向觉得这样做的好处在于有稳定的利润来源。但是,长此以往,万向将成为舍勒公司的附属单位,根本无法真正进入国际市场。更为重要的是,鲁冠球本人认为,在万向的发展过程中,"在一棵树上吊死"是绝不允许的事,因此他回绝了舍勒公司的要求。于是,舍勒公司放弃万向,转而向东南亚寻找合作方。

高质量的产品加上极具竞争力的价格,使万向在海外市场不断前进与发展。即使因为拒绝舍勒公司包销产品而被封杀,万向依然获得了良好的发展,先后把产品打入意大利、法国、德国等18个国家的市场。在世界各地转了一圈也未能找到如万向那般价廉物美产品的舍勒公司最后还是回头找到万向。此后,双方每年的交易额多达数百万美元。

1994年万向美国公司的成立是万向拓展海外市场过程中的重要里程碑,此举大大提升了万向在海外市场的活动能力,推动了万向加快构建国际市场网络体系。更重要的是,通过万向美国公司这个“桥头堡”,万向得以与美国市场零距离接触,了解与掌握最新的市场情报与客户信息,在推动业务量快速增长的同时,更使万向的业务层次得到提高。1997年8月,万向获得美国通用汽车公司的生产订单,成为第一家进入美国一流主机配套市场的中国汽车零部件企业。两年之后,万向又进入了福特的配套体系。经过数年的努力,万向在美国市场基本上站稳了脚跟。

与此同时,万向美国公司的角色也在悄然发生着变化,其功能开始由海外销售为主向海外并购转变。毫无疑问,这其中透露着万向往产业链上游渗透的决心。当万向在美国市场上与舍勒公司既合作又竞争以后,舍勒公司的新供货方的产品质量难以与万向抗衡,经营业绩日趋下滑,双方的强弱对比发生了根本变化。舍勒公司只好主动要求万向并购自己。由于舍勒公司要价太高,谈判进行了好几年。旷日持久的谈判随着舍勒公司市场份额的日益缩小,朝着有利于万向的方向发展。最终,舍勒公司只好就范。

1995年,万向美国公司总经理倪频开始着手收购舍勒公司。由于遭到银行方面的强烈反对,美国的LSB公司因此获得收购优先权。但是,万向并未放弃。在了解到LSB公司资金比较紧张,且并不需要“舍勒”的品牌、专利等无形资产后,倪频向LSB公司提出“购买舍勒公司的设备,换取舍勒公司对外采购业务”的设想。其后,万向又提出以超过设备评估价值的价格收购品牌、专利等相关资产。LSB公司权衡利弊之后,同意合作。2000年,万向美国公司与LSB公司达成协议,联合收购舍勒公司,由LSB公司接管舍勒公司的厂房、工人,而舍勒公司的品牌、技术专利、专用设备以及市场全被万向收入囊中。随即,万向与LSB公司联合组建美国万向节公司。万向美国公司从此消除了有力的竞争对手,拥有了舍勒公司的品牌,同时也获得了稳定的市场,扩大了自己在国际上的影响力。

三、收购UAI,实现全球布局

UAI是纳斯达克上市公司,成立于1981年,致力于生产、制造与销售制动器零部件,在美国几个州和加拿大、匈牙利等国拥有工厂,其客户涵盖所有美国大厂商。然而,2000年以来,纽约股市崩盘,使UAI股票面值跌去90%。万向美国公司一直筹划着收购海外上市公司,UAI由此进入了万向的视野。

万向收购UAI能够获得诸多好处:第一,UAI是美国的一家上市公司,收购成功可以为万向打开国际资本市场的"水龙头",为万向在海外融资争取更大的空间,使万向的跨国经营战略大大向前推进一步。第二,UAI公司生产的汽车制动器零部件也是万向的产品之一,收购成功将使万向在这一领域进一步得到先进技术的支撑,从而可以对国内相关企业进行优化,扩大现有产品基地,打开新产品的国际市场渠道。第三,UAI公司的"UBP"品牌在美国很有名,而且它有很好的摩擦材料技术配方,具有广阔的市场前景,万向将其产品和配方拿到中国来,利用中国低廉的制造成本,可以扩大万向的获利空间。第四,UAI公司现有的产品在美国有市场网络,很多连锁店都是它的客户,万向的轴承、万向节产品等都可以叠加在这个网络上,进一步扩大产品的覆盖面,从而扩大销售基础。第五,万向收购UAI公司还有更直接的动机,2000年实行相关产业多元化战略的万向开始制动器项目,收购UAI公司可以获得每年7000万美元的国际市场份额。

2001年8月,万向美国公司在UAI公司净资产额逼近纳斯达克规定的下限而面临摘牌时,与其达成收购协议。按照协议,万向美国公司拥有UAI公司21%的股权。万向美国公司被授权,在必要时可以实施实际拥有58.8%的投票权,以确保对该公司的绝对控制权。交易细则中最引人注意的是一项"强制性采购"条款:UAI公司必须每年向万向购买2000万美元的产品(制动器)。万向还可以禁止UAI公司向其他中国厂商购买同类产品。因为UAI公司从万向采购产品的成本比以前自己的生产成本低30%—40%,所以这也会促使UAI公司进一步扩大销量。其实质是:万向收购了UAI公司,并成为其指定的OEM。这是万向集团首创的反向OEM模式。

万向美国公司正式收购UAI公司后,成为第一大股东,并由中方代表出任共同董事长。万向此举开中国乡镇企业收购海外上市公司之先河。自此,万向在国内和海外都拥有了自己的上市公司,使得国内和海外的生产和市场形成对接平台,达到技术共享和优势互补,从而实现了其全球总布局。

结语

从收购曾经带领万向进入海外市场的"领路人"舍勒公司,到此后将美国纳斯达克上市公司UAI公司收入囊中,万向开始进入其所说的"资本式经营,国际化运作"的时代。就像倪频所说:"万向美国公司看起来做的是汽配,但其实做的是资源整合。"①万向美国公司通过近20年的时间,以并购等方式,在海外拥有近30家子公司,被誉为中国在美国投资最成功的企业之一。

美国市场上,每三辆汽车中就有一辆使用了万向的产品。在万向人看来,国

① 转引自曹子烈:《全球化的万向模式》,载《世界经理人》2011年第12期。

际化是投资、发展环节的一条必由之路。在万向的国际化进程中,产业运作是核心,不是为了国际化而国际化。这也是万向没有遭遇大挫折的主要原因之一。以做万向节起家的万向至今也没有放弃这一主要业务,这就确保了其在自身产业的核心领域能够做大做强。

思考题

1. 国际化经营给万向集团带来了哪些好处?
2. 万向集团的跨国并购有哪些特点?
3. 万向集团的资本运作和产业经营是什么关系?

第五章　国际企业的组织管理

教学目的和要求

1. 了解国际企业的主要组织结构形式及其特点
2. 掌握国际企业组织结构设计的基本原则
3. 了解国际企业组织控制模式形成和应用的背景
4. 掌握国际企业组织控制模式选择的影响因素

由于不同国际企业的经营环境不同，国际企业的各分支机构所在国的政治、法律、经济、技术和文化各不相同，国际企业的组织管理比国内企业的组织管理更为复杂。国际企业需要根据企业的国际战略、国际化经营发展的水平选择和设计最佳的组织机构。

国际企业的组织结构基本上可以分为两类：组织的法律结构与组织的管理结构。组织的法律结构设计组织的法律形式，它规定了国际企业母公司与国外子公司及各分支机构之间的法律关系和产权关系。组织的管理结构又称“组织的实际结构”，它是国际企业在经营活动中实际使用的结构。它主要涉及企业各部门、各分支机构任务和职权的划分，以及企业的指挥和控制系统。组织的法律形式的选择和确定属于管理计划职能研究的领域，国际组织管理则以组织的管理结构为主要研究对象。

在管理学研究文献中，组织管理大多只是针对国际企业组织结构的研究。然而，随着经济全球化和企业国际化的发展，越来越多的中小企业也加入到国际化经营的大潮中，它们同样面临着企业的组织管理问题。国际企业组织管理的实质是要使企业的组织结构设置有利于提高企业的国际竞争力。国际经营环境的差异性、复杂性和多变性，要求国际企业的组织更多地具备灵活性、学习能力和自我调控能力，具有有效激励功能以及有利于资源共享和统一协调等特征。

第一节　国际企业的组织结构

很多企业为了建立竞争优势，应对国内市场饱和的压力，寻求新的利润增长点，往往会产生国际化发展的内在动力。在国际化发展的不同阶段，企业都需要设计和调整自己的组织结构，使其符合企业国际化经营的战略目标。

一、国际企业组织结构的形式

国际企业的组织结构不是一成不变的，而是随着内部和外部条件的变化而调整。从演变的历史看，国际企业组织出现了出口部结构、母子公司结构、国际部结构、全球性结构以及全球网络结构等形式，并且随着环境的变化还将不断地发展。①

（一）出口部结构

由于在国际化经营初期对外部环境不了解，企业一般不会贸然向海外做大的投资。大多数企业在国际化初始阶段，都会以出口导向为其国际化经营战略的核心。在凭借出口方式进入外国市场初期，企业通常委托独立经营的贸易公司代理其出口业务。随着产品的出口量不断增大，企业可以设立一个出口部门，专门负责出口业务，并逐步在国外建立自己的销售、服务和仓储机构。

出口部结构是企业在国内组织结构的基础上，在营销部之下设立一个独立的出口部，或是设立一个与营销部平级的出口部，全面负责企业的出口业务。出口部结构如图 5-1 所示。

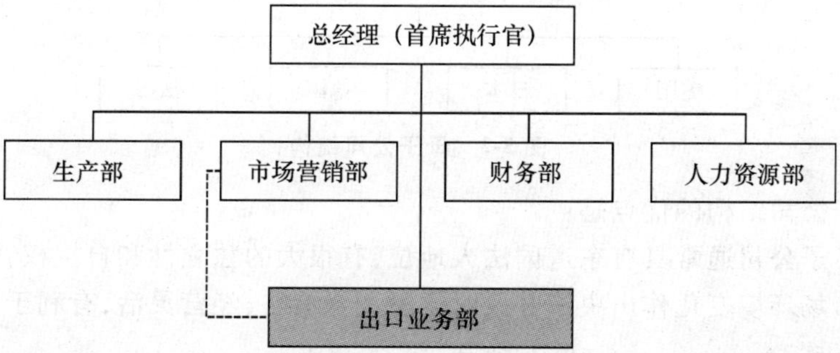

图 5-1　出口部结构

企业成立出口部的优点是：能接触到海外消费者，以及时获得国际市场的信息和消费者的反馈，有利于提高出口产品的竞争力。但是，企业仅依靠出口开拓国际市场具有很大的局限性。东道国的关税、限额及其他进口壁垒会限制出口业务的开展。为了避开这些进口壁垒，企业可以采取许可证贸易和国外生产。随着在出口地区生产的增加，出口部门与企业其他部门的利益冲突会日益尖锐。由于在国外生产会导致出口部门的出口销售份额降低，所以出口部门宁愿继续出口而不希望增加海外生产。不过，对于大多数成功的国际企业来说，这种情况的持续时间不会太长。海外子公司的成功使它们在企业中的地位得到加强。

① 关于本节几种组织结构的形式和图形，参见张新胜、王湲、〔澳〕杰夫·拉索尔、〔澳〕迈克尔·M.伯瑞尔：《国际管理学——全球化时代的管理》，中国人民大学出版社 2002 年版，第 285—300 页。

（二）母子公司结构

在母子公司阶段,企业刚刚开始建立海外子公司,数量少,规模小,其经营的成败对母公司影响不大。同时,母公司也缺乏国际生产和经营的经验,无力控制这些新建的海外子公司。所以,在这一时期,子公司基本上是独立活动的,子公司的经理们实际上拥有行动和决策的全权。母公司对子公司没有什么直接控制,只是定期按股权收取红利,实际上只是起控股公司的作用。在母子公司结构中,母公司和子公司之间存在着松散的、非正式的联系。这种联系有时是母公司总经理和子公司总经理之间的个人联系,后者向前者负责。母子公司结构如图5-2所示。

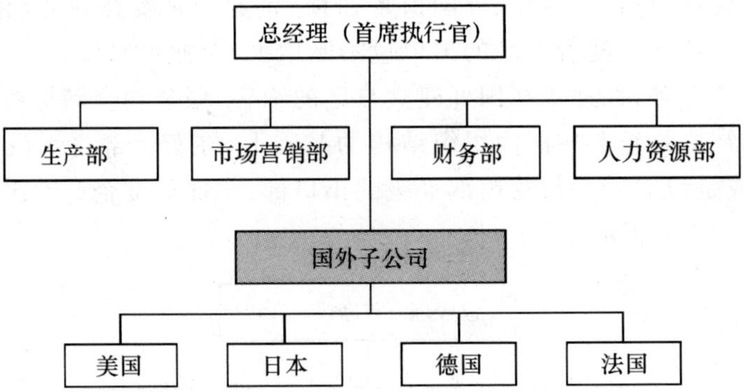

图 5-2 母子公司结构

母子公司结构的优点是:

（1）子公司通常具有东道国法人地位,有很大的独立性和自主权,可以根据东道国市场环境变化作出决策并及时调整经营策略,经营灵活,有利于子公司积极性的发挥。

（2）有利于加强子公司领导者的领导权威和反应能力,使子公司的管理具有稳定性和较高的工作效率。

（3）母公司投入资源少,负担小,经营风险低。

母子公司结构的缺点在于:

（1）由于母公司无专门机构负责与子公司联系,母公司总经理仅靠个人能力进行控制,当公司规模很大时,势必难以及时、有效地对子公司进行管理。

（2）子公司难以得到总部在资源、技术上的支持。

（3）母公司由于不了解国外生产经营情况,可能从国内经营观点出发,作出错误的决策。

（4）子公司经理只是根据自身的利益作出决策,这种决策对子公司可能是最优的,但对整个企业的全球性经营却不一定是最优的。

（三）国际部结构

随着企业国际经营规模的扩大，海外子公司不断增加，当其地位日趋重要时，就会要求企业建立一个独立的部门，与国内各部门的业务分开，专门负责开拓国际经营业务，处理国际经营中的特殊问题。许多公司这时一般会在公司内部单独设立一个职能完整的国际部（International Division），以协调和控制企业的国际经营活动。国际部与其他国内事业部处于同等地位，由企业副总经理负责，并直接受总经理领导，总管母公司在海外的投资与产品销售，监督与协调海外子公司的业务活动。典型的国际部结构如图5-3所示。

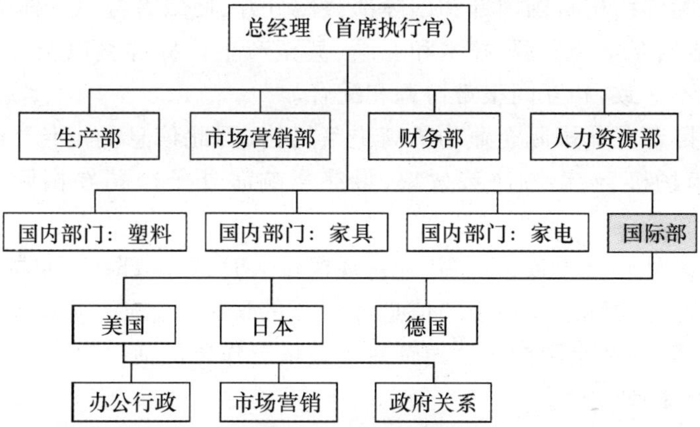

图5-3　国际部结构

国际部结构的特点是：第一，存在一个有实权的国际部，有自己的职能机构，主要职责是制定国际经营的政策和全球战略规划，负责出口、技术转让和海外直接投资业务，以及监督海外子公司的国际经营活动；第二，海外子公司与母公司的联系都经由国际部负责，有关海外子公司运作的重大决策都需向国际部报告后才能实施；第三，国际部这一专门管理机构的出现，将原来母子公司结构中那种子公司与母公司总经理之间非正式的、个人接触式的工作关系转变为正式的、规范的组织关系。

国际部结构曾被国际企业广泛采用。例如，20世纪30年代，美国通用汽车公司就在出口集团的基础上成立了国际部。到20世纪60年代，国际部结构已成为美国大型国际企业的主要组织形式。

国际部结构的主要优点在于：

（1）因为国际部的业务由母公司副总经理负责并直接向总经理汇报，所以海外子公司与企业总部的联系比较紧密，便于总部有效地了解和增强对海外子公司的控制，在国际经营活动中实施全面监控。

（2）国际部能够统筹安排海外子公司的活动，使各子公司之间在战略管理、市场营销、筹资融资、内部交易、互通情报与信息等方面可以进行有效的协作,以实现企业整体利益的最大化。

(3) 由国际部集中管理复杂广泛的跨国经营业务,有利于提高国际部对海外业务的管理水平,提高海外子公司的经营能力。

国际部结构的缺点在于:

(1) 在国际部结构形式下,国内部门仍然是主体,在公司整体决策中占较大的比重,企业经营活动所需的各种资源大部分掌握在其手中,国际部并无支配权。因此,国际部协调和支持海外经营活动的能力有限。

(2) 国际部结构将国内部和国际部截然分开,使二者各成一体,信息不好沟通,二者可能相互争夺资源、技术和业绩,甚至产生目标冲突以及经营策略和管理风格上的不一致,相互间很难协调和配合。

(3) 国际部并非国际企业的最高决策机构,因此信息的上传下达容易拖延时间,贻误市场机会,影响决策效率,最终影响海外子公司在国际市场上的竞争力。

(4) 当海外子公司数目众多、经营规模较大时,国际部在不可能完全了解和掌握子公司所处国际经营环境的信息和特点的情况下,统一对国外市场的经营活动进行决策,往往会限制子公司针对当地情况作出灵活决策的能力。

(四) 全球性结构

随着国外业务的扩大、子公司的增多以及产品的创新和多样化,企业的国际化经营进入了成熟阶段。这时,国际部已显得不堪重负,难以协调和处理母公司和子公司之间的矛盾和冲突。因此,企业的组织结构变得更为复杂。到 20 世纪 60 年代中期,越来越多的国际企业采用全球性结构代替国际部结构。所谓“全球性结构”(Global Structure),是指把国内一般企业的分部组织形式扩展到全球范围,从全球角度协调整个企业的生产和销售,统一安排资金和分配利润。

全球性结构与以前的组织结构相比,有三个方面的显著特点:它把国内和国外的经营决策权都集中于公司总部;总部任何组织部门都是按全球范围设置的,既管理国内分支机构,又管理国外分支机构;从全球战略出发,统筹安排国内业务和国外业务,以期在全球范围内取得最大效益。

显然,全球性结构为企业实施全球战略提供了组织条件,它打破了原来企业国内业务和国外业务的分割状态,将世界市场视为一个整体,在全球范围内实现组织结构优化和合理化。但是,这一结构对企业有较高的要求,企业应当具有高素质的管理人员和健全、便捷的信息沟通网络,而且企业的规模庞大会导致经营成本过高。

20 世纪 60 年代中期以后,越来越多的美国企业陆续放弃了国际部结构,转而采取全球性结构。欧洲各国企业是在“二战”后激烈竞争的市场环境中发展起来的,由于这些国家国内市场狭小,高度依赖海外市场,因而在组织结构上由母子公司结构绕过国际部结构而直接采取全球性结构。

全球性结构可以按产品、地域和职能中的任何一项因素进行设置,即单项划分的全球性结构。随着国际化经营的进一步发展,在产品、地域和职能之间的相互协调上的矛盾和冲突会日益加剧。因此,许多国际企业又采取了更为复杂的形式,即把产品、地域和职能三个单项组合成全球性矩阵结构。这样,全球性结构包括四种最基本的组织形式:全球性职能结构、全球性产品结构、全球性地区结构、全球性矩阵结构。其中,前三种属传统的、单一的组织形式,后一种是新型的、综合的组织形式。

1. 全球性职能结构

全球性职能结构(Global Functional Structure),是指根据各种不同的职能划分组织结构,一般在母公司总部下分设生产、营销、财务、人事和研发等部门,各部门之间依存度较高,并由母公司总部协调相互间的关系。在这种组织结构下,母公司总部确定全球目标和策略,由各副总经理管理的职能部门分别负责本职能部门在国内和国外的一切活动,如生产部负责产品的开发、制造和质量控制等活动,市场营销部负责产品在国内外的营销、管理以及控制国内外的销售机构和经销商,财务部负责母公司总部在全球的资金筹措、调拨以及风险管理等工作。全球性职能结构如图 5-4 所示。

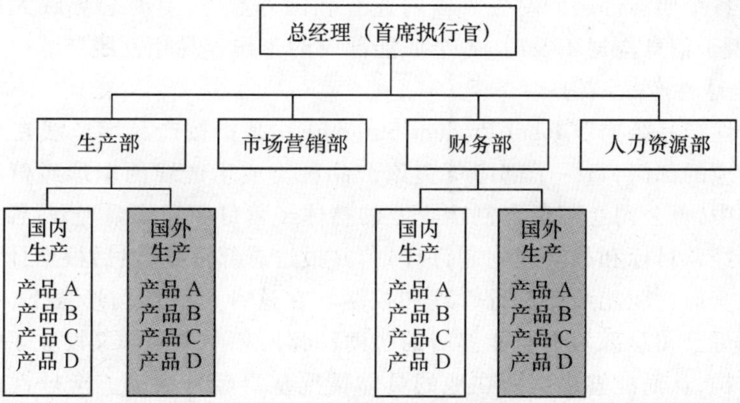

图 5-4　全球性职能结构

这种组织结构适合于规模较小、产品系列较为单一、产品高度标准化、市场需求和市场环境都比较稳定的企业。很多西欧国家或地区以及中国香港、新加坡的中小型国际企业都采用这种形式。例如,瑞典轴承公司 SKF 生产单一的轴承类产品,产品标准化程度高,产品的使用和销售受地区差别的影响较小,所以采用全球性职能结构管理公司在世界各地的业务。

全球性职能结构的优点是:

(1) 强调母公司总部的集权管理,控制企业各个部门的业务,有利于树立总部的权威性,加强企业的统一成本核算和利润考核。

(2) 各个职能部门实现充分的专业化,有利于提高各个职能部门的经营效率,增强企业整体的竞争力。

(3) 各个职能部门都从本企业的全球战略出发开展业务,彼此没有直接的利益冲突,有利于部门间的相互协调和配合。

(4) 与其他组织结构形式相比,能以精简的机构和较少的人员实施对整个组织的全球控制,有利于减少重叠管理。

全球性职能结构的缺点是:

(1) 生产经营活动中各项管理职能分开的特点,对管理人员提出了很高的要求,要求各个职能部门的管理人员熟悉企业生产的所有产品,这无疑加大了管理难度。

(2) 由于各个职能部门分管不同的管理工作,分析处理问题的角度和出发点不同,因此在解决某些具体经营问题时会出现意见不统一,从而影响整体决策。

(3) 由于企业的最高决策层必须经常协调设在不同国家的各个职能部门的活动及其存在的分歧和矛盾,容易使企业的生产经营脱节,降低效率。

(4) 各个职能部门同时主管国内业务和国外业务,有时会导致大量重复工作,而且由于信息沟通不及时,各个职能部门的工作容易相互脱节。

2. 全球性产品结构

全球性产品结构(Global Product Structure),是指按产品生产线在全球范围内设立相应的部门,每一个部门负责该产品种类或生产线的全球经营。在这种组织结构中,母公司总部负责制定企业的整体经营目标和战略规划,各产品部根据总部的经营目标和战略规划制订计划,并报送总部审查,然后根据计划对本部门的所有全球性职能活动进行管理和控制。在这种组织结构形式下,各个产品部能得到母公司总部各个职能部门的协助;同时,各个产品部又设立了各种相应的职能结构,从而能够根据所在地的具体情况从事经营活动。全球性产品组织结构如图 5-5 所示。

全球性产品结构适合于那些经营规模庞大、产品种类和产品线繁多、生产技术复杂、消费市场分散以及适宜于在当地就地制造且需要对用户提供技术服务的国际企业。这种结构多为汽车行业和工业设备制造业的企业所采用。例如,通用汽车公司就采用这一组织形式。

全球性产品结构的优点是:

(1) 每个产品部都以全球作为目标市场,有利于促进各产品部进行国际性

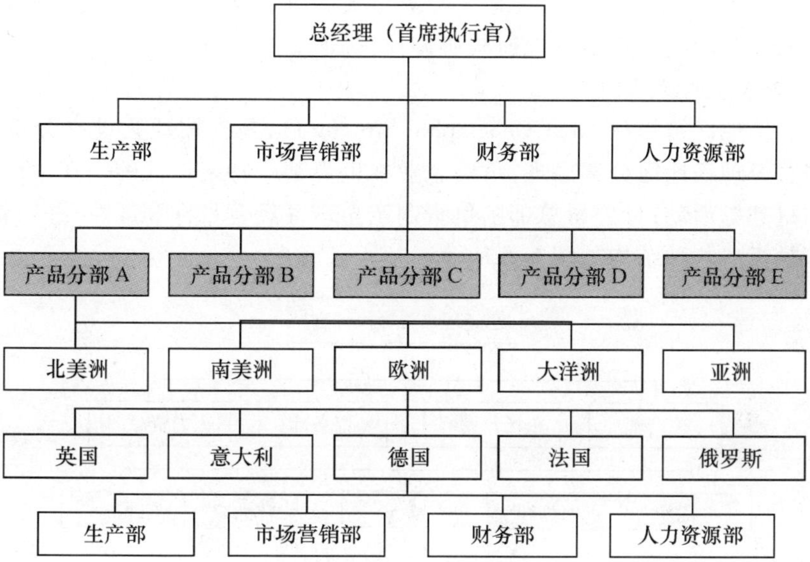

图 5-5 全球性产品结构

的产品规划与产品决策，在世界范围内有效合理地安排生产，全面提升其产品的国际竞争力。

（2）每个产品部都成为一个利润中心，统一负责本产品系列的产销，有利于新产品的研发与企业的技术进步，有利于树立各产品部的全球竞争意识，追求企业在全球范围内的最大利益。

（3）有利于产品部经营行为的长期化，注重原材料采购、研发、生产、成本、人事等各个环节的有效协调。

（4）由产品部统一负责本部产品的国内市场与国外市场的经营，确保了国内经营与国际经营的一致，促使本产品部范围内的生产向成本最低、效率最高的地点转移，从而避免了国际部下国内经营与国外经营的冲突。

全球性产品结构的缺点是：

（1）企业为了开拓海外市场，必须依据不同的产品种类在海外建立起系统的职能部门，使之与总部的管理职能和机构重叠，造成资源浪费，导致运营成本过高。

（2）各个产品部既负责该部产品的国内经营，又负责国外经营。但是，由于产品部的经理一般是技术专家，可能不一定熟悉国际经营业务，因此不一定能承担起国际经营的管理重担。

（3）部门之间协调困难。由于多个产品部各自为政，信息不沟通，企业很难对在同一个地区内的产品部的产销活动进行统筹协调，从而无法达到地区内资源的共享与调剂，对企业的整体利益不利。为此，许多国际企业逐渐在产品部的基础上引入了地区管理体系,由地区专家组成,其职责就是对同一地区内的各个产品部的经营活动进行信息沟通与协调。

3. 全球性地区结构

全球性地区结构(Global Geographic Structure),是指按地区设立分部,由母公司副总经理任地区分部经理,负责企业在世界某一特定地区的一切生产经营、销售和财务等活动;母公司总部则负责制定全球性经营目标和战略,并监督各地区分部执行。这种结构如图 5-6 所示。

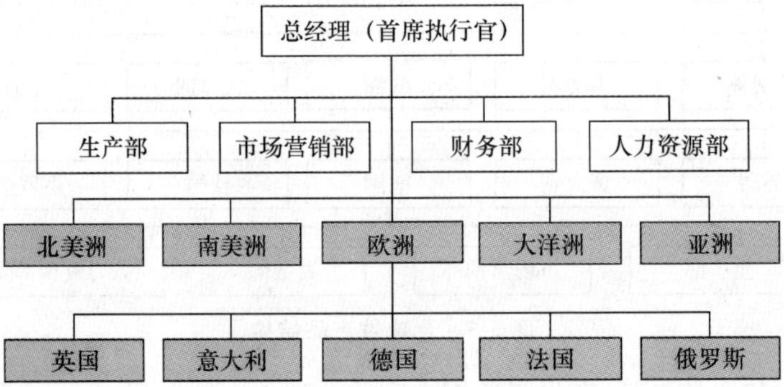

图 5-6 全球性地区结构

当公司的产品种类有限、产品高度标准化,而市场延伸到许多国家或地区,每一个国家或地区又显示出明显的市场特色时,适宜采用这种结构。一般说来,未采用大量多元化经营的饮料、食品加工、化妆品、医药和石油企业较多采用这种组织形式。例如,美国国际玉米制品公司现在分设北美洲、欧洲、拉丁美洲和亚洲四个部门,控制着全球二十多个国家和地区的一百多个大大小小的子公司。

全球性地区结构的优点是:

(1) 有利于国际企业对各地区的管理,地区分部能在同一市场上协调产品的生产、销售,可以简化总部对全球业务的管理。一些非战略性问题由地区分部迅速加以处理,提高了管理效率。

(2) 地区分部成为利润中心,有利于调动各地区的积极性,根据本地区的特点,协调安排所属各子公司的资源,妥善地解决有关问题,适应当地市场的需要,有效地开展经营活动。

(3) 有利于新技术在同一区域内的转移。

全球性地区结构的缺点是:

(1) 由于各个区域部门均是独立的实体单位,因此地区分部往往倾向于维护本地区的利益,而忽视公司的全球战略目标,不利于整体经营战略的实施。

(2) 可能会阻碍公司内各地区之间在产品生产、销售以及资金融通方面的一体化,难以协调地区之间的产品和技术转移以及技术协作。地区之间在研发上的沟通更是困难。

(3) 各区域部门机构设置"小而全",导致管理成本的大量增加,且不利于公司总体的国际化分工协作。

4. 全球性矩阵结构

随着生产经营规模进一步扩大,产品系列不断增加,地域范围愈加广阔,各项经营业务相互交叉,企业开始采用全球性矩阵结构。全球性矩阵结构(Global Matrix Structure),是指将产品部门与职能部门的优势结合起来而形成的一种组织结构形式。全球性矩阵结构如图 5-7 所示。

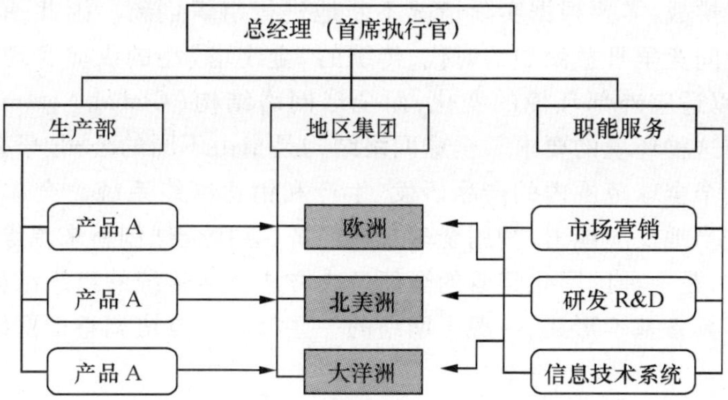

图 5-7 全球性矩阵结构

采用全球性矩阵结构的大多是既受到产品竞争压力,又受到要求适应各国目标的强大压力的大型国际企业。建立矩阵结构的日的是,尽可能清楚地了解这些压力,并要求各个部门同时作出反应,互动决策,化解海外经营的压力。这种组织结构要求最高决策者有较强的协调能力,企业内部有高效、完善的管理网络。全球性矩阵结构多用于从事高科技、项目复杂的企业,以及一些大型电子、化学企业等。英荷壳牌公司、美国的道-柯宁公司是采用矩阵结构的典型代表。

全球性矩阵结构的优点是:

(1) 能够使国际企业在全球范围内进行有效的资源配置,并且对任何地区市场上的竞争作出快速反应。这种组织结构可以使各个国家的子公司共享总部的各种资源,并且企业所关注的是全球整体运作的绩效。

(2) 可以在地区管理者或项目管理者与最高管理者之间建立垂直信息沟通渠道,进而有效保障准确及时的信息反馈,而清晰的横向信息沟通网络又使跨职能的协调成为可能,从而既改善了垂直沟通效果,也改善了横向沟通效果。

全球性矩阵结构的缺点是:

(1) 由于地区管理者与项目管理者都具有控制资源的倾向,所有矩阵结构常常在他们之间造成冲突,这将会损害公司内部的合作气氛,引起争权夺利的后果。

(2) 由于矩阵组织强调灵活性,企业需要为此付出巨大的管理成本,常常需要增加额外的管理人员;同时,由于企业双重管理的存在,增加了组织的模糊性。

(五) 全球网络结构

近年来,企业在国际化经营过程中遇到了许多新问题,在海外扩展业务所用的方式也比过去有了新的发展,如合作、并购、联盟和网络等新形式层出不穷。这种新的组织安排要求发展企业之间的各种横向和纵向联系,上述传统的等级结构受到了挑战,需要根据实际情况不断地进行组织创新。因此,有学者认为,在国际企业间竞争日益激烈的时代,传统的"金字塔"型的纵向管理体制缺乏灵活性,已难以适应外部环境的变化,而全球网络结构(Global Network Structure)则能够适应这种环境的要求。全球网络结构是指由不同的公司、子公司、供应商等组成的一个全球范围内的产品研发、生产和销售网络系统。全球网络结构代表着对具有当地反应能力、利用全球规模经济、寻找全球创新来源等新环境下新竞争的要求,是一种国际化经营的全新解决方法。与传统的组织结构不同,全球网络结构不具备基本形式,一般由网络的一些核心节点协调整个网络的资源、创新和信息。

全球网络结构有以下几个特征:①

1. 具有动态特征

全球网络结构是一种不稳定的、非标准化的组织,不具有固定的结构与模式。为了对市场需求作出更快的反应,各个节点可以根据市场机会的需要,迅速进行有效的组织设计,组织各种资源,建立起以团队为基本单位的局部网络。这种局部网络可以根据目标市场的扩大而扩大。当需求消失时,该局部网络也将解散,各种资源会被重新投入到其他局部网络中去。

2. 富有弹性且边界模糊

按照现代组织理论的观点,所有组织都是社会网络的重要方面,而一个组织的环境正是其他组织的网络,网络组织作为社会组织的一个基本结构,应该是"嵌入"到整个社会系统中的。因此,作为一个开放的系统,网络组织的边界超越了一般组织的边界,具有丰富的弹性和模糊性,从而有可能形成一种为了达到特定目标或项目构成的超组织模式。在这一组织中,既可以包括国际企业内部的任何组织或个人,也可以包括国际企业以外的任何组织或个人,甚至大到可以包括整个市场,涉及供应商、客户、竞争者甚至传媒机构。

---

① 参见薛求知、刘子馨主编:《国际商务管理》,复旦大学出版社 2002 年版,第 330—331 页。

3. 追求无障碍沟通

在网络成员间迅速而彻底地分享信息是网络组织追求的重要组织目标之一。特别是在国际企业中,由于距离、语言、文化和时间的阻隔,往往会使信息流发生扭曲。但是,当国际企业从单一、无力的僵硬结构变为有生气、多元化的网络时,传统的跨单位等级连接便不再是沟通的主要途径。相反,不同层次、不同职能的节点间具有的无障碍沟通能力得到了加强。

4. 是一种超组织学习模式

由于各节点具有动态性、互补性,而且作为一个组织系统,各节点企业与局部网络又具有自相似、自组织、自学习与动态演进特征,因此易于形成相似而又不同于整个系统的知识基础。这种知识基础多半又是与组织融为一体的。尤其是那些特殊的专业知识或管理诀窍,很难具体化,转移困难且无法通过市场交易获得。网络体系的形成,增进了企业间的互动与了解,有助于知识的学习与分享,提高了企业的知识水平与竞争能力。

5. 超越了传统官僚体制

在网络组织中,各节点企业或局部网络的主要职能已不再是传统科层体系中的一级执行者,而是具有企业家职能的学习创新者,以往单一的指挥和控制结构显然不能容纳企业家精神,而企业家精神又是动态环境中所必需的。当然,网络组织并不是简单地取代或补充等级体制,而是将在一个更广泛的概念中相互包含。

全球网络的基本结构框架是由三种因素构成的:分散的下属单位、专业化经营和相互依赖的联系。如上所述,全球网络结构利用灵活的全球子公司作为基本结构单位。分散的下属单位意味着管理层将子公司设立在世界范围内对公司有利的任何地方。有些子公司利用较低的要素成本(如较低的劳动力成本),而其他单位则提供有关新技术、新战略和消费者趋势的信息,所有的下属单位都试图利用世界范围内的管理和技术人才。相互依赖的联系是管理分散后专业化下属单位所必需的,各单位在其中共享源源不断的信息和资源。要做到这一点,全球网络通常要建立以最新技术为基础的全球通信系统。

菲利普公司是全球网络的一个典型例证,其网络结构(亚洲区与欧洲区)如图 5-8 所示。该公司总部位于荷兰,在 60 多个国家和地区开展业务。在菲利普公司遍及全球的业务单位中,有些是大型公司,有些则仅仅是一个小型的业务代办处,或仅仅是总公司的研究与发展或市场营销部门的一个下属分部,例如 8 个设立在 6 个国家的研究实验室。一些国家的子公司可能受菲利普公司总部的集中化控制,而另一些子公司可能具有较大的自主权。菲利普公司正是借助这种网络化的全球结构,控制与指挥其在世界各地的分公司与合作伙伴的经营,运作情况良好,效果显著。

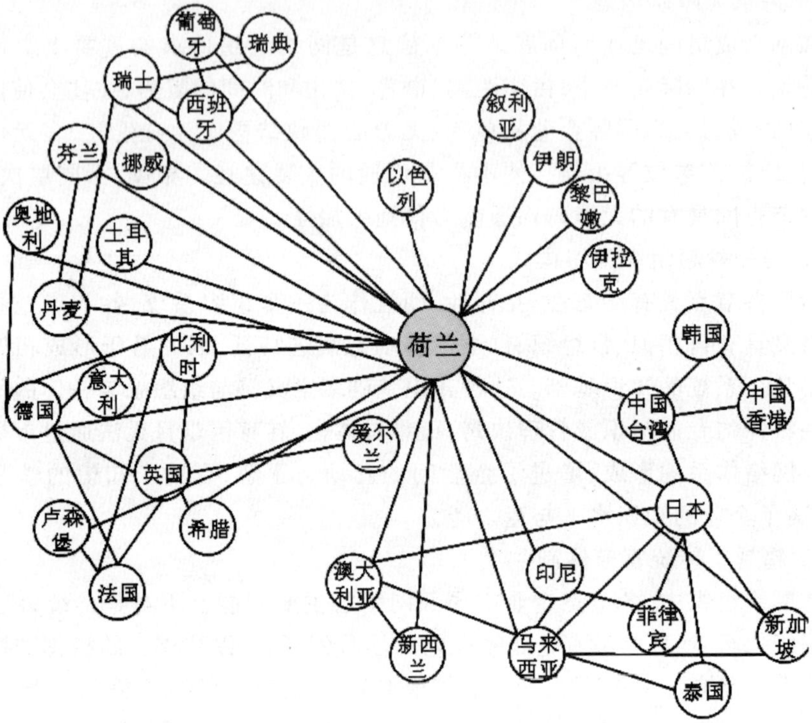

图 5-8 菲利普公司的网络结构(亚洲区与欧洲区)

二、国际企业组织结构的新发展

随着环境的不断变化,国际企业的组织结构也在发展。近年来,出现了一些新型的组织结构,如控股公司结构、国际网络结构、虚拟企业结构和无边界企业结构等。

(一)控股公司结构

控股公司结构(Holding Structure)是由国际核心控股公司、若干个法律上和组织上独立的子公司组成的组织结构。国际核心控股公司为该组织结构的战略领导核心,各子公司则独立处理各自的经营业务活动。子公司可以是国际企业原有的国外子公司,也可以是国际企业后来并购的国外企业。控股公司结构如图 5-9 所示。

核心控股公司通过参股、吸收子公司管理人员参与高层管理机构、签订合同以及企业文化和有效沟通等方式协调和控制与子公司之间的关系。控股结构包括两种主要形式:财务控股和管理控股,前者主要限于对子公司的财务资金的管理;后者则承担核心控股公司总的战略管理任务,具体经营任务仍由各子公司独立实施完成。

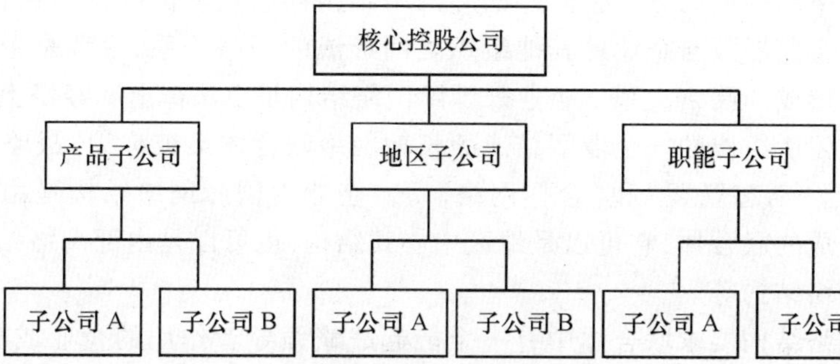

图5-9　控股公司结构

与传统的组织结构相比,控股公司结构的优点主要有:

第一,协调国际企业内部的工作量和难度大大降低。国际企业的地区化经营和产品多样化生产会导致协调量和协调难度的增加,而采用控股结构后,核心控股公司和子公司的合作和协调关系变得简单明了。

第二,使国际企业具有高度的灵活性,子公司具有高度的自主权,决策速度大大提高。

第三,便于企业实现快速扩张。企业可以通过并购、参股新的国外公司实现快速扩张。

第四,便于发挥优势,实施企业总体战略。当代国际企业采用控股结构的最主要原因在于实施企业国际发展战略。控股结构可以使各子公司的核心业务领域结合成一个整体,使子公司多样化的经营优势与企业的总体发展战略相结合。

第五,能够节约管理费用。由于企业的管理宽度大,核心控股公司不需要直接参与子公司的经营管理活动,从而能够减少国际企业的管理费用支出。此外,该结构还能通过年度财务报表等形式增加母子公司之间关系的透明度,并使企业享受一些国家税率方面的优惠待遇等。

控股公司结构的局限性在于:

第一,子公司之间缺少正式的沟通和协调机制,导致子公司之间协调的困难。

第二,存在着子公司完全独立化的风险。

第三,当子公司与母公司的利益发生矛盾或冲突时,会限制企业总体战略的有效实施。

第四,控股公司核心管理层的确定、企业文化建设等容易遇到较大的困难。

(二)国际网络结构

随着经济全球化的发展和国际互联网在国际商务活动中的广泛使用,国际企业特别是拥有众多子公司和股东的大企业的结构呈现出网络化发展的趋势。

国际网络结构可以分为企业外国际网络结构和企业内国际网络结构两种，前者是跨越企业界限与企业外其他组织之间形成的网络关系，后者是企业内部各部门之间形成的网络关系。企业外国际网络结构是由法律上和经济上独立的不同企业结盟所组成的。企业间结成的长期网络联合体又被称为“战略联盟”、“战略网络”、“动态联盟”和“合作网络”等。企业内国际网络结构是由企业内部各部门组成的联合体，它可以是地区中心式结构，也可以是内部网络结构或内部一体化网络结构等。

国际网络结构要求联合体中有一个能起战略领导者作用的企业或分部，即核心企业或分部，它扮演的应是网络管理员的角色，目的是保证网络正常、高效地运行。

国际网络结构的优点是有利于解决全球化与分权化、地区化与多样化的矛盾，因为它能够把大企业与小企业各自的优势有机地结合起来。其局限性主要是协调难度较大。

(三) 虚拟企业结构

虚拟企业是依托不同独立企业的核心能力，按价值链建立起来的松散型一体化联合体。虚拟企业的主要特点：一是虚拟企业的成员可以共享对方的核心能力，相互支持，相互补充；二是虚拟企业掌握现代信息和通信技术，通过网络连接实现合作；三是虚拟企业不必设立职能部门和专门的协调机构，而是以程序为导向，根据企业的合作发展进程，对组织结构进行调整；四是虚拟企业以顾客为导向，根据顾客的消费需求，组建相应的虚拟联合体。

虚拟企业结构的优点：一是表现出高度的适应性和灵活性；二是能够更迅速地开拓和进入新的市场；三是可以节省设立组织机构和协调机构的费用以及管理费用。

虚拟企业结构的主要局限性：一是难以形成和实施企业总的发展战略；二是难以形成企业总的价值观，难以进行企业文化建设；三是存在着企业核心技术扩散，以及企业成员单方面获取和利用其他合作伙伴的核心技术而设法保护自己的核心技术的风险。

(四) 无边界企业结构

无边界企业又称“无缝组织”(Seamless Organization)，它是建立在打破组织内外部边界基础上的一种松散合作型组织结构。与母子公司之间、各子公司之间、公司与客户之间的正式规范联系为特征的传统组织结构不同，无边界企业致力于淡化和消除企业边界的限制。该类组织结构以团队为基本单位，企业内部部门之间和员工之间的团队合作方式得到肯定和发展。这种团队还跨越企业本身的界限，与企业外部的其他团队组成联合体。虽然无边界企业联合体的成员会不断发生变化，但是整个团队的目标可以得到保持和发展。

无边界企业结构的优点：一是具有极大的灵活性，可以更好地适应企业国际业务多样化发展的需要；二是可以利用企业外不同团队各自的优势，加快新产品研发和开拓市场的速度；三是可以通过加强企业内外部人际沟通和交往，促进劳动效率的提高；四是可以减少管理层次，降低管理成本。

无边界企业结构的局限性主要是目前还缺乏有效的跨企业的团队管理方法。这种组织结构通常更适合于以产品和市场为导向的企业，而难以形成企业的全球战略，难以实行全球化、一体化经营。

三、国际企业组织结构的选择

随着国际经济、技术、政治的变迁，日益复杂的经营环境要求国际企业在战略和组织结构上作出相应的调整。这种调整需要面临各种矛盾，例如集权与分权的矛盾、大与小的矛盾、全球化与本地化的矛盾等。不同的企业会有各自具体的情况，因此组织结构的设计与选择本身没有一个放之四海而皆准的模式。但是，国际企业可以对组织结构选择的一些相关因素与主要原则进行了解，以便作出更有效的决策。

（一）影响企业组织结构选择的因素

影响企业组织结构选择的因素比较多，大体上可分为两类：一类是企业外部的环境因素，另一类是企业本身的因素。[①]

1. 外部的环境因素

国际企业选择和设计某种组织结构，需要考虑的外部环境因素包括东道国的文化环境、东道国的政策和法律规定以及竞争者的行动等。

（1）东道国的文化环境

环境对组织机构的影响是显而易见的。应该注意的是，东道国的文化环境对国际企业的组织结构选择有十分重要的影响。由于文化的差异，人们对组织的理解、在组织中的生活方式、对组织权利分配的态度以及对组织内部人际关系的看法都是有差异的。在权利距离高的国家，如印度、土耳其、印度尼西亚等，高耸的组织结构比较容易被人接受；而在权利距离较小的国际，扁平的结构更易于进行有效的运作。在集体主义价值观占统治地位的国家，组织选择考虑较多的是人际关系的协调；在个人主义占统治地位的国家，任务的明确性与责任的清晰性是组织选择过程中强调的因素。

（2）东道国的政策和法律规定

如果东道国对外资持欢迎态度，对外资的管理较为宽松，那么国际企业可以

① 参见张海东编著：《国际商务管理》，上海财经大学出版社 2005 年版，第 191—193 页。

完全从自己的需要出发,选择合适的组织结构,而不必过多考虑东道国的特点。如果东道国出于自身利益的需要,制定了严格的法律法规以限制企业的经营活动,那么这些法律法规会影响企业组织结构选择的灵活性。例如,东道国政府坚持使用合资企业形式,有可能使以职能为中心进行管理的企业不得不放弃这种组织结构。另一方面,地区一体化将促使地区内的企业采用地区型管理结构。例如,欧盟内的企业往往选择以地区为中心的组织结构。如果东道国的法律法规与母国较为相似,那么企业可选择全球性职能结构。

(3) 竞争者的行动

同一行业内其他企业的行动也会对国际企业的组织结构选择产生影响。如果一个主要竞争者纵向地使其全球性经营一体化,从而加强其竞争优势,那么有可能促使别的企业效仿采用这种结构。例如,福特汽车公司成功地在世界范围内使其生产一体化,通用汽车公司和一些欧洲汽车公司也纷纷效仿。同样,如果一个企业由于采用职能结构而获得优势,那么也会刺激其他企业试图在市场营销、财务管理等职能领域提高效率,以获得成功。

2. 企业本身的因素

影响企业组织结构选择的因素有很多,解决问题没有一个具体的标准。成功的经验表明,组织结构没有优劣之分,每种结构都有其特定的适用条件。最重要的是,企业要善于根据自己的特点和条件,选择适合自己的组织结构。

(1) 国际化经营在企业业务中的地位

在选择组织结构时,企业首先要分析的是国际化经营在当前和今后3—5年内在企业业务中的地位。如果企业目前的海外业务在全部业务中的比例较小,那么设立一个出口部就能够完全适应当前的业务需要。但是,如果企业预计国际化经营在今后5年中将有较大发展,海外业务将占到企业全部业务的较大比重,那么企业就应考虑采取国际部或某种全球性结构。如果不进行这种转变,那么企业将难以处理预期的业务快速增长。

(2) 企业以往从事国际商务的历史和经验

如果企业从事国际商务的历史不长,缺乏足够的经验,那么应选择便于理解和控制的简单的组织结构。反之,如果企业已在海外经营多年,其管理人员具有在复杂组织结构中工作的经验,那么应根据企业经营的需要,采取复杂的混合结构或矩阵结构。

(3) 企业的业务性质和产品策略

企业的业务性质和产品策略对组织结构选择的影响很大。对于产品单一、市场集中、消费需求接近的企业来说,全球性职能机构是一种行之有效的组织形式;对于产品系列繁多、技术复杂、维修和售后服务要求比较高的企业,全球性产品结构是最好的选择;对于产品种类有限、产品高度标准化、市场分散的企业来说,采用全球性地区结构将会更为有利。

(4) 企业的管理风格

不同的管理风格会影响企业组织结构的选择。倾向于集中管理、对国际经营保持严密控制的企业可能会采用国际部结构或全球性职能机构;而倾向于分权管理、各个子公司拥有较多自主权的企业则可能采用全球性产品结构或全球性地区结构。富有冒险精神、愿意承担风险的管理者偏爱灵活的、多变的组织结构,如全球性矩阵结构;而保守、稳健的管理者则倾向于相对稳定的组织结构,如传统的国际部结构、全球性产品结构或全球性地区结构。另一方面,企业对外国人的态度也影响着组织结构的选择。重视东道国人员的管理思想将会使企业采取松散联系的控股形式,而对各国人员一视同仁的管理思想则要求采用全球性结构。

(5) 企业的管理能力

企业拥有的管理人员的数量和质量也决定着企业对组织结构的选择。一般来说,企业的组织结构越复杂,要求管理人员的数量越多且质量越高。因此,如果企业拥有一大批高素质的管理人员,就有能力选择全球性结构;如果企业的管理人员数量少,质量又不高,则只能选择相对简单的母子公司结构;如果管理人员数量少,但素质高,则可采用全球性职能结构。

(6) 企业适应组织变化的能力

企业在其国际化经营不断发展的过程中,必须不断地调整其结构以适应战略发展的需要。例如,当企业规模还比较小时,国内部门居于主导地位。随着国际化经营的增加,国内部门的经理将不得不放弃一些权力,他们对企业整体经营的影响力也会下降。但是,如果他们不愿意放弃手中的权力,企业组织结构的调整就会受到影响。因此,应当增强企业组织结构的灵活性,以保证其具有足够的调整能力。

(7) 企业规模

企业规模的大小对企业组织结构的选择有着十分明显的影响。大型企业的组织结构要比中小型企业的组织结构复杂得多。这主要是因为大型企业较中小型企业具有更细的横向或纵向的专业化分工,信息传输、收集和整理也比较复杂。一般来说,组织结构与规模呈正相关关系。但是,当边际相关度递减,即规模达到一定程度以后,对组织结构的影响程度就开始减弱。国际企业的规模较大,其组织结构相应地也比较复杂。随着计算机技术的发展和网络时代的到来,组织结构设计的规模因素将可能不仅仅是实体规模,而且还包括虚拟规模。虚拟规模会比实体规模对组织结构设计产生更大的影响。虚拟规模与组织结构设计之间的关系将越来越受到重视。

(二) 国际企业组织结构设计的主要原则

在企业国际化发展的今天,市场经营环境极不稳定,企业内部关系非常复杂,文化背景差异到处存在,技术变革前景难以预测。所以,有效的国际企业组织结构设计必须考虑更加复杂的影响变量,并根据这些影响变量确定组织结构设计的崭新原则。以下几种原则是国际企业组织结构设计过程中需要特别予以考虑的:

1. 结构紧跟战略原则

结构紧跟战略理论由美国学者钱德勒(Chandler)提出,他认为一个企业通过地区多样化或增加产品线和产品的最终用途扩大其业务时,其组织必须从集中的职能形式变成一个分散的业务部制结构,以增强其有效性。该理论在国内企业和国际企业组织结构变化中得到了充分验证。

2. 有效控制原则

组织结构包括正规结构和非正规结构两个方面。正规结构是明文规定的组织成员和单位之间的正式关系。非正规结构则由工作群体内的非正式关系所产生。正规结构和非正规结构通常混杂在一起,难以区分。正规结构依赖组织内的正规权利关系以及对不同工作群体的直接监督,遵从三方面的原则:

(1) 统一指挥,即每个部属只有一个监督人;

(2) 等级链,即组织内从上到下只有一条直接指挥线;

(3) 控制范围,即限定对一个监督人进行有效报告的从属人员的数量。

3. 精干高效原则

国际企业经过多年的经营,往往规模巨大、层级分明。作为高层管理者,需要从宏观上把握企业的重大决策,使之向正确的方向发展;而对基层管理者来说,每一种工作都应该是清晰的,因此管理人员应有明确的责任以及相应的最大限度的自由管理的权力。这就要求在保证满足企业完成经营管理任务需要的前提下,使企业规模和管理人员数目保持精干高效。高效就是要根据本企业的特点,选择管理效率最高、经济效益最大的组织形式。如果机构臃肿庞杂,不仅会浪费管理费用,还会造成职责不清、决策迟钝。同时,如果不结合本企业的特点,而是盲目照搬其他企业的组织形式,也不能保证管理效率和企业的经济效益。

4. 全球化与本地化平衡的原则

全球化与本地化是影响国际企业组织结构设计的两个非常重要的变量。如何平衡全球化与本地化,是国际企业在组织结构设计中必须考虑的问题,也是最具有挑战性的任务。为了在全球市场上获得竞争优势,追求经营规模,并具有对市场变化作出快速反应的能力,国际企业必须强化其在全球范围内的控制与协调能力，以实现最佳的资源配置。经济全球化要求国际企业必须具有全球视野，发展战略必须体现国际化经营特点。同时，每个地区市场的波动及变化同样会影响国际企业在全球范围内的业务运作。本地化要求国际企业考虑不同地区的差异性，并按照这种差异性制定与实施企业国际化经营战略的具体措施。

因此，在组织结构设计过程中，国际企业必须兼顾本地化与全球化的要求，其选择一方面必须能以全球范围内利润最大化为目标，进行生产的专业化分工，追求规模经济，在全球范围内与企业内各实体共享管理、技术、知识和信息资源；另一方面又必须在其经营的市场上实现当地化，根据不同市场的特点开发、生产和销售产品，利用当地优秀的管理技术人才，并与当地政府部门打交道。

5. 文化适应性原则

国际企业在进行组织结构设计时，还必须考虑文化因素。由于文化的差异性，人们对组织的理解、在组织中的活动方式、对组织权力分配的态度以及对组织内部人际关系的看法等都具有差异性。例如，在权力距离长的国家，窄幅度、多层级的组织结构更能被员工接受；而在权力距离短的国家，宽幅度、少层级的组织结构更能有效运作。在不确定性规避程度高的国家，决策的高度集中是风险管理的有效形式；而在不确定性规避程度低的国家，决策分散化则会成为鼓励员工冒险精神与创造性的激励因素。在集体主义价值观占统治地位的国家，组织设计常常考虑更多的是人际关系的协调；而在个人主义占统治地位的国家，任务的明确性与责任的清晰性是组织设计所强调的重要因素。所以，对国际企业来说，在规划整体组织设计方案时，必须考虑下属于公司所在国家的文化特征，并在组织结构设计过程中体现这种文化的多样性。

第二节　国际企业的组织控制

随着经济全球化的发展，国际企业海外子公司的战略地位日趋重要。这不仅表现在海外子公司在销售与利润等方面的经济贡献，还表现在子公司对总部未来全球竞争优势的建立与维持将发挥重要的作用。因此，国际企业越来越需要跨越国界，对海外子公司的目标、战略等各种行为进行协调，以保证全球战略目标的实现。

一、国际企业的控制模式

国际环境和全球竞争的变化不仅导致了国际企业战略和结构的变化，而且导致了国际企业控制和协调机制的变化。国际企业一般具有完善的、正式的控制和协调机制。但是，由于国际环境的复杂性和不确定性，国际企业还必须采取许多非正式的控制机制。

(一) 国际企业控制机制的演进

马亭兹(Martinez)和伽瑞罗(Jarillo)于 1989 年对国际企业的控制机制进行了系统的总结,将控制机制分为两类:正式的、结构化的机制与非正式的、非结构化的机制,如表 5-1 所示。

表 5-1 马亭兹和伽瑞罗的控制机制分类

类型	主要形式	描述
正式机制	正式结构	通过分工和部门化形成的组织构架
	决策权配置	决策权在命令链不同层次上的分配
	规范化和标准化	组织文件系统中的政策、规则、程序等
	计划	类似战略计划、预算这样的系统和过程
	结果和行为控制	基于提交给管理层的文件、报告和记录的控制及对行为的直接监控
非正式机制	横向和跨部门的联系	不同部门管理者之间的直接接触、工作小组、委员会、团队等
	非正式沟通	不同部门管理者之间的非正式联系、管理者的参观访问、工作调动
	组织文化	通过使个人了解组织的行为方式、决策方式、目标和价值观而进行的同化过程

资料来源:葛京、杨莉、李武:《跨国企业集团管理》,机械工业出版社 2002 年版,第 145 页。

马亭兹和伽瑞罗认为,国际环境的变化影响行业的竞争形势,迫使企业改变其战略,适应新的竞争形势以获得生存和发展,而战略的变化推动了组织结构配置及相应的控制机制的演进,如表 5-2 所示。

表 5-2 控制机制的演进

时期	企业的组织类型	主要控制机制
时期 1: 20 世纪 20 年代—20 世纪 50 年代 多国时代	分散联邦式: 由高度自治的海外子公司组成的松散联邦,每一个子公司仅关注其当地市场	正式的控制机制: 国际部结构 直接的个人报告 很少依靠结果控制,而且主要是财务绩效 通过派遣总部人员实施行为控制
时期 2: 20 世纪 50 年代—20 世纪 80 年代 全球时代	集权中心式: 为公司提供竞争优势的价值活动(一般是上游活动,如产品设计或制造)集中在总部,或由总部严格控制	正式的控制机制: 国际部结构、全球产品或地区结构 总部对决策的高度集中 政策、规则和过程的高度规范化计划和预算系统的标准化

（续表）

时期	企业的组织类型	主要控制机制
时期 2：20 世纪 80 年代—跨国时代	整合网络式： 资产和能力分散到海外子公司，形成真正的资源分散但相互依赖的整合网络，同时每一个子公司被视为资源的发源地	正式的控制机制： 全球矩阵结构 决策集中化，增加了子公司的职能 高度的规范化 依靠战略计划 严密而复杂的结果控制 非正式的控制机制： 工作团队、工作小组、委员会和综合人员管理者之间沟通和联系的非正式渠道 通过组织目标和价值观的共享而建立强组织文化

资料来源：葛京、杨莉、李武：《跨国企业集团管理》，机械工业出版社 2002 年版，第 145—146 页。

（二）国际企业典型的组织控制模式

企业无论采取哪一种组织结构形式，在内部管理体制上都必将涉及如何处理总部与各个子公司之间的关系。按总部与各个子公司之间在集权与分权程度上的不同，可将国际企业的组织控制模式划分为三种：母国中心组织控制模式、多元中心组织控制模式以及全球中心组织控制模式。①

1. 母国中心组织控制模式

母国中心组织控制模式是指母公司对海外子公司的管理采用集权式的管理体制。国际企业出现初期，一般都以母公司为主，对子公司进行管理。这是最传统的管理体制。它的基本思想是：以本民族为中心，视本民族为最优秀的民族，视别的民族为较差的民族。所以，企业去别处投资生产时，一切管理方式以母公司的制度为标准。在这种管理体制下，母公司是最高决策机构，也是唯一的利润中心，负责制定母公司和海外子公司的经营目标和战略规划，各个子公司的一切决策权力（包括生产权、人事权、销售权、资源调配权等）基本集中于母公司。各个子公司必须在母公司的统一控制下运作，服从母公司的整体利益，共同分担风险、分享利润，以使公司获得全球范围内最大的整体利益。为了加强对子公司的控制，母公司建立起完善的、复杂的组织，而要求子公司仅保持简单的组织形态；母公司大量向子公司输送控制标准，包括人事与业务标准等，要求子公司必须依此执行，而不考虑这些控制标准是否符合子公司的需要；母公司派遣母国人士担任海外子公司的各层主管，而不任用子公司所在国人才；母公司定期或不定期地检查、监督各海外子公司是否完全依照母公司的指令行事。

这种管理体制强调的是公司整体目标的一致性，以及在协作生产中节约资

① 参见张海东编著：《国际商务管理》，上海财经大学出版社 2005 年版，第 197—200 页。

源与提高效率。其好处是:能充分发挥母公司的中心调整功能,更优化地使用资源。但是,该体制不利于发挥子公司的自主性与积极性,较易激发与子公司的矛盾,且东道国往往不太欢迎此模式。

2. 多元中心组织控制模式

多元中心组织控制模式是指母公司对子公司的管理采用分权式的组织管理体制。如果说以母公司为中心的管理体制反映了母公司的意愿,那么多元中心的管理体制则是子公司要求的反映。在国际企业迅速发展的过程中,东道国一方面接受外来投资,另一方面也逐渐培养起民族意识。母公司在实施以母国为中心的管理体制时,东道国的公民会感到,母公司的做法不一定都符合子公司的需要,母公司的民族也不一定是世界上最优秀的民族。上述诸多因素经过多年的积累和发展,使国际企业的管理体制从集权和以本民族为中心转变为多元和多中心的管理体制。在这种管理体制下,母公司允许子公司根据自己所在国的具体情况,独立地确定经营目标和长期发展战略而不加以干涉。各个海外子公司都是独立的核算单位和利润中心,在产品设计、原材料采购、成本控制、生产和销售、市场开发等业务方面拥有自主的决策权。母公司除了负责制定总体战略、发展规划和高层管理人员的任免之外,其余绝大部分的经营权都下放到各个子公司。在这种管理体制中,子公司的组织随着权力的增大而逐渐完善,各个子公司组织的复杂程度并不统一;子公司依当地情况建立起各种控制标准,而不是僵化地沿用母公司的标准;母公司较少向子公司输送命令和信息;海外子公司起用当地人士担任子公司的要职。

这种管理体制强调的是管理的灵活性和适应性。其优点是:能充分发挥各个子公司的积极性和责任感,且易受到东道国的欢迎。其不足之处是:母公司难以统一调配资源;各个子公司除了自谋发展外,完全失去了利用公司内部网络发展的机会,局限性很大。

3. 全球中心组织控制模式

全球中心组织控制模式是一种将集权管理和分权管理相结合的管理体制。由于集权和分权的管理体制都有不少的缺陷,越来越不能满足实际需要,因而把集权和分权两种管理体制结合在一起的新体制产生了。分权是为了更好地考虑世界各地的实际情况,集权则是为了公司的整体利益。这种管理体制吸取了集权和分权两种管理体制的优点。事关全局的重大决策权和管理权集中于母公司的管理机构。海外子公司可以在母公司的总体经营战略范围内,自行制定具体的实施计划,调配和使用资源,有较大的经营自主权。母公司对子公司的控制通过公司目标、战略规划、控制准则等进行。若子公司偏离了母公司的战略目标,违背了母公司的整体利益,则母公司随时可予以干涉、修正。

在这种管理体制中,母公司制定控制标准时,既充分考虑母公司的情况,也考虑到子公司的需要;母子公司间、各子公司间的信息交流增加,相互依赖性增强;任用最合适的人士担任母公司和子公司的要职,而不管其是母国、东道国还是第三国人士。

三种组织控制模式的比较如表 5-3 所示。

表 5-3　三种组织控制模式的比较

组织控制内容	母国中心	多元中心	全球中心
组织的复杂性	母公司组织复杂,海外子公司组织简单	海外子公司各自为政,复杂程度不一	组织逐渐复杂,并增加相互依赖性
决策的权力	高度集中于母公司	母公司拥有的决策权较少	母公司和各海外子公司通力合作,视需要授权于各海外子公司
评估与控制	母公司的标准用于海外子公司的人事、组织管理工作	子公司依当地情况自定	寻求既能在世界各地通用又能考虑地区性的标准
信息沟通	由母公司大量向海外子公司输送信息、指令	来自母公司的信息少,各海外子公司间也较少有信息沟通	整个公司内有横向和纵向的信息沟通
资源配置	由母公司决定	海外子公司独立配置,各子公司间较少共享资源	资源配置由母公司和海外子公司沟通决定
报酬与奖惩	按母公司的标准	视当地情况制定	视完成当地及全球性目标与否而定
人员的招聘与任用	海外子公司的要职均由母公司人士担任	任用当地人士担任海外子公司的要职	在全球范围内招聘合适的人士担任母公司和子公司的要职
经营战略的制定	自上而下地制定	自下而上地制定	母公司和子公司协商制定

资料来源:张海东编著:《国际商务管理》,上海财经大学出版社 2005 年版,第 219 页。

二、国际企业组织控制模式选择

不同的国家有不同的民族文化和价值观,并且其国际企业也有自身特殊的发展历史背景,从而导致各国国际企业使用的控制机制的重点有所不同。日本、美国和欧洲的国际企业具有全球性的影响力,其组织控制模式也各具特色。这里对它们的组织控制模式进行比较,最后对影响组织控制模式的主要因素进行分析。

(一)不同国家国际企业的组织控制模式

日本、美国和欧洲企业的组织控制模式具有各自的特点,例如日本的集权控制、美国的规范化控制和欧洲的同化控制。这些模式在给国际企业带来有效控制的同时,也存在不足之处。[①]

1. 日本国际企业传统的组织控制模式

日本的文化背景和价值观,使日本企业非常适合选择由总部集权和协调的管理模式。由于日本文化重视协调、共识和控制,日本企业一般都采用总部控制的组织结构,子公司通常只扮演企业总部政策执行者的角色。

在大多数日本企业中,协调是通过上下达成共识的决策制定过程形成的,一般需要大量的沟通。但是,这种方式很难转移到国外,因为非日本籍的管理者缺乏沟通所必需的语言能力和文化背景。日本的国际企业一般首先是扩展到相邻的、欠开发的亚洲市场,母公司的管理者在那里比较容易直接管理海外子公司。由于这些原因,许多日本国际企业开发了依赖于总部管理层直接行动和干涉的控制方式,即通过集权化进行控制。

例如,松下公司一向将资产和技能集中于公司总部。即使是最大和最成熟的子公司,如它在美国设立的子公司,也与总部保持着紧密的联系,并强烈地依赖于总部。直到20世纪80年代,松下公司仍然通过一个集权化的过程管理其日益复杂的协调工作。在组织上,松下公司在总部和海外子公司之间建立了多重联系,子公司的总经理、财务经理和技术主管一般都是由总部派遣的。尽管海外子公司不断发展,但是总部通过七百多位外派经理和技术人员组成的网络,仍然可以保持对子公司的严密控制。这些外派人员不仅将总部的决策带到子公司中,而且将当地环境的信息不断反馈给总部,使总部可以及时响应当地的需求。通过这种母子公司的联系,虽然海外子公司日趋大型化和复杂化,但是松下公司仍然保持着强有力的集权化控制。

集权化控制相对比较容易建立和操作。通过利用总部业已建立起来的组织和管理资源,这种方式加快了决策的进程,并避免了职权过于分散而导致的总部和子公司之间的斗争。不过,集权控制的成本很高。随着海外子公司经营规模的扩大和经营多样化程度的提高,总部管理者可能会在信息、指导、支持和决策的要求上感到困难。为了作出适当的响应,总部管理者会强化其资源、能力和知识基础,因此要扩大中央决策单位的规模和行政权限。但是,可能是因为信息的过载,或者是因为总部在及时响应子公司的需求上无能为力,这一体系最终会达到其极限。

过载的集权控制方式会影响决策的质量,海外业务环境越是呈多样化和复杂化,总部的管理者就越是难以响应当地的要求。集权方式不但反映而且强化了海外子公司和总部之间的依赖关系,它会导致组织内的紧张和不满。例如,如果子公司的业务日趋成熟,其当地经验和能力也逐渐发展起来,子公司经理会认

---

① 参见葛京、杨莉、李武:《跨国企业集团管理》,机械工业出版社2002年版,第141—144页。

为在一些问题上自己更有发言权,从而对于必须听命于总部感到不满。

2. 美国国际企业传统的组织控制模式

大多数美国企业在进行国际化扩展时,正值分部式结构成为主流组织形式时期。在这一背景下,更为成熟的管理系统的出现,使企业有可能在更大程度上对中下层管理者授权,同时使高层管理者保持对公司经营活动的控制。因此,美国企业的控制机制总体上以正式的系统、政策和标准为基础,即通过规范化进行控制。

规范化是一种可以降低集权所带来的相对较高的操作成本的方法。它不是将权力从子公司转移到总部,而是试图同时减少总部和子公司的权力。通过使决策取决于一套非人格化的政策,规范化使权力独立于总部或子公司的利益和动机,因而在一定程度上排除了两者所起的作用。决策的程序化带来了经营效率的提高,也成为这种控制方式的标志。

不过,这种控制方式也是有成本的。首先,建立体系、政策和规则需要固定费用。其次,如果企业面临复杂而动态的工作,需要非常规性的决策,而企业又试图套用例行化的决策体系,就会出现额外的成本。此外,如果系统的实施和控制过于复杂,并且需要花费大量的时间,就会丧失规范化潜在的低操作成本优势。

宝洁公司(P&G)是规范化控制的典型范例。该公司在"二战"后几十年的海外扩展中一直奉行副总裁林戈的管理哲学。林戈认为:"在其他国家经营获得成功的最好的途径,就是在每一个国家尽可能地建立美国 P&G 组织的复制品。我们确信,使我们公司在美国获得成功的政策和程序,同样会使海外子公司获得成功。"尽管在宝洁公司中,子公司的经理有权对产品进行调整以适应当地的特殊偏好,但是标准化的政策和组织结构都要求他们在营销上遵从固有的"P&G 方式"。这种方式在宝洁公司向海外子公司转移总部高超的营销技巧上是卓有成效的,并且保证了各个子公司在不同国家市场上行为方式的一致性。然而,这种方式也带来了一系列的问题。其中,最明显的是在每一个国家的子公司建立与总部营销方式和管理能力一致的组织所需要的成本。由于林戈坚持海外子公司应该是母公司精确的复制品,到了 20 世纪 70 年代中期,每一个欧洲子公司的经常性开支比美国总公司要高 50% 以上。另外,很多宝洁公司的政策和实践并不适合于海外经营。20 世纪 50 年代和 60 年代在美国行之有效的方法往往会成为处理 70 年代和 80 年代复杂多变的欧洲环境问题的障碍。宝洁公司信息共享的政策仅仅建立在"有必要了解"的基础上,也使密切相关的海外子公司之间知识和经验的转移受到阻碍。

事实上,规范化的政策和体系的实施也有走向极端的危险。一些管理者认为,如果经营政策变成公司的教条,标准化的活动被奉为不可怀疑的真理,就会使人们的注意力从理解和响应顾客的需求和竞争压力转移到规范化的系统上来。在一个由严格的标准化和惯例化驱动的内部环境中,管理者的创造性也会受到抑制。

3. 欧洲国际企业传统的组织控制模式

欧洲企业是在一个全球通信速度缓慢且费用昂贵的年代向海外扩展的,它们不能够依赖于日本企业式的集权化控制,也没有开发出美国企业那种系统化的管理技能。很多欧洲企业在向海外扩展的早期,经常将子公司的管理委托给家族成员,子公司的经理一般和母公司的最高主管有某种程度的非正式关系,而且经常直接向其报告。总部在对子公司的管理上有赖于子公司的经理对公司目标的理解及个人之间的密切关系,所以企业主要的组织控制模式是依靠关键决策者的聘任、成长和文化渗透。这种模式可视为通过同化进行控制。

相对而言,同化的主要优势表现在:

(1) 克服了集权化总部过载和规范化缺乏柔性的问题。

(2) 提高了总部和子公司的影响,因而有助于全球资源和能力的开发和整合。

(3) 以共享的价值观和目标为基础,因而是一种更有效果且更加灵活的控制方法。

(4) 由具有共同目标并拥有相关知识的群体之间谈判所达成的决策,比通过上级权力或标准化的程序和政策所作出的决策要好得多,因而有助于提高决策质量。

联合利华公司是欧洲企业控制模式的典型代表。从国际化的早期开始,联合利华公司就通过选派海外管理者实施与母公司价值观和目标一致的知识转移和业务发展。公司的高层管理者主要依靠三种控制手段:投资控制、年度经营计划和人力计划过程,并将大量时间用在与人员有关的问题上。公司的基本观念是:人是使公司国际化经营形成整体的"黏合剂"。公司的招聘、考核、培训过程及终身雇佣政策构成了可以称之为"俱乐部"的内部环境。联合利华管理俱乐部的成员十分清楚公司的价值观和目标。正像任何一个优秀的俱乐部一样,它也具有某些显著的传统、明确的规范和特殊的风格。很多联合利华公司的管理者都认为他们可以很容易地在世界上的任何地方认出另一个俱乐部成员。

同化控制的主要缺点是其成本问题。一般认为,这是成本最高的控制模式。虽然通过在整个组织中将企业目标制度化,可以减轻高层管理者的决策负担,但是要保证管理者有共享的目标和价值观,有赖于大量的灌输和训练,需要在这方面进行巨额投资。另外,与集权化或规范化相比,同化控制使决策更加缓慢,管理过程也更为复杂,从而带来额外成本。

（二）影响国际企业组织控制模式选择的因素

与组织结构的选择一样，国际企业对组织控制模式的选择并无统一标准，要视各企业的具体情况而定，且受各种不同的因素影响。主要影响因素有以下几方面：

1. 民族文化

研究发现，海外子公司的决策制定在很大程度上受到民族文化的影响。例如，法国和德国子公司倾向于采用集权式的管理模式，高层管理者愿意保持对企业的高度控制。尤其是德国，企业中等级分明，最为重要的决策都由企业最高领导作出。美国企业倾向于采用高度集权式的决策制定方式管理其海外经营，在诸如营销策略、财务和生产决策等方面尤为如此。挪威、瑞典、丹麦等国家的企业及其海外子公司则实行高度的分权式管理，因为这些国家更重视的是生活的质量，而不是利润。日本企业采用高度集权管理和分权管理结合的管理体制。

2. 海外子公司的成长阶段

大多数国际企业的子公司都是作为相对独立的实体而发展起来的。在这一成长过程中，随着子公司发展起自己的资源和能力，对总公司及其他子公司的依赖性会逐渐下降。当子公司成长到一定程度，其规模和实力达到一定水平，往往就会有独立进行投资的能力。有些子公司甚至可以在研发上作出大量投资，相对独立于总公司进行技术创新。随着行业的成熟，总公司相对于子公司的技术优势也将逐渐消失。随着进一步发展，具备大量技术和管理能力的子公司还可以发展自己的海外投资和经营活动，从而在战略上具有更大的自主性。在子公司发展的不同阶段，总公司应该随着相互间能力、实力以及战略关系的变化调整控制模式。

3. 总公司和海外子公司的管理能力

在子公司的管理人员不足，又缺乏国际经营能力时，总公司往往采用母国中心组织控制模式；若子公司有足够数量的具有较高国际经营能力的管理人员，则可采用多元中心组织控制模式。通常的情况是，在不同的经营环境中所需要的管理技能并不相同，总公司往往很难具备在全球不同国家经营所必需的管理技能。因此，总公司也不可能对子公司进行完全的控制，而应恰当地让具备东道国知识和管理技能的子公司拥有一定的自主经营和决策权限，以发挥子公司的能动性，从而加强公司整体的竞争优势。

4. 产品特性和市场因素

对于产品品种单一、生产技术比较稳定、产品专业化水平高的企业，可采用母国中心管理；而对于产品多样化程度高、技术变化迅速、新产品多的企业，则应采用多元中心管理。如果企业产品的各个销售市场间差异较小，可采用母国中心管理；而如果市场差异性很大，竞争十分激烈，且市场规模足够大，则适宜采用多元中心管理。

5. 东道国政府的影响力

如果东道国政府对子公司的经营活动施加影响,例如对子公司的生产定位、技术转移、市场价格、产品范围等方面的决策进行限制,则国际企业的协调和控制将会趋于复杂。如果东道国政府想利用国际企业的子公司实现本国的经济和技术发展目标,并施加强有力的影响,则子公司将有可能在战略发展上受到影响。

6. 信息通信技术的应用

信息通信技术的快速发展让企业有了更强的信息处理、转移、共享和整合的能力,这对国际企业更具有深远的影响作用。例如,许多国际企业通过因特网等信息通信技术的应用,可以迅速地获得全球不同市场的动态信息,并对当地市场需求作出更为快速的反应。信息通信技术的应用可以让总公司和子公司之间的沟通与协调变得更加实时和有效,使得分权的灵活性和集权的统一性在一个更高的水平上得到整合。

需要指出的是,"集权"和"分权"是两个相对的概念。国际企业总是不断地在完全集权和完全分权的两端进行调整和平衡,恰如其分地掌握它们的程度和分寸是企业控制的关键所在。对于大多数国际企业来说,控制模式的选择总体上表现为一种集权和分权混合并存的状态。但是,在某些关键的内容上,例如经营决策权以及评估和控制,会表现出明显的集权或分权趋向。此外,企业的组织控制模式不是一成不变的,它随着企业的各项经营条件和外部环境的变化而变化。研究表明,20 世纪 90 年代以来,经济全球化趋势的不断加强,技术变革的加速,以及国际商务的日益深化和发展等因素,都在促进着国际企业在组织控制模式上趋向集权管理;同时,经济信息化和信息网络化的不断发展,也使国际企业更加具备了在世界范围内调控和管理庞大的全球性公司的能力。因此,很多国际企业开始放弃母国中心或多元中心组织控制模式,转而采用全球中心组织控制模式。一方面,可以通过合作,使母公司和子公司的经营目标充分实现,使双方的积极性得以释放;另一方面,这也照顾了母国和东道国的利益,缓解了国际性的经济矛盾和政治矛盾。

本章小结

国际企业为了实现自己的全球发展战略,必须设计和选择恰当的组织结构及全球控制模式。在国际企业不同的发展阶段,其组织结构也将随着内部和外部条件的变化而改变。从演变的历史看,国际企业组织出现了出口部结构、母子公司结构、国际部结构、全球性结构以及全球网络结构等形式。出口部结构一般是国际企业在发展初期所采取的组织结构形式。全球网络结构则是新经济和新竞争条件下国际企业采取的新型组织形式,它更能对当地作出反应、利用全球规模经济、寻找全球创新来源等,是一种国际化经营的全新解决方法。国际企业对这些组织结构的选择和应用是权变的,需要综合考虑企业的战略、控制和沟通的有效性、是否精干高效、全球化与本地化的平衡以及文化适应性等方面的因素。

国际企业的组织控制机制比较复杂,它不仅有正式的控制机制,而且有许多非正式的控制机制。按总部与各个子公司之间在集权与分权程度上的不同划分,国际企业有三种典型的组织控制模式:母国中心组织控制模式、多元中心组织控制模式以及全球中心组织控制模式。这些组织控制模式具有不同的优缺点和具体的适用性。在设计和选择具体的组织控制模式时,国际企业可以综合考虑民族文化、海外子公司的成长阶段、总公司和海外子公司的管理能力、产品特性和市场因素、东道国政府的影响力、信息通信技术的应用等方面的因素。

习题

1. 在不同的发展阶段,国际企业所适用的组织结构有什么特点?
2. 国际企业组织结构的设计和选择应考虑哪些因素?
3. 国际企业有哪些组织控制模式,它们的特点是什么?
4. 国际企业在选择具体的组织控制模式时,应考虑哪些因素?

案例

ABB 公司的组织管理

一、公司现状

ABB 公司位列《财富》世界 500 强企业之中,总部位于瑞士苏黎世,由两家有 100 多年历史的国际性企业——阿西亚公司(ASEA)和布朗勃法瑞公司(BBC Brown Boveri)合并而成。ABB 公司的业务遍布全球 100 多个国家,拥有 14.5 万名员工,2012 年销售收入约为 390 亿美元。

ABB 公司是全球电力和自动化技术领域的领导企业,致力于为工业和电力行业客户提供解决方案,帮助客户提高业绩,同时降低对环境的不良影响。ABB 公司发明、制造了众多产品和技术,其中包括全球第一套三相输电系统、世界上第一台自冷式变压器、高压直流输电技术和世界上第一台电动工业机器人,并率先将它们投入商业应用。ABB 公司拥有广泛的产品线,包括全系列电力变压器和配电变压器,高、中、低压开关柜产品,交流和直流输配电系统,电力自动化系统,各种测量设备和传感器,实时控制和优化系统,机器人软硬件和仿真系统,高效节能的电机和传动系统,电力质量、转换和同步系统,保护电力系统安全的熔断和开关设备。这些产品已广泛应用于工业、商业、电力和公共事业中。

ABB公司是一家较为典型的跨国集团公司,这首先表现在其董事会的组成上。董事会由9人组成,分别来自瑞士、瑞典、德国、美国、卢森堡等国,反映了不同国家的资本在ABB公司的参股情况。公司总经理兼首席执行官和副首席执行官参加董事会会议,但没有表决权。董事会下设管理执行委员会,由13位委员组成,主任由总经理担任。除了总经理和副首席执行官外,其他11位委员都是执行副总经理,各负责一部分工作。本案例主要探讨ABB公司在1988年合并而成之后采用的组织结构及其管理模式。

二、组织建设

1987年8月,欧洲电力设备业的两大巨子——瑞典的阿西亚公司和瑞士的布朗勃法瑞公司合并,组成ABB公司。阿西亚公司的首席执行官珀西·巴尼维克(Percy Bamevik)任ABB公司总裁和首席执行官。作为新公司负责人,巴尼维克发表了他对ABB公司所面临的经营环境的分析,宣布了新公司的战略方向——致力于电力行业,采取快速变革,以求更加面向客户和提高反应效率。他还介绍了新组织设计的详细内容,提出了公司的财务和发展目标、对电力行业的战略规划以及通过一系列兼并和联盟实现公司的全球战略。

宣布合并后一周,巴尼维克分别从每个公司挑选了5名经理,组成新的高层工作组。他把工作组又分成若干特别行动队,要求他们研究怎样才能将两个公司融为一体。由于ABB公司必须在1988年1月1日作为一个新合并的企业开始运营,巴尼维克希望动作要快。他尤其不愿意看到管理者由于"过分关注内部事务或者对前途感到飘忽不定"而影响企业的经营业绩。2个月后,工作组就新组织的主要特征达成共识——全新的矩阵结构,共有40个业务领域。一方面,它们被归入不同的业务分部。另一方面,ABB公司以国家为基础,通过当地的公司将它们整合在一起。

三、矩阵结构

1989年初,合并18个月后,巴尼维克决定将公司重点从整合新公司转变到提高效率上来。新的组织建立在两个原则上:(1) 下放权力的责任制;(2) 个人负责制。巴尼维克解释了这两个原则:对构造复杂的全球组织,唯一的方法就是尽可能地保持其简单化和地方化。说ABB公司复杂,这是指最高管理层。但是,在基层,也就是具体做事的地方,所有企业都要尽可能地像独立企业一样运转。管理者需要清楚界定的是职责、明确的责任以及最大限度的行动自由。

面对合并后形成的庞大组织,传统的事务部体制已经不可能适用了。巴内维克认为,ABB公司是一家"跨地区公司",应该"发挥核心科技和经济规模,但不损及当地的市场地位"。他根据上述组织原则,试图在国家公司的基础上构筑世界级的企业。结合当时国际企业广泛采用的组织管理模式,在具体实施中,巴尼维克和他的管理团队也选择了矩阵结构。机构刚一合并,这一组织方式就开始运转。ABB公司是一个国家公司的联盟,这些公司包括了管理一线经营的3500个利润中心。全球业务被归并为8大业务分部,继而又被细分为58个负责发展全球战略的业务领域。ABB公司矩阵结构如图5-10所示:

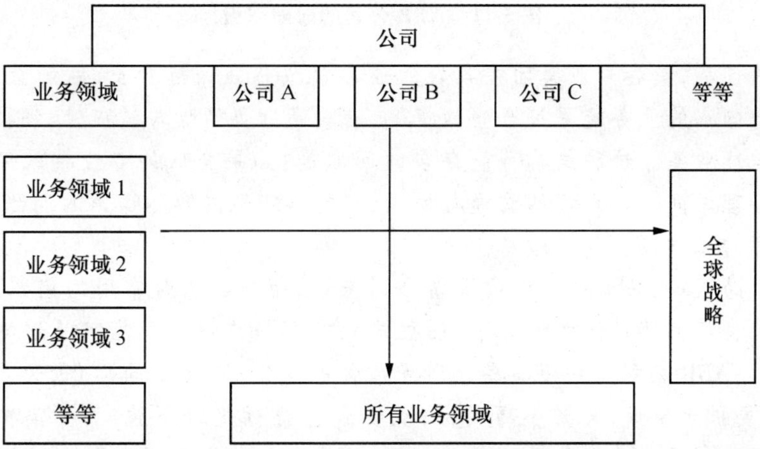

图5-10　ABB公司矩阵结构

图5-10粗略地勾勒了ABB公司矩阵结构的轮廓。ABB公司由1300多家独立经营的公司组成,每个公司都是独立的法人实体,在ABB公司所进入的140个国家落户。每个公司都有自己的总经理和董事会。这1300多家公司按地区进行管理。这样,每个公司的总经理主要抓一国之内的业务经营,并对下列事务负责:以顾客为中心的地区战略;地区经营状况与利润水平;个体利润中心的日常管理;在地区部门内发展个人资源;与当地政府、社区、工会和媒体的关系。

公司的另一维(图5-10的竖轴)反映的则是第二种归类形式,即按业务分为65个业务领域,各代表一种特定的全球产品市场。每个业务领域由一名业务领域经理负责,每位业务领域经理轮流向11名执行副总裁中负责特定业务分部(及相关业务领域的集合体)的一人汇报。这样,业务领域经理负责制定全球产品和技术战略,而地区经理则根据当地的特殊需要执行这些战略。图5-11"ABB公司的战略职责"对上述概念进行了图解。

这是一种二维的汇报矩阵:一维是地区职责,另一维是产品职责,要求每位经营经理有两名上司。这种结构的优点是:既保持了全球业务经理的专业化分

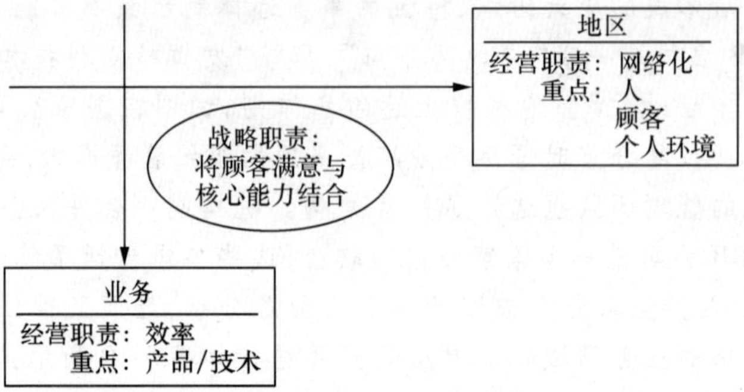

图 5-11 ABB 公司的战略职责

工带来的优势,使各专业集团在各自的业务领域充分保持专长,做好做强,又保证了各个国家的业务能更符合当地情况,有较高的灵活性与适应性,还能便利地调整其全球业务。这种结构可能存在的问题是:如果全球的专业技术经理与各国公司经理之间缺乏良好的沟通与协调,则有可能造成实际运作的混乱,使接受双重指挥的工作人员无所适从。

对于跨区域、多业务领域的大型公司来说,矩阵结构是常用的组织形式,在内部具有良好协调机制的情况下,往往能取得好效果。巴尼维克是这样看待矩阵结构的:ABB 公司是一个具备三种矛盾体的组织,即既要国际化,又要保持本地化;既要扩大规模,又要小巧灵活;既要大力推行权力下放,又要集中汇报控制。如果能解决这几对关系,就会在组织结构上具备优势。因此,公司以矩阵为框架组织活动,可以在全球范围内优化业务,并最大限度地提高每个国家的绩效。

四、细分公司

ABB 公司的矩阵结构从 1988 年延续至今。巴内维克"主政"时期从不说 ABB 公司是国际公司,而喜欢说它是"各国分公司联盟",目标是让各个公司为顾客排忧解难,然后将分公司开遍全球。这样,就打破了官僚主义桎梏,释放了每个公司的能量,"亚特兰大公司的高层就可以不受总部干扰,投放新产品,印度的工厂也可以自主改进生产方式"。

现在,ABB 公司在每一个国家都采取矩阵结构,将公司按区域和业务维度划分。这样做是为了既保证公司产品的本土化特点,又保证规模效应和技术的领先性。ABB 公司总部的职能部门的经理负责自行开发新产品,并负责市场开发与政府公关,而业务经理则负责在全球寻找项目。根据这样的结构,ABB 公司在全球范围内成立了 1300 多个合资公司,每个合资企业规模都很小。其中,有 1100 个合资公司的总经理在向地区经理汇报的同时,也向全球业务经理汇报。

另外，ABB公司拥有5000个独立自主的利润中心，每个利润中心平均约50人。巴内维克曾说，要不是法律手续烦琐，他真想把每个利润中心都变成公司组织，那样员工拥有自己公司的感觉会增强。ABB公司的基层员工能够以客户为导向，完善技术和销售、服务。这些利润中心都是按照模拟的独立法人公司经营的，它们有自己的损益表和资产负债表，直接服务于客户。这种由利润中心组成的国际企业的最大的好处是容易管理，而且利润中心更具灵活性。[①] 通过这样的管理，ABB公司仍然作为一个有整体战略的公司，成为世界电气巨人。

思考题

1. ABB公司采用矩阵结构的原因是什么？
2. ABB公司的组织管理有什么特点？
3. ABB公司如何对下属企业实施控制和激励？

① 参见李世东：《ABB：各国分公司联盟》，http://finance.ifeng.com/news/corporate/20100617/2318532.shtml，2010年6月17日访问。

第六章　国际企业的运营管理

教学目的和要求

1. 了解国际企业研发和技术转移的主要类型和模式
2. 掌握供应链管理对国际企业采购和运营策略的影响
3. 了解国际企业自制和外包以及生产地点的选择策略
4. 认识全球化和信息化对国际企业物流管理的影响

世界各国和地区越来越紧密的联系使国际企业认识到，将自身的所有权优势和海外的区位优势结合起来，通过内部化经营和管理，可以使企业利益达到最大化。在这一过程中，全球化和本土化的平衡、标准化和差异化的选择成为国际企业制定各项职能战略需要考虑的重要因素。运营管理作为企业的一项职能管理，包括对整个生产/服务系统进行设计、运作及改进，从而产生企业的主要产品或服务，其目的在于利用企业资源最大限度地支持企业的长期发展战略。本章主要从运营管理所包括的主要业务内容出发，对国际企业的研发、采购、生产和物流策略分别进行阐述。

第一节　国际企业的研发和技术转移

随着经济全球化的加快和科学技术的发展，创新日益成为经济增长的主导因素。企业为了在市场上获得持续的竞争优势，必须通过对知识和技术的投资，不断推出新产品和服务。但是，产品研发又是有风险的，大量的资源投入和高度的不确定性要求国际企业加强这方面的管理。

一、国际企业研发的趋势和动因

产品的研发是很多企业运营战略的起点。为了生产能够更加柔性化以及保证企业的盈利目标和长期发展，国际企业越来越重视研发策略。研发的国际化有助于企业拓展当地市场，同时也可以追踪和了解竞争对手的相关状况。国际企业为了取得竞争优势，占领世界市场，开始注重利用全球研发资源进行研发中心的重建和转移。①

随着国际企业参与国际化竞争的程度越来越高,它们在海外的技术投资力度也不断加强。国际企业海外研发分支机构的数量不断增加。20 世纪 80 年代,皮斯和辛格对当时《财富》世界 500 强企业的母公司及其海外分支机构的实验室进行调查,发现英国、德国、意大利、荷兰和瑞士的国际企业超过 50% 的实验室设在母国之外,位于加拿大、英国、意大利、荷兰和其他欧洲国家的实验室有超过 50% 属于外国企业。此外,国际企业投资与国外科研经费的比例增多。日本的国际企业过去的研发活动主要安排在国内进行。进入 21 世纪,日本企业的研发国际化步伐明显加快,国外的支出比例高达 60% 。② 总之,国际企业在其他国家设置的研发机构无论在数量上还是在研究项目的质量上都有了很大发展,各地研究机构的网络联系也日益紧密。

国际企业研发活动的兴起和发展有其固有的驱动因素,归纳起来有以下几个方面:

(一) 技术驱动的因素

技术驱动模式是指技术创新推动着新产品开发,产生了一系列新产品。世界各国和地区技术水平差异很大,在科学技术领域繁多的今天,没有哪个国家能够囊括世界所有领域的高新技术。因此,不同国家和地区在其具专长的技术领域往往具有丰富的知识积累、研究人才和技术设施。充分利用这些优势资源和网络,国际企业研发活动的效率就能大大提高。另外,研发能力的高低在一定程度上反映了企业国际竞争力的强弱。为了争夺研发人才,到国外建立研发机构是很多国际企业直接的选择。

国际企业将研发基地设置在拥有卓越技术发展能力的国家。这些研发基地可以作为跟踪新技术发展的前哨,还可以监测行业技术发展,了解竞争对手的技术动态,拓展和增强企业潜在的技术能力。对于这种现象,技术外包和监控是重要的原因。研发国际化的目的在于增大母公司的技术资产。这就是众多电子信息技术企业在美国硅谷建立研发基地,在波士顿周围建立制药研发单位群落的原因。

此外,国际企业到国外建立研发机构,将产品的设计目标锁定为全球市场,也能够加强产品在国内市场上的竞争力,加速产品革新的步伐。20 世纪 90 年代以来,随着网络和通信技术的发展以及全球信息高速公路的建立,信息技术和各种通信工具在企业经营中得到了广泛应用。这不仅仅是自然资源禀赋等客观

① See John H. Dunning, Location and the Multinational Enterprise: A Neglected Factor? Journal of International Business Studies, Vol. 29, No. 1, 1998.

② 参见许晖主编:《国际企业管理》,中国人民大学出版社 2011 年版,第 239 页。

条件对于企业生产经营活动的限制逐步削弱,还为研发国际化、网络化奠定了技术基础。

（二）需求驱动的因素

为了适应国际市场的复杂性和产品多样性,国际企业开始在全球范围内优化资源配置。以往仅在母国进行研发的模式逐渐改变,越来越多的国际企业开始直接在东道国建立研发机构。伴随着市场和顾客偏好的不断变化,国际企业只有做好产品的本土化发展策略,才能更好地满足当地市场需求。为了支持产品在当地市场的竞争,通过在东道国建立研发机构吸收和利用母公司的技术,再根据当地市场的特点对技术和产品进行相应调整,可以有效地支持国际企业的本土化生产和营销。

长期以来,国际企业往往仅将其价值链的低附加值环节放在发展中国家,而将研发等高附加值环节保留在发达国家。但是,随着一些新兴发展中国家的兴起,发达国家的国际企业开始关注这些国家的潜在市场,再加上发展中国家的研究人员工资较低,能大大降低研发成本,所以国际企业纷纷在有条件的发展中国家建立研发机构,扩大其国际研发的范围。为了弥补自身的战略缺口,国际企业开始寻求研发短缺资源。随着研发的升级,为规避经营风险,充分利用东道国丰富的技术和人力资源也是国际企业研发国际化要考虑的因素。[①]

（三）有效地利用东道国的优惠政策或者克服国外政府的限制措施

很多发展中国家为了吸引国外的科技资源进入,促进外国企业在本国的技术转移,制定了相应的政策措施,比如改善国内投资环境,提供税收优惠、补贴等,鼓励国际企业设立研发机构。当然,也有一些国家利用强制性的政策,迫使国际企业进行技术投资。所以,国际企业研发策略的选择还必须考虑东道国的态度。

此外,随着经济全球化的发展和国际竞争的深化,国际企业所面临的外部环境因素发生了很多变化,对其研发活动也产生了影响。国际企业在海外子公司建立研发机构的使命:一是解决工艺和设备的当地化;二是研究当地市场,把公司本部开发的产品当地化。国际企业之间通过战略联盟、强强联合、兼并收购、参股控股等方式,可以减少研发活动中的专利摩擦和成本支出。此外,还可以通过集中优势技术资源和产业成本、共享信息等手段,提高团队竞争力,减少恶性竞争和资源浪费,联手击败共同竞争者,占据市场垄断地位。

二、国际企业研发体系的构建

国际企业总部的研发机构和在海外设立的研发机构构成了一个总的国际研

① 参见梁秀伶、王虹主编:《跨国公司管理》,清华大学出版社 2010 年版,第 198—200 页。

发体系。如何对这一体系进行合理建设,需要国际企业从两个方面考虑:一是研发机构设在哪里及数量多少,二是各个研发机构之间如何协调。国际企业以往都强调研发活动的统一和集中,即将研发活动集中在某个具有优势的地方以带来经济性好处,而且可以集中力量开展多层次、多方面的研发活动,避免在不同国家出现重复的研发活动。但是,分散化的研发活动也有很多好处,国际研发活动兴起和发展的驱动因素就体现了这些好处。

决定国际企业在某个国家建立研发机构的因素有很多,大致包括:企业在当地出现有重要战略意义;竞争者在当地的研发水平高;政府对该产业高度认同;该国市场产品消费量大,有很大的增长潜力;该国教育体系良好,科学家云集,高水平技术人才多;该国专利保护法规健全;该国对新产品开发有支持性政策;该国开发的该行业新产品多等。

(一) 国际企业研发机构的类型

根据功能的不同,国际企业设立的研发机构一般可分为四类:支持性研发机构、本土化研发机构、基础性研发机构、专门技术单位。

1. 支持性研发机构

支持性研发机构的宗旨是为子公司的生产和销售活动提供技术支持,或者将成熟的技术根据所在地区的消费水平、需求偏好、文化习俗等进行本土化改造。其特点是:国际企业认为东道国环境的战略重要性相对不高,对其市场的创新需求不是很重视,在东道国的资源和能力水平也不能满足当地的创新需求,主要是转移母公司的研发成果和开展一些辅助性研发活动。这类研发机构在国际企业全球研发网络中处于次要地位,在东道国研发机构的资源和能力水平相对较低。

支持性研发机构一般是国际企业在进入国际市场初期,或者在东道国市场规模不太大或科技水平不成熟时先设立的机构,随着市场的扩大或技术的成熟,可能再进行升级。这样的研发机构对于国际企业来说,除了能够提供市场支持外,还可以及时反馈国际市场的信息,帮助母公司进行市场或者产品战略的调整。

2. 本土化研发机构

本土化研发机构的宗旨是专门为本土市场研发新技术、开发新产品,构建具有本土特色的技术创新能力,完善国际企业的全球研发战略。这类机构不再局限于消化母公司的现有技术,而是与当地子公司的职能部门或者与世界各地的子公司一起密切合作,进行研发工作,支持母公司的全球技术发展战略,是国际企业研发体系的重要组成部分。这是一种分权式的模式,其主要问题是不利于国际企业研发工作的协调和控制,并有可能出现子公司和企业总部目标不一致的问题。

国际企业建立本土化研发机构的原因在于：第一，在海外进行了大量的生产投资；第二，母公司提供的新产品和工艺已经不能满足海外市场的业务增长需要；第三，海外子公司已经具备了独立研发的能力，或者发现了新的投资机会。例如，2000年，飞利浦在中国设立飞利浦亚洲研究院，这是飞利浦全球三大研发中心之一。2003年，通用电气成立通用电气中国研发中心，这是通用电气全球四大研发中心之一。2006年，阿斯利康在中国设立除英国本土之外海外唯一的一个转化科学研究基地。同年，百事在上海设立了美国之外唯一的一家海外研发中心——百事中国研发中心。据中国商务部统计，国际企业在华设立的研发机构由1997年前不足20家，至2008年底已达超过1200家，其中《财富》世界500强国际企业在华设立的研发机构有340多家。①

3．基础性研发机构

基础性研发机构的宗旨是研究和开发供国际企业在主要世界市场同步使用或差不多同步使用的产品或工艺。这类机构一般与国际企业在其他国家的研发机构保持着系统而稳定的关系，是一种全球互联的研发机构。处于这种网络中的各地研发机构的研发成果互为其他研发机构工作的基础。

基础性研发机构可以充分利用东道国特有的科学技术资源，从事企业长期战略指导下的基础研究。分布在世界范围内的这些机构形成整合网络，扩大了国际企业在基础学科领域的研究范围，其研发工作可能涉及推动创新的核心技术和学科。比如，IBM研究实验室和贝尔实验室在这方面都是典范。随着国际企业的发展壮大，越来越多的全球基础性研发机构在世界各地建立起来。

4．专门技术单位

专门技术单位的宗旨是针对某些特定区域（如欧洲共同市场）进行产品或工艺研发活动，或者为创制某项探索性新技术而进行研发活动。建立这样的研发机构，一方面是因为国际经济区域化的发展降低了区域内国家环境的差别，另一方面是因为国际企业在发展和壮大过程中需要有效结合集中和分散控制方式。此外，专门集中力量进行某项探索性新技术的研发类似于项目制管理的模式，有利于国际企业整合全球范围内的资源。

值得注意的是，上述几种研发机构的划分并不是绝对的，它们在功能上存在着交叉和融合。有些机构可能同时承担多项功能，国际企业可以根据具体的需要进行合理安排。

（二）国际企业的研发战略联盟

随着竞争的加剧和技术需求的增加，越来越多的国际企业在研发领域结成

① 参见徐笑君、刘海波：《跨国公司在华研发机构角色演变模式和路径研究》，载《研究与发展管理》2011年第4期，第76—84页。

战略联盟。战略联盟(Strategic Alliance)是国际企业在一些对自身发展具有战略意义的项目或领域中建立的合作关系,又称“战略合伙”(Strategic Partnerships),它是在20世纪70年代出现,80年代以后开始盛行的。80年代至90年代,高科技领域中的企业战略联盟的数量出现了快速增长。

据联合国贸发会议统计,世界上最大的150家国际企业中,已有90%与其他厂商结成了各种形式的战略联盟。这些跨国战略联盟涉及的领域大多是资本、技术和知识密集型产业,签订的合作协议中技术合作协议的比重很大,从而形成各种研发战略联盟。通过这一联盟,各企业不仅可以互换彼此拥有的技术资源和设备,充分借鉴和利用互补性优势资源,提高创新产品的科技含量,还可以通过分摊技术开发成本而减少单个公司的研发风险,最终提高技术创新的成功率,使结盟各方都能得到更大的投资效应。①

三、国际企业的技术转移

在国际化经营的环境中,技术研发直接影响到国际企业的创新能力和竞争优势。因此,国际企业对技术的管理越发重视。技术是一种特殊的资源,对它的获取和开发利用需要国际企业采取特殊的方式。

(一) 国际技术转移的相关概念

1. 技术的概念

“技术”一词的英文“Technology”,是由古希腊文“Techno”(实用科学、工艺技能的意思)和“Logos”(系统的理论或学问的意思)组合而来的,意指应用科学或实现既定目标的科学方法。国际企业海外投资中所涉及的技术,主要是指把投入转化为产出,完成某项任务所需的方法或技能。

按照联合国《国际技术转移行动守则草案》给出的定义,技术转移(Technology Transfer)是指关于制造产品、应用生产方法或提供服务的系统知识的转移。其转移的内容不是一种设备,而是涉及知识、信息、专利等软件;其转移的目的不是进行展览,而是得到应用;其转移的技术一般比过去的技术更为新颖、先进。技术转移包括从技术生成部门(研究机构)向使用部门(企业和商业经营部门)的转移,也包括使用部门之间的转移,还包括国家之间的转移。

技术在国家之间的转移称为“国际技术转移”(International Technology Transfer)。国际技术转移是国际企业经营活动的重要内容。国际企业为了取得竞争优势,通常要从国际上引进先进技术;同时,为了谋取利益,也会将本企业所拥有的技术转移出去。

---

① 参见梁秀伶、王虹主编:《跨国公司管理》,清华大学出版社2010年版,第203页。

(二)国际技术转移的类型

国际技术转移可以从不同的角度分为以下几种类型:

1. 贸易方式转移和非贸易方式转移

贸易方式转移是指通过市场渠道的技术转移,即把技术作为商品,按一定的交易方式和条件转移给国外的交易对象。非贸易方式转移一般是指通过技术交流、技术援助、技术情报交换等多种形式无偿进行的技术转移。随着技术商品化趋势的加速,通过市场渠道进行的有偿的技术转移在国际技术转移中越来越起主要作用,占绝大多数的比例。

2. 垂直转移和水平转移

技术可以沿着两个方向转移:一是垂直方向,二是水平方向。垂直方向的技术转移是指基础研究部门向应用研究部门,进而向工业生产部门的转移。水平方向的技术转移是指在工业生产企业之间发生的技术转移。

基础研究部门通常被看作技术的上游生产部门,应用研究部门为技术的中游生产部门,工业企业作为技术成果的使用者则处于下游的位置。由于企业的技术开发活动更接近市场,提供的技术也更加实用,因此多数企业更希望从其他企业获得技术。这就使得国际上水平技术转移比垂直技术转移活跃得多。

3. 内部技术转移和外部技术转移

当技术转移是在国际企业系统内部的母公司与子公司、子公司与子公司之间进行时,称为“内部技术转移”。相反,发生在国际企业系统之外的企业之间的技术转移,称为“外部技术转移”。

国际企业在内部转移技术的方式有两种:一是纵向转移,即国际企业系统内部母公司与子公司之间发生的技术转移,一般是通过技术培训方式进行的。二是横向转移,即通过各地子公司将本公司某种技术转让给当地与子公司相关联的企业。比如,通过子公司直接投资建立新的产业,或者通过人员培训等方式对承包企业进行技术指导,或者参与技术合作,在合作中进行技术转移。

(三)国际企业技术转移的战略选择

技术转移战略规定企业技术转移的方向,安排技术转移的领域、任务、目标和内容。技术转移不仅是国际企业的重要收入来源,同时也会对国际贸易和投资格局的变化产生影响。因此,无论对于技术受让方还是技术拥有方来说,都需要做好技术转移的战略选择。

1. 扩大技术效用的技术转移战略

这种战略是指一项新技术刚问世就立即以高价向国外转移,在更大范围内取得更多收益,扩大技术的效用。根据邓宁的观点,国际企业技术转移是国际企业生产经营方式的选择。在企业内部市场还没有达到一定的规模,国外的区位优势不明显,产品出口无利可图,而对外直接投资条件又不具备时,企业选择技术输出的方式，以技术优势获取最大利润。当然，这种战略只适用于技术水平和层次差距不大的国家之间，因为最先进的技术对于技术差别大的国家而言有时很难接受。

2．延长技术生命周期的技术转移战略

在技术发展日新月异的今天，产品更新越来越快，技术的生命周期不断缩短。如何延长技术的生命周期，从而为企业带来效益，也是国际企业需要考虑的。国际企业可以将在本国已经处于成熟期的技术转移到仍然需要这种技术的国家或地区。[①] 这种战略对双方都有利。对技术的输入国来说，由于没有研发的风险，又能以最快的速度填补国内空白，技术在该国继续使用等于延长了这种技术的生命周期；对于技术让渡国来说，等于延长了依靠这种技术获取利润的时间。

3．开发需求资源制约的技术转移战略

这种战略是寻求解决国内需求与资源制约的矛盾，对国际企业来说也是技术转移的动因之一。日本学者斋藤优于 1979 年在其专著《技术转移论》中提出 N-R 理论。他认为，一个国家的经济发展及对外经济活动受国民需求（National need）与资源（Resource）关系的制约。如果资源不能满足国民需求，形成所谓“瓶颈”，N-R 关系就成了关键问题，这种不适应就产生了技术引进与技术创新的内在要求与动力。通过技术引进或技术创新，可以节约资本、劳动、原材料等资源，甚至创造出新的原材料，以此解决需求的瓶颈制约。当新的制约产生时，又一轮的技术创新与技术转移也随之产生，处于一种不断循环上升的状态。

企业在实现国际化经营的过程中，可能需要向所在国输出技术。因此，国际企业需要采用必要的措施保护所有权优势，避免任何形式的知识产权侵害行为。但是，国际企业也不能对相关技术完全保密，如果不转让关于材料、工艺、包装、搬运和物流方面的知识，就无法有效提供消费者所需要的产品和服务。

此外，技术转移还体现在跨国管理的各个方面。如果企业在国外建立起子公司或合资企业，也需要把经营技巧和方法带到这个国家。随着跨国管理人员开始整合管理职能，以便鼓励跨部门合作，管理技术本身也经历了转移过程。事实上，在跨国管理中，研发、生产、营销、财务和人力资源管理需要全部整合起来，不再孤立地运转。此外，决策的制定也不再是企业某个特定职能部门的事情。因此，企业的跨国管理也伴随着整个管理过程的转移，以促进企业全球化运作的有效开展。

---

① 参见金润圭：《国际企业经营与管理》，华东师范大学出版社 1999 年版，第 403 页。

第二节 国际企业的采购和供应链管理

从20世纪80年代开始,为了顺应国际贸易高速发展的趋势,满足客户对服务水平提出的更高要求,采购管理开始被视为供应链管理的一个重要组成部分。通过对供应链的管理,同时对采购手段进行优化。在当前全球经济一体化的大环境下,采购管理作为企业提高经济效益和市场竞争能力的重要手段之一,其战略性地位日益受到国际企业的关注。面临多样化采购的国际企业必须仔细衡量与原料、运输、生产、仓储和分销相关的成本,并建立广泛的网络,以实现成本最小化的目标。

一、国际企业全球采购的环境和优势

国际采购(International Purchasing)是指利用全球的资源,在全球范围内寻找供应商,寻找质量最好、价格合理的产品(货物或服务)。广义的国际采购(又称"全球采购",Global Purchasing)是指在供应链思想的指导下,利用先进的技术和手段,提出合理的采购要求,制定恰当的采购方案,在全球范围内建立生产和运营链,采购质价比最高的产品,以保证企业生产经营活动正常开展的一项业务活动。同时,通过规范采购的操作,可以有效地对采购过程中的绩效进行衡量、监督,从而在服务水平不降低的情况下,实现采购总成本最低。① 对于国际企业来说,大多数采购都是世界性的。对供应商的识别和管理通常都要进行全球范围内的调查,并对订货进行动态的协调,使企业在竞争中占据有利地位。

(一)国际企业的全球采购环境

全球经济的起伏对全球采购产生了巨大的影响。除需求不振外,原材料、劳动力和投资成本上升,原材料和石油价格波动,保护主义加剧,以及供应链变长等问题,给全球采购带来了更大的风险和新的挑战。美国管理咨询机构波士顿咨询公司(Boston Consulting Group)2010年发布的研究报告称,多数企业的全球采购重心已从单纯的劳动力成本节约逐步转向采购总成本"最优"的国家采购。这是针对多个行业的30家企业进行调查后发布的研究报告。该报告指出,目前全球采购呈现出四种趋势:②

(1)最优成本国家采购将持续增长。企业到海外采购的愿望并没有因金融危机而降低。金融危机迫使企业对成本控制更为重视,因而促使企业到最优成

---

① 参见田泽、马海良编著:《国际企业管理——文化、战略与行为》,清华大学出版社、北京交通大学出版社2011年版,第209页。

② 参见陈立敏、谭力文主编:《跨国企业管理》,清华大学出版社2012年版,第291页。

本国家进行节能型采购。

(2) 全球采购将会呈现更广泛的参与范围。随着全球供应商变得日益成熟,安排海外采购变得更容易。此外,采购的产品类别也从服装、玩具等传统的劳动密集型产品扩展到技术与资本密集型产品。

(3) 全球采购供应基地将更加分散。为降低风险和不确定性,许多企业正在积极地使用更为多样化的采购方式,并在不同国家和地区建立和维护不同的供应基地。例如,货币波动使韩国等成本相对较高的地区成为最优成本供应基地之一,墨西哥和越南等其他传统低成本国家则由于汇率变动而变得更具吸引力。

(4) 全球采购模式将实现真正的全球优势。最优成本国家采购的好处不仅仅是成本的节约,还包括通过本地和全球性的竞争而获得战略优势。许多企业正在将价值链上除采购以外的其他环节,比如研发、生产,也转移到最优成本国家,以进一步发展其设计能力和生产网络。这些都能促使企业创造可持续的竞争优势。全方位利用区域优势正体现了最优成本国家采购的发展方向。通过进入本地市场的机会,帮助企业与政府相关部门建立关系,并在整个价值链上展现创新,最优成本国家采购可以产生大量收入和利润优势。

(二) 国际企业全球采购的优势

国际企业进行全球采购的优势存在于很多方面,绝大多数人都认为这样做可以降低成本。在某种意义上,由于低成本地区向高成本地区供应原材料,最终世界将变得没有国界,所有人都会得到同样的市场,地区化的小公司也可以和大公司竞争。能够寻求到更低的成本的确是国际企业全球采购的优势之一。此外,它还有很多其他优势。

1. 保证供应的可靠性

国际企业往往拥有两三个国际供应来源,以备唯一依靠的供应商未能提供所需要的原材料或零部件而使自己遇到严重困难;同时,通过不同的国际供应商供货,可以阻止供应商议价力量的提高,减少潜在供货风险的发生。

2. 获得某些在国内无法获得的原材料和零部件

某些原材料和零部件可能在国内市场无法得到。某些原材料,比如可可、咖啡、铬和钯,只能从国外大量进口。对于许多组织来说,全球采购已成为一种必然。①

3. 获得世界上最好的原材料和零部件,提升产品质量

在某些行业,一些国家可能会提供全球最好的、质量更稳定的产品。影响质

---

① 参见〔加〕米歇尔·R. 利恩德斯、〔加〕P. 弗雷泽·约翰逊、〔美〕安娜·E. 弗林、〔美〕哈罗德·E. 费伦:《采购与供应管理》(原书第13版),张杰等译,机械工业出版社2009年版。

量的因素有很多,如在某些技术领域独特的优势、性能优良的新式设备、更精细的质量控制系统等。比如,印度的软件工程、德国的精密机械和日本的电子消费品等。当国际企业需要最高质量的投入时,它们便到在全球市场中具有优势的供应商那里采购。

4. 实现向国外市场渗透

为了能够在某些国家出售本国生产的产品,国际企业可能必须向那些国家的供应商采购一定金额的货物。比如,日本丰田公司在太平洋地区采购原材料,就是为了通过增加其汽车中本地零部件的比例而进入这一具有进口配额限制的市场。

5. 提高企业效率

全球采购策略促使企业集中关注顾客需求和产品开发,而不是增值比较低的经营环节,比如生产制造环节。这使管理层有更多的时间,能集中有限的资源处理企业的核心业务,而且合适的外包能使人才得到最有效的配置,而不是浪费在低效的杂务上。另外,企业能从供应商的高效率和技术创新中收益,促使企业将资源配置到高附加值的业务领域。

很多国际企业不仅在原材料和零部件方面有着全球采购的趋势,而且在物流服务等其他方面也都采取外购的形式。比如,苹果公司大部分的物流和运输规划业务都采取外购的形式。它并不打算自己购买飞机或者卡车等运输工具,而是让其他公司商讨运价或完成业务运营的仓储部分。

二、国际企业的采购战略

传统的采购管理的作用是确保产品和服务的供应,在节约资金的同时,进一步支持企业的持续经营和发展。然而,不断加强对供应市场的理解将有助于企业形成全新的战略。利用供应商的产品、独特的技能和能力为国际企业提供了一种市场机会,国际企业可以抓住这种机会投入资金以获取收益。这方面的知识可以指导国际企业制定未来的采购战略目标。

(一) 全球化背景下的采购战略

全球经济环境的变化对传统的资源配置方式、产业组织形式、竞争模式以及发展中国家的发展模式都产生了深刻的影响。这具体表现在以下几个方面:一是各国经济发展模式开始转为采取开放型竞争战略和比较优势战略。结果,为了追求最佳的配置效果,资源配置方式超越了一个国家的地理边界。二是产业组织从过去单一的在一个国家内部的组织安排转向了全球的组织安排。以往产业组织是以国内企业为主进行分工合作,而在全球经济一体化的趋势下,国际企业利用其全球发展战略,在全球范围内实现了投资、开发、生产、采购和销售的最优化。这种产业组织形式就形成了以这些企业为核心,把上下游企业联系在一起,分工合理、运作有序、管理严密的企业网络。三是竞争方式从单个企业之间的竞争转向了企业之间的网络竞争和供应链的竞争,竞争范围从局限于国内市场转向了区域市场乃至全球市场。

采购活动可能是企业经营活动中最大的成本领域,采购质量和效率的高低在很大程度上决定着企业最终产品的价值和竞争力。因此,全球采购就成为许多国际企业和国际化供应链非常重要的战略选择和策略手段。通过有效的采购战略降低成本的潜力是巨大的。对典型的制造企业来说,物料成本占总销售额的50%—70%,各个行业有所不同。这些物料成本的降低对企业的利润有很大的影响。有统计表明,销售额为100万美元的企业,投资回报率为5%,物料成本占50%的销售额;每增加15000美元的利润,需要通过增加30%的销售额实现,或通过降低3%的物料成本实现。可以想象,降低3%的物料成本比增加30%的销售额要容易得多。

(二)国际企业全球采购战略的主要运作模式

在全球化背景下,国际企业采购战略的运作模式可以分为以下三种:

1. 以生产者为驱动力的全球采购策略

这种方式主要出现在资本和技术密集型的行业中,如汽车、飞机、信息产品、重型设备等行业。在这些领域,制造能力突出的大型国际企业成为全球采购网络的核心,在全球范围内进行最为有利的采购活动,从而使得供应链形成最佳的竞争优势。

2. 以购买者为驱动力的全球采购活动

这是指以零售商、批发商和贸易公司为核心,进行全球采购活动,并由此形成全球采购供应网络。这种采购活动的一个非常突出的特点是,以这些零售商、批发商和贸易公司所掌握的市场需求的特点,提出对商品包括样式、规格、质量、标准方面的要求,然后在全球范围内寻找最好的生产者或者供应商,最后销售到全球市场中。这种采购方式在那些劳动密集型的行业和消费品行业中有着非常明显的表现。比如,在家电、服装、鞋类、玩具和家庭日常用品行业,这种购买者驱动型的全球采购活动是非常活跃的。

3. 专业化的国际采购组织和国际经纪人所从事的全球采购

中小企业占了一个国家企业数量的大部分,它们也有着合理利用全球资源的需求。这些企业如果自己进行全球化的采购,一方面成本过高,另一方面缺乏充足的信息和专业的人才。因此,面对这样的需求,在国际贸易领域,一些专业化的采购组织和经纪人应运而生,成为面向中小企业的采购供应商。这些国际采购组织和国际经纪人经常出现在各个国家的展会上,或者以组团的方式到世界各国特别是发展中国家寻求合适的商品资源。

三、国际企业的采购管理

如今,国际企业所处的环境发生了很大变化,这些变化对所有的支持部门都提出了新的要求。在国际企业采购战略的指导下,具体采购管理职能的发挥必须考虑到相关活动之间的协调。

(一) 国际企业采购计划的制订

随着国际贸易的增长,国际企业采购的专业水平也随之提高。为了使企业的资源能够得到经济有效的利用,制订合理的采购战略和计划是非常重要的。

作为国际企业的采购人员,应当密切关注供应商的产品和技术发展情况,以保证其在市场中的竞争力和有效地控制购买成本。国际企业采购战略的制订需要考察供应商、价格、技术发展、总体竞争水平和市场环境等因素。

国际企业的采购计划是指企业决定采用何种产品和服务战略,以及如何在公司内有效配置资源以实施战略的过程。与国际采购战略相关的是对资源计划的重视,特别强调原材料、零部件、定价和利润计划,尤其注重关税。在制订原材料和零部件计划时,必须依靠企业的市场计划和其他组成部分。定价和利润计划在采购战略中也是重要的方面。采购方希望以合适的价格买到合适的产品,所以只有很好的关税计划才能保证采购方"物有所值"。

当前的国际采购战略是各种战略的集成,由营销价格导向所驱动,重点是物流和财务运作。采购计划也必须和其他相关业务计划相联系。

(二) 全球采购过程管理

采购协作的过程可以细分为五个不同的阶段:

1. 询价

为了实现采购协作,必须从可能的卖方那里收集谁有资格完成工作的相关数据信息。这个询价过程的专业术语叫"供方资格确认"(Source Qualification)。应收集的信息包括:当前的需求、需求预测、当前的供应商、潜在的供应商、特性、交易货币、当前协议的时间长度和总配送成本。其中,总配送成本需要考虑的因素有:出口价或原始价、运输和保险、当地的单据和处置费用、货币的时间价值等。

2. 供应商选择

供应商选择是根据企业制定的标准选择合格供应商的过程。在供应商选择过程中,需要考虑的因素有很多,通常包括质量、数量、交付、价格、服务等方面。另外,更重要的一些供应商品质,包括历史纪录、设备与技术能力、财务状况、组织与管理、声誉、系统柔性、位置、通信设施以及劳资关系等,也是与采购目标相关的因素。

3. 供应商评估

当国际企业全球采购涉及的业务范围和金额比较大时,进行供应商评估就十分必要。大量从国外购入原材料的公司会经常组织出国，以考察国外的原材料供应地。例如，一家公司如果购买价值几百万美元的设备，负责采购的主管可能会花上其工作时间的20%—30%去远东进行调查，并与潜在的和正在供货的供应商进行磋商。由于地域的问题，在国际上评估供应商要比在国内困难得多。但是，随着经济和技术的发展，采购方得到供应商信息的途径也在不断改善。国际供应商评估的信息来源可以包括一些具体的商品目录、行业期刊、商业介绍、销售代表或通过国际互联网进行所需信息的搜索。

4. 合同谈判

在完成了供应商的选择和评估之后，就可以着手进行谈判了。在任何全球性的谈判中，都必须对谈判的进程、内容和程序作好清楚的安排。谈判中，应考虑组织目标、时限、候选供应商、合同条款和数量敏感性。谈判是一项需要技巧的任务。尤其是对于全球性业务，谈判人员要掌握面对不同国家和地区谈判对象时的特点，采取应对的方式。无论与哪个供应商合作，买方都要在合同的整个有效期内对供应商进行持续的绩效考察。①

5. 采购过程的优化措施

对一个国际企业来说，供应商流程分析可以作为获得成本改进的一个机会。这个方法用在供应商制造流程的所有方面，包括生产原材料采用的制造技术。如果供应商的原材料或其他资源与采购组织自己的原材料或资源之间有共同点，那么可以调查有无可以协作的领域。一旦确定了潜在的协作领域，可以构建一个优化的流程，成立专门的项目小组进行研究，通过这一流程发现潜在的利益，并制定一个优化措施的方案。

（三）国际采购供应商的认证

供应商认证是一个精确考察供应商政策及能力的过程。认证过程可以证实供应商能否达到或超过采购方的要求。这在供应商关系中，尤其是在采购方寻求建立长期供应商关系时显得格外重要。使用经过认证的供应商可以减轻采购方诸如检查、测试和交付工作的负担。有些公司并不是自己进行供应商认证程序的开发，而是使用世界上最通行的标准行业认证——ISO9000。尤其是那些进行国际采购的买家，如果对技术规格有具体要求，同时希望消除财务和技术风险及不确定性，应该利用国内或者国际的一些服务机构进行认证。

（四）国际采购的组织管理

合理的国际采购组织安排对国际企业的生产起到保障作用。国际采购的组织管理有三类：

---

① 参见陈立敏、谭力文主编：《跨国企业管理》，清华大学出版社2012年版，第291页。

1. 集中式采购

集中式采购强调公司总部对整个国际企业体系内各单位所需物资的集中采购与统一管理。集中采购可以将各分公司的订单汇集,从而使订单规模扩大,使国际企业获得采购规模经济,并增强与供应商的议价能力。但是,集中采购对于国际企业生产体系内各单位所需原材料种类过多,或者供应商过于分散的情况,则可能并非明智的选择。另外,集中采购对采购技巧和调配能力的要求也非常高。

许多国际企业,如日立、东芝、松下、本田、佳能等,以集中采购提高采购的效率。虽然各行业采购的集中程度有所区别,但大型国际企业往往在特定的区域范围内设立一个专门的中心以完成采购功能,把分散的采购功能集中起来,并与配送的集中调度相配合,利用采购活动的集中化实现战略采购。①

2. 分散式采购

分散式采购是指国际企业的单个子公司或生产单位有权自行采购所需的原材料和零部件。分散式采购能够充分调动子公司和生产单位的主观能动性和灵活性,在采购物资种类多、供应商分散的情况下比较适用。

3. 混合式采购

实际上,完全集中或分散的采购都是不多见的。混合式采购就是集中式采购和分散式采购的折中。这种形式是对各子公司和生产单位存在共同需求的物资进行集中采购以获得采购的规模经济,而其他物资由各子公司自行采购。混合式采购在发挥集中采购的规模经济效应的同时,可以发挥各子公司和生产单位自主经营的积极性。②

对于国际企业的总部和子公司来说,混合式采购是一种由集中式采购转向第三方供应商的方式。从供应链运作的角度出发,对于总部来说,这属于不完全的外包策略。供应商选择、谈判条件、供货周期、供货准确率、供货价格、折扣率以及支付方式和条件均由总部负责,而具体的订单满足物料供应任务则由子公司各自负责。

四、国际企业的供应链管理

供应链管理(Supply Chain Management, SCM)思想近年来受到全球理论界的关注,被认为是21世纪的先进管理思想。供应链是针对市场需求,由产品市场和流通过程中涉及的供应商、制造商、储运商、批发商、零售商以及最终消费者组成的供需网络系统。供应链系统是为达到从以产品质量、成本、供应商为主导

① 参见杨建华、张群、杨新泉编著:《运营管理》,清华大学出版社2011年版,第208页。

② 参见杨德新:《跨国经营与跨国公司》,中国统计出版社2000年版,第581页。

转变为以顾客为主导而有效合作的网络组织,具有快速响应顾客需求、协同各主体发挥竞争能力的特点。

供应链管理的目的在于追求整个供应链的整体效率和整个系统费用的有效性,总是希望能够提高客户服务水平和降低系统总成本,并且在这两个目标之间寻求平衡。因此,供应链管理的重点不在于简单地使某个供应链成员的运输成本达到最小或减少库存,而在于通过采用系统方法协调供应链成员以平衡整个供应链总成本和客户服务水平之间的关系,使整个供应链系统处于最流畅的运作中。

(一) 国际企业全球供应链管理与国内供应链管理的区别

全球供应链管理与国内供应链管理基本一致,只是前者覆盖的地区更广,情况更为复杂。国际企业必须对全球供应链管理作业的复杂性和风险作出评估。与国内供应链管理相比,全球供应链管理尤其应注意两方面:一是全球市场的多样性要求企业充分了解不同国家和地区市场需求的差异,以多样化的产品和服务满足不同客户的需求,并且做好相应的成本控制;二是全球市场运作时的物流系统变得更复杂、周期更长,库存水平上升。所以,要想确立全球化的竞争优势,国际企业必须处理好集中化与分散化物流的关系。

相对于国内供应链而言,全球供应链管理必须考虑以下特点:

1. 全球供应链中涉及的空间距离和时间长度都比国内供应链大和长

协调、物流(及运输)管理和各项费用比在国内供应链中重要且复杂得多。对国内供应链而言不重要的诸如跨国境问题,不同的语言和文化引起的沟通困难问题,以及关税、汇率变动和不同国家之间的宏观经济差别等问题,在全球供应链中却是非常重要的。当然,由于高度协调和新技术的发展,也为全球供应链创造了很多机会。比如,摩托罗拉和惠普两家公司在远东聘用了大量薪金低得多的工程师从事制造工程方面的工作,而且他们正在逐步开始从事复杂的产品开发工作。

2. 全球供应链中要求产品和有关单证多于国内供应链,并且需要使用多国语言

国内作业一般只需要发票和提单就能完成,而国际作业往往需要大量的有关订货项目、运输方式、资金融通以及政府控制等方面的单证和文件。另外,国际作业在产品上的要求也更多。比如,计算机或计算器之类的产品必须具有地方特征,如产品本身的键盘字母和说明书上的语言等。除了产品的语言外,国际作业对装运交付所经过的每一个国家也都需要使用多国语言的物流单证。这就增加了全球供应链的时间和劳动强度,因为在装运交付前必须将复杂的物流单证翻译完毕。当然,标准的 EDI 方式交易可以克服这类通信传输和物流单证上的困难。

3．有效的全球存货管理无法事先确定存货的物权和实际地点

许多企业的做法是把存货管理的责任下放到许多地点,每一个存货管理地点试图通过示范性服务证明其存货水平是正确的。这种方式导致了存货数量大大超过供应链的总需求。当然,随着技术的发展,各种追踪技术如条形码、电子标签、蜂窝和卫星技术等正在重新塑造供应链。

4．在国际运输方面的复杂性

在国内供应链中,与单一的或数量有限的承运人签订合同便足以完成工作。但是,在全球供应链中,这种方式往往是不可行的,国际物流的复杂性在远洋运输行业中尤为明显。国际运输企业之间形成的覆盖多种航线、相互之间以资源和经营的互补为纽带、面向长远利益的战略联盟就是为了应对这种复杂的国际运输。这不仅使全球物流能更便捷地进行,而且使全球范围内的物流设施得到了极大的利用,有效地降低了运输成本。

5．强调全球市场范围内非核心业务的外包

科学技术的进步使产品结构越来越复杂,零部件的专业化生产已是一种必然的发展趋势。全球供应链上的企业需要实施业务外包战略,即将资源集中于最能反映企业相对优势的领域,构筑自己的竞争优势,对非关键业务实行外包,借企业外部的资源优势弥补和改善自身弱势,从而提高企业的运作效率。[①]

(二) 国际企业在供应链管理环境下的采购管理

国际企业在供应链管理环境下,其采购方式与传统的采购方式有所不同。这些差异主要体现在如下几个方面:

1．从物品买卖关系向战略协作伙伴关系转变

基于战略伙伴关系的采购方式为涉及全局性、战略性的供应链问题创造了条件。在供应链管理模式下,通过双方的合作伙伴关系,供应与需求双方可以共享库存数据、缩减库存、降低信用和产品质量的风险等,避免了许多不必要的手续和谈判过程,减少了交易的成本。麦肯锡公司的一个研究显示,美国一个重要的机械设备设计和制造厂商在供应商管理方面,每年投入2.8亿美元,因此而节约的成本为50亿美元。另一个年销售额大约为100亿美元的电子商因战略联盟而节约的成本大约为5—10亿美元。企业与供应商之间的合作多于竞争。在经济全球化与信息化紧密联系在一起的背景下,企业孤立经营的传统格局已经被打破,企业与企业、企业与顾客、企业与供应商、企业与其他相关群体的相互作用与影响日益密切,进入了从孤立生产向协作经营、从产品型向关系型、从独立发展向互联合作的大转变时期。许多企业正从这种新的伙伴关系中受益,形成新的竞争优势来源。

---

① 参见陈立敏、谭力文主编:《跨国企业管理》,清华大学出版社2012年版,第277页。

由于供需双方建立起了一种长期的、互利的战略伙伴关系，因此供需双方可以及时把生产、质量、服务、交易期的信息实现共享，使供方严格按要求提供产品与服务，并根据生产需求协调供应商的计划，以实现准时化采购，最终使供应商进入生产过程与销售过程，实现双赢。

2．从传统采购向电子商务采购转变

传统的采购模式把重点放在如何和供应商进行商业交易的活动上，特点是比较重视交易过程中供应商的价格比较，通过供应商的多头竞争，从中选择价格最低者作为合作者。传统的采购模式的采购过程是典型的非信息对称博弈过程。其特点是：验收检查是采购部门一个重要的事后把关工作，质量控制的难度大；供需关系是临时的或短时期的合作关系，而且竞争多于合作；响应用户需求的能力迟钝。

全球化网络空间的迅速发展刺激了国际采购，国际企业大多用互联网搜寻产品供应商，通过电子化的商业往来加速了谈判和交流的进程。电子商务采购系统目前主要包括网上市场信息发布与采购系统、电子银行结算与支付系统、进出口贸易大通关系统以及现代物流系统。

3．从单一化采购向多元化采购转变

在全球供应链环境下，采购方式迅速向多元化方向发展，主要体现在以下几个方面：①

（1）全球化采购与本土化采购相结合。国际企业生产活动的区域布局更加符合各个国家的区位比较优势，其采购活动也表现为全球化的采购。即企业以全球市场为选择范围，寻找最合适的供货商，而不是局限于某一地区。

（2）集中采购与分散采购相结合。企业采用集中采购还是分散采购，要看实际情况，不能一概而论。目前，总的趋势是：采购只能倾向于更大程度的集中化；服务性企业采用集中采购的比制造业企业多，小企业采用集中采购的要比大企业多；随着公司大规模的跨国并购，更多的公司采用的是集中化分散采购的办法；组织结构扁平化必然导致企业控制权的分散，所以本土化的市场采购权在一定程度上向下分散，对于相同的常规需求和服务采用集中采购的办法。

（3）多供应商与单一供应商相结合。一般情况下，国际企业均采用多元供应，即多供应商战略。通常，国际企业在一个供应商那里的采购订单不会超过总需求量的25%。这主要是为了防止风险，但也不是供应商越多越好。

（4）制造商采购与分销商采购相结合。大型企业因为需求量大，往往从制造商处直接采购，而一揽子供应合同或JIT下的采购往往依赖实力很强的分销

① 参见田泽、马海良编著：《国际企业管理——文化、战略与行为》，清华大学出版社、北京交通大学出版社2011年版，第214页。

商对大量小额订单集中处理。

(5) 自营采购与外包采购相结合。

4. 更加注重采购商品的社会责任环境

据统计,全球超过200家国际企业已经制定并推行公司社会责任守则,要求供应商和合约工厂遵守劳工标准,安排公司职员或委托独立审核机构对其合约工厂定期进行现场评估,即工厂认证或验厂。SA8000社会责任标准认证是全球第一个关于企业道德规范的国际标准,也是继绿色壁垒之后发达国家设置的又一个新的非关税贸易壁垒。此外,环保也是国际采购的必备条件。

出于社会责任和保护环境的理念,一些国际企业开始实行绿色采购,旨在保护环境,提升自身竞争力,树立良好的企业形象。绿色采购是指在进行原材料采购时,选择合适的绿色原材料,从而控制源头的污染,保证后续环节的无污染。国际企业在采购过程中,应当充分利用自身供应商数量多、质量高、分布范围广的优势,选择能够提供绿色原材料的供应商,并与其建立合作伙伴关系,保证供应。①

第三节　国际企业的生产管理

在全球大型国际企业中,制造业无论从企业数量、经营规模还是从利润额等指标看,都占据着举足轻重的地位。国际企业正积极参与国际分工,充分利用国际资源,开展国际合作与竞争。随着网络信息技术的普及,在世界范围内从事生产制造活动实际上是全球制造价值链全方位的转移。

一、国际企业的制造方案

传统的制造业全球化有两种方式:一是以母国为生产基地,将产品销往其他国家;二是在海外投资建立生产基地,将国外制造的产品销售给东道国或其他国家。从20世纪80年代起,国际企业开始广泛利用别国的资源,在自己不拥有生产设施与制造技术的所有权的情况下,制造出最终产品,并在全球进行销售。这里的制造业跨国转移不是具体的某个企业行为,而是不同国家间的制造业产业结构、性质的变化与传递。区位优势、技术优势、国家政策、社会压力等因素都可以促使其发生。

经济全球化可以使国际企业通过扩展和协调国际运营活动创造出新的价值,还可以从所拥有的国际运营网中获得好处。以下从四个方面简要阐述国际企业的制造方案。

① 参见梁秀伶、王虹主编:《跨国公司管理》,清华大学出版社2010年版,第264—265页。

（一）自制或外购决定

市场竞争本质上是专业化的竞争。经济全球化改变了世界经济格局，业务外包（Outsourcing）成为独立的服务业商品形态，专注于核心竞争力的提高已成为世界制造业企业的一个变革趋势。20 世纪末席卷欧美企业的突出核心业务和核心竞争力的风暴正是在此时代背景下发生的。

自制或外购决定是许多企业制造战略的重要因素。在传统上，许多大企业都倾向于选择自制，形成一个反向联合的、包括很多制造与组装分厂的大型组织。大额采购仅限于随后进行内部加工的原材料。新的管理理念更偏好柔性，关注公司实力和密切的顾客关系，强调生产率和竞争能力，使外部采购理念得到了进一步强化。企业向具备相对优势的外部供应商购买自己不具备制造或服务优势的物品，就可以集中精力以更好地管理自己的主要业务。[①] 例如，一辆轿车包括 1 万多个零部件，因此汽车公司一直面对自制或外购的决定。福特汽车公司只生产其某种车型 45% 价值的零部件，其余 55% 价值的主要零部件来源于独立供应商。在另外一些行业，比如运动鞋，甚至所有生产都实行外包。耐克公司和锐步公司根本不参与制造过程，主要从低成本的国家寻找制造商。

然而，随着海外劳工成本的上涨，以及超长供应链等多种因素带来的挑战，越来越多的美国企业正在考虑将原先建在海外的生产基地搬回美国本土。面向企业长期价值的制造业“回岸”（Re-Shoring）战略成为诸多国际企业全球供应链布局战略调整的新趋势。在美国麻省理工学院工程学教授大卫·辛奇-利维（David Simchi-Levi）2012 年下半年所作的一项调查中，有 14% 的美国企业明确打算将部分制造业务搬迁回国。这些企业的规模各不相同，年销售额低至 2000 万美元左右，高至 250 亿美元以上，大多数超过 10 亿美元。它们对“回岸”战略产生浓厚兴趣，愿意回到本土寻求安全保障。列维经研究发现，“回岸”战略的主要诱因有以下几个方面：对客户的需求可以更快地作出反应，产品可以更及时地投放市场，节省运输和仓储费用，提高产品质量，以及更好地保护知识产权。无独有偶，波士顿咨询集团公司（Boston Consulting Group，BCG）经调查也发现，在 106 家年销售额 10 亿美元以上的美国公司中，有 37% 计划“回岸”，或者正在积极考虑将生产业务转回美国。

自制或外购决定涉及成本收益分析。一般来说，如果外购的成本低于自制的成本，从经济性出发，应选择外购；反之，则选择自制。但是，国际企业在作自制或外购决定时，因为国家间政治经济的变化无常、汇率的变动和相对要素成本的变化等而显得更加复杂。所以，除了要考虑经济合理性以外，还要考虑其他相

① 参见〔加〕米歇尔·R. 利恩德斯、〔加〕P. 弗雷泽·约翰逊、〔美〕安娜·E. 弗林、〔美〕哈罗德·E. 费伦：《采购与供应管理》（原书第 13 版），张杰等译，机械工业出版社 2009 年版。

关因素。

(1) 供应的可靠性

不间断地供应企业所需的材料、半成品、成品,对于企业的生存和盈利能力有很大影响。这是决定自制还是外购的重要因素。[①] 对向外发包进行生产的国际企业来说,生产计划往往会因公司与供应商的时间与距离的差别而产生很多问题。

(2) 技术因素

如果企业专有的产品技术提供了某种竞争优势,企业固然不愿让这一技术落入竞争对手手中。但是,企业一旦与外部制造商签订制造包含专有技术的零部件合同,就冒着供应商可能会剥夺技术的专有权,或者可能会把技术卖给企业的竞争对手的风险。因此,为保证对技术的控制权,企业往往选择自制而不是外购。

(3) 企业战略柔性的考虑

外购零部件的很大优势是企业可以保持柔性,根据情况改变对供应商的订货。这对于国际企业尤其重要,因为国际市场环境变化会改变供货源头的吸引力。很多企业向两个不同国家的供应商购买同样的零部件,主要就是作为防范要素成本、外汇汇率等的逆向运动而进行的套头交易。

(4) 管理者的偏好

管理者的偏好对自制或外购的决定也有很大影响。一般来说,美国和欧洲的国际企业比日本的国际企业更喜欢利用内部资源和选择自制的方式。日本的国际企业通常以长期合同方式与外部的供应商保持密切联系。

(5) 国际企业整体运转的需要

在生产一体化程度高的国际企业中,各子公司或分支机构可以进行广泛的分工与协作,相互提供零部件与半成品(水平联合),或相互之间形成生产流水线(垂直联合),由总部协调或安排它们之间的物流,从而也就决定了有关子公司或分支机构的内部采购。即使某一子公司所生产零部件的质量、成本在市场上缺乏竞争力,或者这些零部件需求的季节性较强,总部为了维持公司整体的正常运营,也有可能要求其他子公司采购该子公司的零部件,以保证该子公司的均衡运营。[②]

(二) 国内生产和国外生产

很多国际企业正在改变以国内生产为主、以海外生产为辅的传统经营方式,力求建立基于合理国际分工协作的、全球范围的高效生产体制。在应付汇率波

① 参见金润圭:《国际企业经营与管理》,华东师范大学出版社 1999 年版,第 371 页。

② 参见马述忠、廖红编:《国际企业管理》(第 2 版),北京大学出版社 2010 年版,第 437 页。

动时，国际企业可以在设置于不同国家的各工厂之间，将生产从一处向另一处转移，从而避开外部环境的不利影响，而在单一地点设厂就难以做到。

在全球制造形势下，国际企业在不同地区建立工厂是因为它们将扮演不同的角色。根据海外工厂所起作用的不同，可以将其分为六种类型：境外型工厂、资源型工厂、服务型工厂、贡献型工厂、前哨型工厂、领导型工厂。境外型工厂主要是为了利用当地的廉价生产要素，为本国工厂提供零部件或半成品。资源型工厂除了获取廉价生产要素之外，还负责实施为公司提供特定零部件、产品或工艺过程的关键环节。服务型工厂只为特定国家或地区的市场服务。与境外型工厂类似，对服务型工厂的投资维持在能正常运转的最低水平。但是，这类工厂在物流及信息流的管理上有更大的自主权。贡献型工厂的作用在于供应产品。与资源型工厂一样，贡献型工厂可以与公司在本国的工厂竞争，是最新工艺技术、计算机系统测试和新产品的推广基地，为公司提供开发服务和知识服务。前哨型工厂的主要作用是收集信息，通常位于具有先进技术的供应商、竞争对手、顾客或研究基地的所在地区。领导型工厂将为企业开发特定的制造能力，通常是企业满足全球市场需要的某些产品唯一的生产者或主要的生产者。图 6-1 表明了上述六类工厂的基本关系。

工厂技术活动			
高	资源型工厂	领导型工厂	贡献型工厂
低	境外型工厂	前哨型工厂	服务型工厂
	获取廉价输入要素	利用当地技术资源	接近市场

图 6-1　海外工厂的类型和作用①

国际企业之所以采用当地生产的方式进入市场，往往是由于以下原因：

（1）适合不宜长途运输的产品

有些产品本身就不宜长途运输，或就近生产更能保证质量和及时供应。例如，英荷合资的联合利华公司的一项产品——人造黄油，都在当地生产，当地供应。又如，诺贝尔公司（Nobel）的炸药原料也在当地生产，当地供应。

（2）可以越过贸易壁垒的限制

为了回避正面的贸易摩擦，通过当地生产的方式，越过贸易壁垒，进入目标市场，以“守住”自己的“阵地”。这在电子、汽车、半导体等行业中最为常见。例如，日本对美国连年有巨额顺差，日美贸易摩擦加剧，美国不仅设置进口障碍，而且在政治上对日本施加压力，包括迫使日元升值。这使得日本汽车对美国出口困难加大，于是纷纷到美国设厂生产。

① 参见符正平主编：《公司国际化经营》，中国人民大学出版社 2004 年版，第 184 页。

(3) 便于获取原料或其他有利条件

例如,日本一家清酒酿造商在美国加州设厂酿造,就近以加州种植的廉价优质大米为原料,然后运往日本装瓶。又如,美国著名的电脑公司康柏(Compaq Computer)为了进入西欧市场,经过实地调查,于1985年决定在英国苏格兰的"硅谷"(Silicon Gen)设厂,因为那里各方面的条件不逊于美国的"硅谷"(Silicon Valley),而成本却降低不少。

(4) 可以利用销售网开拓销路

一些高科技产品的研发耗资巨大,正式投产前必须考虑销路。因此,国际企业往往愿与使用大户或有强大推销能力的外国企业合资生产。例如,法努克(Fanuc)是日本制造机器人的大公司,美国通用汽车公司是机器人的大用户,双方合组了一个企业GMF(即通用-法努克)进行生产。通用汽车公司借此获得了机器人的供应和有关技术,重新"武装"了美国国内的汽车工厂,降低了成本,提高了效率;而法努克则乘机打入了美国机器人市场,有了稳固的"桥头堡"。又如,美国西雅图一家小公司Cosmos开发软件十分成功,与日本电脑科学公司(Japan Computer Science Co.,JCS)合资办企业,借此可以利用日本电脑科学公司在日本国内的四百多个销售点。若非合营,这样的小公司是很难打入日本并建立广泛的销售网的。又如,履带拖拉机公司(Caterpillar)是美国的大企业,其液压升降机、自动卸货车辆的技术较为有名。但是,由于世界经济不景气,其销路受影响,于是决定与三菱重工在日本合资生产,由美国运来重要的技术部件,在日本利用当地的零配件制造整车。由于三菱重工在亚洲有广大的销售网点,履带拖拉机公司不仅大大节约了运费,也通过三菱重工的网点进入了亚洲市场。

(5) 可以直接面向消费者

拥有广大消费者的食品、饮料等行业为了直接面向消费者,及时获得信息反馈,调整营销策略,大多实行当地生产。例如,可口可乐、百事可乐公司出品的软性饮料都在目标国市场当地装瓶装罐供应。又如,著名的雀巢公司创办于1905年,组织结构以地区分部为主。1986年,雀巢公司在全球各地拥有372家工厂,其中45%分布在欧洲,20%分布在北美,35%分布在其他地区,其销售额共计35亿美元,96%是在瑞士以外的地区销售的。新产品的研究试制集中在瑞士总部进行,而各地区的子公司在很大程度上有权决定是否接受新产品的试销任务。同时,也需注意,并非直接面向消费者的当地生产都必定能获得成功。例如,1975年,德国的米勒(Miller)公司在美国得克萨斯州酿造"洛文布兰儿"(Löwenbrau)牌啤酒;丹麦的"吐波埃"(Tohoy)牌啤酒通过许可协议,由美国卡林公司在美酿造。但是,两者均不成功,反而使两个名牌的声誉受到不良影响。荷兰的"喜力"(Heineken)牌啤酒由荷兰运销美国,却获得成功。1981年,喜力对美出口啤酒300万箱,价值3亿美元,占美国啤酒进口的40%。一方面,这固然是由于喜力在美国已有广泛的销售网;另一方面,则是由于它特别注意美国50个州的法律对其标签上的皇冠和其他内容的不同要求,哪怕是细微的差别,也主动适应,而且采用瓶装,保持新鲜的形象。

(6) 为了追随重点用户

日本最大也是世界最大的轮胎及橡胶产品制造商普利司通(Bridgestone)曾在1981年位居世界轮胎制造业第四,对美出口约占其总销售量的30%。由于贸易摩擦,美国不仅对日本的汽车设置进口障碍,对日本的轮胎也是。日本几家大汽车公司所需的轮胎大多数是向普利司通订购的,如丰田(Toyota)汽车的轮胎40%由普利司通供应。由于这几家大用户纷纷到美国设厂,普利司通也有意跟随它们进军美国市场。此外,日元汇价上浮坚挺,轮胎运费昂贵,每副轮胎运费达5—12美元,而法国轮胎大制造商米其林(Michelin)已在美国当地生产。于是,普利司通决定在美国设厂生产,并以1.15亿美元购入联合皇家(Uniroyal)公司在澳大利亚的轮胎工厂,以0.52亿美元购入美国火石(Firestone)公司生产辐射式轮胎的工厂。

二、国际企业生产体系的特点

国际企业生产体系是指国际企业控制下的国际价值增值活动的区位安排。国际企业利用全球资源,实现研发、生产制造、采购和销售的全球优化配置。经济全球化提高了资源配置的效率。技术变革,特别是信息技术的广泛应用,大大降低了国际经营的管理成本和运输成本。另外,竞争的加剧迫使国际企业朝着灵活、高效、反应迅速的方向不断变革。这些因素导致国际企业的生产体系呈现一些新特点。

(一) 从全球生产价值链的角度合理配置资源

国际生产体系发展的趋势之一是走专业化道路,集中资源以加强核心竞争力。在全球制造背景下,最重要的就是通过分解,优化价值链,进行分散生产,加强对供应链各个环节的管理和控制,从而降低整个供应链的成本,缩短产品交付周期,提高供应链的效益。随着技术的不断进步和产品加工程度的日益提高,社会分工更加细化,价值链的增值环节变得越来越多,结构也更加复杂,一种产品从开发、生产到营销、运输所形成的价值链过程已很少能由一家企业独立完成。于是,价值链开始分解。市场竞争使许多相对独立、具有一定比较优势的增值环节出现,这种优势表现为在该环节具有成熟、精湛的技术和较低的成本。通过市场选择最优环节,并将各个最优环节联结起来,即通过对价值链的整体优化,可以最大限度地降低最终产品成本,实现最大的增值效益。①

① 参见符正平主编:《公司国际化经营》,中国人民大学出版社2004年版,第197页。

（二）大规模定制满足客户需求

外包战略的实质是给企业重新定位,截取企业价值链中比较窄的高利润部分,缩小经营范围,重新配置企业的各种资源,将企业有限的资源集中于最能反映企业优势的领域,以构筑企业竞争优势,使企业获得持续发展的能力。在以市场导向为生产基础的前提下,企业的生产过程是由市场需求拉动的。因此,市场需求导向要求企业根据市场需求进行研发、技术创新和成果应用。特别是基于计算机网络的社会技术的基础将是社会经济模式的核心流程从大规模生产转变为大规模定制(Mass Customization,MC)方式。相对于我们熟悉的规模化生产,大规模定制为增强制造业的竞争能力和促进经济增长提供了一种全新的生产模式。大规模定制是根据每个用户的特殊需求,用大规模生产的方式完成定制产品的生产,从而实现用户的个性化和大规模生产的有机结合。正因为综合了大规模生产和多品种生产的优点,能够同时达到产品的低成本和品种多样化的目的,大规模定制目前已经从技术前沿变成一个又一个行业的必然趋势,成为企业竞争的重要手段。大规模定制系统需要三个关键的能力:客户需求采集(Elicitation)、生产流程的柔性(Process Flexibility)以及物流(Logistics)的支持。

（三）合同制造商在国际生产体系中的作用突显

合同制造商是根据供货合同,为客户提供商品和服务的企业。合同制造商的兴起是近年来国际生产一体化发展的新趋势。与贴牌生产商相比,合同制造商的优势在于,可同时为不同的客户提供产品和服务,因而具有较高的设备利用率和效率。合同制造商不仅拥有规模经济优势,而且具备相当的技术创新能力。在必要的情况下,合同制造商可为客户开发新产品,并承担与产品制造相关的其他业务,如物流、订购、产品的售后服务等。世界四大电子设备合同制造商分别是 Solectron、Flextronics International、SCI System 和 Celestica,它们的年销售额均超过 100 亿美元。合同制造商的兴起说明,在国际竞争越来越激烈的今天,企业除了必须拥有核心能力外,还要通过建立伙伴关系,使拥有不同能力的合作者通过协议结合在一起,形成共享核心能力的合作企业网络。企业网络的本质特征是灵活生产。灵活性贯穿于企业合作过程的各个方面,而不仅仅是生产过程。

三、国际企业生产地点的选择

面对由众多国家和地区构成的国际市场,置身于复杂多变的国际环境中,国际企业生产地点的选择将是其面临的重要决定。为达到最大限度地减少成本与提高产品质量这两个目的,国际企业的经营管理人员必须能够对诸多影响地点选择的因素进行系统分析,采取相应的选择与评价方法,以期为国际化生产战略的实现打好基础。

（一）影响国际企业生产地点选择的基本因素

对选择进行国际化生产的企业来说，影响生产地点选择的因素包括以下几大类：国家因素、技术因素、产品因素和资源因素。

1．国家因素

国家因素包括不同国家要素成本的差异、行业集中的趋势、外国政府的稳定性、对生产设施所有者的政策和预期的汇率变动。

政治、经济、文化和相关要素成本在不同国家是不同的。因为要素成本的差异，一些国家在生产某些产品时就有相对的优势。在其他条件相等的情况下，企业应把各种制造活动的地点选在相关成本更有助于这些活动的地方。行业集中的趋势表现为有适当技术的劳动团队和支撑行业的出现。比如，因为中国台湾地区有一大群半导体制造工厂，该行业有经验的劳动力群体也发展起来了。另外，这些工厂又吸引了一些支撑行业，如半导体资本设备制造厂和硅制造厂。这些设施与其客户很靠近，表明选择在这里建厂有确实的利益存在。如果其他地区缺乏这样的因素，在其他条件相同的条件下，这种行业集中会使中国台湾地区在半导体制造方面形成优势。

各国政府对外国生产设施所有者的政策包括当地化的要求、进口约束、外汇限制、环保规则以及当地的产品标准。另外，政府的稳定性也是国际企业在生产地点选择中要考虑的。日益增加的社会动荡、政治风波和恐怖袭击使许多企业的领导层在进行全球选址时持更加谨慎的态度。

汇率的不利变动能很快改变一个国家作为制造基地的吸引力。货币升值可将低成本地区变为高成本地区。许多日本公司在 20 世纪 90 年代至 21 世纪最初几年不得不尽力解决这个问题。1950—1980 年，日元在外汇市场上相对较低的价值有助于巩固日本作为低成本制造地区的地位。然而，1980 年至 20 世纪 90 年代中期，日元对美元稳步升值，提高了日本出口产品的美元成本，使日本作为低成本制造地区的吸引力减弱。相应地，很多日本公司将制造活动撤出本土，而转移到东亚低成本地区。①

2．技术因素

技术因素主要是考虑不同国家和地区的技术基础差异。由于历史的和现实的多种因素制约，在不同经济发展水平的国家和地区，甚至在同一发展水平的不同国家和地区，产业发展的技术基础结构并不相同。这表现为不同国家和地区可能实行着不同的技术规程、技术标准和技术政策。对于以制造加工、资源开发等实业投资为主要活动领域的国际企业来说，必须弄清楚不同国家和地区在技术基础构成上的差异，从而减少进入的障碍和经营的风险。

---

① 参见马述忠主编：《国际企业管理教程》，浙江大学出版社 2010 年版，第 329 页。

3. 产品因素

产品因素中，产品的价重比（价格重量比）和其服务的目标市场两个因素决定了生产地点的选择。

产品的价重比主要是通过对运输成本的影响决定企业生产地点的。比如，电子元件的价重比很高，即使它们从地球另一边运过来，运输成本也只占产品总成本的很少一部分。这样，在同等条件下，在合适的地点进行产品制造，并从该地点服务全球市场的选择就很有利。另外，如果产品是符合全球市场普遍需求的，那么消费者在这些产品上的偏好就没有国别之差，在生产上也就不必有具体的当地化响应要求了。

4. 资源因素

原材料、能源和交通的质量及可得性作为资源要素也是选址不得不考虑的。比如，采矿业、农场、林业和渔业等必须靠近原材料产地。

国际企业在选择生产地点时，必须仔细权衡潜在的好处和问题，对相关因素进行综合分析。近年在企业生产选址中的趋势反映出准时生产技术，它促使供应商和生产者毗邻而居，以减少供应商的提前期。例如，在轻工业（如电子业）中，廉价劳动力因素与邻近市场因素相比变得不那么重要，电子元件的用户希望供应商与他们的制造工厂相邻。这种可能性将来会发展成一个趋势，即工厂都缩小规模而靠近市场。在有些产业中，着重于生产特定产品的小而自动化的微型工厂将会靠近主要市场，以减少交货时间。

（二）国际企业生产地点选择的策略

国际企业生产地点的选择有两个基本策略：集中策略和分散策略。集中策略是指在适合的地点集中设备，从那里服务世界市场；分散策略是指把设备分散到与主要市场邻近的地区或国家。策略选择是由各种要素决定的。一般来说，在以下情况下，国际企业适宜采用集中策略：国家因素方面，政治、经济、文化和相关要素在成本上的差异很大，贸易壁垒很低，行业集中度在该行业很重要，并且汇率稳定；技术因素方面，产品或生产技术标准差异很小；产品因素方面，产品价重比很高，并且服务是普遍需要的；资源因素方面，原材料的可得性很低，而能源和交通的质量很高。反之，分散策略则可能是国际企业适宜采用的。

国际企业在生产地点选择策略上是没有统一模式的。因为各个企业自身在可供资源、竞争优势以及经营目标等诸多方面的差异，国际企业必须根据自身的内外环境条件与经营目标，选择适当的方法，以作出生产地点选择的正确决策。

第四节 国际企业的物流管理

20 世纪 50 年代起，发达国家的企业为了追求利润和提高市场竞争力，将竞争焦点放在降低生产成本和提高产品质量上。从80年代开始,竞争焦点逐渐又转向非生产领域,企业之间服务质量的竞争日益激烈。资金流、物流、信息流对企业来说一个都不能少,其中物流是构成企业价值链的基础活动。90年代后,随着高新技术的发展和计算机信息网络的普及,传统物流业开始向现代物流业转变。时至今日,物流管理已然逐步成为企业在市场中获取和保持竞争优势的有力手段,如何降低物流成本、提高运营效益成为企业必须关注的问题。

一、国际物流的概况

随着经济的全球化,更多的国际企业在世界范围内寻找贸易机会,开发国际市场,配置生产资源。随之而来的各项物流活动的全球化使得国际企业必须更新自己的物流观念,扩展物流设施,按照国际化经营的要求对物流系统进行改造。

(一) 国际物流的含义

美国物流管理协会认为,物流是为满足消费者需求而进行的对原材料、中间库存、最终产品及相关资讯从起始地到消费地的有效流动与存储的计划、实施与控制的过程。国际物流的实质是根据国际分工的原则,依照国际惯例,利用国际化的物流网络、物流设施与物流技术,实现货物在国际上的流动与交换,以促进区域经济的发展与世界资源的优化配置。国际物流管理是对这一物流过程控制体系的设计和管理过程。从国际贸易的一般业务角度看,国际物流表现为实现国际商品交易的最终目的的过程,即实现卖方交付单证、货物和收取货款,而买方接受单证、支付货款和收取货物的贸易对流条件。

国际物流是伴随着国际贸易的产生而产生的,两者之间是相互促进的关系。国际物流的发展能对国家进出口贸易规模的扩大和进出口结构的升级起到非常积极的推动作用。① 国际物流系统涉及多个国家,地理范围大;同时,由于各国社会制度、自然环境、经营管理方法、生产习惯不同,相关因素变动较大,所以国际物流相对国内物流更加复杂。选择最佳的方式和路径,以最低的费用和最小的风险,保质、保量、适时地将货物从某国的供应方运到另一国的需求方,便是国际物流的目标。作为企业价值链的基本环节,国际物流不仅使国际商务活动得以顺利进行,还可以为国际企业带来新的价值增值,成为全球化背景下的"第三利润源泉"。

(二) 国际物流的主要特征

与国内物流一样,国际物流也包括入厂物流、生产过程物流和出厂物流三个

① 参见杨倩:《国际物流的发展对我国国际贸易的促进作用及建议》,载《中国证券期货》2011年第7期。

环节。但是,由于国际物流需要将分布在全球的各国物流系统联系起来,国际经济行为又涉及交易、主体、语言、文件、货币、时差、文化等多方面因素,因而与国内物流系统相比,国际物流的复杂性和风险性大大增加。具体而言,国际物流的主要特征有四个方面:

1. 物流系统的国际性

物流本身的功能要素、系统和外界的沟通就很复杂,国际物流再在这复杂系统上增加不同国家的要素,不仅是地域和空间的广阔,而且所涉及的内外因素更多,所需的时间更长,由此带来的直接后果是难度和复杂性增加,风险增大。这就需要管理者合理选择运输路线和运输方式,尽量缩短运输距离和货物在途时间。更进一步说,这就需要有完整、健全的物流网络体系,网络上点与点之间的物流活动应保持系统性、一致性,这样才可以保证整个物流网络有最优的库存总水平及库存分布,运输和配送快速、机动。

2. 物流环境的差异性

国际物流的一个非常重要的特点是各国物流环境的差异,尤其是物流软环境的差异。这些差异集中体现在不同国家和地区的经济、文化、政治和法律等方面,可能会直接导致国家运输体系、包装要求等方面的不同。另外,不同国家和地区的不同标准也造成国际接轨的困难,因而使得国际物流系统难以建立。要想使得物流在全球范围内节省、高效、顺畅,发展国际物流标准化就势在必行。① 这就需要国际企业从系统的角度统筹规划一个公司整体的各种物流活动,处理好物流活动与商流活动和公司目标之间、不同物流活动之间的关系,在实现每个物流环节最优化的同时,追求整体物流活动的最优化。

3. 物流系统的信息化

国际化信息系统是国际物流非常重要的支持手段。由于计算机信息技术的合理应用,国际物流过程的可见性与可控性明显增加,从而可以从整体角度协调供应商、批发商、零售商等在组织物流过程中的配合以及对物流过程的控制。但是,由于投资巨大,企业自身资源有限,而且世界上不同国家和地区物流信息化水平的差距较大,使得国际物流信息系统的建立比较困难。

4. 物流服务的社会化

众多国际企业倾向于采取资源外包的方式,即将本企业不擅长的物流环节交由专业物流公司,或者在企业内部设立相对独立的物流专业部门,而将有限的资源集中于自己真正的优势领域。这可能是国际企业本土化进程中的需要,也确实能给国际企业带来便利。

作为物流业的新兴领域,第三方物流在国际物流市场上已有了相当可观的

---

① 参见彭欣:《全球经济发展中的国际物流标准化研究》,载《技术与市场》2009 年第 7 期。

分量。根据2009—2012年第三方物流行业竞争格局与投资战略研究咨询报告显示的数据，欧洲使用第三方物流服务的比例约为76%，美国约为58%，日本约为80%；同时，欧洲有24%、美国有33%的非第三方物流服务用户已积极考虑使用第三方物流；欧洲62%、美国72%的第三方物流服务用户认为他们有可能在未来几年内再增加对第三方物流服务的需求。全球物流业务外包将平均每年增长17%。

（三）国际物流的发展

国际物流是随着国际贸易和跨国经营的发展迅速发展起来的，大体经历了以下三个发展阶段：①

1. 第一阶段：20世纪50年代至80年代初

这一阶段，物流设施和物流技术得到了极大的发展，建立了配送中心，广泛运用电子计算机进行管理，出现了立体无人仓库，一些国家建立了本国的物流标准化体系等。物流系统的改善促进了国际贸易的发展，物流活动已经超出了一国范围。但是，物流国际化的趋势还没有得到人们的重视。

2. 第二阶段：20世纪80年代初至90年代初

随着经济技术的发展和国际经济往来的日益扩大，物流国际化趋势开始成为世界性的共同问题。美国经济在此时出现了衰退的迹象，因此必须强调改善国际物流管理，降低产品成本，并且要改善服务，扩大销售，以在激烈的国际竞争中获得胜利。与此同时，日本正处于成熟的经济发展期，以贸易立国，为实现与其对外贸易相适应的物流国际化，采取了建立物流信息网络、加强物流全面质量管理等一系列措施，以提高物流国际化的效率。这一阶段，物流国际化的趋势局限在美国、日本和欧洲一些发达国家。

3. 第三阶段：20世纪90年代初至今

这一阶段，国际物流的概念和重要性已为各国政府和外贸部门所普遍接受。随着经济全球化的不断深入，国际企业的贸易伙伴遍布全球，这也必然要求物流国际化，包括物流设施国际化、物流技术国际化、物流服务国际化、货物运输国际化、包装国际化和流通加工国际化等。世界各国广泛开展国际物流理论和实践方面的大胆探索。越来越多的企业意识到，只有广泛开展国际物流合作，促进世界经济繁荣，才能更多地给企业带来效益增加。

二、国际企业物流系统的构成与运作

物流竞争地域的全球化和手段的信息化，使得仅仅聚焦于某个物流功能或环节的传统竞争思维无法适应当代企业竞争目标的转变，也难以形成和保持竞

① 参见马永飞：《国际物流发展与我国海关应对》，载《对外经贸实务》2011年第7期。

争优势。于是,关注物流活动全过程,协调各环节之间的物流活动,从全局考虑,提高国际物流系统的整体运行效率,构建整体优势,成为国际企业物流管理的重点。

(一)国际企业物流系统的含义

国际企业物流系统是指在一定的时间和空间里(包括国内、国家间、区域间和洲际间),为了最高效率地进行物流活动,由物流人员、物流设施、待运物资和物流信息等要素构成的具有特定功能的有机整体。①

(二)国际企业物流系统的组成

国际物流通过商品的储存和运输,实现其自身的时间和空间效益,满足国际贸易活动和国际企业经营的要求。国际物流是一个复杂而巨大的系统工程,包括商品的包装、储存、运输、检验、流通加工及其前后的整理、再包装以及国际配送等过程。具体而言,国际企业物流系统可以分成以下几个子系统:

1. 以商标和包装为代表的国际物流包装子系统

美国杜邦化学公司提出的杜邦定律认为,63%的消费者是根据商品的包装装潢进行购买的。国际市场和消费者是通过商品认识企业的,而商品的商标和包装就是企业的"面孔",反映了一个国家的科技文化水平。商品的商标一般都需要经过有关部门的登记注册,并受法律保护,以防假冒,保护企业和消费者的利益。因此,商标关系到一个企业乃至一个国家的信誉和命运。

在考虑面向国际市场的商品包装设计和具体作业流程时,应该把包装、储存、搬运和运输等过程联系起来综合考虑,实现现代国际物流系统所要求的"保、储、运一体化",即从开始包装商品时就考虑储存和运输的方便,以加速物流,减少费用,符合现代物流系统设计的要求。② 国际企业在进行国际包装决策时,首先要考虑包装成本,其次要考虑包装对产品运输的安全性和对产品装卸便利程度的作用。

2. 以商品加工和配送为代表的国际物流仓储子系统

储存和保管使商品在流通过程中处于一种或长或短的相对停滞状态,这种停滞是完全必要的。这是因为,商品流通是一个由分散到集中,再由集中到分散的源源不断的流通过程。国际贸易和跨国经营中的商品从生产厂或供应部门被集中运送到装运港口,有时有必要临时存放一段时间,再装运出口,是一个集和散的过程。这主要是在各国的保税区和保税仓库进行的。

保税仓库是经海关批准,专门用于存放保税货物的仓库。它必须具备专门储存、堆放货物的安全设施,有健全的仓库管理制度和详细的仓库账册,配备专

① 参见吴尚义、刘建华:《国际物流研究的现状与特点分析》,载《中国流通经济》2012年第3期。

② 参见吴声功:《跨国公司经营管理》,上海人民出版社2003年版,第523—524页。

门的经海关培训认可的专职管理人员。保税仓库的出现,为国际物流的海关仓储提供了既经济又便利的条件。有时会出现对货物不知最后作何处理的情况,这时买主(或卖主)可将货物在保税仓库暂存一段时间。若货物最终重又出口,则无须缴纳关税或其他税费;若货物将内销,则可将纳税时间推迟到实际内销时为止。从物流角度看,应尽量减少储存时间、储存数量,加速货物和资金周转,实现国际物流的高效率运转。

3. 以海洋运输为代表的国际物流运输子系统

国际货物运输是国际物流系统的核心。运输的作用是将商品使用价值进行空间移动。物流系统依靠运输作业,克服商品生产地和需要地的空间距离阻隔,创造了商品的空间效益。国际货物运输具有路线长、环节多、涉及面广、手续繁杂、风险性大、时间性强、内外运两段性和多式联运等特点。运输费用在国际贸易商品价格中占有很大比重。

国际企业普遍采用的国际运输方式是海运和空运。其中,海运是国际物流中最主要的一种。相对于空运来说,海运的运输量更大,运费也低很多。目前,国际贸易总运量中的2/3以上都是利用海洋运输的。海运的可选择工具主要有集装箱船(Container Ships)、货船(Unconventional Cargo Vessels)和滚装船(Roll-on-roll-off Vessels,RORO)。集装箱船运输具有标准化和便于装卸等优点,货船可以用于运载非常规货物,滚装船是可以直接运载货运车的渡船。空运是一种快速运送产品的途径,但由于运输费用高而限制了其广泛使用的可能。在实际运作中,成本、时间和政治因素是影响国际企业选择国际运输形式的主要因素,其他诸如货物特征、运量大小、距离远近、气候条件等因素也是需要被考虑在内的。

4. 以海空港集散为代表的国际物流口岸子系统

由于国际贸易和跨国经营具有投资大、风险高、周期长等特点,使得商品检验和通关成为国际物流系统中重要的子系统。通过商品检验,确定交货品质、数量和包装条件是否符合合同规定。如发现问题,可分清责任,向有关方面索赔。在买卖合同中,一般都订有商品检验条款,其主要内容有检验时间和地点、检验机构和检验证明、检验标准和检验方法等。另外,商品出入境必须申请通关。通关制度是主权国家维护本国政治、经济、文化利益,对进出口货物和物品在进出境口岸进行监督管理的基本制度。不同的货物通关,在办理手续和管理办法上有不同的要求。

根据国际贸易惯例,商品检验时间与地点的规定可概括为三种做法:一是在出口国检验,又可分为在工厂检验和装船前或装船时检验两种情况;二是在进口国检验,包括卸货后在约定时间内检验和在买方营业处所或最后用户所在地检验两种情况;三是在出口国检验、进口国复验。此外,商品检验证也是议付货款的单据之一。商品检验可按生产国的标准进行检验,或者按买卖双方协商同意的标准进行检验,或者按国际标准或国际习惯进行检验。

5. 以电子商务为代表的国际物流信息子系统

国际化的信息系统是国际物流重要的支持手段。该子系统的主要功能是采集、处理和传递国际物流和商流的信息情报。没有功能完善的信息系统,国际贸易和跨国经营将寸步难行。国际物流信息的主要内容包括进出口单证的作业过程、支付方式信息、客户资料信息、市场行情信息和供求信息等,具有信息量大、交换频繁、传递量大、时间性强、环节多、点多线长等特点。所以,国际物流信息系统的建立并不容易。在管理上的困难、投资规模的巨大以及不同国家和地区信息化水平的差异等都将增加这一系统建立的难度。

三、国际企业物流网络的构建

国际贸易和跨国经营的竞争要求国际物流系统的物流费用要低,顾客服务水平要高。国际物流系统与几个相互关联的子系统发挥各自的功能,共同协力达到国际物流系统整体效益最大的目标。因此,建立完善的国际企业物流网络十分重要。

(一)国际企业物流网络的含义

国际企业物流网络是指由多个收发货节点和它们之间的连线所构成的物流抽象网络,以及与之相伴随的信息流网络的有机整体。

收发货节点是指进、出口国内外的各层仓库,如制造厂仓库、中间商仓库、口岸仓库、国内外中转点仓库、流通加工配送中心以及保税区仓库。国际商品就是通过这些仓库的收入和发出,并在中间存放保管,实现国际物流系统的时间效益,克服生产时间和消费时间上的分离,促进国际贸易系统的顺利运行。

连线是指连接上述国内外众多收发货节点间的运输,如各种海运航线、铁路线、飞机航线以及海陆空联合运航线。这些网络连线是库存货物的移动(运输)轨迹的物化形式;每一对节点有许多连线,以表示不同的运输路线、不同产品的各种运输服务;各节点表示存货流动暂时停滞,其目的是更有效地移动(收或发);信息流动网的连线通常包括国内外的邮件或某些电子媒介(如电话、电传、电报以及目前的 EDI 电子数据交换等),其信息网络的节点则是各种物流信息汇集及处理之点,如员工处理国际订货单据、编制大量出口单证、准备提单以及电脑对最新库存量的记录。物流网与信息网并非独立的,它们之间是密切相连的关系。[①]

① 参见朱意秋、刘文文:《海运企业构建国际物流网络的模式》,载《珠江水运》2007 年第 1 期。

（二）国际企业物流网络的建设

国际企业物流网络建设的中心问题是确定进出口货源点（或货源基地）和消费者的位置，以及各层级仓库及中间商批发市场和零售店的位置、数量和规模，从而决定国际物流系统的合理化布局。在合理布局国际企业物流网络的前提下，国际商品由卖方向买方实体流动的方向、规模、数量就确定下来了。

在构建国际企业物流网络时，要注意的问题有：

1. 国际企业物流网络规划并不是独立的规划，它必须和国际企业的商品交易计划以及一个国家宏观国际贸易的总体规划结合起来，在此基础上规划网络内建库数目、地点以及规模。全球化经营和本地化经营的最大不同是需求信息来源的多样化、地区差别化、消费的文化价值差异化等。因此，企业还要根据不同的国情，对需求特点进行分析，建立全球需求信息反馈系统。

2. 建立全球化合作关系网，提高物流效率。由于全球供应链跨越不同的国家和地区，物流过程要经过海关、机场、港口等，运输过程十分复杂，有汽车、飞机、轮船等各种运输工具，还有不同国家的管理和地区性政策等，这些都会导致物流效率变低。为了提高物流效率，必须建立全球化的合作关系网，通过和当地的物流部门进行合作，把部分业务外包给当地企业，如代理销售、代理运输、代理库存管理等，或建立联合经营体，如地区分销中心等。

3. 明确各级仓库的供应范围、分层关系以及供应或收购数量，注意各层仓库间的有机衔接。例如，生产厂家仓库与各中间商仓库、港（站、机场）区仓库以及出口装运能力的配合和协同，以保证国内外物流畅通，少出现或不出现在某一层仓库储存数量过多、时间过长的不均衡状态。

4. 国际物流网点规划要考虑现代物流技术的发展，留有余地，以备将来的扩建。为发展外向型经济，扩大国际贸易，增强商品在国际市场上的竞争力，应建立健全高效、通畅的国际物流体系，实现国际物流合理化和国际贸易扩大化。

5. 构建物流网络需要巨大的投资，因此在承运市场上出现了越来越多的联盟和兼并。就企业而言，选择怎样的战略伙伴关系，以求拓宽顾客基础、降低单位成本并避免资源的重复建设是需要重视的问题。

本章小结

运营管理可以定义为对整个生产/服务系统进行设计、运作及改进，从而产生企业的主要产品或服务的过程。运营管理是对人的管理和对复杂技术的管理的综合，其目的是通过提供高质量的产品和服务而有效地为企业创造财富。国际企业的运营管理是当今商业经营环境中一项不容忽视的课题。技术和研发水平的高低决定了国际企业能否保持持久的创新能力。因此，国际企业的研发必须注重如何充分利用全球范围内的研发力量和技术资源，以提高企业的创造力和竞争力。

国际企业全球化采购战略的运作模式可以分为生产者驱动式、购买者驱动式以及专业化的国际采购组织和经纪人执行式三种。通过高效的供应链管理，减少潜藏在技术复杂的长供应链中的巨大协调费用，需要国际企业的采购和供应链管理相对于传统管理模式进行较大的变革。

国际企业的生产关注的重点是，从全球生产价值链的角度合理配置资源，采取相应的策略，在国际范围内对制造和服务进行合理的布局。随着全球制造模式的发展和现代服务业的兴起，国际企业参与全球协作的程度日益加深。如何整合全球范围内的研发、采购、生产、物流管理和信息资源，使它们不再孤立地运转或管理，是国际企业在竞争中取得优势的关键。

习题

1. 分析国际企业外包/离岸战略和回岸战略对本土企业可能产生的影响。
2. 国际企业技术转移的具体类型有哪些？它们各自的适用情况怎样？
3. 谈谈供应链环境下国际企业采购策略的转变。
4. 国际企业在构建物流网络过程中需要着重考虑的问题有哪些？

案例

大众汽车的中国之行

大众汽车成立于1938年，总部位于德国沃尔夫斯堡。大众汽车的德文是"VolksWagen"，"Volks"在德语中的意思为"大众(国民)"，"Wagen"在德语中的意思为"汽车"。大众汽车是欧洲最大的汽车公司，是世界第二大汽车企业。2011年，大众汽车集团年销量达到800万辆。大众汽车在全世界许多国家都有分支。从1984年起，大众汽车就开始进入中国市场，目前在中国拥有14家企业除了生产轿车外，大众汽车还向消费者和行业提供零部件和服务。

一、牵手中国，领先一步

1978年开始的改革开放是中国经济发展史上的一件大事。比起外部世界翻天覆地的变化，当时的中国的确是百废待兴。许多原先的重要工业部门都纷纷遵循"走出去，请进来"的方针，在国际市场上寻求合作。汽车制造业也面临着同样的问题。本国的技术落后和人才匮乏成为阻碍中国汽车业崛起的两大障碍。然而，由于经历过“文化大革命”的十年浩劫，加之对于中国市场的未知和所谓的“政治风险”等问题，外国企业要么毫不理会合作意向，要么对于合作项目漫天要价。

就在1984年，一向谨慎的德国人作出了一个在现在看来也是最为关键的决策——和中国政府合作。与其他外国企业不同的是，德国大众似乎熟知中国人的处事之道，不但几乎接受了中国政府提出的所有要求，而且其虚心的合作精神也是日后在中国市场取得成功的关键所在。德国大众用诚意敲开了中国这个亚洲最大的消费市场的大门。中国政府也保证一定时期内不再与其他外国汽车企业合作，这也是德国大众梦寐以求的。通过这次合作，德国大众似乎找到了神秘的东方宝藏，中国则借此走上汽车工业高速发展的道路。

当改革深入人心之际，作为德国大众和中国政府正式的合作成果，大众汽车集团在中国先后拥有两家轿车合资企业，上海大众汽车有限公司(1984)和一汽大众汽车有限公司(1991)先后成立。也就是从那时开始，大众品牌逐渐深入人心，领跑中国汽车市场二十多年。同时，南北大众的齐头并进，也将中国汽车市场的份额牢牢地控制在自己手中，占据了中国汽车行业的龙头地位。

对于在中国投资设厂，德国大众经过了一番深思熟虑。培育和开发中国的轿车市场，是德国大众进入中国之后的首要任务。于是，德国大众很快推出了至今还遍布中国城市大街小巷的“桑塔纳”和“捷达”。这两款已经在欧洲市场上退出的产品却能在中国的轿车市场上获得成功，并且其产品的生命力能够一直保持到现在，令人不得不叹服德国大众过人的战略眼光。

从1985年起，上海大众开始生产“桑塔纳”，掀开了中国轿车工业史新的一页，标志着中国的汽车工业进入了新的发展阶段。1992年，第一辆国产“捷达”在长春诞生，从此开始了其辉煌的历程。用当时的技术标准衡量，这两款车的性能并非国际市场上十分先进的。但是，德国大众在车型的选择上没有一味地引进当时的前沿技术，而是选择了两款非常成熟的车型投放到中国市场。

德国大众选择在中国投产“桑塔纳”和“捷达”这两款车型，其实具有非常深远的意义：首先，大大缩短了新品设计开发的时间；其次，压缩了中外双方的合作费用；再次，力求以尽可能小的投入满足中国市场的需求；最后，也是最为关键的是，德国大众明白，中国政府同意其在国内投资，就是希望以此举帮助中国国内的汽车工业迅速提高。事实表明，当初的选择是十分正确的。因为在中国改革开放的成果初步显现的时候，人们的生活水准已经有了明显的改善，他们的物质追求已经不再是简单的温饱问题了，生活上的现代化已逐步成为他们的目标。另外，大中型城市的发展也为当时轿车的量产提供了有利的空间。这样，德国大众彻底开启了中国轿车消费市场的闸门。

二、自主创新,国产为先

虽然每个企业都应该将利润作为自己的首要目标,不过德国大众在和中国政府的合作过程中,也渐渐明白中国政府所赋予它的使命,因此注意将其在华获利和振兴中国轿车工业结合起来。德国大众并没有急功近利。在最初推出的"桑塔纳"和"捷达"获得市场好评的时候,南北大众均高举"国产化"的大旗,让人感觉到德国大众确实一心一意在为中国的汽车制造业作贡献。提高国产化意味着振兴民族工业,德国大众的在华合资企业被中国人当作国内企业一样看待。很多人被阵阵"国产化"的浪潮激励和鼓舞,对大众汽车产品的消费空前热烈。

不久,上海大众在原有"桑塔纳"车型的基础上,踏上了"桑塔纳2000"的开发之路。1992年,上海大众和德国大众联合开发"桑塔纳2000"的工程正式启动。1995年,"桑塔纳2000"投放市场,开创了国内轿车开发模式的先河。采用这种双方联合开发的模式,既能确保德方在项目中的申报,更是给了中国政府一个重要的信号:德国大众是在全力协助中国的轿车工业。德方在知识产权、专利技术和科技壁垒等敏感的问题上都作了相应的让步,这种国产化方面的积极配合正是双方合作愉快的重要砝码。双方的合作结果有目共睹,比如"桑塔纳"系列轿车的国产化率从原来的2.7%到后来的94%,"桑塔纳2000"的国产化率达到87.03%;"捷达"系列车型的国产化率也突破80%。这样的成绩让合作双方都比较满意。

与此同时,对外开放的中国开始受到越来越多的关注。正当许多外国企业为进入中国费尽心机,争得不可开交的时候,德国大众已经悄悄地收获成果了。它的品牌家喻户晓,由"V"和"W"组成的商标成为中国城市街头的风景线。大众品牌的覆盖程度似乎不能用正常的商业行为解释了,只能说明在和中国政府的合作中,德国大众得到了巨大的回报。当然,也正是由于这种看似寡头垄断的合作,才使得中国的轿车制造业在较短的时间里有了飞速的进步。这种进步的程度足以影响国际汽车制造业的走向,甚至威胁到了德国大众本身的利益。

三、扩大规模,整合资源

随着中国改革开发的深入和市场经济的迅猛发展,众多的国际企业涌入中国。作为利润丰厚的整车制造,当然也不例外。国际汽车巨头在失去了进入中国市场的先机之后,再也不愿失去这个机会了,这使得汽车行业的竞争更加激烈。许多的外国企业纷纷在华建立自己的生产基地和销售网络,一副"大打出手",拼个"你死我活"的架势。面对来势汹汹的竞争对手,如何在没有中国政府全力支持的局面中继续赢得"领头羊"的位置,成为摆在德国大众高层面前最为棘手的问题。原先"一家通吃"的格局已经被打破,上海通用、广州本田和北京现代等一系列强劲对手的出现,再加上中国本土已经崛起的奇瑞、吉利以及包括华晨在内的民营力量,使中国汽车市场"硝烟四起"。

此时的中国已经不是几款车型就能满足的市场了,同系列的不同配置和细分市场的出现,给汽车巨头们既带来了发展的空间,又加速了它们之间的竞争。中国正以每年约40个新品种的速度推出新车型,同时大大减少了每个车型的产品周期。

大众汽车作为中国市场的"领路人",面对这种威胁,及时调整了产品布局。2000年6月,具备"高技术、高质量、高舒适性"的"帕萨特"投放市场,一举成为国内中高级轿车的"旗舰"。上海大众不断地开发并日臻完善的"帕萨特"系列受到市场的欢迎。同时,在宣传力度上的加大,使"帕萨特"成为受中国成功人士青睐的座驾,在消费者心目中形成了高档的品牌形象和广泛的产品覆盖。虽然市场的同级别轿车有"广州本田雅阁"和"通用别克君威"的夹击,但是"帕萨特"的年销量长期占据首位,形成了日后中级车的标志。

作为大众汽车的另一个合作伙伴,一汽大众也将产品结构调整当作应对汽车市场井喷式消费势头的良策。企业在继续以原有的"捷达"把住中低档车市场的同时,积极引进"奥迪A6",并且和中国政府签订了官方用车的协议,在根本上保证了销量上的稳定。同时,"奥迪A6"以国产高档车的形象示人,一下子就填补了中国高档轿车的空白,持续数年保持着高档车的冠军销量。

四、神话褪色,任重道远

一段时间里,大众汽车在渐渐失去中国政府大力支持的时候,还是能依靠原先积累下来的实力,继续领先其他汽车品牌。但是,技术上和原来销售渠道上的优势也在逐步缩小。虽然在某些级别的市场中,大众汽车的车型还能位于销量的前列,不过和其他公司的差距也在不断缩小。再加上其他跨国汽车企业采用CKD散件生产的方式,直接和快速地建立起自己的工厂,铺开自己的销售团队,这使得在经营和策略上始终追求高国产化率的大众汽车一时间无法抵挡住其他品牌的强劲攻势。此外,大众汽车在高国产化的光环下,没有积极地开展公司旗下产品的系列化和结构调整,所以在相当长的时间里,车型的更新速度明显落后于同行,导致中国车市群雄争霸的局面愈演愈烈。

? 思考题

1. 大众汽车和中国政府为什么能够达成合资协议?
2. 大众汽车在中国的国产化对彼此有哪些好处?
3. 大众汽车是如何应对国际企业同行在中国的竞争的?

第七章　国际企业的营销管理

教学目的和要求

1. 认识国际企业市场细分的主要变量
2. 掌握国际企业产品的标准化和差异化策略
3. 了解国际企业的定价、促销和分销策略

营销(Marketing)是对各种理念、产品和服务实行构想、定价、促销和分销等活动,使其通过交换实现满足个人和组织的目的的整个策划和实施过程。[①] 国际营销是国内营销的延续和发展。与国内营销相比,国际营销更为复杂,影响其成败的因素更多,主要原因在于国际营销环境比国内营销环境更复杂多样。企业开展国际营销的关键在于预测文化因素对营销的影响,使自己的营销规划和活动与这些不同的环境特征相适应。国际营销管理的目的在于,用企业的资源满足在地域上分散的多国购买者的需要,实现企业的跨国经营战略和发展目标。

第一节　国际企业的目标市场

企业要想在国际化经营中真正获得发展,需要对相应的目标市场作出科学、慎重的比较和选择。国际企业开展营销活动,必须及时掌握国际市场动态,系统收集营销环境方面的信息,做好国际市场调研。在此基础上,再根据消费者需求的差异,进行市场细分,使国际企业的能力符合还没有得到满足的当地顾客的需求。

一、国际市场调研

国际市场是一个复杂的市场,具有社会结构不同、生活方式差异较大、语言和风俗民情多样等特点。国际市场调研的内容和目的从理论上说与国内市场调研相似,即摸清市场行情,减少决策失误。但是,由于人们对他国市场了解的有限性,使得国际市场调研与普通调研相比有许多明显的差别。具体而言,国际市场调研需要考虑许多新的变量,例如关税、汇率、法律环境、货运、保险、政治风险

① See AMA Board Approved New Marketing Definition, Marketing News, March 1, 1985, p. 1.

等。其中,有些是原来营销人员所不熟悉的,因此会产生许多预想不到的问题。

国际市场调研涉及企业国际营销活动的各个领域,主要内容包括市场潜力、客户需求特征、市场环境因素以及市场竞争状况等。

(一) 市场潜力

调研某个国家或地区的市场潜力,要依次了解其整体经济水平、需求满足及潜在需求状况。这类调研的内容包括:产品的需求总量和需求增长潜力;需求变动情况及其原因;产品在国外市场上的占有率;产品在哪些细分市场上占有优势;不同国家的市场需求情况及增长潜力等。具体做法包括:考察相关国家当前的进口政策;掌握当地生产同类产品的状况;了解当地人口的增长和消费趋势情况。这些初始性的分析与调查有助于公司确认潜在的市场,缩小选择目标市场的范围。

一个国家或地区的潜在需求在较长时间内保持稳定,对其的评估主要基于该国或地区较为稳定的总体社会经济水平等方面的指标,包括国民生产总值、国民收入、人均国民收入、实际工资水平、社会零售总额等。在分析市场需求潜力时,市场指标方面的资料也比较有用。市场指标又称"市场特征值",是衡量众多地理区域相对市场力度的经济数据,可以用来确定国外市场对本企业产品和服务的潜在需求情况。市场指标通常包括三个方面:

1. 市场规模

市场规模是一个相对指标,以每个市场占世界总市场的百分比表示。该百分比是用总人口、城市人口、居民消费支出、钢铁消费量、水泥产量、发电量,以及电话、汽车、电视机和电脑拥有量等加以平均后求得的。

2. 市场强度

市场强度被用来衡量市场富裕程度或集中的购买力程度(世界市场刻度为1.00),或某一国相对于他国的购买力水平。市场强度指标通过人均钢铁和能源消费量,电话、汽车、电视机和电脑拥有量,水泥和电力产量等求得。

3. 市场增长

市场增长指的是销售增长情况,包括以下指标过去五年的增长率:人口、钢铁消耗、水泥产量和发电量,以及电话、汽车、电视机和电脑拥有量等。

(二) 客户需求特征

客户需求特征的调研侧重于国外客户的经济状况、购买动机、购买地点、购买方式和习惯,他们的数量、构成和地区分布,对特定产品品牌或特定商店产生偏好的因素、条件和原因,对本企业产品或服务的满意程度等。其主要内容有:

1. 需求习惯

国际企业的产品如果是最终消费品,那么要明确是以生活、生理属性为主的消费品,还是以社会、心理属性为主的消费品。如果是前者,那么将可能在消费上具有许多相似之处;如果是后者,则要考虑文化、习惯等因素对产品消费和销售的影响。对于工业用品来说,要分析该产品对用户来说是一种关键的生产经营投入品,还是一般辅助配套的用品。如果是前者,用户会非常重视产品的有效供给。

2. 需求稳定性

如果国际企业经营范围内的产品是一种日常的生活必需品,受季节性影响很小,那么市场需求较稳定,而且可能有较大的市场潜力。如果是一种高档奢侈品或艺术欣赏品,那么市场需求可能不大,而且受偏好的影响很大。如果是季节性产品,则市场需求的波动一般较大。

3. 尚未被满足的需求和欲望

国际企业还应了解市场的发展可能性,市场存在哪些未得到满足的需求和欲望,以及其迫切程度如何。这对企业识别市场机会和确认其经营方向很有用。企业除了要从总体上了解市场现状外,重要的是把握市场机会。

(三) 市场环境因素

国际企业需要考虑的市场环境因素有很多,其中市场营销四要素——产品、价格、促销和分销,对于企业能否进入国外市场至关重要,必须进行认真仔细的调研。

1. 产品调研

这类调研的主要内容有:产品设计、功能、用途及维修,产品品牌设计和使用,产品外观和包装,不同国家消费者对产品的要求和偏好存在的差异,产品的生命周期,本企业在国外市场的知名度,以及本企业的产品质量和性能是否符合国外消费者的要求等。

2. 价格调研

在国际市场上,产品定价比国内定价复杂,价格调研的内容也较多,其中包括影响价格变化的主要因素:不同国家市场上商品供求弹性大小,产品的现行价格、提价或降价方法及产生的反应,各类顾客对本企业产品价格的反应,以及不同分销渠道的产品价格加成情况等。

3. 促销调研

这类调研主要包括:进入目标市场可选择的不同促销方案,国外广告代理商情况,目标市场所在地的广告媒介情况,国外中间商在广告宣传上能起多大协助作用,以及企业的人员推销及达到预期促销效果所需的费用等。

4. 分销调研

这类调研主要包括:企业国际化经营可供选择的分销渠道类型,各种类型的中间商的职能和作用,主要经销商的规模、经营范围、推销能力、服务、储运条件和资信情况,以及国际分销渠道的变动情况等。

二、国际市场细分

市场细分是指企业在营销调研的基础上，按照一定标准，把整体市场划分成若干个小市场，即细分市场或子市场，然后从中选择营销对象。市场细分的思想被广泛应用于营销实践。国际市场细分是企业进入国际市场的一种有效手段，是指企业按照一定的细分变量，把整个国际市场划分为具有不同营销组合特征的小市场或分市场。

（一）国际市场细分的作用

大多数国际企业的目标往往是为世界某一区域的某一部分客户提供服务。市场细分的意义在于，明确市场的差异性，以便企业根据细分市场的特点和自身的比较优势，确定市场目标和进行市场定位，制定正确的营销战略或策略。因此，国际市场细分能够提高企业进入国际市场的效益。另外，国际市场细分还有利于中小企业开发国际市场。因为中小企业实力相对较弱，通过国际市场细分，可以抓住国际市场机会，扬长避短，降低进入成本，集中人、财、物等资源，占领一个有利可图的市场。

市场细分对于企业的国际营销十分重要。例如，日本市场曾长期被认为是同质的、不可细分的。其依据是：日本民族单一，宗教和文化一元化程度高，大多数日本人都认为自己是中产阶级。但是，一些国际企业通过深入研究发现，日本人的收入水平和生活方式其实存在较大差异。这为日本市场细分和对不同产品销售对象的区分提供了基础。

（二）国际市场细分的方法

企业细分国际消费者市场时，主要有两种做法：一是根据消费者特征细分市场，即以地理因素、人口因素与心理因素作为细分变量，然后看同一群体的顾客是否对产品有相似的反应，进而得出不同群体对同一产品的不同态度；二是通过观察消费者的购买行为，把他们购买时追求的利益、使用频率与使用场合、对产品的态度等作为细分依据，然后考查每个细分市场是否有相似的消费者特征。企业细分国际消费者市场所依据的变量有很多，根据上述两种做法，可以概括为四类：

1. 地理变量

企业可以按不同的地理位置，把世界市场分成不同的区域，如北美、西欧、东亚、南非等。企业可以选择其中某些国家、地区从事经营活动，但必须注意它们在需求和偏好方面的差异，这些差异可能是不同地理区域的自然气候、地形地貌、经济发展、收入水平、传统文化的不同造成的。因此，有些产品可能在很多国家畅销，有些产品可能只在某一国的部分地区受欢迎。例如，冰箱和制冷设备制造商可基于发达程度细分国际市场，高档大冰室冰箱可倾向于发达程度高的那些国家,而小冰箱和小制冷设备则重点看好发展中国家。

2. 人口统计变量

人口统计变量很长一段时间以来一直是细分消费者市场的重要变量,并得到最广泛的使用,因为消费者的欲望、偏好和使用率往往与人口因素高度相关。人口统计变量包括年龄、性别、家庭、收入、职业、教育、宗教、种族、国籍等。这些变量比其他变量更易测量,数据收集更方便,来源也更可靠。国际企业如果先使用其他变量进行细分,再将细分的结果与人口统计变量结合起来分析,就能更清楚地反映出细分市场的特征。

值得注意的是,很多人口统计变量正在逐渐发生变化,所以国际企业不能总用老眼光看待新事物。例如,在考虑用性别变量作为细分市场的标准时,应该注意到性别作用的变化,不同国家、地区性别作用的差异性,以及对营销工作的影响。一般来说,男性与女性在购买家庭用品的分工上有所不同。女性传统上负责购买家庭日用品和儿童用品。所以,生产这些产品的企业在设计产品和推销策略时,注意符合女性购买者的口味。企业选择广告媒体,会选择女性爱看的报刊和电视节目。当然,家庭内传统的购买分工也在变化,这也是国际企业必须注意到的。例如,现在不少国家的男性在家庭生活和家务方面的作用不断加强,越来越多的男性在照料孩子、购物、做饭、整理居室等方面花费许多时间,充当"家庭主夫"的角色。这些变化使一些商家把次目标市场对准婚后男性消费者,调整商场布局,把男性购买比较频繁的商品放在通道旁或楼层低的地方,以符合他们的购物习惯。

3. 心理变量

心理变量指的是消费者的生活方式、个人特性和态度。生活方式是一个十分重要的因素,在国际市场细分中有着很多的应用。消费者在购买产品时实际上就反映了他们的生活方式和观念。企业可以从消费者的活动类型和范围、兴趣爱好的种类、对外部事物和现象的观点和意见等方面进行调查分析,从而区分出不同生活方式的消费者群体。有些发达国家生活水平较高,人们普遍有着享受生活的心态;而有些发展中国家生活水平较低,大多数人还处于劳作型。随着经济的发展和收入的提高,现在有越来越多的人的生活方式发生了变化,他们追求娱乐和休闲,生活观念从"我为工作而生活"转向"我为生活而工作"。

国际企业可以按心理变量细分市场,主要考虑社会阶层、生活方式和个性形象,以迎合相应的顾客群。一般认为,汽车、服装、娱乐活动等的需求受心理变量影响较大。比如,女性时装的生产商分别为"纯朴女性"、"时髦女郎"和"职业女士"设计不同款式的服装;烟草公司为"不顾一切的吸烟者"、"偶然的吸烟者"和"谨慎的吸烟者"提供不同品牌的卷烟;汽车制造公司更是别出心裁地为具有各种不同个性的顾客推出品牌形象各异的汽车。

4．行为变量

行为变量包括消费者所寻求的效用，对品牌的偏好，对产品、价格、促销和分销变化的敏感性。国际企业可以根据这些因素细分消费者市场。

消费者往往因为具有不同的购买动机、追求不同的利益，所以购买不同品牌的产品。行为变量是一种十分有效的细分变量，甚至比人口细分更能准确把握消费者的需求。比如，牙膏市场上消费者追求的利益被细分为四类：一是注重经济实惠；二是希望防病治病；三是关心洁齿效果；四是喜欢某种味道。生产牙膏的国际企业可以根据这一情况，确定自己的产品最适合哪些细分市场；同时，也可以将消费者追求的两种或两种以上的利益结合起来，用同一种商品去满足，如推出能同时洁齿、防蛀和使口腔清香的牙膏。

国际企业还可按消费者对品牌的忠诚度，把所有的消费者细分为四类：第一，单一品牌忠诚者，即任何时候都只买某一种品牌的产品；第二，多品牌忠诚者，即同时忠实于两三种品牌的产品；第三，见异思迁者，即时常由对一种品牌的喜爱转向另一种品牌；第四，游离者，即从不忠于任何品牌，购买随意性极大的顾客。每个市场都包括这四种类型的顾客。国际企业应研究对本企业产品持忠诚态度的顾客，从而确定自己的目标市场；研究对本企业产品持不稳定忠诚态度的顾客，发现哪些品牌是本企业产品最强有力的竞争者；研究放弃本企业品牌的顾客，了解自己工作中的不足之处。

总之，对消费者市场进行细分的变量有很多，国际企业究竟选择哪一个，或同时选择多个，要视具体情况确定，并随时间的推移作必要的调整。

第二节　国际企业的产品策略

国际企业的产品策略是国际营销管理的核心，是价格策略、促销策略与分销策略的基础。由于处在错综复杂的国际市场环境里，国际企业面临着国内产品策略中从未遇到过的问题，具体内容包括国际产品的标准化与差异化策略、国际品牌策略以及国际产品包装策略等。

一、国际产品的标准化与差异化策略

国际企业经过市场调研和细分，确定了目标市场，选择了合适的进入方式后，必须向海外客户提供合适的产品。但是，国际企业面对的是各国或地区不同的市场环境。因此，向全世界所有市场都提供标准化产品，还是为适应每一特殊的市场而设计差异化产品，是国际企业所面临的重要决策，即所谓的“国际产品的标准化与差异化策略”。

（一）国际产品标准化策略

国际产品标准化策略是指在世界各地市场上,企业都提供统一标准的产品。例如,在很多国家和地区,消费者可以喝到品牌、口味都相同的可口可乐,也可以在各国买到规格、型号一样的苹果手机。

1. 实行国际产品标准化策略的意义

在经济全球化步伐日益加快的今天,国际企业实行产品标准化策略,对其获取和利用全球竞争优势具有重要的意义。首先,产品标准化可使国际企业实现规模经济效益,大幅度降低产品研发、生产和销售等各个环节的成本,从而提高利润。其次,在全球范围内销售标准化的产品,有利于树立产品在世界上的统一形象,有助于消费者对其产品的识别,强化国际企业的声誉。最后,产品标准化可以使国际企业集中营销资源,一方面降低国际营销管理的难度,另一方面加强对国际营销活动的控制。

2. 国际产品标准化策略要考虑的因素

国际企业决定是否选择产品标准化策略时,一般要考虑以下几个方面的因素:

（1）国际产品的需求特点。从国际消费者的角度看,需求可以分为两大类:一类是全球消费者共同的、与国别无关的共性需求,另一类则是与具体环境相关的各国消费者的个性需求。对无差别的共性需求占主导地位的国际产品,宜采取国际产品标准化策略,包括:一般工业品,如各种原材料、生产设备、零部件等;某些日用消费品,如软饮料、胶卷、洗涤用品、化妆品、保健品、体育用品等;具有地方和民族特色的产品,如中国的丝绸、法国的香水、古巴的雪茄等。此外,全球政治、经济、文化的交流使世界人口流动越来越频繁。客户在国外的生活和工作中希望接触到在本国所使用的规格统一的产品,如计算机产品等。这样不仅可以得到心理上的认同,更重要的是为生活和工作带来了更多的方便。

（2）国际产品的成本因素。从生产的角度看,在研发、采购、制造和分销等方面能够获得较大规模经济效益的产品适宜于标准化,包括:技术标准化的产品,如电视机、录像机、音响等;技术密集型产品,这类产品采取全球标准化可以补偿产品研发的巨额投资。

（3）国际竞争条件。如果在目标市场上没有竞争对手出现,或者市场竞争不激烈,或者市场竞争虽很激烈,但本企业拥有独特的生产技能,且是其他企业无法效仿的,则可以考虑采用标准化产品策略。

（二）国际产品差异化策略

国际产品差异化策略是指企业根据不同的国家和地区,对产品作出适当的调整,以适应当地的情况或偏好。实际上,尽管人类存在着某些普通的需求共性,但是在国际市场上,不同国家和地区消费者的需求差异是主要的。在某些领域，特别是与社会文化的关联性强的行业，消费者对国际产品的需求差异更加突出。

国际企业根据不同国家和地区的经济、文化、地理等特点，向当地消费者提供适合其口味的产品。一个较为典型的差异化例子是：通用食品公司根据仔细的市场调研，了解到英国人习惯喝加牛奶的咖啡，法国人喝咖啡时则不加牛奶，而拉丁美洲人喜欢喝有巧克力味道的咖啡等，设计了各种不同口味的咖啡，成功地赢得了各国消费者的喜爱。

一般而言，国际企业决定其产品是否实施差异化策略，要考虑三个重要因素：

1. 使用条件的差异

各国的气候、地形、文化、习俗、资源、生产技术发展水平等对在国际市场上销售的产品有很大影响，使消费者产生不同的购买心态，或有排斥心理，或对产品的接受程度有差异。国际市场虽有一定程度的趋同，但巨大的差异是客观存在的，企业不宜盲目采用标准化策略。例如，出口到英国的汽车必须将方向盘移到右边，以适应英国靠左边行驶的交通规则。

2. 市场差异

市场差异首先表现在各市场的经济发展水平不平衡，导致消费者收入水平不同，引起消费者购买力有所不同。国际企业应在产品的特色、质量以及营销策略等若干方面实行差异化，使其适应所在市场的经济发展水平。例如，对经济发展水平较低的市场来说，实用性强、价格便宜的产品会较受欢迎；而有的高收入市场的购买者可能会更注重产品的款式、性能、特色，而且广告和销售推广活动会起到较大作用。

3. 政府的作用

政府的政策及法律法规有时在市场上起到强制性作用。因此，国际企业在他国市场上推广其产品时，需仔细研究该国的政策及法律法规，包括贸易保护政策、税收政策、卫生检查标准、包装要求等。例如，某国生产的部分食品虽然符合本国的食品卫生标准，但是出口到其他国家，却达不到该国的食品卫生标准。在这种情况下，国际企业必须入乡随俗，对自己的产品进行一定的改造，才能够进入该国的市场。

二、国际品牌策略

美国市场营销协会（AMA）认为，品牌是一个名称、术语、符号或图案设计，或者是它们的不同组合，用以识别某个或某群消费者的产品或劳务，使之与竞争对手的产品或劳务相区别。当今国际市场的竞争已经跨越了产品竞争阶段，进入品牌竞争时代。

(一) 国际品牌设计的原则

成功的国际品牌设计要求国际企业正确地选择、构思,并转换为外国消费者所欣赏的图案、文字和符号,在设计中应遵循以下原则:

1. 品牌名称和标志必须遵守当地政府的有关法律法规,这样才能获得注册登记。尤其要注意的是,不能侵犯当地企业的商标权。

2. 品牌名称要符合进口国或地区的文化传统和背景,否则很难在当地营销。例如,领带品牌"Goldlion"最初的名称是"金狮",这是由英文直译过来的。该品牌的领带开始销售情况并不好,原因很简单:在粤语中,"金狮"与"甘输"谐音,香港人喜欢跑马和买股票,谁愿意"甘输"呢?经过反复推敲,企业将音译和意译相结合,把商标译成"金利来",销售量便迅速增加。

3. 品牌名称、图案设计应能促使当地顾客产生与其消费心理和消费习惯相吻合的联想,形成对商品的良好印象。例如,"Sprite"汽水初次在香港上市时,取其谐音,命名为"事必利",听上去虽很吉利,但实际销售情况不佳。企业后将其改名为"雪碧",给人以清凉解渴的联想,随即为消费者所接受。

(二) 国际品牌策略的类型

在将产品销往国际市场时,首先,企业应考虑是否使用品牌。其次,对于需要使用品牌的产品,企业既可以使用中间商或零售商的品牌,也可以使用自己的品牌。最后,如果企业选择使用自己的品牌,则需要考虑采用何种具体的品牌策略。具体说来,国际企业的品牌策略大致有六种:

1. 无品牌策略

使用品牌和商标有助于对国际产品的宣传,帮助该国消费者识别该企业产品。但是,这也会给国际企业增加相应的成本费用。国际企业是否使用品牌,主要应根据产品的性质、消费者的购买习惯以及权衡使用品牌的得失决定。下列产品通常可采用无品牌策略:农、牧、矿业初级产品,电力、煤炭等不会因生产经营者不同而形成不同特点的产品;该国消费者在购买习惯上不辨认品牌或没必要选择品牌的产品,如盐、糖以及品种繁多的技术含量不高的小商品等。

值得注意的是,近几年,随着国际市场竞争的不断加剧,西方一些企业为了促进销售,吸引顾客,对一些传统上无须使用品牌的产品也开始使用品牌。尽管成本增加了,但是这的确起到了较好的促销效果。

2. 采用制造商或中间商品牌策略

国际企业进入国际市场的产品可采用自己的品牌,亦可采用中间商的品牌。国际企业的产品采用制造商的品牌,其好处是可以建立起企业的国际信誉,获得消费者对本企业产品的忠诚度,为以后扩大销售打下基础。但是,生产商常常会面临如何迅速打开国际市场的难题。许多知名度不高、实力不雄厚的企业为使产品迅速进入目标国市场,更倾向于选择采用中间商的品牌。西方许多著名的大型批发商、经销商都采用自己的品牌。借助于中间商的品牌信誉,虽可迅速使产品打开销路,但容易抹杀国际企业的功绩,不利于国际企业在国际市场上的进一步发展。

总之,国际企业在选择品牌归属时,应衡量生产者品牌和经销商品牌的声誉、费用开支、国际企业的未来发展以及企业进入国际市场的方式等因素。如果国际企业以出口方式进入国际市场,通常面临的选择是采用本企业的品牌还是经销商的品牌;而以许可证贸易方式进入国际市场的国际企业则是由许可方向国外的受证方提供生产制造技术的使用权、专利使用权,同时提供其品牌的使用权。如果国际企业采用合资和直接投资方式进入外国市场,其产品的品牌策略则面临以下选择:采用本企业的品牌,或采用合作伙伴的品牌,或采用合资双方共同的品牌,或合资双方根据目标国的法规及消费者偏好共同设计新的品牌。

3. 统一品牌策略

这是指国际企业生产的各种产品都采用同一品牌。采用这一策略的国际企业常常具有较强的竞争实力,且该品牌在国际市场上已获得一定的知名度和美誉度。采用这一策略的优点是:给企业在全球范围内进行广告宣传带来方便,有利于节省品牌设计费用和广告费用;可以建立品牌信誉,带动产品销售,尤其是新产品的上市推广;有助于树立企业的市场形象,建立顾客的品牌忠诚度。采用这一策略的前提条件是:该品牌在国际市场上已获得一定声誉,使用该品牌的各种产品的质量水平相当。如果产品质量参差不齐,使用同一品牌就会影响其中高质量产品的市场形象,甚至影响整个企业的形象。

4. 多品牌策略

这是指企业在国际市场上对同一产品使用多种不同的品牌。采用这一策略的优点是:多种不同的品牌适合不同国家的文化,只要被该国零售商接受,就会占用较多的货架面积,而使国际竞争对手产品的陈列空间相对减少;可以吸引该国更多的品牌转换者,提高该国的市场占有率;有利于在国际企业内部形成激励效应,提高效率。采用这一策略的前提条件是:国际企业有设计多种品牌并为之宣传的实力,能为各种品牌找到恰当的细分市场。

但是,国际企业的品牌并不是多多益善。国际企业在推出多种品牌时,可能每种品牌都只有极低的市场占有率,而没有利润率很高的品牌。这样,国际企业的资源就会过于分散,而不能集中于较成功的品牌。这时,国际企业就必须放弃一些较弱的品牌,将资源优势集中在保留下来的品牌上,以期夺取国际竞争对手的市场,而不是自己与自己竞争。

5. 品牌推展策略

这是指国际企业利用其成功品牌的声誉推出改良产品或新产品,也可以推出有不同功能特点、质量水平、规格型号的产品的策略。国际企业采用这一策略,可以节省宣传新品牌的促销费用,使新产品迅速顺利地进入市场。例如,国际知名企业海尔集团借助于海尔冰箱在国内市场上的信誉,将彩电、空调、洗衣机等家电都采用“海尔”品牌推向国际市场,取得了较大的成功。但是,如果推展的品牌已在国际市场上有较高的声誉,则推展的新产品也必须与其有同样良好的质量、服务等,否则不仅会影响新产品的销售,更重要的是会降低已有品牌的声誉。

6. 品牌再定位策略

这是指企业因国际市场某些因素发生变化而对品牌进行重新定位的策略。在下列情况下,品牌需要重新定位:某些国家的消费者偏好发生了变化,形成某一特定偏好的消费群,而本企业的品牌已不能满足这一消费群的偏好;国际竞争激烈,一些竞争者将品牌定位在靠近本企业品牌的附近,并夺取部分市场,使本企业的市场占有率减少。

国际企业在进行品牌重新定位决策时,必须考虑两个因素:一是将品牌转移的费用。一般来说,重新定位离原位置距离越远,变化越大,所需费用越高。二是品牌重新定位所能获得的收益。收益的大小取决于国际细分市场上消费者的数量、平均购买率、企业的实力以及竞争者的数量等因素。国际企业必须对品牌重新定位的费用和收益进行权衡,然后从中选定较优方案。

三、国际产品包装策略

包装是国际产品决策中重要的组成部分,是指设计并生产容器或包扎物的一系列活动。产品包装的目的是保护和美化产品,以便于运输、储存和销售。包装也有促销和增加产品价值的功能。

(一) 国际产品包装设计的基本要求

国际产品包装是一项技术性和艺术性很强的工作,应做到美观、实用、经济,具体要求如下:

1. 准确传递商品信息

世界各国一般都对产品包装上应标识的内容有明确的规定,如生产日期、重量、保质期等。另外,包装上的文字、图案、色彩等均应与商品的特色和风格相一致。切忌以包装物上的说明、彩色图片等夸大产品的性能、质量,对“金玉其外,败絮其中”的包装要严格禁止。

2. 与产品价值相适应

包装物的价值应与产品价值相配套。例如,高级珠宝应配以高档包装,以烘托产品的名贵。如果包装物的价值超过产品本身的价值,则会引起消费者反感,从而影响销售。

3. 考虑目标市场的需求

进入国际市场的产品包装要考虑各个国家和地区的储运条件、分销时间的长短、气候状况、消费偏好、销售条件、环境保护、风俗习惯、审美观、收入水平及各国的法律规定等。例如,在非洲和拉丁美洲一些国家,由于道路状况不太理想,用玻璃作为包装材料不太适用。在一些发展中国家,包装消费品在分销渠道中滞留的时间可长达六个多月,而在美国只需两三个月,这样对包装质量要求不同。出口到热带国家的食品的包装则要重点考虑产品的保质问题,以避免炎热的气候环境导致产品变质。包装规格也要因国而异,低收入国家的消费者更习惯于数量少的包装。

4. 符合目标市场的政策法规

世界各国为规范产品包装,减少包装对社会的不良影响,都先后制定了一系列有关包装的法规。例如,美国的《真实包装和标签法》规定,包装和标签要符合产品的实际。目前,包装的国际趋势是将包装与环境保护挂钩。很多国家都对产品包装提出了环保方面的要求,要求产品包装不污染环境、能够回收利用,或要求控制废弃包装物对环境的污染。例如,德国禁止一切使用聚氯乙烯或聚苯乙烯泡沫塑料制成的包装物。又如,美国1998年以可能产生虫害为由,对中国出口商品的木质包装提出进行熏蒸处理的要求,否则就地销毁或不予进口,对中国出口产品造成了极大的损失。因此,国际企业对这一动向应予以密切关注。

(二) 国际产品包装策略的类型

在国际市场上,产品包装策略主要有以下五种:

1. 统一包装策略

统一包装是指国际企业生产的各种产品在包装上采用相同或相似的图案、色彩和标识,使消费者在不同国家能很容易地识别出是同一家企业的产品。统一包装的优点是:可以形成视觉强化,加深顾客的品牌印象,树立企业的形象。随着国际人口流动的日趋频繁,人们每到一处都会看到某企业的产品或类似的标志,会感受到国际企业的竞争实力,增强对其产品的信任度。此外,统一包装还可以节省包装设计费用和印刷费用。

2. 差异包装策略

差异包装是指国际企业对销往不同国家和地区的产品采用不同的设计图案、色彩和包装材料。差异包装会增加包装设计费用和新产品的促销费用,但是可以避免因个别产品声誉下降而影响其他产品的销售。

3. 配套包装策略

配套包装是指按各国消费者的消费习惯,将数种有关联的产品配套包装在一起成套供应,以便于消费者购买、携带和使用,同时还可扩大产品的销售。

4. 再使用包装策略

不同国家的消费者对包装的要求不同。有的国家的消费者希望包装也有其特殊的用途。再使用包装是指原包装的产品用完后,包装容器可转作他用,又称"双重用途包装"。

5. 改变包装策略

当一个包装在某一个国家获得消费者的青睐时,有的国际企业会因此将其引入到另一个国家,但是由于文化的差异,不被消费者接受。这时,国际企业就必须对该国进行市场调查,改变原有包装的设计,采用新的包装。值得注意的是,国际企业在改变包装的同时,必须配合做好宣传工作,以消除该国消费者以为产品质量下降或其他的误解。例如,中国香港一家公司在亚洲食品商店推销它生产的蚝油时,采用下面的包装装潢画,效果很好:一个亚洲妇女和一个男孩坐在一条渔船上,船里装满了大蚝。可是,这家公司将这种东方食品调料销往美国,仍用原来的包装装潢画,却没有取得成功,因为美国消费者不能理解其含义。后来,这家公司在旧金山一家经销商和装潢设计咨询公司的帮助下,改换了商品名称,并重新设计了包装装潢画:一个放有一块美国牛肉和一个褐色蚝的盘子,这样才引起了美国消费者的兴趣。经过一年的努力,这家香港公司在美国推出的新的蚝油包装装潢画吸引了越来越多的消费者,超级市场也愿意经销了,终于在美国打开了蚝油的销路。

第三节 国际企业的定价策略

企业的定价策略是企业在制定产品价格和价格调整的过程中,为了实现营销目标所采取的某种定价艺术和技巧。产品价格的高低,直接决定着企业的收益水平,也影响到产品在市场上的竞争力。因为价格是营销组合中最为敏感的因素,内、外部环境的微小变化都可能会引起价格的巨大调整,从而影响到整个营销组合的实施效果。在国际营销中,这种影响更为明显。当一种产品在不同的国家进行销售时,价格的形成也比国内市场来得复杂。因此,国际企业的定价策略尤为重要。

一、国际企业产品定价的影响因素

在国际市场上,许多产品由产地卖到另外的国家和地区,其价格会上升得很多,这就是所谓的"国际产品价格的升降现象"。仔细分析不难看到,影响国际产品定价的因素远比影响国内产品定价的因素多,除需求因素、成本因素、生产因素以外,还要考虑东道国的各种特殊因素。

(一) 特有的成本因素

产品在国际营销过程中会产生很多特有的成本因素,包括运输费用、关税、分销费用以及各种风险可能引起的损失等。

1. 运输费用

产品在国际市场上进行交易,买卖双方一般相距很远,产品需要经过国际长途运输,多次装卸和储存,还要办理洽租运输工具、申请货运保险、支付运输费用、支付银行费用等,这些都增加了产品国际交易的成本。例如,荷兰的鲜花在日本东京售价高达1000—2000日元一束,因为鲜花是当天从荷兰空运过来的,运费就占到了1/3的价格。可见,运输费用是构成出口价格的重要因素。尽可能地节约运输费用是提高出口产品价格竞争力的重要一环。

2. 关税

关税是当货物从一国进入另一国时所缴纳的费用。它是一种特殊形式的税收,是国际贸易最普遍的特点之一,对于进出口货物的价格有直接的影响。过高的关税甚至会迫使企业放弃向某一市场的出口。征收关税不但可以增加政府的财政收入,而且可以保护本国市场。关税额一般是用关税率表示的,可以按从量、从价或混合方式征收。事实上,产品缴纳的进口签证费、配额管理费等其他管理费用也是一个很大的数额,成为实际上的另一种关税。

3. 分销费用

一般而言,国际营销渠道都有中间商介入。中间商数目越多,销售环节越复杂,销售渠道越长,国际营销中的代理费用、运输费用、库存费用、保险费用就会越高。这种由国际营销中间环节造成的营销成本必然会提高产品的价格。

4. 风险成本

在国际营销实践中,风险成本主要包括通货膨胀和汇率风险。其中,汇率风险是指外汇汇率的变动给国际企业跨国经营带来的负面影响。一般情况下,一国货币的贬值对本国企业出口是有利的。因为在国际销售价格不变的情况下,国际企业所获得的用本国货币计算的利润将会增加。

企业在进行跨国经营时,应该考虑如何消除或减少由于本国货币升值所带来的对价格的影响。由于目前国际上的重要货币都实行自由浮动制,任何人都无法确定某种货币的未来值,因此要充分考虑汇率波动对国际企业的可能性影响,采取相应的对策以避免损失。

通货膨胀风险是指通货膨胀使产品的成本不断上升,如不及时调整价格,企业的销售收入可能还不够重新进货或者再生产投入。在通货膨胀率较高的地区或国家销售产品,应该把通货膨胀的因素充分考虑在国际产品的定价中。产品的成本应该以新的市场价格重新计算,或者在计算交货时的价格中把通货膨胀率考虑进去,使企业能维持正当的毛利率。

（二）市场因素

产品价格是市场机制作用的产物。市场供求、市场竞争和市场价格是完整的市场机制的三个不可分割的因素。市场供求和市场竞争决定市场价格,而市场价格反过来又影响市场供求和市场竞争。

1. 市场供求因素

市场供求因素包括需求状况和市场供给状况两个方面。市场价格就是市场供需双方力量相互作用的结果。产品的生产和销售是为了满足消费者的需求。企业的产品是否符合目标国市场的需求偏好,产品价格是否与当地市场的购买力相适应,决定着产品价值能否顺利实现以及国际营销的成败。在国际寡头市场结构中,企业供给行为的相互依赖性很大。任何企业产品决策和价格决策的变动都会给其他企业带来很大的影响。这就要求企业在作出定价策略时,必须充分考虑其他企业的供给行为和价格策略。

2. 市场竞争因素

价格竞争是国际市场竞争的主要方式之一。在国际营销中,企业可以采取降低销售价格、给予价格折扣、与其他企业共同操纵价格等方式,开展价格竞争,争夺市场,扩大销售。但是,企业应该以价格竞争作为主要竞争手段,还是应该以质量竞争等非价格竞争作为主要竞争手段,以及价格竞争究竟应该开展到什么程度,还必须视市场结构和环境、企业成本状况、产品性质及其所处的生命周期阶段而定。

（三）公共政策因素

公共政策主要指的是政府影响和集团控制。任何东道国政府都会对外国企业的经营活动加以管理和限制,以维护东道国的经济利益。政府干预价格的目的主要是防止外国产品在国内市场上取得垄断地位,稳定物价以保持本国经济正常运行。这就使得国际企业的定价和价格竞争能力受到限制。

东道国政府对国际产品定价策略的影响是多方面的:可以是宏观的,也可以是微观的;可以是法律形式的,也可以是行政命令形式的。东道国政府干预市场价格主要包括:有关边际利润、价格上下限以及价格变动的明确规定和限制性的直接管制,也有采取政府直接参与市场活动、给予财政补贴方式的间接干预。此外,东道国政府还可以利用关税或其他税收手段,影响国际企业的销售价格。因此,一个公司在进行国际营销时,既要考虑本国的经济政策,也要考虑东道国的经济政策,以作出正确的定价决策。

集团控制的作用体现在国内集团和国际集团两个方面。许多国际协定会影响国际市场营销中的定价。国际市场为了避免恶性竞争如削价竞争造成的损失,通过国际会议、政府推动,或是由同行业企业协调而达成某些协定,从而联手控制行业的价格水平,而控制能力取决于它们对于市场的垄断程度。一般来说,对国际市场营销影响最为直接的国际价格协议包括商会制定的协议、专利许可协议以及卡特尔等。例如,欧佩克石油输出国组织长期控制着国际石油市场的整体价格水平,其成员国不得擅自抬价或降价出售石油。因此,国际企业在考虑定价决策时,也应充分考虑这两个集团的作用。

二、国际企业的价格选择

国际企业在制定产品或服务的价格时,面临着许多可供选择的策略。

(一) 全球标准价格和市场差别价格

1. 全球标准价格(Standardized Worldwide Pricing)

全球标准价格是指商品在世界各地实行统一价格。统一价格有助于国际企业及其产品在世界市场上建立统一形象,便于企业总部控制全球的营销活动。显然,这是一种最简单的定价方法,既不需要对各国的实际成本进行测算,也不需要考虑各国市场的承受能力。但是,这种定价方法的问题在于,所定的价格对于贫穷的国家可能太高,对于富裕的国家则可能太低。

运用这种定价政策时,国际企业可能忽视了这样的事实:

第一,成本分配本身具有随意性;

第二,不同国家的生产要素成本(如劳动力、资本、原材料、管理成本)不同;

第三,销往国外市场的产品的边际成本可能较低(尤其是在研究和发展工作都以国内为主的情况下);

第四,企业在不同的国外市场的竞争地位不同;

第五,企业在不同的国外市场的渗入程度不同;

第六,主要供应商或东道国政府实施价格管理。

因此,在生活水平、人均收入和其他成本差异很大的现实世界中,全球标准价格是不现实的。实际上,绝大部分对外投资者都无法得到这种价格。除非在政府对价格干预很少的垄断市场情况下,或者是作为直接出口商,企业才有可能使用这种价格。

2. 市场差别价格(Market Differentiated Pricing)

市场差别价格是指根据目标市场实际情况制定的价格。显然,目标市场不同,商品价格也不同。在这种情况下,国际企业会给予下属子公司相当大的自由度,使子公司能根据当地市场的实际情况制定价格。国际企业可以制定双重价格(Dual Pricing),即对某种商品制定两种不同的价格,在国内市场是一个价格,在国际市场又是一个价格,也可以在不同的市场上制定不同的价格。这种定价方法允许国际企业考虑不同的要素成本、竞争环境以及政府对不同市场的干预程度,因此在国际市场上是一种较现实的定价方法。

然而,国际企业要使这种差别价格有利可图,需要具备以下三个条件:

一是企业必须保证其各国市场相对独立,否则个人和企业就有可能利用套利交易削弱差别定价的效果。套利交易是指个人和企业利用两个国家之间的价格差别,从一个国家以低价买入产品,而在另一个国家高价卖出。

二是企业必须了解在不同国家价格需求弹性也不同。价格需求弹性反映了需求量对价格的敏感程度。在需求弹性高的国家,企业制定较低的价格;而在需求弹性低的国家,企业制定较高的价格。当然,一个国家需求弹性的高低受到很多因素的影响,如收入水平和竞争状况。企业在具体实施时要充分考虑这些因素。

三是细分市场和控制市场的成本费用不得超过因实行价格歧视而得到的额外收入,并且价格歧视不会引起顾客反感。

(二) 撇脂定价、渗透定价和跟进定价

在市场上,尤其对新产品而言,国际企业有三种基本的定价策略,即撇脂定价、渗透定价和跟进定价。

1. 撇脂定价

对于首次投放到国外市场的新产品,可以采用撇脂策略,即把产品的价格定得很高,以尽早收回投资。这种定价方法就像从牛奶中撇奶油一样,取出精华,所以被称为“撇脂”。这种定价策略通常具有短期性,随着销售形势的变化,销售价格会逐步降低。

适宜采用这种策略的环境是:

第一,在市场上没有生存竞争,如卖方市场的情况;

第二,严格限制进口,不鼓励外国参与竞争;

第三,产品处于生命周期的早期阶段;

第四,拥有名牌产品,且产品受消费者喜爱;

第五,由于需要很多资源投入,或者由于政府对外国和当地投资者的限制,竞争者进入国内或国外市场都会遇到很大阻力和障碍。

这些情况在一些发展中国家比较常见,通常拥有高技术的国际企业在国外市场上可以推行这种定价策略。这种策略要求企业采取强有力的手段进行促销,同时也会对当地或外国竞争者产生很大的诱惑力。例如,杜邦公司在20世纪40年代首次将尼龙技术运用在制造透明玻璃丝袜上,在定价时就采用了撇脂策略,在市场上一度引起抢购热潮。该策略的优点是:能在短期内获得较高利润,有利于企业快速收回成本并树立高档产品的形象;缺点是:风险较大,费用较高,不利于开拓市场。

2. 渗透定价

渗透定价是指在国际企业的新产品进入外国市场初期,把价格定得相对较低,以迅速打开销路,提高市场占有率。采用渗透定价策略应考虑这样一些条件：

第一，产品销售和单位成本高度相关，销售量越大，单位成本越低，即有取得规模经济的可能性；

第二，产品高水平的标准化；

第三，产品具有价格弹性，价格越低，需求量越大；

第四，技术稳定，产品正处于成熟期；

第五，财务上能够承受最初的损失。

该策略的优点是：产品迎合消费者追求价廉的心理，能迅速占领国际市场，并有效地挡住现有和潜在竞争者进入市场。例如，20 世纪 60 年代初，美国泰姆克斯公司推出电子表时，就采用了低价渗透策略，从而获得了巨大的市场份额和品牌知名度。其缺点是：低价不利于投资的尽快收回，而且作为新产品以低价进入，可能会给消费者造成一种劣质产品的形象。另外，一旦向市场渗透的目标达到，企业就会逐渐提高价格，这会招致消费者的反感。

3. 跟进定价

跟进定价是指国际企业紧跟同行业主要的竞争对手确定价格，以与之保持一致。这是一种被动的定价方法。这种策略要求同行业内不同的企业在定价时相互协调。但是，许多发达国家和一些发展中国家对这种定价上的协调通过反托拉斯法和反垄断法加以禁止。如果没有这种立法存在，价格上相互协调的行为是常见的现象，在供过于求的行业尤其如此。

(三) 倾销价格

"倾销"(Dumping)一词原来是指把不需要的东西抛掉。20 世纪初，在国际贸易中首次使用这个概念，指出口商在海外市场上廉价抛售商品。这种现象的出现，首先引起西方发达国家的注意，被认为是一种不公平的贸易做法，是对自由贸易的冲击。西方经济学家也认为倾销是一种价格歧视，不利于竞争，应该受到法律的制裁。现在，倾销一般是指外国厂商将生产的商品以低于其正常价值的价格进行销售，使得当地市场上生产同类产品的企业受到实质性的损害或威胁的行为。

一般来说，倾销价格的使用条件有三个：(1) 本国市场受到严密保护，能有效地防止或阻止外国竞争对手把公司的产品返销回来；(2) 产品在国内市场上维持高价，以补贴或支持在外国倾销而蒙受的利润降低损失，与之相关的通常是要求公司有较大的市场规模和较强的实力；(3) 目标市场国家的价格管理较松，特别是没有严格的反倾销法规与措施。

1. 倾销的类型

倾销大致可以分为以下四种情况：

(1) 零星倾销(Sporadic Dumping)。即制造商抛售库存，处理过剩产品。这类制造商既要保护其在国内的竞争地位，又要避免发起可能伤害国内市场的价格战，因此就会采取只要能减少损失，企业就大量销售的办法，即向海外市场倾销。

(2) 掠夺性倾销(Predatory Dumping)。即企业实施亏本销售，旨在进入某个外国市场，而且主要是为了排斥竞争。其持续时间比零星倾销长，一旦竞争消除或者竞争地位确立，企业就会根据垄断地位提价。这种倾销方法使企业在初期处于亏损状态。因此，为了使掠夺性定价发挥作用，企业必须在另一国或者企业国家获利，以支持企业在其试图垄断的市场上的定价。

(3) 持久性倾销(Persistent Dumping)。即企业在一个市场持续地以比在其他市场低的价格销售。这种做法的前提是各个市场的营业成本和需求特点有区别。在需求弹性方面，国外市场比国内市场大，所以企业对国外市场采取增量成本或边际成本定价法；对国内市场采取完全成本定价法，以抵补固定成本。

(4) 逆向倾销(Reverse Dumping)。即制造商的国内市场需求比国外市场需求富于弹性时，在国内市场以低一些的价格销售海外产品。

2. 倾销价格的限制

在制定倾销价格时，有关国家对倾销的限制是需要考虑的。由于倾销违反了公平贸易、公平竞争的原则，许多国家都加以干预。例如，在美国，在接到诉讼指控时，美国商务部和国际贸易委员会便进行调查，了解售给美国的外国产品价格是否涉嫌低于公平市价。如果确认产品价格低于公平市价，则国际贸易委员会必须再确定国内工业是否或可能由于倾销而受到伤害。一旦判定国内工业会受到伤害，就要课征反倾销税，以弥补进货价格(或出口产品售价)与外国市价(真实或未算的)差额。

这里的正常价值或公平市价通常根据案例的具体情况而定，可供选择的标准一般有：(1) 出口国或原产地国的国内销售价，即被指控的倾销产品或与其类似的产品在调查期间，在出口国国内市场上实际被支付的或被约定支付的价格；(2) 对第三国的出口价格，即当被指控的倾销产品或相似产品在出口国无销售或销售量极小，以致不能以国内销售价格作为正常价值时，所采用的出口国向第三国出口的产品价格；(3) 结构价格，即被指控倾销的产品成本加上一定幅度的利润；(4) 替代国价格，即用一个属于市场经济体制的第三国所生产的相似产品的成本或出售的价格作为基础计算的正常价值；(5) 相似产品在进口国的销售价格，即进口国以从其他国家进口同类产品或相似产品的平均进口价格为标准确定的价格。

第四节 国际企业的促销策略

国际企业进入海外市场,除了要有良好的产品和服务、合适的定价以及畅通的分销渠道之外,还必须能够与他国的消费者及潜在消费者进行良好的沟通。促销,意即"促进销售",是指企业为了让消费者购买其产品或者服务,将有关信息通过某种传播方式传递给消费者,以使其了解、信赖直至购买本企业的产品或者服务。促销大致分为两种:人员推销和非人员推销。其中,非人员推销又包括广告、公共关系和营业推广。

一、国际企业的广告策略

广告是指由企业支付一定的费用,选择一定的媒体,传播公司或产品的相关信息,以引起消费者的注意,并促进销售的一种形式。广告作为大多数国际企业进入他国选择的促销工具,具有帮助消费者认识本企业及企业产品、服务的功能,同时能激发消费者的购买兴趣,提升产品的知名度和美誉度,塑造国际企业的良好形象。

(一) 国际广告的目标

国际广告策略的第一步是制定广告目标。广告目标的制定必须充分考虑企业制定的有关目标市场、市场定位和营销组合等营销策略并与之相吻合。这决定了国际广告促销手段在整体营销规划中必须完成的任务,即在特定的时期内和特定的国际市场上,企业是否取得了对广告目标对象所要达到的沟通效果和销售业绩。按企业的沟通目的,广告目标可以分为三种,即告知信息、劝导购买和巩固使用。

1. 告知信息

在产品的初始开拓阶段,国际企业一般可以采用告知信息型广告,其主要目的在于提高消费者对企业及企业产品各方面情况如名称和性能等的知晓率,建立对产品的初步需求,并吸引早期购买。国际企业作为新进入的国外企业,很少受到当地消费者的关注,当地消费者对其产品和服务也不是很了解。通过广告信息的传播,国际企业的产品可以迅速被消费者认可,并在国际上赢得声誉,尽快打入并扩大海外市场。国际广告在产品进入初期起着相当重要的开拓性作用,是国际营销的先锋。

2. 劝导购买

劝导购买型广告在竞争阶段,特别是在产品生命周期的成长阶段尤为重要,其目的在于,介绍产品的实际使用效果,如产品特色和用途等,以建立对某一特定品牌的选择性需求。许多国际企业采用比较性广告,将企业的产品与竞争者的产品相比较,突出自身产品的优势。例如,百事可乐广告中的常用语为“年轻人的选择”,暗示着其竞争对手可口可乐的形象“陈旧”。

3. 巩固使用

在国际市场上,来自各国的产品之间竞争相当激烈。在改变消费者的消费观念和习惯过程中,国际企业也面对着一个风险,那就是花了很多的广告和其他促销费用,使消费者开始使用某种产品,其销售额后来却被后继者超过了。巩固使用型广告在产品成熟期或衰退期十分关键,其目的在于维持或继续加深顾客对企业产品的印象,鼓励并刺激他们继续使用产品。

(二) 国际企业广告媒体的选择

国际广告的媒体主要有电视、杂志、报纸、互联网、邮寄广告、灯箱、墙体广告等。各种媒体的表现力不同,各有自己的优缺点。国际企业应该根据产品的特性,选择最合适的媒体。国际企业在选择媒体时,应该考虑如下的问题:

1. 媒体的可用性

各国媒体的发展程度不一样,国际企业必须根据各国的具体情况选择媒体。有些国家的广告媒介很少,有些国家的选择余地则较大。很多国家都制定了广告等促销活动的相关法律和政策。有些国家还就广告时间长短作出了相应规定。

2. 广告的费用

所在的国家不同,产品的广告费用差别很大。国际企业在作出广告媒体的选择之前,一定要考虑自己的预算,最好把广告的预期效果和自己的财力结合起来考虑。

3. 媒体的覆盖面

媒体要尽可能覆盖到国际企业产品的潜在消费者所在的地区和人群,并提高潜在消费者接触广告的次数。在许多国际市场上,往往要通过多种广告媒介才能将信息传播给市场的广大用户。另外,媒体在社会中的可信度也是国际企业应该考虑的。消费者一般愿意相信声望较高的媒体中出现的广告内容。

4. 各国消费者接触媒体的习惯

不同国家的消费者由于风俗习惯的不同,其接触媒体的方式和倾向也会有所差别。国际企业必须研究当地消费者接触媒体的习惯,才能作出正确的选择,以免造成广告开销的浪费。

(三) 国际广告的类型

国际广告可分为国际标准化广告和地区差异化广告。一个国际企业在决定广告策略的时候,都会面临如何抉择的问题。

1. 国际标准化广告

国际标准化广告指的是一个企业在各国所做的广告的内容、基调、主题都大致相同,甚至连传播媒体的选择都是一样的。一般来说,在各国消费者购买动机相同或者类似的情况下,运用国际标准化广告的较多。标准化广告的例子如美国万宝路香烟、麦当劳快餐,它们在全球都采用类似的广告策略。标准化广告的优点是:可以节约广告设计的费用,有利于树立企业产品全球一致的形象,而且能达到一致的广告效果。然而,标准化广告有一个致命的弱点,那就是没有或者极少考虑到各国不同的国情。当各个国家消费者之间的差异性远远大于一致性的时候,标准化广告就失效了。

2. 地区差异化广告

地区差异化广告考虑到了各地消费者在购买动机、民族文化、消费习惯等方面的巨大差异,采用不一样的广告主题,以迎合消费者的不同需求。地区差异化广告克服了国际标准化广告的不足,针对各地消费者的具体差异,作出适合各国法律的适当修改,以更好地被各地消费者理解。在地区差异化广告策略中,国际企业应该尽量注意保持不变的商标和其他产品特有的形象,而且在广告商的选择上也应该尽量做到本土化,因为本土的广告公司对当地消费者的习惯和接受程度有着更深刻的理解。地区差异化广告的缺点是花费较多,且不利于国际企业塑造一个全球统一的形象。

许多国际企业将标准化和差异化结合起来,采取模式化广告战略。这种战略要求广告设计在世界各地都采用统一的模式,但在具体运用时允许某种程度的变化。母公司设计和勾勒出广告活动的轮廓,要求子公司采用其基本主题,子公司可以根据实际情况创造性地表现这个主题。例如,在总的战略下,可以适当改变语言、名称或颜色,以适应不同国家的禁忌。紫色在拉丁美洲象征着死亡,而白色在日本是哀悼的颜色。在保持相同主题的同时,适当作些变动以适应各国市场的价值观是必要的。例如,在美国,“Camay”肥皂的商业广告上画着一个美妇人在洗澡;在委内瑞拉,变成一个男人在洗澡间;在意大利和法国,画面上只能看到一个男人的手;在日本,则是一个男人在洗澡间外面等着。

二、国际企业的公共关系

随着国际交流和科学技术包括通信技术的高度发展,日趋激烈的国际竞争从形式和内容上都朝着新的方向转化,企业的社会关系和所处的国际经营环境越来越复杂,这一切都要求企业在国际市场上具有强大的适应和应对能力。从这个意义上说,国际企业建立、维持和协调与国际社会公众之间的关系,缓和与国际社会的摩擦,依靠公共关系为自身进一步发展创造有利的经营环境与和谐的社会氛围,比以往任何时候都重要。

(一) 国际公共关系的概念

国际公共关系指的是国际企业为增进各国公众对本企业的了解和支持,设计和利用适当的信息,帮助企业建立良好的企业形象,搞好与当地媒体、政府、投资者、消费者、同行其他企业的关系。国际企业可以通过赞助某些活动或者开展慈善事业,达到宣传企业形象的目的。比如,阿迪达斯通过赞助奥运会,塑造了自己在体育用品领域的高大地位。欧莱雅在中国通过义卖活动筹集资金,帮助那些优秀的西部贫困大学生继续学业。国际企业的公关对象包括现有消费者、潜在消费者、社区群众、政府部门、投资人、各级中间商、金融机构、媒体以及各种对企业感兴趣或者有影响力的社会团体如环保组织等。

(二) 国际公共关系的作用

国际公共关系作为国际企业的一种促销手段,具有成本低、影响广、可信度高等特点。例如,美国福特汽车公司在向国际市场推出"野马"新型轿车的前几天,邀请各地记者参加70辆"野马"轿车大赛,结果一炮打响。世界各地数百家报纸和杂志宣传了这次大赛,"野马"轿车后来的销售额创历史最高纪录。由于国际市场范围广,竞争激烈,且参与企业的实力与管理水平更高,因而公共关系在国际营销中的意义比在国内营销中更为突出。

考虑到海外经营的特殊条件,国际企业在开展公关活动时,应充分考虑行业类型、公司规模、所处的成长阶段以及经验。国际企业所属的行业不同,其引起的敏感性问题也有所不同。从公司规模和所处的成长阶段看,国际企业规模大,对东道国经济和社会都会带来微妙影响,其一举一动引人注目。此外,国际企业处于不同成长阶段,其公关任务不一。国际企业刚进入东道国阶段,问题多,公关任务繁重。尔后,进入营运阶段,国际企业就要关注东道国政局与政策动向以及公司利润汇回母国的风险等问题。最后,在撤出阶段,国际企业也要注意与东道国保持良好关系,以维护其他方面的投资利益。

(三) 国际企业公共关系的主要内容

国际企业公共关系的主要内容有:

1. 与媒体的关系

媒体作为传播公共信息的主体,受到人们的广泛关注。媒体关系在国际企业的危机公关中相当有效。如果企业处理不好与媒体的关系,就很容易淹没在媒体的口诛笔伐中。在信息传播相当迅速的今天,信息几乎可以同时传遍世界的各个角落。如果国际企业在某国出现了负面新闻,这些新闻会迅速传到其他国家,也影响到该国际企业在其他国家的销售。国际企业在应对这些负面新闻时必须相当迅速,除了要使内部信息传播渠道畅通之外,还应该尽快澄清事实,向消费者道歉以争取他们的谅解,并采取进一步的措施。

2. 与消费者的关系

国际企业还必须通过各种信息的传播,使消费者对企业及其产品产生信赖的感情。对于消费者的投诉,国际企业一定要认真对待。因为一个消费者愿意花费自己宝贵的时间投诉,某种程度上意味着他还是很信赖该企业的。国际企业及时迅速地回应消费者的投诉,很有可能挽回一个即将失去的顾客。但是,如果处理不好,那么就非常可能永远失去这个顾客。因此,国际企业要想长久地获得消费者的信任,就必须处理好与消费者之间的关系。

3. 与政府的关系

国际企业要想在一个国家打开市场并迅速发展,就必须处理好与当地政府的关系。因为企业的生存总是在特定的政治和法律环境之下的,所以国际企业应该让当地政府了解本企业的政策、产品和服务,游说政府官员支持本企业的发展,制定对本企业或行业有利的政策,使政府部门批准本企业进入该国的特定行业,甚至获得政府采购的订单。

三、国际企业的营业推广

与国际广告相比,国际营业推广的功能不在于向消费者提供信息或建立消费者长期的忠诚度,而是一种刺激消费者需求、以扩大短期销售为目的的促销手段。近年来,由于竞争日益激烈以及国际市场产品的品种和数量不断增加,营业推广得到越来越广泛的运用,其总体费用的增长速度大大超过了广告费用。

(一) 国际营业推广的概念

国际营业推广指的是国际企业为了直接促进消费者购买本企业产品、提升推销员的积极性以及鼓励经销商和代理商更加努力地工作而采取的不同于人员推销、广告和公共关系的短期促销活动。营业推广有多种形式,如赠送样品和奖品、发放优惠券、举办展销、进行商品示范等。在某些情况下,国际企业可能无法充分运用广告手段,此时营业推广就能发挥其良好的替代作用。运用营业推广也应注意因地制宜,主要是遵守当地法律。许多国家对营业推广活动有各种不同的法律限制,因此要事先检查拟议中的每项促销措施是否违反当地法律。例如,有的国家的法律禁止发放彩票或纪念品;有的国家对零售的数量折扣加以限制;还有的国家规定营业推广活动必须获得许可。

(二) 国际营业推广的类型

国际企业在制定营业推广方案时,必须考虑营业推广所面向的对象。根据市场特点、销售目标与推广目的的不同,一般可以把营业推广分为三种类型:

1. 针对各国消费者的营业推广

针对各国消费者的营业推广,其目的是提高产品知名度,吸引消费者到商店里去,诱导他们试用新的商品,刺激他们的购买热情。其形式有免费赠送样品、打折、减价、有奖销售、产品示范和现场表演等。这种直接引导消费者做出购买行为的方法与广告和公共关系不同。广告对购买行为产生间接的影响,而公共关系则以整个企业形象吸引公众。但是,国际企业必须考虑到各国法律对于营业推广的限制。例如,德国禁止使用折价券和赠品,法国禁止抽奖。不同的营业推广方式在不同的国家有不一样的效果。例如,巴西人非常喜欢赠送礼品,而销售折让在法国非常有效。

2. 针对国外中间商的营业推广

针对国外中间商的营业推广,其目的是增加国外中间商销售产品的热情,建立与他们的长期联系。它通过各种优惠条件促进达成协议和提高效率,主要形式有:提供商品陈列的设计资料,提供陈列津贴、广告津贴以及推销奖励,举办展览会、展销会等。对零售商来说,营业推广活动旨在鼓励他们陈列本企业产品,吸引他们积极进货和推销。在拉丁美洲一些地区,百事可乐和可口可乐公司利用"游艺巡回车"到边远村落去推销产品。巡回车一到村庄,即放映电影,组织各种娱乐活动。人们只要在零售商那里买一瓶没有开瓶的饮料,就可以入场观看。

3. 针对国外销售人员的营业推广

针对国外销售人员的营业推广,其目的是鼓励销售人员积极工作,发展新客户,开拓潜在市场,扩大现有市场。针对国外销售人员的营业推广方式有:高额补助、销售竞赛、超额分成等。对于外派、当地和第三国的销售人员,最有效的营业推广方式肯定不一样,国际企业应该根据他们的需求分别制定营业推广计划。

四、国际产品的人员推销

在国际市场促销组合活动中,通过人员推销,即个人接触和"推"的作用,企业向顾客直接传递信息,双方达成直接的双向沟通和交流,从而达到劝说顾客购买、扩大销售的目的。

(一) 国际人员推销的概念和作用

国际人员推销指的是国际企业派出专职的或者兼职的推销人员,直接与国外消费者接触,向他们介绍产品,最后实现销售目的。作为促销组合之一,人员推销有其独特的效用。无论是在发达国家市场还是欠发达国家市场,人员推销都能起到广告难以达到的效果。企业在国际市场营销活动中,常会有不尽如人意之处。例如,政府对广告和销售促进活动的种种限制、缺乏合适的广告媒体等,使企业的广告和销售促进活动受到很大限制。因此,人员推销手段越来越受到国际企业的重视。特别是在一些生产资料的销售过程中,比如大型机械、医疗设备的销售,人员推销相当重要。因为面对面的推销可以让购买者更加了解国际企业的产品,必要的时候还可以作展示,以便促进消费者的信任。推销人员与客户之间建立良好的关系,有利于国际企业与消费者之间保持长久的联系,也有利于收集客户信息,及时作出反应。

（二）国际人员推销的目标

国际企业在设计人员推销活动中，必须充分估计到不同目标市场国家或地区在文化、习俗、价值观、审美观等许多方面的巨大差异，让管理人员和推销人员有充足的思想准备，使他们对这种差异有足够的认识。在这种面对面的促销过程中，应使管理人员和推销人员能很好地理解目标国市场消费者的各种消费心理，消除因不同文化、风俗和习惯造成的距离和障碍，与目标国市场顾客培养良好的关系，以取得他们的信任。这样，企业便能消除消费者对异国人员推销活动及其所推销产品可能存有的疑虑或偏见，顺利地向他们传递有关企业及其产品的信息，对他们的需求有的放矢，使企业的销售目标和国际市场开拓目标最终得到实现。

（三）国际人员推销的不足之处

与其他促销手段相比，国际人员推销也有诸多不足：第一，人员推销容易增加企业的促销成本，结果导致产品价格上升，使企业在国际市场竞争中处于劣势；第二，人员推销较适用于工业品的销售，而对消费品的推销范围有限，在国际市场上难以大面积实施；第三，企业对推销人员的管理难度较高，况且有相当一部分消费者对人员推销存有戒心，缺乏信任。因此，企业在进行国际人员推销决策时，要权衡利弊得失，趋利避害，使国际人员推销活动与促销组合的其他活动进行良好的配合，取长补短，进行合理的运用。

第五节 国际企业的分销策略

与国内的市场营销一样，企业在进行国际营销时，也必然会面临分销的策略问题。国际分销与国内分销的重要区别在于，国际分销是跨越国界的营销活动，而国内分销则仅限于一国之内。由于各国的社会、政治、经济、文化等发展状况不同，使得国际分销比国内分销更复杂，其不确定性、不可控性也更强。

一、国际分销渠道的结构

国际分销渠道是指生产商经过或不经过国际中间商而将产品转移到国外客户手中的整个市场结构。国际分销渠道涉及两个环节：从本国出口和由他国进口，在其中分布着众多的中介机构。

（一）出口中介机构

国际企业将自己的产品分销到世界各地，可以利用专门的出口中间商，也可以通过企业自设的出口机构。

1. 出口中间商

在国际市场上，凡经营出口业务的中介机构都被称为“出口中间商”。出口中间商与国际企业属同一国家,由于社会文化背景相同,彼此容易沟通,可以很方便地合作。但是,由于它们远离目标市场国家,与当地顾客的接触少,因此在提供目标市场信息方面存在一定的不足。根据出口中间商是否拥有出口商品的所有权,可以将其分为两大类,即出口经销商和出口代理商。

(1) 出口经销商

出口经销商是指以自己的名义在本国购买产品,再卖给国外买主,以获取商业利润的贸易批发商。出口经销商的基本职能与国内批发商相同,不同点在于其客户是国外买主。出口经销商以自己的名义买卖产品,自己决定产品的花色品种和价格,自己筹集经营的资金,自己备有仓库,从而独立承担经营的风险。一些规模较大的出口经销商还能给国外买主提供融资服务,在目标国市场进行促销宣传。大多数出口经销商一般都长期从事一个行业的出口业务,因此比较了解该行业的情况,能向需要出口产品的生产企业提供一定的专业服务。出口经销商经营出口业务有两种形式:一种是"先买后卖",另一种是"先卖后买"。常见的出口经销商主要有三种类型:出口行、采购/订货行、附带式出口。

① 出口行,有的国家称之为"国际贸易公司",有的国家称之为"综合商社"(如日本、韩国),中国一般则称之为"对外贸易公司"或"进出口公司"。出口行熟悉出口业务,与国外的客户联系广泛,拥有较多的国际市场信息,在国际市场上享有较高的声誉,而且拥有大批精通国际商务、外语和法律的专业人才。因此,对一些初次进入国际市场的企业来说,使用出口行往往是比较理想的选择。

② 采购/订货行主要依据从国外收到的订单向国内生产企业进行采购,或者向国外买主指定的生产企业进行订货。它们拥有货物的所有权,但并不大量、长时间地持有存货,在收购数量达到订单数量时,就直接运交国外买主。

③ 附带式出口,又称"猪驮式出口"、"合作出口"或"互补营销",它实际上是一种将自己与其他企业的互补产品搭配出售的出口营销形式。附带式出口对于那些没有能力进行直接出口的小企业来说,是一种简单易行、风险较小的进入国际市场的形式。

(2) 出口代理商

出口代理商是指接受本国卖主委托,在协定条件下,代表委托人向国外市场销售产品,不以自己的名义向卖主购进产品,而收取佣金作为报酬的机构或商人。出口代理商与出口商最大的区别在于,不拥有产品所有权,只是产品售出后向委托人收取一定的佣金,不承担货物销售盈亏的风险。利用出口代理商可使生产企业获得几种好处:出口代理商可随时向生产企业提供外国市场信息和国际市场营销技术;由于同时经营几种互补产品,出口代理商在远洋运输和海外市场代理方面可取得规模经济;利用出口代理商可节省建立自己的出口部门所耗费的时间和费用;出口代理商也可使生产企业对海外购买者具有较大的控制权。

在国际市场上，出口代理商主要有综合出口经销商、销售代理商、制造商出口代理商、出口佣金商和国际经纪人等。

① 综合出口经销商，以企业的名义向国外买主出售产品，实际上相当于生产企业的出口部。此类出口代理商一般负责资金融通和单证的处理，有时还要承担信用风险。其获得报酬的形式一般是收取销售佣金，此外每年还可能收取少量服务费用。

② 销售代理商，相当于生产企业的销售部门，负责国际企业全部产品的销售。销售代理商能够影响甚至决定出口产品的价格、分销渠道和促销方式。销售代理商比出口商提供更多的服务，如国际市场广告的企划、国际分销渠道的评价与优化、开展人员推销、召开订货会、进行国际市场的调研、提供国际营销咨询等。

③ 制造商出口代理商，是一种专业化程度较高的出口代理商，又称"制造商出口代表"。此类出口代理商与综合出口经销商的作用非常相似，不同之处是其提供的服务相对狭窄一些，经营的产品品种也少一些，一般是经营非竞争的、互补的产品。在国际营销中，许多中小企业都使用制造商出口代理商。此外，有些国际企业在开拓海外新市场、推销新产品或市场潜力不大时，也常使用制造商出口代理商。

④ 出口佣金商，也是一种接受生产企业的委托代理出口业务的出口中间商。此类出口代理商从事的业务有两种：一种是代理国外买主在国内采购其所需的产品后办理出口；另一种是代理国内企业向国外销售产品。

⑤ 国际经纪人，是指从事进出口业务的经纪人。此类出口代理商只负责给买卖双方"牵线搭桥"，既不拥有产品所有权，也不实际持有产品和代办货物运输工作，与进出口双方一般也没有长期的、固定的关系。适用国际经纪人的情况主要有：缺乏国际营销经验的企业；季节性强的产品；无力设立国外销售机构的中小企业；不值得或没有必要设立国外销售机构的企业；目标市场遥远、市场分散或市场规模小的企业等。

2. 厂家自设的出口机构

在国际市场营销中，很多企业为了更有效地争夺、占领市场，避开中间商分享利润，同时也为了加强对国外市场的控制和管理，往往自设出口机构。特别是生产多样化、技术复杂、有特殊专利或品牌产品、需要特殊人员进行推销的企业，更多地使用自己的销售机构组织出口。这些出口机构承担起中间商的任务，为各自的生产厂商从事直接出口业务，主要有销售部门内附设出口部、独立的出口部或分公司、出口子公司、海外销售分支机构等。

厂家自设出口机构一方面可以更及时地了解市场信息，以便国际企业快速作出反应，适应竞争；另一方面也可以使国际企业更好地进行营销工作，与顾客进行更好的沟通,树立企业的国际形象。当然,自设出口机构也有其不利之处,例如没有专门从事国际业务的中间商熟悉东道国的人文环境和渠道习惯。此外,如果企业是以建立分公司或出口子公司的形式进入国际市场,就要求企业投入较大的资源,更重要的是要承担很大的风险。所以,国际企业若采取自设出口机构,必须具备一定的能力。出口经验不足的企业初次进入国际市场,一般不建议采用建立子公司或分公司的形式。

(二) 进口中介机构

进口中介机构承担着把产品送到最终消费者手中的责任,所以比出口中介机构相对复杂。进口中介机构大致包括进口商、进口代理商、进口经销商、批发商、零售商等。在各个国外市场里,中间商的数量和种类有着惊人的不同。例如,国际企业将肥皂销往日本,不得不通过也许是世界上最复杂的分销系统才能完成任务。这个分销系统包括总批发商、专业批发商、地区批发商、当地批发商、零售商。这样长的分销渠道使肥皂的价格比进口价格增长两倍或三倍。但是,同样的肥皂进入非洲,国际企业只要通过进口批发商、批发商、当地市场的小商贩,就可以将其卖给最终用户。

1. 进口商

进口商是指从国外进口产品,在国内市场销售,赚取利润,并负担自买进到卖出过程中一切风险的贸易机构和个人。按业务范围,进口商一般可分为三种:专业进口商、特定地区进口商、从国际市场广泛选购商品的进口商。进口商熟悉所经营的产品和目标国家市场,并掌握一套商品的挑选、分级、包装等处理技术和销售技巧。因此,国内中间商很难取代进口商的作用。

2. 进口代理商

进口代理商是指某一个国家的企业或个人接受另一个国家的出口商的委托,双方签订合同,在当地为委托人推销产品,以收取佣金为收益。与出口代理商一样,进口代理商不拥有产品所有权,不承担产品销售盈亏风险。其职能主要有:(1) 代国内买主办理进口;(2) 代国外出口商销售寄售的产品;(3) 以代表身份代理国外出口商或制造商销售产品。进口代理商主要有以下几种类型:国外制造商代理商、进口佣金商、国际经纪人和融资经纪商。融资经纪商除具有一般经纪商的全部职能外,还可以为销售、制造商生产的各个阶段提供融资,为买主或卖主分担风险。

3. 进口经销商

进口经销商是指在进口国经营批发业务的贸易机构和个人。此类进口中介机构与出口国的企业签订经销合同,经销出口企业的产品。出口企业一般给经销商在一定区域、一定时限内的独占销售权,与经销商是买卖关系,经销商的商业利润为其收益。与进口代理商相比,进口经销商要承担商品经营风险,执行全部或大部分营销职能,如储藏、促销、实际交货和售后服务等。

4. 批发商

批发商是经营国内贸易的中间商,与国内中间商没有多大区别,只不过其销售的是国外产品,因而是进口产品的重要渠道。批发商经营的进口产品一般都是从本国进口商或经销商处购进的。规模比较大的批发商也直接从事进口业务。

5. 零售商

不管是国内分销渠道还是国际分销渠道,对于一般的消费品而言,零售商在渠道中都起着非常重要的作用,是产品能否顺利到达消费者手中的一个关键环节。进口产品的零售商一般是在经营本国产品的同时,经营进口产品。除了一些规模比较大的零售商外,零售商一般不从事直接进口业务。国际市场上的主要零售商有便利店、百货商店、购物中心、超级市场、连锁商店、专卖店、折扣商店、邮购商店等。但是,各国零售商的具体结构因各国经济发展水平不同而不同。在发达国家,零售业态结构比较合理,专卖店、超级市场、购物中心和便利店等较多,零售业的集中程度较高,露天市场发挥的作用很小。在发展中国家,零售商的规模通常较小,业态比较单一,新兴的业态发展迟缓且很不成熟,传统的业态如杂货店、百货商店等在零售业中仍占据着主导地位。

在各个国外市场里,销售渠道的结构存在很大的差异。以化妆品为例,在美国,27%的化妆品在药店销售;而在日本,只有10%的化妆品在药店销售。在西班牙,55%的化妆品在百货商店销售;而在德国,只有7%的化妆品在百货商店销售。在巴西,50%以上的化妆品在杂货店里出售。以手表为例,在欧洲,手表主要是在珠宝商店销售的;而在美国,手表主要是在廉价商店销售的。再以食品为例,在美国,95%的食品在超级市场销售;在德国,这个比例只有65%;而在意大利,50%的食品在夫妻合开的商店(Mom and Pop Store)销售。

二、国际分销渠道的类型

根据分销渠道的长度、宽度、层次以及复杂程度的不同,可以把国际分销渠道分为以下四种类型:

(一) 长渠道与短渠道

国际分销所经过的层次不同,导致了渠道的长短不同。国际营销在确定分销层次的时候,涉及出口国和进口国两个不同的国家。因经济、政治、文化和地域等各方面的差异,企业不仅要考虑本国的实际情况,还要特别考虑进口国的特殊情况,以确定渠道层次。具体而言,应综合考虑进出口条件、国际市场容量(特别是目标市场容量)、中间商销售能力、产品特点、生产企业本身的状况和要求、消费者购买要求以及其他的国际市场环境。例如,在出口商或进口商能力强、信誉高的条件下,生产企业也可以使用较少的中间层次,甚至在国外某一区域内只设一个特约经销商或独家代理商。但是,根据东道国法律、政策、商业习惯和国际惯例,生产企业有时又必须采取某一特定的分销渠道。

(二) 宽渠道与窄渠道

根据分销渠道的各个层次中所使用的中间商数目不同,国际分销策略也可以被区分为宽渠道策略与窄渠道策略。国际营销在渠道宽度上可以有三种选择:广泛分销策略、选择分销策略、独家分销策略。

广泛分销可以使国际市场的消费者和用户有更多机会,更方便地购买企业的产品。对于国际企业来说,一般是价格低、购买频率较高、有统一标准的产品采用广泛分销,如日用品、食品等。

选择分销适用于大部分产品,特别是消费品中的选购品、特殊品和工业品中的零件。另外,在企业缺乏国际市场经验时,也可以选用几家中间商进行试探性分销。

独家分销适用于特殊品,尤其是名牌。一些需要现场操作和介绍使用方法的机械品、需要加强售后服务的耐用品也适合采用此种渠道策略。对于国际企业来说,独家经销可以抬高产品的价格,提高中间商的积极性,做好售后服务,也有利于企业控制零售价格。

(三) 直接渠道与间接渠道

直接分销只有两个层次,即产品不经过任何国内外中间商,直接到了国外消费者或用户的手中。直接渠道可以使企业更加接近国际市场,掌握国际市场的最新动态,直接了解顾客的需求变动,也有利于树立品牌形象,但风险较大。

间接分销渠道有两个以上的分销层次,产品要经过若干国内外中间商,才能到最终消费者或用户手中,其费用和风险相对直接渠道要小些。国际分销因为要跨越国界,面临不太熟悉的人文环境,需要依靠了解目标国情况的中间商,所以一般都采取间接分销。另外,国际分销还经常面临一个问题,即有些国家的法律不允许直销,或者长期形成的商业习惯使某些产品销售必须通过中间商,消费者也习惯这样的渠道模式。企业在这些国家分销时,必须考虑使用中间商。

(四) 单一渠道与复合渠道

企业在进行国际分销时,不仅要考虑国内渠道情况,还要考虑目标国的渠道情况,综合各方面的因素,决定是选择单一渠道还是复合渠道进入市场。企业可以在充分调查目标国消费者购买习惯的基础上,根据不同的消费群体建立相应的渠道,当然也可以建立多条渠道。另外,国际企业在选择渠道的时候必须考虑成本问题。例如,NEC 在中国的 LCD 产品有两条渠道模式,一条是专业渠道,而另一条则是家用渠道。专业渠道销售的是高端产品,面向的是行业市场;家用渠道销售的是低端产品,面向的是家庭用户。企业应该根据内部和外部环境因素,针对不同的市场建立不同的渠道。

三、国际分销渠道的选择

在了解国际分销渠道的结构和类型以后,国际企业需要选择一个合适的分销渠道。这一决策需要综合考虑诸多因素,除了企业自身和本国的情况外,还要考虑目标国的社会环境等各方面因素。随着主客观条件的变化,国际企业还有必要对其分销渠道作一些相应的调整和改进。

(一) 选择国际分销渠道应考虑的因素

一个企业如果要建立自己的国际营销渠道,拥有自己的推销队伍和推销力量,需要很大的现金投资。如果使用中间商,现金投资可以大大减少,但存货投资不一定能减少。通常有两种情况:一是将货物售予国外批发商或经销商,他们购买货物后支付货款,不需要现金投资,也不需要存货形式的资本投资,但有时需要对他们提供信贷。二是委托国外代理商出售。尽管不需要对代理商作现金投资,但企业在代理商没有把货物售出之前,先要提供大批量的货物。这是一种存货形式的资本投资。因此,除了财力雄厚的企业有能力作大量现金投资,自己建立国际营销渠道之外,中小企业由于企业资源的限制,一般适合通过中间商间接出口。如果企业对目标国的政治、法律、经济以及各种人文环境不了解,最好通过熟悉当地情况的中间商分销。这么做,一方面资本要求不高,另一方面风险也比企业建立自己的渠道相对小些。

国际分销渠道的选择主要从成本、可控性、市场覆盖面、特殊性、连续性、风险六个方面考虑。

1. 成本

分销渠道的成本包括开发渠道的投资成本和保养渠道的维持成本,其中维持成本是主要的、经常的。渠道成本包括维持企业自身销售队伍的直接开支,支付给中间商的佣金,物流中发生的运输、仓储、装卸费用,各种单据和文书工作的费用,提供给中间商的信用、广告、促销等方面的支持费用,以及业务洽谈、通信等费用。支付渠道成本是任何企业都不可避免的,营销决策者必须在成本和效益间作出权衡和选择。渠道成本过大,就会严重影响企业开拓国际分销渠道的能力和效益。评价渠道成本应遵循两个标准:一是这一渠道成本对达到预期的销售目标来说是否太高;二是这一渠道成本是否能最大限度地扩展其他五个方面的利益。

2. 可控性

企业对国际营销的控制程度主要取决于渠道安排。企业拥有自己的推销队伍,建立自己的国际分销渠道,当然最有利于控制。如果使用中间商,企业对渠道的控制程度取决于各中间商愿意接受控制的程度。一般来说,渠道越长,对于售价、销售量、推销方式等的控制能力越弱。在大多数情况下,当产品需要长渠道时,企业会放弃控制,放手让中间商负责。但是,对于国际分销来说,有时渠道的长短不是完全由企业自身决定的,还得考虑目标国的渠道现状和传统商业习惯。

3. 市场覆盖面

与国内分销一样,对于国际分销来说,利用目标国市场覆盖面很大的大中间商开拓国际市场很重要,往往可以很快打开市场。但是,如果企业刚进入一个国家,消费者对企业的产品还不熟悉,大中间商不一定愿意接受企业的产品。这时就需要在进口国通过各种适当的促销手段,树立企业形象和产品形象,并给予中间商较好的赚头,使这些市场覆盖面大的中间商愿意经营国际企业的产品。日本产品能打入竞争激烈的欧美市场,除了价廉物美以外,就是通过这一方式。

4. 特殊性

国际企业在进行国际市场分销渠道设计时,必须考虑自身的企业特征、产品特征以及进口国的市场。企业出口产品应选用各国市场通常的渠道,以方便当地消费者购买。对进口国选择渠道时,除了要分析目标国竞争产品的渠道和中间商的情况外,还应特别注意渠道结构,因为各国的渠道结构存在很大的差异性。例如,日本的分销渠道最复杂、最长;美国的分销渠道相对来说比其他国家短;德国的分销渠道多种多样,从事进出口业务的企业众多;而中东国家的分销渠道则很简单,只有两种主要形式。不仅各国的渠道结构有差异,同一产品在不同国家的渠道结构中的分销组合也是不同的。国际企业开拓国际营销渠道,既要了解进口国的一般渠道结构,还要了解渠道结构的分销组合情况。

5. 连续性

相比国内分销渠道来说,一个企业国际分销渠道的建立往往需要付出巨大的努力。一个良好的分销渠道系统不仅是企业重要的外部资源,也是企业在国际市场上建立差异优势的一个基础。国际分销要特别关注目标国渠道模式的变化,同时也不要太拘泥于旧的渠道模式,应注意创新,根据目标国的实际情况,不断优化渠道,增强竞争力。

6. 风险

不同的国际分销渠道有不同的风险,既包括商业方面的,如库存资金、应收款、汇率等;也包括政治方面的,如国有化、战争等。尤其是在热点地区,要特别考虑到可能发生的政局变动。国际企业要根据风险分析决定渠道类型和介入程度。

(二) 选择国际分销渠道的一般做法

在国际市场上,由于资金有限及其他一些原因,国际企业首先会考虑使用进入国现成的分销系统,委托当地中间商销售商品。这样可以利用中间商的业务关系、经验和专业化优势，消除语言和社会风俗的隔阂，迅速了解和开拓市场；同时，相对于建立自己的销售机构来说，既不需要投入大量人力、物力、财力，减少风险，又能赢得市场时效。

具有不同知名度的企业对国外中间商的吸引力是不同的。那些具有国际知名度的企业进入到一个新国家时，可以轻而易举地选择到合格的中间商；而那些没有国际知名度或者说在国际市场上知名度低、产品利润率也不高的企业则需要投入大量的时间和费用，才能寻找到足够数量的合格的中间商。

在同一目标国里，由于商业历史、习惯和发展趋势等各种原因，不同产品所习惯采用的中间商也有所不同。因此，调查了解某一产品在某一国应采用哪些中间商是国际市场分销的重要任务之一，错误地选择中间商便不能有效地、广泛地分销自己的产品，从而影响国际市场的开拓。

（三）国际分销渠道的改进

为使产品能够顺利且高效地送至最终消费者，从事国际经营的企业必须对营销渠道中的活动进行监控。此外，国际营销渠道的效率取决于成员之间的关系，关系越密切，营销效率越高，国际营销成功的几率也就越大。

市场环境、分销渠道和企业内部条件等是经常变化的。特别是国际分销渠道，更面临着国内和国外两个差异很大的市场的变化。无论哪个市场变化，企业对分销渠道都要作调整改进，以适应国内外市场的发展。例如，目标市场已经转移，中间商信誉较差，企业改变了产品结构，与竞争者的渠道发生冲突等，这些都需要企业对原有渠道作调整改进。企业调整改进国际分销渠道的方法主要有：增减渠道或中间商，对整个渠道系统的组织加以修正或改进，改变整个渠道系统等。总之，要始终保持渠道动态的最佳组合。

本章小结

国际企业的营销管理，是在国际营销战略指导下，分析和发掘国际市场营销机会，研究和选择国外目标市场，确定产品、价格、促销和分销策略的管理过程。

国际企业对目标市场作出科学、慎重的比较和选择，需要进行市场调研和市场细分。国际市场调研的主要内容包括市场潜力、客户需求特征、市场环境因素以及市场竞争状况等。国际市场细分的依据有地理变量、人口统计变量、心理变量和行为变量。

国际企业的产品策略包括标准化与差异化策略、品牌策略和包装策略。国际产品定价的影响因素包括特有的成本因素、市场因素、公共政策因素等。国际企业可以选择的价格类型有：全球标准价格和市场差别价格，撇脂定价、渗透定价和跟进定价，以及倾销价格。

国际企业的促销方法有广告、公共关系、营业推广和人员推销四种。国际分销渠道可以分为长渠道与短渠道、宽渠道与窄渠道、直接渠道与间接渠道、单一渠道与复合渠道等类型。企业选择国际分销渠道应考虑的因素包括成本、可控性、市场覆盖面、特殊性、连续性、风险。

习题

1. 国际市场调研的主要内容有哪些?
2. 什么是国际企业产品的标准化策略和差异化策略?
3. 影响国际产品定价的因素有哪些?
4. 国际促销组合的考虑因素有哪些?
5. 企业选择国际分销渠道应考虑的因素有哪些?

案例

欧莱雅缔造中国 DNA

1907 年,年仅 30 岁的法国化学家欧仁·舒莱尔(Eugene Schueller)发明了世界上第一支无毒染发剂,并由此创立了巴黎欧莱雅集团。欧莱雅是目前世界上最大的化妆品集团,曾被著名的英国《金融时报》和美国《商业周刊》誉为“最受尊敬的法国公司”、“美的王国”。欧莱雅旗下拥有五百多个品牌,除染发护发、彩妆及护肤产品以外,还经营高档的消费品,并从事制药和皮肤病研究。作为《财富》世界 500 强之一,“L'Oreal”这个来源于希腊语“OPEA”、象征着美丽的名词,在世界美容化妆领域顺应潮流,不断满足人们的需求,风靡了整个 20 世纪,成为日化工业发展史上很有代表性的一部分。

一、进入中国市场

欧莱雅在中国的商务活动始于 1966 年设立在香港的经销处。事实上,欧莱雅 1933 年就曾对广州、上海、北京等大城市进行过市场调查。1996 年,欧莱雅和苏州医学院合作成立了苏州欧莱雅有限公司。同年,欧莱雅又在苏州建立了第一家化妆品生产厂家,生产“巴黎欧莱雅”(L'Oreal Paris)系列产品。

欧莱雅进入中国显得有些晚,这与法国企业对中国的认识滞后有关。几年过去之后,欧莱雅发现,旗下的品牌分别在各自的领域里成为中国该类产品和消费的领导者或一线品牌。但是,欧莱雅在中国的整体业绩还是不大。进一步的研究表明,欧莱雅旗下的高档美容化妆品的价格一般都在数百上千元间,这部分高端消费人群虽也给欧莱雅带来了丰厚的回报,但在中国的市场容量还是很有限。虽然中国化妆品高端市场的成长速度已经令人垂涎,但中国大众化妆品市场的发展更是让人兴奋不已。在这一点上,一直在大日化领域耕耘的宝洁让欧莱雅大开眼界。

2001年,初任欧莱雅亚洲区总裁的裴天瑞(Thierry Prevot)从巴黎来到中国的时候发现,欧莱雅的多个品牌已在中国市场上占据领先地位:"巴黎欧莱雅"在高档染发市场,"美宝莲"(Maybelline)在彩妆市场,"薇姿"(Vichy)在药房,"兰蔻"(Lancome)在高档化妆品市场。不过,欧莱雅在大众护肤品这个中国市场"金字塔"的塔基相对较弱,很多商场化妆品柜台上最畅销的是"小护士"、"大宝"、"羽西"这些他从来没有听说过的品牌。在整个中国市场上,欧莱雅这家全球第一大化妆品企业居然仅仅排在第十位。裴天瑞大吃一惊,他深知对于把化妆品作为唯一主业的欧莱雅而言,应该在亚洲和中国有更大的抱负,这是一场必须要赢的战争。

二、收购"小护士"

在中国,护肤品是化妆品市场最重要的部分,因为其份额占总化妆品市场的近40%,并且增长速度非常快(2002年增长近20%)。"小护士"拥有一系列齐全的护肤品系列,保湿、清洁、防晒、抗皱,一个也没有少。"小护士"品牌为港商独资企业丽斯达日化(深圳)有限公司所有。"小护士"从1992年开始在中国销售以来,已在全国建立起了28万个销售网点,有1000多名员工、2000多名美容顾问。至2003年,小护士在中国护肤品市场上的占有率已经达到了5%,在中国女性中的品牌认知度为90%,在20岁以下年轻女性中的品牌认知度达96%。

"小护士"的这些有形和无形资产都是欧莱雅所看好的。同时,该品牌的加盟,将加强欧莱雅与中国国内分销商的关系,吸引潜在雇员。欧莱雅集团全球总裁兼CEO欧文中(Lingdsay Owen-Johnes)认为,中国是一个具有重要战略意义的市场,收购"小护士"品牌,为欧莱雅集团加快在中国市场的业绩提供了一个极佳的机遇。但是,收购经历了4年的曲折,欧莱雅(中国)有限公司总裁盖保罗(Paolo Gasparrini)甚至将之形容为"长征式的恋爱"。直到2003年12月10日,一项收购协议在北京王府饭店秘密签订。欧莱雅中国以一个对外保密的价格,全资拿下了"小护士",所获包括"小护士"品牌、除了创始人李志达之外的所有管理团队、所有销售网点以及生产基地等。欧莱雅中国此举是为了借助一个中国本土成熟的低端品牌,完善其在中国竭力打造的品牌"金字塔"的塔基部分。

"小护士"正式加入欧莱雅在上海的大众化妆品部,欧莱雅集团保留该品牌的销售渠道。"小护士"的业务在2004年上半年并入欧莱雅,其财务报表和欧莱雅集团进行了合并。收购“小护士”后，欧莱雅使其在中国护肤品市场上的地位提升到了第二位。此外，“小护士”原来所属的丽斯达日化（深圳）有限公司在湖北宜昌拥有一个生产基地，年产能约为1亿件左右。欧莱雅1999年投资5000万美元，在苏州工业园区建立了一个生产基地，主要生产“巴黎欧莱雅”和“美宝莲”的部分产品，扩建后的产能将达到1亿件左右，已经实现了65%的产品在中国本地销售。收购“小护士”以后，欧莱雅拥有两家工厂，能够在中国大众化妆品的细分市场上争取更大的份额。

三、收购“羽西”

1992年，靳羽西女士投资500万美元，独资创办了专为亚洲女性设计的、以方块字为标识的“羽西”品牌，是一个定位于国内大众化妆品市场的重要品牌。1996年5月，靳羽西化妆品有限公司（以下简称“羽西公司”）和世界五大化妆品企业之一的科蒂公司合作，并由科蒂公司旗下的兰嘉斯汀集团具体操作管理。自1996年起，“羽西”品牌归属于科蒂公司。2003年，“羽西”品牌的销售额达到3800万欧元。1998年10月，“羽西”正式在上海浦东金桥出口加工区设立占地2.8万平方米的生产基地，年产量可达6000万件。

2004年1月26日下午，欧莱雅宣布已经和科蒂公司签订协议，收购其旗下品牌“羽西”。这是欧莱雅继45天之前收购了“小护士”后进行的第二次收购。羽西公司的总裁雷荣发称，在并购活动中，宝洁等公司都有参与，但欧莱雅因其研发力量和企业文化而胜出。据称，欧莱雅每年所花的研究费用大概是销售额的3%，研究人员超过2500名。欧莱雅未向外公布收购的具体金额。分析师估计，收购价将为“羽西”销售收入的1.5至2倍，而“羽西”2003年的销售收入达3800万欧元，收购价估计为7000万欧元左右。

欧莱雅对“羽西”的收购大致分为两个方面：一方面，与科蒂公司达成协议，收购化妆品公司的拥有权，包括工厂和实验室、所有的员工和管理层、销售渠道等固定资产和无形资产。另一方面，在科蒂公司1996年与羽西公司达成协议，形成合资公司的时候，“羽西”品牌并不属于科蒂公司。因此，欧莱雅与科蒂公司达成了另外一个协议，从科蒂公司收购其与羽西公司签到2013年的品牌使用权。此外，欧莱雅已经与靳羽西本人达成了协议，靳羽西本人同意将“羽西”品牌的所属权转让给欧莱雅。

四、欧莱雅在中国的立体布局

一般来说，产品从高档往低档做比较容易，从低档往高档做就比较难。如果以“金字塔”形容欧莱雅的品牌结构，那么欧莱雅是从塔尖开始建构的，然后延伸到中间位置，底座却是空的。这种现象使得欧莱雅进入中国的前几年处于比较尴尬的状态。但是,欧莱雅不愧是一个世界一流的国际企业,对拓展境外市场有丰富的经验,在短暂的挫折之后,对中国市场作出了战略调整,并以精湛的细分策略,用多品牌瓜分手段,迅速站稳脚跟。2004 年前后,欧莱雅收购中国国内优秀品牌"羽西"和"小护士",一举弥补了自身在二三线市场渠道网络上的不足。中国日化市场也很快感受到由此带来的变化:"羽西"的专柜进一步增多,并向二三线市场延伸;"小护士"被注入"卡尼尔"的技术,以更优质的产品进入比原来更多的近 30 万个销售网点。

从 1997 年进入中国市场,仅用了 8 年的时间,欧莱雅不但将旗下 17 个国际大品牌中的 12 个成功引入了中国,还一举吞并了"小护士"和"羽西",完成了对中国市场的精心布局,满足高、中、低等不同市场的需求,全面进入中国化妆品市场。第三方数据显示,2004 年,欧莱雅在中国的销售额接近 30 亿人民币,是 1997 年的近 16 倍。欧莱雅占据了中国化妆品市场(仅包括彩妆、护肤、染发等产品,不包括洗发水)9% 的份额,仅次于宝洁,居市场第二;而一年前的数据约为 6%,居市场第三。欧莱雅中国的品牌"金字塔"如图 7-1 所示。

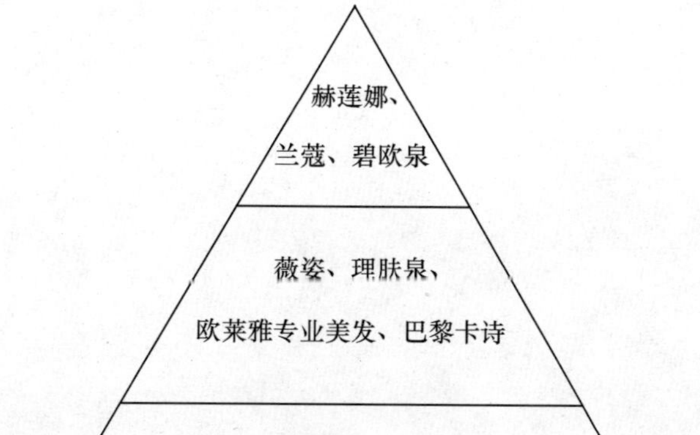

图 7-1　欧莱雅中国的品牌"金字塔"

2005 年 2 月,创立 98 年的欧莱雅公布财报。在截至 2004 年 12 月 31 日的 2004 财年,欧莱雅实现全球销售 145.3 亿欧元,较上年可比增长 6.2%;全年税前利润达 20.63 亿欧元,增长 10.3%。这是欧莱雅连续第 20 年实现税前利润两位数增长。欧莱雅中国业务的销售增长率更是达到了惊人的 99%。欧莱雅中国首次迈入了欧莱雅集团销售前十名的"精英俱乐部"。

思考题

1. 欧莱雅为什么要收购“小护士”和“羽西”两个品牌？
2. 欧莱雅在中国经营的品牌策略是什么？
3. 欧莱雅在中国采取的本土化策略有哪些特征？

第八章　国际企业的财务管理

教学目的和要求

1. 认识国际企业的融资目标与来源
2. 了解国际企业资金的内部转移
3. 掌握国际企业的外汇风险管理技术
4. 掌握国际企业的税务对策

财务管理是企业管理的重要组成部分，体现着企业在生产经营过程中与内外各个方面的财务关系。在纯粹的国内财务管理中，资金的筹集、使用、结算以及收益的分配都不跨越国界，而且一般不涉及外币，因此管理起来相对简单。由于企业的经营活动跨越了本国国界，与其他国家或地区的企业、单位或个人发生了财务关系，国际企业的财务管理所涉及的问题更为广泛复杂，同时面临着更多的风险和机会。本章主要探讨国际企业的融资管理、营运资金管理、外汇风险管理、税收管理等内容。

第一节　国际企业的融资管理

一、国际企业的融资目标

融资策略是国际企业财务管理的一个重要组成部分。融资成本的高低会直接影响国际企业的经营成本，从而影响企业的竞争力。融资结构（财务结构）合理与否还将直接影响国际企业的后续融资能力，甚至会给国际企业的生存带来危险。国际企业可从全球范围内权衡各类可利用的资金来源，从中选择最佳的资金组合，以达成企业总体融资成本最低化、避免或降低各种风险、建立最佳的财务结构三大融资目标。

（一）总体融资成本最低化

尽管“完全市场”（Perfect Market）和“有效市场”（Efficient Market）的理论已不断成熟，国际资本市场也正在逐步趋于统一，但是当今的国际资本市场还远远达不到“完全市场”的标准。各国政府各种各样的行政干预以及社会、经济、技术等方面的因素，使得国际资本市场仍可细分为众多的差异化市场。不同来源的资金,其成本不仅因风险不同而各异,而且某些来源的资金可以得到政府补贴,而筹自另外来源的资金却要缴纳税负。纳税时,采用不同的融资方式或策略,所承担的税负也往往不同。这些都为国际企业实现总体融资成本最低化的战略目标提供了良好的机会。国际企业所具有的全球范围的资金调度能力和信息网络使之能较好地把握住这些机会。一般说来,国际企业为实现总体融资成本最低化这一战略目标,主要采用如下三种策略:

1. 减少纳税

各国的税制、税率有很大差别。即使在一国之内,不同的纳税对象所承受的税负也各不相同。因此,国际企业可以通过选择适当的融资方式、融资地点和融资货币减少纳税负担。例如,国际企业的海外子公司支付债务的利息,不论是支付给母公司还是其他金融机构,一般都可享受税收抵免。但是,由于股息是从税后利润中支付的,所以股息发放不能抵免税负。因此,母公司若以债务融资而非股本注入的形式向其海外子公司提供所需资金,就可能使公司的总体税负得到某种程度的减少。

2. 利用优惠补贴贷款

各国政府为了达到鼓励本国产品出口、优化产品结构、扩大劳动力就业等目的,往往提供一些优惠补贴贷款。例如,大多数国家的政府设置了专门的金融机构,如进出口银行,向本国境内的出口企业提供低息的长期贷款。这种优惠信贷也可给予购买本国商品的外国企业。国际企业可以利用其全球经营网络,作出适当的投资与购销安排,以充分利用这些优惠信贷。

3. 绕过信贷管制,争取当地信贷配额

各国政府往往在一定程度上对本国的金融市场实施干预,或是为了诱导投资方向作某种战略性的转移,或是为了使利率或汇率稳定在某一水平,也可能是为了刺激或抑制信贷资金的增长,等等。当一国外资流入过度时,该国政府就可能规定,新借外资的一部分必须存入政府指定的某一机构或采取类似措施,以使筹借外资的实际成本上升;而当一国资金流出过度时(此时当地的利率通常处于过低的状态),该国政府便可能对外资企业在当地金融市场筹措资金实施信贷配额管理。因此,如何绕过这些信贷管制措施,并争取尽可能多的配额,是国际企业财务管理人员的一大职责。

(二)避免或降低各种风险

有远见的财务经理必须意识到,任何一笔重大的融资安排,不论是母公司还是子公司所作的融资,都会对公司总体的风险地位及其他融资渠道产生影响。因此,国际企业的融资部署不仅需要考虑融资成本最低化这一目标,还须考虑如何降低公司的风险地位,保持和扩大现有融资渠道。为此,国际企业可采取三种措施:

1. 降低外汇风险

外汇风险是指由于不确定的汇率波动而导致公司资产或收益遭受损失的可能性。外汇风险主要有三类:交易风险、换算风险和经营风险。其中,交易风险和换算风险主要是由于公司经营中出现的未加抵补的外币净资产(或净负债)头寸。这种未抵补的头寸通常被称为"外汇暴露"。国际企业可通过配对的融资安排,消除或减少存在于某种货币上未抵补的净头寸。

2. 避免或降低政治风险

国际企业在制定国外融资策略时,必须考虑政治风险因素。一般而言,降低政治风险的策略方针有:第一,尽可能选择政治稳定的国家进行投资。在政治风险较高的国家投资时,尽可能利用公司外部资金。如果东道国政府或其他方面特别要求母公司必须提供内部资金,则应尽量以贷款的形式进行融通。第二,应坚持以子公司或外国投资项目的盈利作为偿还贷款的资金来源。这样做的目的是,促使债权人出于自身利益的考虑,关心子公司或投资项目的进展情况,关注东道国对项目合同的履行情况,从而将子公司或投资项目的利益与国际性金融机构、客户甚至其他国家的政府利益紧密地联系在一起。一旦东道国实施任何外汇管制或征用没收等行为,利益关系网上的各方便会协力反对,从而使东道国政府投鼠忌器,不敢对该子公司或投资项目实施过激的行为。

3. 保持和扩大现有融资渠道

国际企业的融资策略需要具备两个特点:一是全球性,二是长远性。在追求低成本、低风险融资来源的同时,国际企业还应放眼长远利益,保持和扩展全球范围的融资渠道,以确保稳定的资金来源和融资灵活性。具体策略有:努力使资金来源多样化,以超量借款保持现有资金来源。国际企业应努力拓宽融资的选择范围,不可过于依赖单一或少数几个金融市场。这样,既可收"狡兔三窟"之效,减少公司融资总体的风险,又能通过融资活动,与全球各地的金融机构建立联系,增加金融和经济信息来源。此外,到国际金融市场上以发行股票、债券等方式筹措资金,还可提高公司的知名度,扩大公司产品在销售市场上的影响力,可谓"一箭数雕"。

(三) 建立最佳的财务结构

建立一个最佳的财务结构,对保证国际企业融资能力最大化十分重要。

1. 国际企业总体财务结构

国际企业最佳财务结构的建立,基于协调其所有附属公司的财务结构。只有通盘考虑全球附属公司的财务结构,国际企业才能使其总体财务结构最优化。国际企业的资金供应者关注的是与国际企业世界范围的财务结构相联系的违约或破产风险。任何一个附属公司的破产或其他类型的财务困难都会在一定程度上损害国际企业的资信地位。因此,国际企业在全球融资过程中,必须经常监测和调整公司整体的财务结构,以实现成本最低化和融资能力最大化。

2. 子公司财务结构

国际企业在权衡风险与收益等因素的基础上,确定了公司的总体财务结构目标之后,接下来便要确定子公司或投资项目的财务结构。如果国际企业的母公司不是有意让其子公司赖账,则子公司的账面财务结构难以充分体现其财务风险地位。子公司的财务风险实际上取决于国际企业合并报表后的整体财务结构。例如,美国某一国际企业的母公司决定利用其从美国银行借来的100万美元,以股本的方式满足其在澳大利亚的子公司的资金需要(假定该子公司已有股本50万美元),则该子公司的债务/股本比率为零;而若母公司在综合考虑之后,决定让子公司在当地金融市场上自行筹借该笔资金,则子公司的债务/股本比率为2∶1。然而,尽管这两种融资安排导致了截然不同的子公司债务/股本比率,公司合并报表上的债务/股本比率却几乎毫无二致,公司总体的风险地位并未因子公司财务结构的差异而有所变化。

由于子公司的财务结构具有如上特点,所以其财务结构的确定原则也就与公司总体财务结构的确定原则有所不同,可以划分为如下三种类型:(1) 成本最低化;(2) 与母公司财务结构保持一致;(3) 与当地同行业公司的财务结构保持一致。具体选择哪一种原则,应根据子公司的具体情况而定,不可拘泥于一格。比如,如果过分要求子公司的财务结构与总公司的目标结构保持一致,就可能使子公司的财务结构在当地金融市场上失去竞争力,或使得子公司无法充分利用低成本资金来源而坐失良机。同样,教条式地要求子公司财务结构与当地公司的财务结构保持一致也具有很大的弊端,不仅因为这会使国际企业丧失所拥有的能动协调内部财务结构、调度内部资金的优势,还因为各国由于制度和习俗等方面的原因,其公司的债务/股本比率存在一定的差异。例如,日本当地公司的债务/股本比率一般高于美国和法国的国内公司。其原因之一是,在日本,银行既是当地公司的债权人,通常也通过部分持股的做法使自己成为股东,以便更好地监督公司的重大决策。这样,在融资环境类似日本的国度里,在一定幅度之内,增加债务/股本比率并不会对公司的后续融资能力产生重大影响。

3. 母公司的担保与债务合并

国际企业在确定公司全球范围的总体最佳财务结构时,还会面临如下问题:是否需要将母公司担保的和未合并的海外子公司债务纳入总体财务结构? 换言之,未经母公司担保的和未合并的海外子公司债务是否会影响国际企业的总体风险地位和融资能力?

理论上,母公司对提供担保的与未提供担保的两种负债所承担的义务是不一样的。对于提供担保的子公司债务,当子公司无力清偿时,母公司负有偿还的法律义务;而对于未提供担保的子公司债务,母公司不承担任何法律上的偿还义务。这两种法律义务的区别常易导致形成这样的观点，即只有母公司担保的子公司债务才会影响母公司总体的风险地位和融资能力，而母公司未担保的子公司债务充其量只能影响该子公司本身。但是，事实上，由于绝大多数国际企业都严重依赖于各类金融机构，以至于离开这些金融机构就难以运转，一旦允许子公司赖账，就可能严重损害公司总体的商誉，从而恶化与金融机构的关系。所以，为免因小失大，大多数国际企业对未担保的子公司债务也是愿负偿还义务的。

关于国外子公司未经合并的债务会否影响国际企业总体融资能力这一问题，应作具体分析。就某一公司在某一时期而言，由于投资者可能一时疏忽，没注意到或没考虑到未经合并的子公司债务，因而国际企业的总体融资能力有可能不受影响。但是，在当今金融市场日益成熟、通信和信息流动高度发达的社会，投资者和金融分析家很难被长期蒙蔽，任何可能影响国际企业债务风险和融资能力的国外债务都会很快引起他们的注意。实际上，一些著名的信誉评级公司，如穆迪(Moody's)和标准普尔(Standard and Poor's)等，对母公司担保的子公司债务，无论是否已经合并，都要将其纳入对公司资信地位和融资能力的分析；对未经担保又未合并的子公司债务，也总是要严格审查其对公司总体债务/股本比率的影响。因此，对母公司未担保的和未合并的子公司债务，国际企业在监测其总体财务结构时也应一并考虑。

二、国际企业的融资来源

国际企业的融资来源主要由以下几个部分组成：国际股票市场；国际债务市场；专门的国际融资机制，如国际租赁、贸易信贷、项目信贷等；子公司所在国的金融市场；国际企业内部资金调度系统。

（一）国际股权融资

大多数国际企业的主要股权资本来自母公司所在国的投资者。但是，这一情形逐渐变化。在一些国际企业里，国外投资者的股权比例已迅速上升。由于国外投资者可以通过购买国际企业股票实现国际证券组合投资，以降低投资风险，国际企业的股票正逐渐被国际投资者接受。

国际企业在外国上市须遵循当地证券交易法规。大多数证券交易所由政府机构管制，如美国证券交易委员会、意大利公司证券全国委员会、日本大藏省和中国证券监督管理委员会等。这些机构对申请上市的国外公司都规定有揭示要求。但是，总的说来，它们对外国证券发行者所要求揭示的内容比国内公司要少一些。所要求揭示的公司信息的概要如下(以美国的要求为例)：

1．一般信息

这包括股票名称、面值、额定资本、已改造股本的变动情况，公司的经营历史、业务状况和发展前景，附属公司详情，主要资金供应者的董事、高级职员姓名和职称、经历以及他们拥有的股份数量。

2. 财务信息

这包括年度报告、资产负债表、其他财务信息、采用的会计原则与所在国会计原则的差别、审计师报告、股息发放情况。

3. 法令信息

这包括原在国的公司法、税法、外汇管制法和会计准则概要,原在国颁发的公司创建证明、公司执照和章程副本。

4. 拟上市交易股票详情

这包括对股票类别、面值、权利等的说明,改造在外的股份数,公司拥有的股份数,本国居民拥有的股份数,股东人数,最大股东拥有的股份数及说明,股票上市的证券交易所名称,原在国股票交易所的价格。由此可见,国际企业在交易所挂牌上市的手续相当繁杂,而且费用高昂。除了在交易所挂牌上市外,国际企业还可以进行较大规模的国际股票分销,由国外金融机构承购新发行的股票,然后通过其分销网络向世界各地的投资者销售。

尽管国际股票分销做得越来越多,但是大多数国际企业从海外筹措的大部分股权资本却是通过在欧洲债券市场发行可换股债券和附认股权证债券而获得的。可换股债券允许投资者随时或在指定的某段时期内以某一特定价格将债券转换成普通股票。附认股权证债券在发行时按金额比例附有一定数量的认股证,投资者可凭认股证在一定时期内按预定价格购买公司股票。因为这两种债券附加了给予投资者的期权(Option),所以其市场价格要比同期同息的债券高。国际企业还可以通过子公司在当地发行股票筹措股本。

(二) 国际债务融资

国际债务融资的来源主要有:欧洲货币市场和国际债券市场。

1. 欧洲货币市场

欧洲货币市场(Euro-Money-Market)的确切称呼应是"境外货币市场",因为它不属于任何一国的国内市场,不受任何一国政府控制。该市场之所以有"欧洲"(Euro)这一前缀,是因为其发源地在西欧各金融中心。但是,后来境外市场的发展逐渐超出欧洲大陆,派生出巴拿马、巴林和东京等离岸(Offshore)金融市场以及以新加坡为中心的亚洲美元市场。

欧洲货币市场有以下四个主要特征:

(1) 该市场的借贷双方通常都不是交易所在国的居民,他们可以来自世界上任何国家;

(2) 该市场上所借贷的货币通常不是交易所在国的货币;

(3) 在该市场上起作用的通常是大型跨国金融机构;

(4) 该市场不受任何一国国内金融法规的约束。

2. 国际债券市场

债券是公司为了筹集资金，向社会公众发行的一种约定时间偿还本金，并按一定利率定期支付利息的有价证券。债券的发行价格要根据面值、票面利息率、市场利率、发行公司的资信等许多因素综合确定。换言之，它取决于债券风险调整后的现值，而非面值。

债券分为国内债券和国际债券。国际债券又可分为外国债券和欧洲债券。外国债券是国际借款人在外国债券市场上发行的，以发行所在国货币为面值的债券。例如，美国公司在法国发行的法郎债券等。只有少数几个国家允许外国公司在其国内债券市场上发行外国债券。外国债券发行的主要市场是美国、瑞士、日本、德国和荷兰等。

欧洲债券是国际借款人在债券标价货币所属国家之外发行的国际债券。例如，中国（或美国）在日本市场上发行的美元债券，即称"欧洲美元债券"；债券面值为法郎的，称为"欧洲法郎债券"。欧洲债券市场是20世纪60年代随着欧洲货币的积累而发展起来的。欧洲债券1963年只发行了1.64亿美元，而到1988年就已达到1772亿美元。欧洲债券市场是一个境外市场，其显著特点是不受任何国家金融当局的管辖。例如，欧洲美元债券的发行不需要向美国证券交易委员会申请，也不受其管制。因此，筹资者可以抓住市场的有利机会，在短时间内迅速投放欧洲债券。这也是欧洲债券市场迅速发展的重要原因。国际企业发行的欧洲债券的规模通常在5000万美元至3亿美元之间，一般都以不记名方式发行；利率可以是固定利率，也可以是浮动利率，期限在2年至20年之间。大多数期限长于7年的欧洲债券都设有购买基金（Purchase Fund）或旁置基金（Sinking Fund）。欧洲债券通常由国际性金融机构或投资银行辛迪加承购发行。

对国际企业而言，欧洲债券融资的最大好处是成本较低。因为欧洲债券市场没有类似国内金融市场那样较严格的法规管制，所以其手续费和其他费用都较低。此外，由于欧洲债券一般都以不记名方式发行，二级市场比较发达，加上其利息发放一般不征收预提税，所以投资者也愿意接受较低的收益率。

随着金融市场的发展和金融创新工具的不断出现，国际企业的融资策略有了越来越多的选择余地。在融资方式和期限方面，有银行贷款、欧洲票据、欧洲商业票据、欧洲中期票据和欧洲债券等可供选择。在货币类别方面，金融创新工具——货币掉换（Currency Swaps）的出现使得国际企业可以充分利用各种不同的货币进行融资，利率掉换（Interest Rate Swaps）则使国际企业可以在希望筹措固定利率债务时发行浮动利率票据或债券。此外，国际企业还可利用双重货币债券（Dual Currency Bonds）、货币单位债券（如以欧洲货币单位标价的债券）以及远期外汇市场达到避免融资中外汇风险的目的。

（三）专门融资方式

专门融资方式主要包括国际贸易信贷、国际租赁融资和国际项目融资。

1. 国际贸易信贷(Credit of International Trade)

国际贸易信贷按进出口可分为进口信贷和出口信贷；按期限可分为短期信贷、中期信贷和长期信贷；按提供信贷者可分为商业信用和银行信用；按有无抵押可分为抵押信贷和无抵押信贷。

(1) 短期信贷：主要适用于金额较小、周转较快的资金需要，可分为商业信用和银行信用。

① 商业信用。即进出口商相互提供的信用，例如进口商以预付贷款或出口商以应收账款的形式进行赊销。商业信用的风险较大，所以只适用于信誉较高的客户。不过，合理利用商业信用，可以降低进出口双方的经营成本。

② 银行信用。银行根据进出口商的资信向其提供贸易信贷，包括抵押信贷和无抵押信贷。

在进出口贸易中，信用证应用得比较广泛。信用证是银行应进口商要求，向出口商作出的有条件付款的保证。出口商在发运货物后，可凭符合信用证规定的货物单据向银行提示付款。在信用证条款下，银行信用取代了进口商的商业信用。

此外，出口商还可以与代理融通公司达成协议，以让售应收账款的方式提前收回货款。让售应收账款分为有追索权的让售和无追索权的让售，后者的成本高于前者。

(2) 长期信贷：是指一年以上的信贷，一般适用于大型承包项目或大型机械的进出口等，通常是一国政府或银行为了鼓励本国商品出口，对本国出口商、外国进口商或进口方银行提供的信贷。它可分为卖方信贷和买方信贷。

① 卖方信贷(Supplier's Credit)。即出口方银行提供给出口方的信贷。出口大型机械、成套设备等，所需资金较多，历时较长，进口商往往要求采用分期付款的方法。出口商为加速资金周转，就需要取得银行信贷。因此，卖方信贷实质上是出口商以银行信用为凭借，再向进口商提供的分期付款的商业信用。

② 买方信贷(Buyer's Credit)。即出口方银行直接向进口商或进口方银行提供贷款，并规定此项贷款必须用于购买债权国的产品。买方信贷使进口商能及时向出口商支付货款，出口商能迅速收回资金，加速资金周转。出口商无须向进口商提供商业信用。买方信贷比卖方信贷更有利于进出口双方洽谈贸易，降低银行贷款风险。因此，从20世纪60年代末开始，买方信贷的应用大大超过了卖方信贷。

2. 国际租赁融资(International Leasing Finance)

广义的租赁是指出租人在不转让法律所有权的前提下，有偿出让某项资产的使用权。国际租赁或称“跨国租赁”，是指出租人和承租人分属不同的国家。租赁业务可大体分为经营性租赁（Operating Lease）和融资性租赁（Financial Lease）两种。若细分下去，还有维修租赁（Maintenance leasing）、衡平租赁（Leverage Leasing）、售后回租（Sale and Lease back）和综合性租赁。

国际企业可以利用国际租赁达到三个目的：第一，减少公司总体税负。国际企业可以利用跨国租赁活动在各子公司之间转移利润，从而有效地降低总体税负。例如，当设在低税率国家的子公司需要某套设备时，母公司可以让设在高税率国家的子公司以低租金的方式向其出租设备。第二，在国际企业体系之内，运用转移价格策略指导跨国租赁，并有效地转移资金。第三，降低政治风险。如果国际企业的子公司或投资项目是在一个政治风险较高的国家，那么从东道国的租赁公司租赁所需的部分设备，就可以基本避免设备被征用或没收的风险。因为东道国若真的征用该租赁设备，国际企业即可停止向当地租赁公司支付租金。

有的具有较高政治风险的东道国并不存在较发达的租赁市场。此时，国际企业的租赁来源最好选择由多家银行组成的国际银团。因为即使东道国政府敢于征用某一国际企业的财产，其对国际银团所拥有的租赁设备实施征用的可能性却小得多，尤其是当该银团或银团中某一银行也向东道国政府提供信贷资助时。

3. 国际项目融资（International Project Finance）

在建设大型工程项目，如电力通信、交通运输等项目时，主办的国际企业可能会发现自己难以独立承担投资和融资风险，一般性的融资方式已显得无济于事。此时，就需要筹划国际项目融资了。项目融资的安排必须周密慎重，尽可能使项目参与者分担项目风险。国际企业在发展中国家投资大型项目时，最好能够与东道国政府签署协议并争取信用支持，以降低政治风险。

国际金融机构，如世界银行（WBG）、国际金融公司（IFC）和一些区域性开发银行，是国际项目融资的重要资金来源。它们经常为发展中国家的基本建设项目提供中长期贷款，甚至是无追索权的信贷。所谓无追索权，是指如果该项目经营失败，其收益或资产变卖不足以清偿全部贷款时，贷款人不得向项目的主办公司追索。

国际性商业银行也是国际项目融资的来源之一。但是，商业银行提供贷款的条件要多一些，它们可能要求项目的主办公司提供一定形式的财务担保。在风险较大的情况下，贷款银行还可能要求项目的主办公司承购项目的全部产品。

（四）利用子公司所在国金融市场

国际企业除了需要充分利用欧洲金融市场外，还可以通过子公司利用当地金融市场进行融资。由于各国在政治、经济、法规和文化等方面的差异，各国国内金融市场的具体操作也可能有所不同。对此，国际企业在融资时要加以注意。

此外,尽管是以子公司名义或通过子公司进行融资,在作融资安排时,仍要从公司总体利益最大化的角度出发,综合考虑公司总体财务结构、财务风险、子公司财务结构等因素。

第二节 国际企业的营运资金管理

营运资金是指企业的流动资金,包括现金、短期证券、应收账款和存货等。营运资金管理主要包括流动资产管理和流动负债管理。国际企业的净营运资金是指流动资产减去流动负债,在国际企业财务管理中占有重要地位。流动资金是国际企业用于生产经营的一项巨额投资,流动性大,变异性也大,在管理中花的时间也最多。它通常涉及不同的国家和不同的货币,因此亦被称为"国际货币管理"。

国际企业营运资金的管理目标是:通过资金的合理安置(包括以何种货币持有和资金的分置地点)、适当集中和分配,使企业在全球范围内能迅速有效地控制全部资金,并使资金的保存和运用达到最优化状态。

一、国际企业运营资金管理的一般做法

(一) 现金管理

广义的现金包括各种货币、活期或定期存款、到期票据和有价证券。国际企业持有一定量的现金余额,是为了保证日常交易活动的需要和预防突发事件。

国际企业的现金管理是对包括所有子公司在内的整个公司系统内的现金流量进行综合控制。它的目标是在有效控制公司的现金资源的同时,使整个公司的现金余额降低到足以维持公司正常营运的最低水平。现金管理的意义在于:可以将多余的资金用于短期投资,增大经营利润;现金余额的减少能降低流动资金总额,节省利息支出,从而降低经营成本;可以减少各子公司的资产流失现象;可以在保证整体利益的基础上制定现金政策,防止各子公司从次优观点出发,盲目增大现金余额。

国际企业现金管理一般实行集中管理,即各海外子公司平时只需保留日常经营所需的最低现金余额,其余部分均转移到总公司的专门管理机构,一般是现金管理中心进行统一调度和运用。现金管理中心通常位于国际金融中心,如纽约、伦敦、香港、苏黎世等地,也可以位于国际避税地。

现金集中管理的优点是:

(1) 由于现金管理中心通常位于国际金融中心,因此对国际金融市场上各种货币的汇率走向和利率、各个金融市场的操作程序和方法等都非常熟悉,有利于安排最佳的现金组合方式。

(2) 由高度专业化的现金管理中心实行集中管理,有利于提高管理效率,便于集中信息和统筹运用资金。

(3) 现金管理中心全面掌握各子公司所需资金的动态情况,能确定各子公司应付各种情况所需的现金余额,从而将公司总体所必须持有的现金余额保持在尽可能低的水平,有利于减轻利息负担。

(4) 减少在国外暴露的总资产,从而可以减少东道国发生政治风险或外汇管制时遭受损失的可能性。

(5) 现金管理中心熟悉各个市场的资金成本情况,因而知道在现金不足时从何处借款最有利,以及在现金过剩时应将现金投放何处。

(6) 给国际企业利用转移定价机制增加总体盈利提供方便,有利于公司全球战略的设计和实施。

为便于现金集中管理,国际企业一般要设立多边净值结算系统。多边净值结算(Multilateral Netting)是指国际企业在全球范围内对其内部所有子公司之间的收付款进行抵消结算,最后只支付抵消后的净值。为此,国际企业要在特定地点设立中心结算账户(Cleaning Accounts),并授权其监督实施各子公司债务清偿所必需的资金转移。在多边净值结算中,首先要计算出各子公司在多边交易中对其他所有子公司的债权、债务净值,净欠款的子公司将被要求向中心结算账户支付欠款,而那些拥有净债权的子公司则从中心结算账户得到资金。在一般情况下,中心结算账户要求每月从各子公司收到交易信息,据此确定各子公司的债权、债务净值,之后便可以实施必要的资金转移。

多边净值结算的优越性在于:第一,可以大大减少内部资金转移的次数及金额,避免不必要的货币转换,降低汇兑成本;第二,可以协助母公司迅速了结各子公司之间的债权、债务关系,拥有债权的子公司可以更快地收到账款;第三,母公司可以了解哪家子公司积聚了大量的现金,必要时可以调用这一资源,以支持其他子公司的经营活动。可见,多边净值结算是一个非常有价值的使用工具,它能给纵向一体化程度较高、内部各子公司专门从事不同零件的生产并相互供应的国际企业以最大的潜在利益。

但是,多边净值结算在使用中可能受到限制:一是许多国家的政府规定企业只能对贸易往来进行资金结算,这就使国际企业利用多边净值结算转移资金的能力受到限制。二是多边净值结算要求各个子公司的管理人员必须充分合作,中心结算账户必须全面掌握国际企业内部发生的所有交易。但是,那些现金流出大于现金流入的子公司并不愿意进行这种合作,因为这样它们就无法像以前那样将偿债拖延,直至现金流动状况好转,或实现了营业利润后再还债。

(二) 应收账款

赊销是国际化经营中常用的方法,由此也就产生了延期支付问题。应收账款是需要一定时间才能收回的货款。国际企业对应收账款的管理常常面临着许多复杂问题,如距离、货币价值变动、资本管制威胁等。这些问题对于国内应收账款而言是不存在的。因此,国际企业外部的应收账款管理应注意:

1. 计价货币

在国际贸易中,计价货币可以在出口国货币、进口国货币和第三国货币中选择。一般而言,出口方应尽量争取以硬货币计价。当然,进口方也必然要求以软货币支付货款。因此,最终实际成交货币是双方权衡的结果。如果是以软货币计价的,出口方可以争取价格、付款条件等方面的有利条件。

2. 付款条件

如果应收账款是以软货币计价的,付款期要尽量缩短,以便尽早收回货款,以免应收账款贬值;应收账款以硬货币计价时,付款期限可稍微延长一些。

3. 风险防范

风险防范包括:选择资信可靠的客户,对信誉好、支付能力强的客户可以给予赊销;控制赊销额度,如分批供货、分批付款;鼓励赊购者提前付款,如采取付款折扣、逾期付款加收利息等;加强对货款的回收,如派专人定期收取货款等。

及时收回应收账款对国际企业具有重要意义,否则就意味着损失资本利息,甚至会危及资本本身。此外,还可以通过国家出口信贷担保、合同条款、远期市场、期权市场、期货市场、掉期市场以及运用代理收款等方式,减少应收账款的风险和损失。

(三) 存货管理

存货包括原材料、零部件、在制品、制成品和包装物等。国际企业必须持有一定数量的存货,以保证生产经营的正常进行。存货管理的目的是使存货达到最佳水平,既能保证生产正常进行,又能节约存货占用的资金。

国际企业要确定最佳存货量十分困难,要综合考虑预期的销售额、订货成本、储运成本以及销量突然上升和一时订不到货等因素。此外,还要考虑货币及其汇率、利率波动的风险。

在正常情况下,如果存货物价稳定,汇率变化不大,东道国外汇管制宽松,运输有保障,国际企业只需保有最小存货量。但是,在东道国发生通货膨胀的情况下,企业不得不超额储备,甚至增加存货进口。货币贬值一旦发生,进口存货以当地货币表示的价格便会上升,其代价是储运成本和资金占用成本大大增加,企业需要在两者之间仔细权衡。然而,如果预期的货币贬值没有发生,或者货币贬值虽发生,但东道国实行物价冻结,就会造成大量的存货积压。为了防止东道国政府冻结物价,企业可先将进口存货定在较高的价位上折价销售。一旦货币贬值发生,东道国政府又冻结物价,就取消折扣,将货物在原来的高价位上出售。如果进口存货是有期货交易的大宗商品,也可以购买期货合约。一旦预期的东道国货币贬值发生,就可以执行该期货合同;若货币贬值没有发生,或货币贬值虽发生,但东道国实行物价冻结,则可将该期货合约在国外出售,换回硬通货。

二、国际企业资金的内部转移

国际企业通过有计划地协调各子公司的资金流动,可以大大减少母公司的资金成本和风险。国际企业母公司与子公司之间以及各子公司相互之间的资金转移渠道和方法主要有:母公司向子公司提供初始资金,如股权投资和贷款;子公司向母公司支付股息和管理费;子公司之间相互贷款;子公司向母公司或其他子公司支付贷款利息、偿还本金,以及支付技术转让费、专利或商标使用许可费等;提前或延迟支付货款或债务;在公司内部交易中运用转移价格策略。

需要指出的是,由于国际企业转移资金的目的不可避免地会与东道国的利益发生某种程度的冲突,因此东道国政府总是要对此加以一定的限制。有时,资金的内部转移可能会导致较高的成本,并影响公司在东道国的形象。

(一) 对子公司的股权投资与子公司股息策略

在国际企业母公司对子公司的初始投资中,股权资本和债务资本应该各占多少?这是一个值得研究的问题。国际企业的财务人员应根据公司的总体融资策略和东道国类似公司的财务结构作出决策。一般说来,如果子公司财务结构中的股权资本比例不至于小到令东道国政府大为不满的地步,则母公司采用贷款形式向子公司提供资金往往会有如下优点:

(1) 由于贷款本金是需要偿还的,所以通过偿还本金和支付利息,母公司的投资可以较方便地回收,而且本金的偿还是不纳税的。

(2) 东道国政府可能会限制股权资本的返回,甚至对股息的发放也会施加限制。因此,若全部以股权投资,则可能导致日后资金回收的困难。

(3) 一般情况下,外汇限制很少涉及利息支付,且利息费用还具有抵免子公司税负的功能。

但是,需要强调的是,采取这一策略时必须谨慎,不可使股权资本所占比例过低。子公司盈利之后,就应该发放股息。但是,股息水平究竟多高方为合适,尚需考虑许多因素,其中关键的有:(1) 母公司与子公司对资金的相对需求;(2) 东道国货币的汇率变动趋势;(3) 股息对国际企业全球税负水平的影响;(4) 当地政府及市场对股息支付水平的看法,以及当地有关股息发放的法律规定;(5) 东道国的政治风险。

一般情况下,股息多是按各个子公司税后利润的某一百分比发放,或先按某一水平支付,然后再根据对上述五个因素的考虑作出调整。有两种极端的做法:一种是不论何处的子公司,都须按同一公式计算并汇回股息;另一种是采取完全灵活的策略,各个子公司是否支付股息及支付多少股息,全视上述五个因素的权衡结果而定。

（二）公司内部贷款

如果国际企业的子公司所在国对资金移动不加限制,那么母公司就可以直接贷款给子公司。贷款货币可以是任何一方或第三方货币,而贷款利率可以从公司利益最大化的角度予以确定。换言之,公司内部直接贷款的利率实际上表示了资金的内部转移价格。如果位于某一实行或可能实行外汇管制国家的子公司需要贷款,国际企业认为直接贷款的风险太大或成本太高,便可以采用迂回的贷款方式,主要有平行贷款和背对背贷款两种。

1. 平行贷款(Parallel Loan)

计划向其海外子公司进行贷款的国际企业自行或通过其他金融机构的帮助,去寻找另一家国际企业,该国际企业在同一东道国的子公司有富余资金。于是,双方可以达成互贷协议。例如,假定一家美国企业在巴西的子公司需要资金。美国企业的母公司找到一家在巴西有子公司的法国企业。双方便作如下的互贷安排:法国企业在巴西的子公司以巴西货币借款给美国企业在巴西的子公司,而美国企业的母公司则以同等金额的美元或法郎借给法国企业的母公司,两笔贷款的期限一致。这样,两笔贷款互为担保,从而使两个国际企业都可以避免贷款风险。由于美国企业在巴西的子公司最后是以巴西货币偿还借款本金与利息,美国企业便可以避免外汇管制风险。至于法国公司,它通过互贷安排,实质上是暂时收回了在巴西的多余资金,可以充分利用到手的硬通货在其他金融市场进行投资。平行贷款的困难在于很难找到合作的国际企业。

2. 背对背贷款(Back-to-Back Loans)

背对背借款的特点是利用银行或其他金融机构作为贷款中介。因为一般说来,东道国即便可能对国际企业的资金移动加以限制,也不大可能限制偿还国际性金融机构的贷款本息。背对背贷款的具体做法是:母公司或其他提供资金的子公司把资金存入中介银行,银行指示其在子公司所在国的分行向子公司提供等值资金,通常是以当地货币进行贷款,也有用母公司货币或第三国货币的。借款子公司向银行支付利息,银行再向母公司或提供资金的子公司支付存款利息,两者存在一定的差异,即中介银行的利润来源。银行由于有该国际企业的存款作为抵押,所以基本上是没有风险的。

（三）管理费、提成费和许可费(Management Fees, Royalties and License Fees)

由于子公司与母公司之间的隶属关系,母公司通常会要求子公司定期上交一笔管理费。在母公司与子公司之间,或子公司相互之间,当发生许可使用或转让专利、技术、商标或其他无形资产时,接受方通常会被要求支付一笔许可费或提成费。管理费、许可费和提成费实际上是公司内部的资金流动,因此其管理原则仍是以公司总体利益最大化为准。

许多东道国认为,国际企业的子公司向其母公司或其他子公司支付管理费和许可费等,是为了掩盖实有利润、逃避税收和转移资金。因此,对这类费用的支付往往实施较严格的限制和监控措施,任何变动都可能受到盘查。所以,国际企业的财务人员在最初制定费用标准时要考虑周密,一旦确定了一个水平,就不要轻易变更。

(四) 提前与延迟(Leads and Lags)

所谓提前,是指在信用到期之前支付;所谓延迟,是指在信用到期之后支付。提前与延迟的技巧可以为国际企业有效转移内部资金提供很大的灵活性。

从政府的角度看,提前与延迟共有四种形式:

(1) 出口提前:国外买方提前支付货款;

(2) 出口延迟:国外买方延迟支付货款;

(3) 进口提前:国内买方提前向国外卖方支付货款;

(4) 进口延迟:国内买方延迟向国外卖方支付货款。

政府外汇管理机构一般不允许进口提前和出口延迟,常对这两类提前与延迟制定一些限制性规定。

(五) 收支冲销(Write-off to the Income and Expenditure)

收支冲销包括双边冲销和多边冲销,指的是国际企业通过总体协调安排,对两家或多家子公司之间的债权、债务或应收应付款进行抵消结算,最后只交割所剩的净头寸。许多国家对冲销作了限制性规定,有的则干脆不允许冲销。所以,在实际操作时,要熟悉所涉国家的有关规定。

(六) 再开票中心(Reinvoicing Center)

为了方便冲销,也为了把利润转移到低税或免税地,许多国际企业在所谓的"避税港"设立了再开票中心。该中心通常不与所在国市场发生交易,只在各子公司之间进行商品贸易时扮演"转账者"角色。

再开票中心的作用在于:把有关子公司的部分利润转移至低税国家,从而可以增加公司总体的税后利润;为双边和多边冲销提供便利;通过集中交易,可以迅速发现需要现金支持的子公司,并以提前或延迟的方法为该子公司提供融通资金。对国际企业而言,再开票中心的主要缺点是:为设立该中心,公司需要支付一定的(有时是可观的)额外费用。因此,小型国际企业很少设立再开票中心。

第三节　国际企业的外汇风险管理

国际商务活动中需要考虑的一项额外风险是外汇风险。外汇风险(Foreign Exchange Exposure)也称"外汇暴露",是指由于外汇汇率的变化而导致企业的盈利能力、净现金流量和市场价值发生变化的可能性。对于企业来说,汇率变动本身是不可控的,是管理人员控制之外的因素。但是,对这种变动的管理是可控的,若听之任之,则可能造成很大损失。只要善于管理,汇率变化也可能带来额外机会,未必不是一件好事。财务经理的一项重要职责是预估外汇风险并及时管理,以使企业的盈利能力、净现金流量和市场价值最大化。

一、外汇风险的类型

外汇风险主要有三种类型:交易风险、换算风险和经营风险。

(一) 交易风险(Transaction Exposure)

交易风险是指已达成协议但尚未结算的外币交易因汇率波动而发生外汇损益的可能性。在交易的起点和终点之间,汇率在不断变化。因此,在起点按某一汇率确定的交易值在终点实际支付时,有可能发生变化。例如,购入设备、原材料形成的外汇应付款和实际支付之间会有一个时间差,在这个时间差内如发生汇率变动,就会产生货币的量差,从而导致结算结果的损失或收益,对国际企业的净损益产生直接影响。交易风险主要产生于以下两个方面:(1) 商品和服务进出口所涉及的货币兑换;(2) 偿付贷款或利息所涉及的货币兑换。

交易风险有时又称"兑换风险",现金流动要求在到期日进行外汇交易,且期限是确定的。国际企业的母公司或子公司都可能发生交易风险。母公司在交易活动中如果不用母公司所在国货币结算,就会发生到期兑换问题。同样,子公司在交易活动中如果不用当地货币结算,也会发生到期兑换问题。母公司的交易风险只对母公司账户发生影响。子公司的交易风险则既对子公司也对母公司发生影响。交易风险还会影响税收,从而直接影响交易中的现金流动。

(二) 换算风险(Translation Exposure)

换算风险有时也被称为"翻译风险"、"会计风险"和"账面风险",产生于国际企业将其海外子公司或投资项目经营成果的计值单位由记账外币换算成本币的换算过程。国际企业由于法律上和经营上的需要,必须合并其海外子公司和母公司的财务报表,而各个会计项目换算时所用的汇率并不见得与入账时的历史汇率相同,因此那些按现行汇率换算的资产和负债就会发生外币换算损益。这些承受换算风险的资产和负债被称为"暴露资产"(Exposed Assets)和"暴露负债"(Exposed Liabilities)。鉴于暴露资产和暴露负债的风险可以相互抵消,所以公司的总换算风险就取决于暴露资产和暴露负债之间的差额。

衡量换算风险的方法比较复杂,无论是衡量海外存量或固定资产的暴露和风险,还是衡量长期债务暴露和风险,都取决于企业选择的记账规则和惯例,即换算方法。为了减少不利的净转换暴露或增加有利的净转换暴露,可以选用适当的会计规则,而每种会计规则确定的转换风险有很大的不同。编制海外业务报表的规则或惯例有：

（1）按当时汇价换算法（Monetary-Nonmonetary Method）。这种方法把资产负债的项目分成货币性资产和负债与非货币性资产和负债两类。前者是指在未来收取或偿还的一定外汇数额如现金、应收应付款、长期贷款等，用现行汇率换算。后者是指固定资产、长期投资和库存，用历史汇率计算。这种方法又称"货币和非货币换算法"。

（2）按现行汇价换算法（Current-Noncurrent Method）。使用这种方法时，海外子公司资产负债表的流动资产和负债用现行汇率换算，其他资产负债表的非流动性资产和负债要用历史汇率换算。这种方法又称"流动和非流动换算法"。

（3）现时汇价法（Current-Rate Method）。这种方法把所有的资产负债表和损益表项目都按现时汇率换算。

由于国际金融市场汇率变动异常频繁，因此由汇率变动造成的换算风险极其普遍。这时虽未发生资产和负债的真实增减，但外币换算的损益对公司财务业绩的表现有很大影响，相当程度上也影响着股东和金融机构对公司财务报表的评价。

（三）经营风险（Operation Exposure）

经营风险有时也称"经济风险"（Economic Exposure），是指由于意外的汇率变动，导致企业未来的经营性现金流量发生变化，从而影响到企业的市场价值。企业市场价值的变化程度取决于汇率变动因素对企业将来销售量、价格和成本的影响程度。经营风险不局限于实际汇率变动对具体每笔外汇交易价值的影响，而是关心汇率变动对整个公司经营活动的影响。此外，它不只重视汇率波动带来的一时得失（即静态效应），更主要的是侧重于汇率变动的动态效应。

与前两种风险相比，经营风险考虑的是汇率发生变化以后相当长时期内对企业的经营效果和投资收益的总体影响，所以它比交易风险和换算风险的影响更大。但是，由于经营风险主要来源于那些未能预料的汇率变化，对其管理在很大程度上依赖于经济分析和汇率预测的结果，因而具有一定的主观性。

二、国际企业外汇风险审计

外汇风险审计的目的在于，使国际企业全面了解外汇变化对本企业的生产经营意味着什么。以下四个方面是外汇风险审计的基本分析内容：

（一）国际企业受外汇变化影响的经济活动的类型

一般来说，交易风险源于以外币结账的交易活动，国际贸易、外币借贷、海外子公司的当地销售活动等有可能需要交易分析。从分析和规划的角度看，国际企业还需要考虑未来外币交易。会计风险源于海外子公司财务报表的转换。经营风险则衡量公司未来国际业务盈利能力受外币价值变化影响的程度。由此可见,不同类型的外汇风险对不同类型的经济活动的影响在范围上大不一样。

(二) 国际企业体系中的各单位如何受外汇风险的影响

国际企业体系中的各单位所受外汇风险的影响互不相同,其主要原因在于:第一,各单位所在东道国不同。不同国家的货币强弱和外汇管理情况不同,经济发展状况也不一样,这在很大程度上决定了国际企业经济业务中存在的外汇风险的特点。第二,内部交易的特点和所占比重。由于分工和协作、管理等方面的需要,国际企业各关联企业之间存在大量的货物流,这种内部交易使货物流出和流入单位处于不同的外汇风险地位。此外,国际企业为各单位所安排的内部交易在一定程度上控制或调节了外汇风险,内部交易的扩大意味着国际企业整体的交易风险降低。第三,国际企业的内部资金调配状况。当国际企业为了战略需要,采取各种手段,人为调配各单位的资金、改变资金流时,就相应地改变了各单位的外汇风险特点。

(三) 企业战略发展计划如何受外汇风险的影响

在进行这项分析时,重点是分析国际企业的主要发展战略,例如重点出口市场、重要投资计划以及全球一体化经营等,在实施中受到外币变化的哪些影响,以及企业为此调整发展战略的机会与代价如何。

(四) 企业的各项职能管理如何受外汇风险的影响

当有关货币价值和国家外汇政策发生变化时,国际企业的各项职能管理会受到不同的影响。例如,国际营销方面,可能会出现困难或销售良机;生产方面,可能会获得低廉的投入要素或成本上涨;人事管理方面,在外币升值时可能会需要补贴派出的海外经理人员的工资,在外币贬值时可能会多雇用一些当地人员;财务管理方面,面对外汇变化,会调整资金筹措安排,改变内部资金调度,以防止资金成本上升,充分利用低成本资金的机会。

三、外汇风险的分析评价

外汇风险管理必须建立在对外汇风险正确分析评价的基础上。资金风险评价的基本问题是判断公司外汇暴露状况所引起的风险是否能为公司所接受。根据风险管理的定义,它并不是要消除所有的风险,各个公司、有关管理人员都将接受一定程度的风险。

外汇风险评价由三个阶段组成,即判断外汇暴露和风险的重要性、汇率预测、风险评价。

(一) 判断外汇暴露和风险的重要性

有的外汇风险如换算风险取决于母公司所在国家的会计规则和惯例。国际企业财务经理往往从会计惯例出发,定义和理解风险暴露。但是,风险不仅仅来自会计结果。例如,有的风险来自外汇交易或兑换,有的风险与业务效果相关,这些风险不一定在传统的会计报表中反映出来。因此,还需要运用其他报告方法和原理定义外汇风险。

如果公司对风险的程度规定有上限、下限,那么只需要判断某一时刻的外汇暴露和风险状况是否在可以接受的界限以内。如果管理者是根据风险和保值成本的比较或影响判断风险状况的,那么就需要确切了解每一种暴露可能产生的影响,这又需要预测汇率的变动情况。

(二) 汇率预测

一国货币汇率的变动受多种经济的和非经济的因素影响,如国际收支、通货膨胀、利率、经济增长率、财政赤字、外汇储备等。这些因素在不同时期对不同国家所起的作用不同。汇率预测可以运用定性的方法,即通过一些综合指标,综合分析汇率的变动方向;也可以运用定量的方法,即运用线性回归分析模型、经济计量模型进行预测;还可以将两者结合起来。汇率预测的内容包括汇率变动方向、变动幅度、变动时间等。国际企业可以通过专业预测机构、银行、子公司以及金融报刊和金融专家收集有关汇率变动的情报。这些情报要与国际企业自己的预测结合起来。应当指出的是,既然是对未来汇率变动的预测,难免会发生错误,所以应尽可能避免错误预测的风险。

(三) 风险评价

汇率变动对国际企业的影响有正、反两种可能。对企业的正面影响,意味着企业可能受益;对企业的负面影响,意味着企业可能受损。因此,预测和分析汇率变化对企业影响的可能性,特别是未来损失的可能性,显得十分重要。

上述两项估计得出结论后,人们就可以评价企业因此而受到的影响。收益或损失如下:

$$暴露程度 \times 汇率变动程度 = 收益或损失$$

在一般情况下,管理者的预测和判断只能确定一个大概的变动范围。

四、外汇风险管理技术

为了减小外汇风险,国际企业应注意选择和运用一些行之有效的套期保值技术或方法,这里介绍常用的几种。

(一) 远期外汇合同(Forward Exchange Contract)

远期外汇合同是指为避免外汇汇率变动的损失,将外汇结算的时间及所用汇率以契约形式确定下来的外汇交易,也就是预先约定在未来日期进行交割的汇率。当国际企业拥有一笔存在汇率变动风险的外币应收款或应付款时,可以在开始时订立卖出或买进时间、金额和币种相当的远期合同,以抵补外币应收款或应付款可能出现的汇率变动损失。具体的操作方法是:如果企业拥有外币应收款,则可以通过签订外币的远期卖出合同,把将来某一日期应得到的外币卖出,企业就消除了该应收款的汇率变动风险;反之,外币远期购买合同则用于抵消应付款及其他外汇净头寸。但是,利用远期外汇合同可以防止汇率不利变动造成的损失,却无法得到因汇率有利变动产生的收益。

(二) 外汇期权(Currency Option)

外汇期权是一种金融工具,它给予其购买者在特定时期内,以预定汇率购买特定数量外汇的权利。外汇期权比远期外汇合同有更大的灵活性,因为其购买者不一定非要实施这一外汇购买权。买方购买了期权,可以在期权有效期内,以合同价格向期权卖方购买一定量的外汇。如果买方向期权卖方购买外汇不利,可以放弃这种权利,但须支付一笔期权费。期权的卖方不能完全避免外汇风险损失,只能获得一笔期权费,对外汇风险起缓冲作用。期权的买方则可以大大避免外汇风险损失,最不理想的情况也只是损失一笔期权费。

(三) 外汇储备(Foreign Exchange Reserves)

国际企业保留合理的外汇储备,然后利用外汇储备抵消外汇市场上无法预料事件的影响。与一般套期交易不同,外汇储备不是在市场上套期保值,而是利用本企业资金进行自我套期保值,以平缓不利的外汇波动。外汇储备在某些国家不失为一种好方法。有些国家的资本市场不发达,没有外汇远期市场,且通货膨胀较严重,货币易贬值,调节外汇储备就成为保护收益的主要手段。

(四) 货币市场保值(Money Market Hedge)

货币市场保值是指企业利用货币市场上的借贷所产生的某种货币相应的应付款或应收款,抵消企业在该种货币上原有的应收款或应付款的风险暴露。具体地说,当企业预计有一笔远期外汇收入时,为抵补该笔外汇收入汇率变化的风险,可以从货币市场借入一笔与远期外汇收入币种、期限和金额完全相同的贷款,待贷款到期后,以到期外汇收入偿还所借外汇贷款,从而使到期收付的外币款项免受汇率变动的影响。当企业有一笔远期外汇支出时,则操作方法恰好相反。

(五) 货币互换(Currency Swap)

货币互换交易是指有关当事人相互交换两种不同的货币,并在一定时间后重新换回。初期的货币互换按照现时即期汇率进行,随后的再互换也依据同样的货币作价,而不考虑这期间外汇汇率的变动。国际企业在许多国家设有分支机构,可以利用货币互换作为套期保值的一种形式,其优点是完全消除了外汇风险。这种安排可能涉及一些边际成本,主要是反映差别利率的差别费用。交易双方以确定的本金交换,执行议定的利率,以未偿还的资本金额为基础,进行利息支付,由此会产生成本。

五、交易风险的防范和管理

交易风险是由从成交到结算之间的时间差别所造成的，这段时间又可细分为三部分，如下图所示：

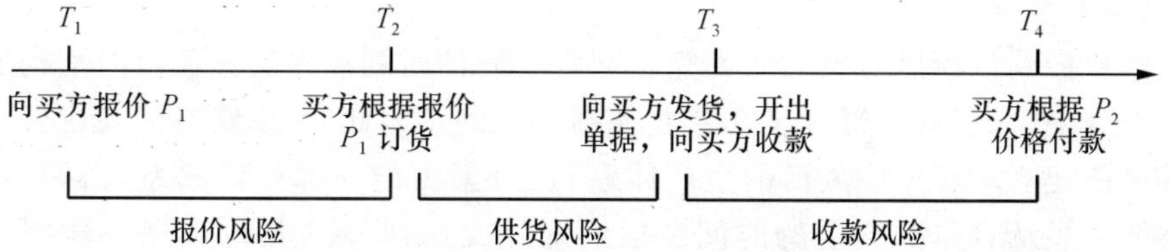

图 8-1　交易风险的时间构成图示

（一）报价风险

从向买方报价或投标竞争开始，到达成协议，买方订货的这段时间有时可以相当长，可能导致报价时有利可图的生意到成交时由于汇率变化，已经无利可图。这在大型工程项目投标或成套设备出售、采购时尤为明显。

在管理报价风险时，重点应当考虑的因素有两个：一是币种选择，二是汇率选择。与国内企业的经营不同，国际企业在营销、采购业务中，在很多时候可以选择报价 P1 的货币币种。除了一些历史上形成的由某一货币定价的产品之外（如石油习惯上以美元定价，即使买卖双方的本国货币均不是美元），企业在选择币种时都有一定的挑选、谈判余地。常见的做法有以本国货币定价（如日本钢铁公司出口钢铁以日元定价）、以货币篮子定价（如欧洲空中客车报价是以欧洲货币单位为标准的）以及以某种买卖双方都能接受的第三国货币定价。

值得注意的是，以本国货币定价是一种风险转移的办法，实质是把国际商务的交易风险转嫁给企业的贸易伙伴。从长远看，有损企业贸易伙伴利益的手段是不能长久维持的，最终对企业本身也会起反作用。因此，以本币报价时，要同时考虑对贸易伙伴的影响。

币种决定之后，企业还应考虑以哪种汇率为基础报价，或以哪种汇率测算成本。一般来说，在 3—6 个月的期限内，可以近似地以远期汇率作为未来汇率的期望值。远期汇率是一种市场的共识，是所有的汇率影响因素都被考虑进去的一种综合指数。因此，从理论上讲，如果一项合同签约是在 1 月，交割是在 12 月，那么以 12 月的远期外汇汇率定价至少和以 1 月的现汇汇率定价是同样合理的。对于没有远期汇率的币种，企业可以用利率平价的公式自行推算远期汇率的理论值，并以它作为定价参考。

汇率选择的另一种做法是风险分担。由于汇率变动无法准确预计，由此产生的损益并不是任何一方单方面的责任。有不少企业在定价时采用保值分摊条款，注明该报价是以某一汇率（可以是现汇，也可以是期汇）水平为基准的。到结算时,如果结算期的实际汇率与成交期的实际汇率上下相差不超过一定比例(例如5%),则原报价不变,或盈或亏由一方承担;而如果汇率变动超过5%,则超出部分的额外损失或额外利润由双方分担。还有的企业进一步规定,如果汇率变动超过某一上限(假定为25%),则双方必须重新商定合同价格。

(二)供货风险

即从接到订单后开始生产到完工交货之间的时间。在交易风险时间构成的三个部分中,只有这一部分是在企业控制之下的。因此,减少交易风险也要求企业尽可能建立一套反应灵活的生产体系,进行紧密的内部产销联系、协调,以求尽可能缩短从订单到交运的时间。虽然这比交易风险的其他管理手段困难得多,但是只有这样,企业才能真正形成可以长久保持竞争优势的手段。

(三)收款风险

即P1与P2之间的差价。常用的手段是提前或错后结汇。提前或错后结汇是指企业在交易过程中,通过提前或推迟外币结算的日期,以避免和防范外汇风险的办法。具体地说,提前结汇(Leading Strategy)是指在预期货币将要贬值时提前收回应收外汇账款,而在预期货币将要升值时则提前支付应付外汇账款。错后结汇(Lagging Strategy)则要求在预期货币即将升值时推迟收取应收外汇账款,而在预期货币将要贬值时推迟支付应付外汇账款。这种方式实际上是使交易对象的资产负债表的项目发生反向变化,在国际企业内部子公司之间较易实行,可以达到增加企业整体利益的目的。但是,在不具备关联关系的企业之间,这种非常规的提前或错后结汇往往会遭到拒绝。

六、经营风险的防范和管理

经营风险的防范和管理可以从两方面讨论:预防和应对。从预防来说,一般有两种方法:经营地域多元化和财务多元化。经营地域多元化的重点是在产销业务布局时考虑外汇风险因素,尽可能把企业的原材料、生产和销售分布在几个不同的货币区域。例如,日本本田汽车在美国设汽车生产厂就是利用经营多元化防范风险。财务多元化则是在采购、销售和融资时采用多种货币,利用多种货币的相对稳定性分散单一货币的风险。对经营风险的防范和管理也可以采用国际直接投资的方法,即在市场所在地设厂,当地生产,当地销售。这样,由于国外市场的销售收入和生产成本都体现为同一货币,企业的外汇经营风险的"净暴露"也就减少了。

但是,总的来说,汇率的变动有很大一部分是不可预见的。经营风险相对于交易风险和换算风险来说,对企业国际化经营的影响更大,涉及的业务活动范围更为全面广泛,因此对其管理也更复杂和困难。对经营风险的管理一般没有具体的办法,需要生产、销售、财务等各个部门统一步骤、协调规划。

对经营风险的防范和管理要求国际企业在进行整体布局时，把那些不可预见因素的影响考虑进去，尽可能采用一种不受汇率变化影响的产销布局和金融财务体系。因此，有必要加强国际企业内部的制度建设、组织建设、计划协调等工作，有专人或设立专门机构负责对汇率变化趋势的检测和预报，并制定相应的汇率风险防范政策。在制定重大营销策略、财务政策时，应当有汇率风险主管或主管部门参加；在制定企业的中长期计划时，应当对所选用的外汇汇率作出专门的分析。

第四节　国际企业的税收管理

由于国际企业在全球范围内开展经营活动，而各个国家的税务环境乃至市场环境有着明显的差异性，因此对于国际企业而言，所面对的税务问题较之国内经营更有其复杂性。企业在国际化的过程中，必须对各个国家的税务环境乃至市场环境有透彻的了解，通过有效的全球战略一体化的整体筹划，合理选择投资地，确定企业的定价目标和策略，力求使国际企业的总体税负降低，从而达到利润最大化的目标。本节一方面着重介绍企业国际化经营过程中将要遇到的税务问题，以及企业可利用的税务对策；另一方面着重介绍企业国际化经营过程中的定价目标和策略。

一、国际税收的种类

国际税收是指各国政府在其税收管辖范围内对从事国际经济活动的企业和个人就国际性收益所发生的征税活动，以及由此而产生的国与国之间税收权益的协调行为。①

企业在从事跨国经营活动中，其在各个国家开展的投资活动及所获得的收益都将成为各国政府税收的课征对象。例如，国际企业的海外子公司的经营活动要按东道国的各类税法纳税，其经营所得除了要按东道国的公司所得税法缴纳所得税外，汇回母公司的所得还要按照母公司所在国的所得税法缴纳所得税。因此，企业经营活动的国际性也使其面临的税收具有国际性。

国际税收的课征活动是通过各国税收法律制度规定的具体税种实现的。企业在从事国际化经营活动中经常涉及的税收种类有所得税、增值税、产品税、关税、预提税、营业税、财产税等。

（一）所得税

所得税是指以企业经营活动中的收益或所得为对象课征的税金。企业的收

① 参见韩福荣主编：《国际企业管理》，北京工业大学出版社 2001 年版，第 299 页。

益或所得一般是指企业的收入总额减去成本、费用和损失后的余额，以及企业经营中的股息、利息、租金、特许权使用费和其他所得。世界上许多国家的财政收入都主要来源于所得税，因而其对国际企业的整体税负有着举足轻重的影响。

世界上不同国家的所得税税率有着较大差异，这将直接影响国际企业对投资地区的选择。

(1) 高所得税税率国家和地区，所得税税率一般为40%—60%。高所得税税率国家通常在主要工业发达国家较为常见，如美国、日本、法国、加拿大、英国等国家。

(2) 中等所得税税率国家和地区，所得税税率一般为30%—40%。中等所得税税率国家通常在发展中国家较为常见，如巴西、阿根廷、墨西哥、泰国、菲律宾、印尼、中国等国家。发展中国家和地区的所得税税率相对低一些，有利于吸引海外直接投资。

(3) 低所得税税率国家和地区，所得税税率一般为0—20%。低所得税税率国家和地区有两种常见情况：一是只征收很低或为零的公司所得税，这些国家和地区通常被人们称作“避税地”；二是一些发展中国家为吸引海外直接投资，加速本国经济发展，对在本国投资的外资企业给予优惠待遇，如给予一定的“免税期”，即在公司建立后的几年之内可免缴所得税，或是允许加速企业的固定资产折旧，从而降低企业的应税收益。

(二) 增值税

增值税是指以企业生产经营过程中实现的增值额为纳税依据的一种税金。按照有关规定，一切从事生产应纳增值税产品的企业和单位都是增值税的纳税人。增值税以企业的商品(或劳务)销售额中的增值部分，即相当于商品价值扣除在生产上消耗掉的生产资料的转移价值后新创造的价值(即增值额)为纳税对象。增值税在一些国家的税种中占有重要地位，已成为国家财政收入的重要来源。

增值税是20世纪50年代由法国最先实行的一个税种。由于这个税种在经济上有利于促进工业实现专业化，在财政上能够体现合理负担，稳定财政收入，因此为许多国家所重视并予以推行，逐步成为一个具有国际性的税种。目前世界上有增值税的国家和地区，其增值税税率一般为10%—25%。增值税一般按不同行业的不同税率计算缴纳。

增值税与所得税的不同之处如下：

(1) 在课征对象上有着本质的区别

公司所得税是以企业经营活动中的收益或所得为课征对象，增值税则是以企业生产经营过程中产品实现的增值额为课征对象。对所有的公司而言，在增值税面前一视同仁，无论公司经营亏损还是盈利，只要在产品销售阶段出现增值，就都要纳税。增值税使企业难以通过用账面冲销、加速折旧、加大亏损、人为地转移定价等方法逃税避税，因而有利于促进公司取得最佳经营状况，使资源得以最优配置。

（2）在产品进出口中享受的待遇不同

国际贸易组织的有关条款规定，成员国为促进本国产品的出口，增强出口产品的竞争力，促进出口企业的积极性，可以对本国从事产品出口的企业返还增值税，同时可以对进口产品计征增值税。公司所得税则不享受退税待遇。

（三）关税

关税是指进出口产品经过一国关境时，由政府设置的海关向进出口商征收的税金。海关是一个国家设立在关境上的行政管理部门，是贯彻执行本国有关进出口政策、法令和规章的机构。企业在国际化经营过程中，其产品必然会在不同国家之间流转，因而要遵守不同国家的进出口政策、法令和规章，要与关税发生关系。关税按不同标准可分为不同种类。

（1）按征税方法划分，关税可分为从量关税、从价关税和混合关税

从量关税是指以产品的重量、数量、长度和面积等计量单位为标准计征的关税。从价关税是指以产品价格为标准计征的关税。混合关税是指对产品既征收从量关税，又征收从价关税的税制，有时以从量关税为主而加征从价关税，有时以从价关税而为主而加征从量关税。一般而言，当一个国家采用从价关税时，有利于国际企业利用转移定价的办法逃避税负。

（2）按差别待遇划分，关税可分为进口附加税、差价税和特惠税

进口附加税是指一个国家海关对进口产品除征收正常进口税外又加征的额外关税。其主要形式有反补贴税和反倾销税。征收进口附加税的目的在于，应付国际收支危机，减少贸易逆差，对抗外国产品倾销，抵消外国产品因得到津贴而提高的竞争能力，实行差别待遇等。差价税是指当某种产品的国内价格高于同类的进口产品时，为了保护国内生产和市场，海关按国内价格与进口价格之间的差额征收的关税。特惠税是指对某些特定国家和地区进口的产品给予的低关税和免税待遇。

企业在国际化经营过程中，涉及的国家不同，产品的种类不同，关税税率会有较大差异。正常情况下，一般发达国家的关税税率较低，平均税率在3%左右；发展中国家的关税税率较高，平均税率在13%左右。非正常情况下，如反倾销时，关税税率会很高，有的高达百分之数百。

（四）预提税

预提税是指政府对本国居民或在本国经营的公司向国外支付的股息、许可费和利息等，以一定的比例征收的税金。世界上计征预提税的国家在税率上有着较大差异，以对股息征收的预提税为例，一般为10%—30%。在国与国之间

签订有双边或多边税收协定时,预提税税率会相应降低,一般为5%—15%。一些国家为鼓励外资企业加大投资,对外资企业所获利润不汇回国内而进行追加投资采取退还所得税等优惠措施。

二、国际重复征税

国际重复征税是指两个或两个以上的国家依据各自的税收管辖权,在同一时期对同一课税对象征收类似的税收。企业在国际化经营过程中,通常会遇到国际重复征税问题,即对两个或两个以上的国家负有纳税义务,其同一收益或所得会成为两个或两个以上国家的课税对象。国际重复征税的存在必然会影响国际企业的最终收益,从而影响国际企业对外投资战略与策略的选择。

(一) 国际重复征税产生的原因

1. 直接原因

国际重复征税产生的直接原因是国际企业作为纳税人及其课税对象所具有的跨国性。首先,国际企业作为纳税主体,通常在两个或两个以上的国家从事经营活动,因此必然会对两个或两个以上的国家负有纳税义务。如国际企业的海外子公司,其经营所得除了要按东道国的公司所得税法缴纳所得税外,其汇回母公司的所得还要按母公司所在国的所得税法缴纳所得税。其次,国际企业涉及的课税对象具有跨国性。即国际税收涉及的纳税对象是国际企业参与国际化经营活动的跨国所得或跨国财产,这些所得的来源地或财产的所在地与所得或财产的所有者居住国或国籍国不属于同一国家,因此其同一所得或财产会成为两个或两个以上国家的课税对象。

2. 根本原因

国际重复征税产生的根本原因是不同国家的税收管辖权交叉重叠和相互冲突。税收管辖权是指国家对特定人的特定财产或行为进行征税的权力,是一个国家行使其征税权力的范围。税收管辖权是一个主权国家管辖权的重要组成部分,是国家在税收领域所拥有的基本权力。

国际社会公认的国家管辖权可依照以下两个基本原则确认:一是属人原则,即一国政府可对本国居民按照本国法律和习惯做法实行管辖。这里的“居民”包含自然人和法人,还可包括非法人经济实体。二是属地原则,即一国政府对其所属领土内的一切人和物以及所发生的事件,有权按照本国的法律和习惯做法实行管辖。依据以上两种国家管辖权原则,在国际上产生了两种不同类型的税收管辖权:

(1) 居民税收管辖权

居民税收管辖权是按照属人原则确立的一种税收管辖权,是指国家对取得本国居民地位或被认定为本国居民的自然人和法人产生于世界范围内的全部课税对象行使的课税权。即凡具有本国居民身份的自然人和法人都是本国的纳税人,国家对其所有收入,无论是来源于国内还是国外,都有权征收所得税。

（2）地域税收管辖权

地域税收管辖权是按照属地原则确立的一种税收管辖权,是指国家仅对产生于或位于本国境内的课税对象行使的课税权。即国家有权对发生在本国境内的所得征税,而不考虑纳税人是哪个国家的居民,对来自于国外的所得则免予征税。

根据国家主权原则,任何一个主权国家都可以自行制定有关本国税收管辖范围的规章和制度。因此,各国政府在确定税收管辖权时,都不可避免地从扩大本国的财政收入出发。经济发达国家的居民来自本国境外的收入较多,这些国家在坚持本国的地域税收管辖权的同时,大多要求承认和扩大居民税收管辖权的实施范围,并限制别国的地域管辖权的实施范围。对于发展中国家而言,外国居民取自本国的收入较多,扩大本国的地域税收管辖权的实施范围,限制其他国家的居民税收管辖权的实施范围则显然有利。

正是由于以上原因,现今世界上实行单一税收管辖权的国家较少,大部分国家同时行使地域税收管辖权和居民税收管辖权。即各国普遍主张对本国领域内所得的收入适用地域税收管辖权,同时又坚持对本国居民来自世界各地的全部收入适用居民税收管辖权。这样,就出现了税收管辖范围重叠的情况。国际双重征税正是不同国家税收管辖权交叉重叠和相互冲突的结果。

当国家之间居民税收管辖权与地域税收管辖权出现重叠时,行使居民税收管辖权的国家对其居民纳税人的课征范围就会覆盖其他国家行使地域税收管辖权的课征范围。此外,当地域税收管辖权与地域税收管辖权出现重叠,或者居民税收管辖权与居民税收管辖权出现重叠时,一个纳税人可能分别被两个国家认定为居民纳税人。此时,就会出现一个纳税人对两个国家负有纳税义务,或其同一收益与所得会成为两个国家的课税对象的情况。例如,A 国某总公司在 B 国投资设立分公司。对分公司在 B 国所得的利润,B 国政府按地域税收管辖权,向其征收所得税。同时,A 国政府按居民税收管辖权,可向该总公司全部利润(包括 B 国分公司的全部利润)征收所得税。由于两个国家都向同一个分公司的同一所得征税,因而发生双重征税。国际双重征税的出现,使从事国际化经营的企业的纳税负担明显重于仅从事国内业务的企业,因而有其不合理之处,不利于企业国际化经营的开展。

（二）国际双重征税的避免

税收管辖权是一个主权国家管辖权的重要组成部分,任何一个主权国家都可以自行制定有关本国税收管辖范围的规章和制度。因此,避免国际双重征税,只能在各种类型的税收管辖权并存的条件下,由各国政府通过一定方式限制各自行使的税收管辖权的范围。从目前的情况看,国际上避免和缓解双重征税的途径有两种:一种是通过一国的政府单方面予以解决,即在本国税法中单方面作出规定,对本国居民纳税人已被外国政府征税的境外所得,自动采取避免或消除国际双重征税的措施。另一种是通过国际双边或多边协定予以解决,即由各国政府之间签订双边或多边的避免国际重复征税的协定,对各自的税收管辖权的实施范围加以规范。

按照国际惯例,各国政府在处理双重征税问题时一般遵循的基本原则是属地优先原则。即当一国政府行使居民税收管辖权,对本国居民纳税人在世界范围内的所得征税时,对其中来源于外国的所得部分,应优先考虑有关国家按地域税收管辖权对此已征税的事实,允许这部分在国外已纳税的所得免征或减征本国税收。遵从属地优先原则,对因居民税收管辖权与地域税收管辖权的冲突、居民税收管辖权与居民税收管辖权的冲突而引起的国际双重征税都能起到避免或缓解的作用。

根据联合国、经济合作与发展组织的有关文件,以及在国际税收实践中形成的惯例,国际上解决重复征税问题一般有以下方法:

1. 免税制

免税制是一国政府对本国居民来源于国外的所得,在一定条件下免予征税的制度。免税制实际上等于放弃了对本国居民对外投资所得的居民税收管辖权,只承认收入来源国的税收管辖权。例如,A 国某公司在 B 国投资设立分公司,对该分公司在 B 国所得的利润,B 国政府按地域税收管辖权向分公司征收所得税。同时,A 国政府对 A 国某公司在 B 国获得的利润不再征收所得税。

实施免税制对于资本输出的国家来说,对本国居民的跨国所得几乎没有税收分享,因而会造成财政收入的减少;在国家间投资条件有较大差异时,易导致资金的外流,因而会影响本国经济的发展。因此,世界上大多数国家都不愿采用免税制,即便采用,也要附加许多限制性条款。对于企业的国际化经营而言,利用免税制有利于充分享受东道国对外资实行的减免税优惠政策。

2. 抵免制

抵免制是指一国政府允许本国居民用已缴纳给收入来源国政府的所得税额,部分或全部冲抵应缴纳给本国政府的所得税额的制度。抵免制又分直接抵免、间接抵免以及税收饶让。

(1) 直接抵免

这是指允许抵免的外国税收必须是本国居民纳税人直接向有关外国政府缴纳的税收。此制度适用于国际企业总公司与其分支机构之间的税负抵免。例如,A 国某公司在 B 国投资设立分公司,对该分公司在 B 国所得的利润,B 国政府按地域税收管辖权向其征收所得税;而 A 国可将分公司缴纳的税收视为母公司直接缴纳的外国税收,直接充抵母公司在A国的应纳税额。

（2）间接抵免

这是指一国政府对本国企业从境外子公司取得的股利、红利中应归属于境外子公司所缴纳的所得税采取的一种抵免方法。此制度适用于国际企业母公司与子公司之间的税负抵免。例如,A国某母公司在B国投资设立子公司,对该子公司在B国所得的利润,B国政府按地域税收管辖权向其征收所得税;同时,A国政府允许母公司将其从B国子公司所取得股息中应归属于B国子公司所缴纳的所得税折算出来,充抵在本国的应纳税额。

（3）税收饶让

这是指一国政府将纳税人在国外享受的税收减免优惠视为已按一定税率纳税,并准许以这部分"假定已纳税额"抵免应纳税款。例如,A国某母公司在B国投资设立子公司,B国的企业所得税为30%,但是对子公司实行两年的免税优惠,因此B国政府在前两年免征该子公司所得税;同时,A国政府将视同该子公司已缴纳了所得税,并将准许母公司充抵在A国的应纳税额。

实行抵免制,既承认了地域税收管辖权的优先地位,又行使了居民税收管辖权,因而可以有效地避免国际重复征税。正因为如此,世界上大多数国家都普遍实行了抵免制。

除以上税制外,国际上还有扣税制和减税制。扣税制是指一国政府对本国纳税人的国外所得征税时,允许纳税人将其中已就国外所得向外国政府缴纳的税收作为费用从应税所得中扣除,而就扣除后的余额按本国税率计征所得税。减税制是指一国政府对本国居民来源于国外的所得给予一定的减征优惠。扣税制和减税制一般对国际重复征税只起一定的减轻作用,尚不能完全解决国际重复征税问题,因此采用此类制度的国家并不多。

三、国际企业的税务对策

世界上各个国家的税务环境有着明显的差异性,且变化多端。这一方面提高了国际化经营的难度,另一方面也为国际企业的合理避税提供了机会。企业在国际化经营的过程中,应对国际税务环境有透彻的了解,通过有效的全球战略一体化的整体筹划,合理选择投资地和投资方式,力求使自己的总体税负降低,从而达到利润最大化的目标。

（一）合理选择投资地点

由于各国税法、税则差别很大,税种、税率各不相同。因此,从公司税负角度而言,企业对外直接投资要注意合理选择投资地点。

1. 要考虑对外直接投资地区的税收水平

所得税、增值税、预提税、关税等都对国际企业的整体税负有着举足轻重的影响。因此,投资地点应尽量选择整体税收水平偏低的地区。例如,发展中国家和地区的所得税相对低一些,将更有利于吸引海外直接投资。

2. 要充分运用对外直接投资地区的税收优惠条件

发达国家和地区一般对内资和外资采用同等税收待遇的政策。发展中国家和地区为了吸引海外直接投资,通常在一定的时间、地区或产业,对外资采用一定的减免税政策,或是允许加速企业的固定资产折旧,从而降低企业的应税收益。企业在国际化经营中应充分利用这一政策,以提高自身的获利水平。

3. 要考虑对实际汇出利润的影响

国际企业在经营过程中,要将海外投资中获得的利润汇回母公司。汇出利润包括子公司股息、利息、授权费以及利润等。不同的投资地区对汇出利润通常会有不同的限制。一方面,投资地区预提税率的高低会影响利润的汇出量。另一方面,利润汇出还会受到非税收限制,如外汇管制。一些国家出于发展本国经济的目的,对外汇的汇出时间、汇出额度等加以限制,都会影响企业投资的有效利润。企业在作投资决策时,应尽量选择预提税率低、外汇管制宽松的地区。

4. 要考虑国与国之间有无双边或多边税收协定

国际双边或多边税收协定是指由各个国家政府之间签订双边或多边的避免国际重复征税的协定,从而对各自的税收管辖权的实施范围加以规范。在国与国之间有双边或多边税收协定时,缔约国相互征收的预提税可以有明显降低,国际双重征税问题可以得以避免或缓解,从而有利于减缓国际企业的整体税负。

(二) 合理选择投资的组织形式

企业在海外投资并直接从事经营活动可以采用两种形式:建立分公司和建立子公司。分公司在法律意义上隶属于总公司,是总公司的直接驻外机构,其业务实际上是总公司的业务,利润也应被算入总公司的应税收入。子公司是母公司通过投资形成的企业,是在当地注册登记设立的独立法人,有自己独立的经济利益,其收入中只有作为股息汇回母公司的部分才在母国纳税。各个国家的税收政策对分公司和子公司有着不同的规定。因此,从国际企业的税务对策角度而言,对投资的组织形式也应从多方面影响因素考虑并加以合理选择。

1. 要考虑不同组织形式税负水平的差别

各个国家对分公司和子公司的征税在数量可能会有一定差异。例如,一般允许以国外分公司的经营损失和折旧费用冲抵总公司在全球范围内的利润;分公司向东道国政府缴纳的所得税可以用来抵免总公司的税收;绝大多数国家对子公司的汇出利润征收预提税,而对分公司的汇出利润则免征预提税,税后利润汇回母国受到的限制较小等。

2. 要考虑能否利用东道国的税收优惠

各个国家对分公司和子公司在税收优惠方面的规定有明显差异。由于子公司在东道国具有法人地位，因而可以得到当地政府对投资、技术、就业、出口等方面给予的税收优惠。分公司不具有当地法人地位，不能自动得到同等优惠。

3. 要考虑投资初期的盈利状况

各个国家对分公司和子公司收益和所得的税收处理有明显差异。一般情况下，分公司的亏损可以直接抵免总公司的盈利，而子公司的亏损不能直接抵免母公司的盈利。因此，在海外投资时，如果头几年的资本预算呈现为亏损，则采用分公司的组织形式有利于减少公司的总体税负。等到分公司开始盈利时，再设法使其变成子公司，因为母、子公司各自纳税有利于减轻母公司的税负。

4. 要考虑各国对公司组织形式的监管力度

各个国家对分公司和子公司在监管力度方面有一定差别。例如，分公司所在地政府一般不要求分公司履行复杂的法律注册手续，对其业务活动的管理相对松弛，而对具有法人地位的子公司则监管较严。但是，总公司所在地的各国政府通常对总公司和分公司机构内部交易的审核比作为独立法人的母、子公司的审核更为严格，因此在转移定价方面会遇到更多的困难。从以上分析可见，分公司和子公司两种组织形式各有利弊，其有利和不利因素正好相反。因此，企业在国际化经营中往往需要综合各方面因素，作出最有利的选择。

（三）合理利用国际避税地

国际避税地也称“国际避税港”，是指对个人或公司免征或只征税率较低的所得税的国家和地区。根据税负的不同，避税地可大致分为四种类型：免税型，即完全免除所得税、财产税等的国家和地区，如开曼群岛、巴哈马、百慕大等；低税型，即只征税率较低的所得税，如巴巴多斯、安提瓜、中国澳门、瑞士等；外国来源收入免税型，即仅实行地域税收管辖权，对来源于国外的收入免征所得税，如马来西亚、瑞士、中国香港等；对外资特别优惠税型，即对外国投资者实施特别优惠税率，如新加坡、荷兰、塞浦路斯、加拿大等。

作为国际避税地，通常应具备如下条件：对外国投资者的所得征收较低所得税或免税；在政治上和经济上具有稳定性；能为其使用者提供便利的交通和通信条件以及优良的商业服务；对进入避税地的公司和个人在法律上不加限制，有比较宽松的公司法规，申办公司所需的成本低、时间短；不存在外汇管制，金融机构发达，且对客户的经营活动、财产、收益情况等严格保密；当地政府对外国纳税人的避税行为持肯定或默许的态度等。

鉴于避税地所具有的特殊而优越的条件，利用国际避税地就成为国际企业进行国际避税活动的重要途径。国际企业通常是在避税地设立名义上的附属公司，或称“基地公司”（国际企业出于在第三国经营的目的而在一个避税地组建的法人），然后通过内部交易或以支付股息、管理费等方法，把利润转移到避税地内的基地公司的账上，从而使公司总体税负得以减少。国际企业利用国际避

税地进行避税的基本形式主要有以下几种:

(1) 建立基地公司,虚构国际避税地营业

例如,A 国有较高税率,A 国母公司在国际避税地 B 国开设子公司,然后把产品以低价销售给 B 国子公司,再由该子公司把产品依照正常价格转售给 C 国买主。实际上,货物往往直接运往 C 国。这样,B 国子公司进行的只是一种纯属虚构的营业。但是,通过这样的方式,可以把 A 国母公司的利润转移到低税国去,以逃避税收。

(2) 虚构避税地信托财产

例如,A 国有较高税率,A 国纳税人在国际避税地 B 国开设一家信托子公司,然后把自己的所得和财产信托给这家子公司,又通过契约或合同使受托人按自己的想法行事。这样,所得和财产与原所有人的分离就成为一种纯粹的虚构。这种做法的最终目的是逃避高税国的税收。

(3) 通过收入和费用的分配或公司间转让价格的制定逃避税收

这是在真正的营业活动的掩盖下进行的避税活动。例如,A 国有较高税率,A 国某公司在国际避税地 B 国建立一家管理公司,然后由管理公司管理 A 国公司的工厂并提供一些诸如广告之类的其他劳务。这时,B 国管理公司可以以收取管理费用和劳务报酬的名义,把 A 国公司的利润转移到 B 国,以逃避高税国的税收。

企业在国际化经营过程中,除上述需考虑的税务对策外,合理选择融资方式,充分利用转移价格策略等,也是重要的避税手段。综上所述,企业在国际化经营过程中,需考虑的税务对策是多种多样的,各种方式各有利弊,需根据具体情况作出综合选择。

四、国际企业的转移价格

随着国际企业的发展,公司规模的扩大,国际企业的内部贸易在国际贸易中所占的比重也越来越大。这种内部贸易最为显著的特点是在内部实行转移价格策略,而不是采用国际市场供需关系所决定的市场价格。转移价格是国际企业采用的一种非常重要的经营策略和避税手段。

转移价格(Transfer Price)又称“划拨价格”、“调拨价格”,是国际企业根据全球战略目标,在关联企业(如母公司与子公司、子公司与子公司)之间购销产品与劳务的一种内部价格。转移价格不是由市场竞争所决定的价格,它一般由国际企业的少数高层人员决定。所以,它不受市场供求关系影响,而只服从于国际企业全球战略目标的需要。

(一) 国际企业采用转移价格的好处

国际企业通过转移价格的运用,把各种科目的费用列在转移价格中,达到调

整母公司与各子公司的产品成本、利润收入的目的，从而保证整个企业系统获得最大利润。

1．减少或避免各种经济和政治风险

许多国家和地区在国内资金和外汇相对短缺的情况下，往往不同程度地采取限制资金转移措施。尤其是对外商投资企业股息支付和红利汇出，这些国家和地区有明确的比例、数量、时间等规定。对子公司汇出利润有限制的国家或地区，国际企业可以通过转移价格把利润调回母公司或留存在避税港子公司；对资金融通限制较多的国家或地区，若子公司资金困难，可以通过转移价格使子公司获得资金融通；对外汇管理控制严格的国家，为了避免汇率波动的风险或获取汇率差价的利益，可以利用转移价格提出或延缓子公司资金的转移，以获取较大的利润。

东道国政府通常欢迎外资进入，以促进本地经济的发展。但是，若国际企业在东道国的子公司长期拥有较高的利润率，也会造成一定的政治风险。例如，容易引起当地政府的警惕和不满，引起东道国民众的攻击。因此，东道国政府可能会要求重新调整盈利的分配，或迫使该子公司出售更多的股权给当地的公司，甚至无偿地国有化。在这种情况下，国际企业可以通过转移价格调低利润率，转移盈利，在账面上保留较低的盈利，或者向子公司定出更高的销售价格，索取昂贵的服务费，使得子公司出现财务赤字。

2．调整利润

国际企业可以利用转移价格调节海外子公司的账面利润。为了使新建的海外子公司在当地取得市场信誉，易于发行股票或取得信贷，国际企业可以通过转移价格使子公司显示出有较高的利润率。反之，为了避免引起当地政府和居民的反感，国际企业可以利用转移价格降低利润率。例如，由于东道国规定工人工资与利润挂钩，为了使利润率保持在不太高的水平，国际企业可以利用转移价格。

3．支持子公司争夺市场

为了支持海外子公司在剧烈的市场竞争中获胜，母公司往往用极低的价格向子公司提供原材料、零配件或成品。这种做法无疑是一种补贴，可以帮助子公司迅速打开市场。

（二）转移价格使国际企业纳税最小化

由于各国政治、经济制度的不同，导致了其税收政策和制度、税种的差异。例如，在征收公司所得税时，有的国家按比例征收，税率最高可达50%，最低可至15%，甚至不征税。国际企业可以利用转移价格，将高税率国家或地区的子公司利润转移到低税率国家或地区及避税港的子公司去，从而减少向高税率国家或地区政府缴纳的税额。可以说，使公司纳税最小化是国际企业运用转移价格的最主要目的。在转移价格的安排中，通常有两种模式：两地模型和三地模型，如图 8-2 和图 8-3 所示。①

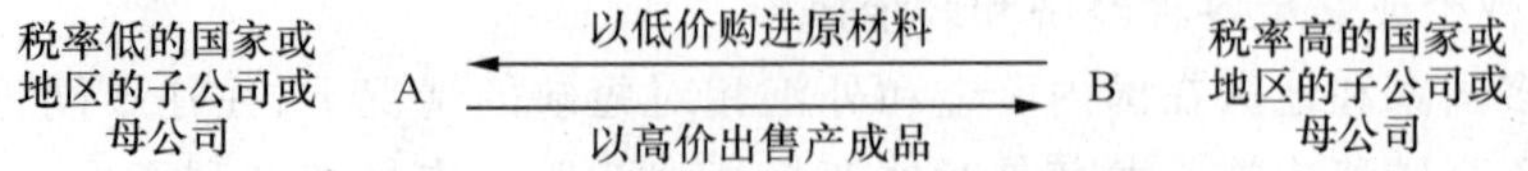

图 8-2　转移价格运用的两地模型

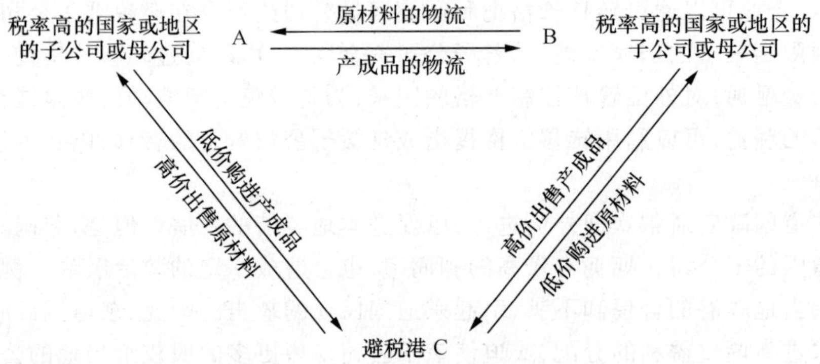

图 8-3　转移价格运用的三地模型

在两地模型中，处于税率低的国家或地区 A 的子公司或母公司以低价从国际企业的关联公司购进原材料，这些关联公司所在的国家或地区 B 税率相对较高，然后又以高价出售产成品给关联企业。经过低进高出，国际企业就将利润留存在税率低的国家或地区 A。

但是，负责生产和销售的母、子公司所在地（A、B 两地）税率很有可能均较高，这时两地模型的转移价格运用方式不起作用，国际企业往往在第三地即避税港 C 再设立一个“纸上公司”，负责母、子公司之间转移价格的运用。世界上有些国家和地区，例如瑞士、列支敦士登、巴拿马、巴哈马群岛、荷属安得列斯群岛和开曼群岛等，就是著名的避税港。这些国家和地区为了吸引外资发展经济和国际贸易，专门设立了国际自由贸易的避税港。在避税港，应缴纳的税项和税率都很低，甚至根本不用交税。

在三地模型中，设在避税港 C 地的“纸上公司”从 B 地关联公司低价购进原材料，然后高价出售给 A 地的关联公司。待 A 地的关联公司生产出产成品之后，C 地的“纸上公司”又以低价购进 A 地的产成品，以高价出售给 B 地的关联公司。原材料和产成品的物流仅在 A、B 两地进行。通过这种方式，国际企业就将 A、B 两地关联公司的利润留存在避税港。

① 参见尹柳营、李敏编著：《国际企业管理——经营国际化的理论与实务》，华南理工大学出版社 2001 年版，第 173 页。

（二）各国政府对国际企业运用转移价格的限制

国际企业运用转移价格对实现全球性战略目标有很大的帮助。但是，转移价格引起了国际企业与母国政府和东道国政府的许多矛盾。在三地模型中，母国政府和东道国政府的税收都将减少。为此，各国政府对国际企业使用转移价格的态度不一。法国、日本、意大利等国政府对国际企业内部子公司间的转移价格关心较少，而美国、加拿大和大多数发展中国家对此则较为关心。但是，无论哪个国家，当感觉到公司间不合理的转移价格会危及国家的经济利益时，政府就会采取行动。

政府采取的对策首先是跟踪调查。例如，美国有关部门从 20 世纪 80 年代起，就先后选择了日本的丰田公司、东芝公司、松下公司、日产公司等一千多家重点外国公司进行连续性的追踪调查，其目的在于为美国税务当局管制这些企业运用转移价格提供第一手资料。

此外，有的政府还制定了“合理正常交易原则”。美国税务部门依据“合理正常交易原则”，制定了三种公平交易价格的计算方法，并规定了各种计算方法的使用条件，以此检查国际企业的内部交易价格。这三种计算方法是：可比价格法、转售价格法、成本加成法。美国税务部门规定，三种方法应依次使用：当第一种方法不适用时，才可运用第二种，依此类推。若三种方法均不适用，才可选择其他更为合适的方法计算。

本章小结

由于企业的经营活动跨越了本国国界，与其他国家或地区的企业、单位或个人发生了财务关系，国际企业的财务管理所涉及的问题更为广泛复杂，同时也面临更多的风险和机会。

国际企业可从全球范围内权衡各类可利用的资金来源，从中选择最佳的资金组合，以达成企业总体融资成本最低化、避免或降低各种风险、建立最佳的财务结构三大融资目标。营运资金管理主要包括流动资产管理和流动负债管理。国际企业的净营运资金是指流动资产减去流动负债，在国际企业财务管理中占有重要地位。

外汇风险也称“外汇暴露”，是指由于外汇汇率的变化而导致企业的盈利能力、净现金流量和市场价值发生变化的可能性。财务经理的一项重要职责是预估外汇风险并及时管理，以使企业的盈利能力、净现金流量和市场价值最大化。外汇风险主要有三种类型：经营风险、交易风险和换算风险。

企业在国际化经营的过程中，必须对各个国家的税务环境乃至市场环境有透彻的了解，通过有效的全球战略一体化的整体筹划，合理选择投资地，确定企业的定价目标和策略,力求使自己的总体税负降低。

习题

1. 国际企业的融资来源有哪些?
2. 国际企业资金的内部转移方法有哪些?
3. 国际企业面临的外汇风险是什么?
4. 国际重复征税的原因和对策是什么?

案例

巴林银行倒闭事件

一、巴林银行的历史地位

1763年,弗朗西斯·巴林(Francis Baring)爵士在伦敦创建了巴林银行。这是世界首家商业银行,既为客户提供资金和有关建议,自己也做买卖,也像其他商人一样承担买卖股票、土地或咖啡的风险。由于经营灵活变通、富于创新,巴林银行很快就在国际金融领域获得了巨大的成功。其业务范围相当广泛,无论是到刚果提炼铜矿,从澳大利亚贩卖羊毛,还是开掘巴拿马运河,巴林银行都可以为之提供贷款。但是,巴林银行有别于普通的商业银行,它不开发普通客户存款业务,因此其资金来源比较有限,只能靠自身的力量谋求生存和发展。

1803年,刚刚诞生不久的美国从法国手中购买南部的路易斯安那州时,所有资金就出自巴林银行。尽管当时有一个强劲的竞争对手——一家犹太人开办的罗斯切尔特银行,巴林银行还是各国政府、各大公司和许多客户的首选银行。20世纪初,巴林银行荣幸地获得了一个特殊客户——英国皇室。20世纪末,巴林银行的业务专长是企业融资和投资管理,其业务网点主要在亚洲、拉美新兴国家和地区。1994年,巴林银行的税前利润为1.5亿美元。

二、巴林银行倒闭的经过

尼克·里森(Nick Leeson)于1989年正式到巴林银行工作。在这之前,他是摩根斯坦利银行清算部的一名职员。进入巴林银行后,他很快争取到了到印度尼西亚分部工作的机会。由于他富有耐心和毅力,善于逻辑推理,能很快地解决以前未能解决的许多问题,使工作有了起色,因此被视为期货与期权结算方面的专家。伦敦总部对里森在印度尼西亚的工作相当满意。1992年,伦敦总部决定派他到新加坡分行成立期货与期权交易部门,并出任总经理。

（一）设置“错误账户”

里森在新加坡任期货交易员时，巴林银行原本有一个账号为“99905”的“错误账户”，专门处理交易过程中因疏忽造成的错误。这原是一个金融体系运作过程中正常的错误账户。1992年夏天，伦敦总部要求里森另外设立一个“错误账户”，记录较小的错误，并自行在新加坡处理，以免影响伦敦的工作。新加坡华人众多，而在中国文化里，“8”是一个非常吉利的数字，因此里森以此作为他的吉祥数字。由于账号必须是五位数，这样账号为“88888”的“错误账户”便诞生了。

几周之后，伦敦总部又打来电话，说总部配置了新的电脑，要求新加坡分行按老规矩行事，所有的错误记录仍由“99905”账户直接向伦敦报告。“88888”错误账户刚刚建立，就被搁置不用了，但它却成为一个真正的“错误账户”而被存于电脑之中。总部这时已经注意到新加坡分行出现的错误很多，但里森都巧妙地搪塞而过。“88888”这个被人忽略的账户为里森提供了日后制造假账的机会。如果当时取消这一账户，则巴林银行的历史可能会重写了。

（二）隐瞒交易损失

1992年7月，里森手下一名加入巴林银行仅一个星期的交易员犯了一个错误：当客户（富士银行）要求买进20份日经指数期货合约时，此交易员错误地卖出20份。这个错误在里森当天晚上进行清算工作时被发现。欲纠正此项错误，须买回40份合约，表示以当日的收盘价计算，其损失为2万英镑，并应报告伦敦总部。但是，在种种考虑下，里森决定利用错误账户“88888”，承接了40份日经指数期货空头合约，以掩盖这个失误。然而，这样，里森所进行的交易便成了“业主交易”，使巴林银行在这个账户下被暴露在风险部位。数天之后，由于日经指数上升200点，此空头部位的损失由2万英镑增为6万英镑了，而里森当时的年薪还不到5万英镑。此时，里森更不敢将此失误向上呈报。

另一个与此如出一辙的错误是身为里森好友的委托执行人犯的。里森让他卖出的100份9月的期货全被他买进，价值高达800万英镑，而且好几份交易的凭证根本没有填写。如果好友的错误泄露出去，里森就不得不告别他已很如意的生活。将好友出现的几次错误记入“88888”账号对里森来说是举手之劳，但至少有三个问题困扰着他：一是如何弥补这些错误；二是将错误记入“88888”账号后，如何躲过伦敦总部月底的内部审计；三是新加坡国际金融交易所每天都要伦敦总部追加保证金，他们会计算出新加坡分行每天赔进多少，“88888”账户也会被显示在新加坡国际金融交易所的大屏幕上。为了弥补手下员工的失误，里森将自己赚的佣金转入账户，而前提当然是这些失误不能太大，所引起的损失金额也不是太大。但是，里森的好友造成的错误实在太大了。

为了赚回足够的钱以补偿所有损失，里森承担着越来越大的风险。他当时从事大量跨式部位交易,因为日经指数稳定,所以从此交易中赚取了期权权利金。若运气不好,日经指数变动剧烈,此交易将使巴林银行遭受极大的损失。里森在一段时间内做得还极顺手。到1993年7月,他已将"88888"号账户亏损的600万英镑转为略有盈余。当时他的年薪为5万英镑,年终奖金则将近10万英镑。如果里森就此打住,那么巴林银行的历史也会改变。

除了为交易员遮掩错误,另一个严重的失误是为了争取日经市场上最大的客户。1993年,接连几天,每天市场价格破纪录地飞涨1000多点,用于清算记录的电脑屏幕故障频繁,无数笔交易的入账工作都积压起来。因为系统无法正常工作,交易记录都靠人力,等到发现各种错误时,里森在一天之内的损失便已高达将近170万美元。在无路可走的情况下,里森决定继续隐藏这些失误。

1994年,里森对损失的金额已经麻木了,"88888"账户的损失由2000万、3000万英镑,到7月已达5000万英镑。事实上,里森当时所做的许多交易是在被市场走势牵着鼻子走,并非出于他对市场的预期如何。他当时能想的是,哪一种方向的市场变动会使他反败为胜,能补足"88888"账户的亏损,便试着影响市场往那个方向变动。

(三)躲过各种调查

在损失达到5000万英镑时,巴林银行曾派人调查里森的账目。事实上,每天都有一张资产负债表,每天都有明显的记录,可以看出里森的问题。即使是月底,里森为掩盖问题所制造的假账也极易被发现——如果巴林银行真的有严格的审查制度。里森假造花旗银行有5000万英镑存款,但这5000万英镑已被挪用来补偿"88888"账户中的损失了。查了一个月的账,却没有人去查花旗银行的账目,以致没有人发现花旗银行账户中并没有5000万英镑的存款。

另外,1995年1月11日,新加坡期货交易所的审计与税务部发函巴林银行,提出他们对维持"88888"账户所需资金问题的一些疑虑。此时,里森已需每天要求伦敦总部汇入1000万英镑,以支付其追加保证金。事实上,从1993年到1994年,巴林银行在新加坡国际金融交易所及日本市场投入的资金已超过11000万英镑,超出了英格兰银行规定的英国银行的海外总资金不应超过25%的限制。为此,巴林银行曾与英格兰银行进行多次会谈。1994年5月,巴林银行得到了英格兰银行主管商业银行监察的高级官员的"默许"。但是,此"默许"并未留下任何证明文件,因为没有请示英格兰银行有关部门的最高负责人违反了英格兰银行的内部规定。

最令人难以置信的,便是巴林银行在1994年底发现资产负债表上显示5000万英镑的差额后,仍然没有警惕到其内部控管的松散和疏忽。在发现问题至其后巴林银行倒闭的2个月时间里,有很多巴林银行的高级及资深人员曾对此问题加以关切,更有伦敦总部的审计部门正式加以调查。但是,这些调查都被里森以极轻易的方式蒙混过去了。里森对这一时期的描述为："对于没有人来制止我这件事，我觉得不可思议。伦敦的人应该知道我的数字都是假造的，这些人都应该知道我每天向伦敦总部要求的现金是不对的，但他们仍旧支付这些钱。"

（四）巴林银行倒闭

1995年1月18日，日本神户大地震。其后数日，东京日经指数大幅度下跌。里森一方面遭受了更大的损失，另一方面购买更庞大数量的日经指数期货合约，希望日经指数会上涨到理想的价格范围。1月30日，里森以每天1000万英镑的速度从伦敦获得资金，已买进了3万份日经指数期货，并卖空日本政府债券。2月10日，里森以新加坡期货交易所交易史上创纪录的数量，已握有55000份日经期货和2万份日本政府债券合约，交易数量越大，损失越大。

所有这些交易均进入"88888"账户。账户上的交易因为里森自己兼有清查职权而可以隐瞒，但追加的保证金却是无法隐藏的。里森以各种借口继续转账。这种松散的程度实在令人难以置信。2月中旬，巴林银行全部的股份资金只有47000万英镑。

1995年2月23日，在巴林期货的最后一日，里森影响市场走向的努力彻底失败。日经股指收盘降到17885点，而里森的日经期货多头风险部位已达6万余份合约；其日本政府债券在价格一路上扬之际，空头风险部位亦已达26000份合约。里森给巴林银行所带来的损失，在巴林银行的高级主管们仍做着次日分红的美梦时，终于达到了86000万英镑的高点，酿成了世界上最老牌的巴林银行终结命运的苦果。

1995年2月26日，巴林银行在里森投资的日经225股指期货上合计损失达14亿美元，最终无力继续经营而宣布破产。从此，这个有着233年经营史和良好业绩的老牌商业银行在伦敦城乃至全球金融界消失。目前，巴林银行已由荷兰国际银行保险集团接管。巴林银行破产的消息震动了国际金融市场，各地股市受到不同程度的冲击，英镑汇率急剧下跌，对马克的汇率跌至历史最低水平。

三、巴林银行倒闭的原因

关于巴林银行为什么突然破产倒闭，原因很多，众说纷纭。除了里森在这一事件中负有不可推卸的责任外，巴林银行在高风险的金融环境中自身监管的缺失也是不可忽略的重要因素。

（一）期货交易的高风险

巴林银行倒闭的直接原因是里森错误地判断了日本股市的走向。1995年1月，日本经济呈现复苏势头。里森看好日本股市，分别在东京和大阪等地买进大量期货合同，希望在日经指数上升时赚取大额利润。谁知天有不测风云，突发的阪神地震打击了日本股市的回升势头,股价持续下跌。巴林银行因此损失金额高达14亿美元,这几乎是巴林银行当时的所有资产,这座曾经辉煌的金融大厦就此倒塌。

事情从表面看起来很简单,里森的判断失误是整个事件的导火线。然而,正是这次事件引起了全世界的密切关注,金融衍生工具的高风险被广泛认识。从里森个人的判断失误到整个巴林银行的倒闭,伴随着金融衍生工具成倍放大的是投资回报率,同样成倍放大的是投资风险。这是由金融衍生工具本身的"杠杆"特性决定的。

(二)巴林银行监管不严

从制度上看,巴林银行最根本的问题在于交易与清算角色的混淆。里森在1992年去新加坡后,任职巴林银行新加坡期货交易部兼清算部经理。作为一名交易员,里森本来的工作是代客户买卖衍生产品,并替巴林银行从事套利工作,基本上没有太大的风险。因为代客操作,风险由客户自己承担,交易员只是赚取佣金,而套利行为亦只赚取市场间的差价。例如,里森利用新加坡及其他市场极短时间内的不同价格,替巴林银行赚取利润。一般银行允许其交易员持有一定额度的风险部位。但是,为了防止交易员所属银行暴露在过多的风险中,这种许可额度通常定得相当有限。通过清算部门每天的结算工作,银行对其交易员和风险部位的情况也可有效了解和掌握。但是,里森却一人身兼交易与清算二职。

事实上,在里森抵达新加坡前的一个星期,巴林银行曾有一个内部通讯,对此问题可能引起的大灾难提出关切。但是,此关切却被忽略了,以至于里森到职后,同时兼任交易与清算部门的工作。如果里森只负责清算部门,那么他便没有必要、也没有机会为其他交易员的失误行为瞒天过海,也就不会造成最后不可收拾的局面。

(三)巴林银行管理层的放任

关于资产负债表,巴林银行董事长彼得·巴林曾经在1994年有过一段评语,认为资产负债表没有什么用,因为它的组成在短时间内就可能发生重大的变化。他说:"若以为揭露更多资产负债表的数据,就能增加对一个集团的了解,那真是幼稚无知。"对资产负债表不重视的巴林银行董事长最终付出了巴林银行破产倒闭的代价。

新加坡在1995年10月公布的有关巴林银行破产的报告及里森自传中的一个感慨,也许最能表达我们对巴林银行倒闭事件的遗憾。报告结论中的一段是:"巴林集团如果在1995年2月之前能够及时采取行动,那么它还有可能避免崩溃。截至1995年1月底,即使已发生重大损失,这些损失毕竟也只是最终损失的1/4。如果说巴林银行的管理层直到破产之前仍然对'88888'账户的事一无所知,我们只能说他们一直在逃避事实。"

从金融伦理角度而言，如果对以上所有参与巴林银行倒闭事件的金融从业人员评分，都应给不及格的分数。尤其是巴林银行的许多高层管理者，完全不去深究可能的问题，而一味相信里森，并期待他为巴林银行套利赚钱。具有讽刺意味的是，在巴林银行破产的2个月前，即1994年12月在纽约举行的一个巴林银行金融成果会议上，250名世界各地的巴林银行工作者还将里森当成英雄，对其报以长时间热烈的掌声。里森说："有一群人本来可以揭穿并阻止我的把戏，但他们没有这么做。我不知道他们的疏忽与罪犯级的疏忽之间界限何在，也不清楚他们是否对我负有什么责任。但是，如果是在任何其他一家银行，我是不会有机会开始这项犯罪的。"

思考题

1. 巴林银行对其海外分支机构的控制有什么问题？
2. 巴林银行对其运营资金的管理有什么问题？
3. 巴林银行在其经营中面临哪些市场风险？

第九章　国际企业的人力资源管理

教学目的和要求

1. 掌握国际企业人力资源配置的四种方法
2. 了解国际企业跨文化培训的主要内容
3. 掌握国际企业外派人员的绩效管理
4. 理解国际企业薪酬管理的复杂性
5. 理解工会对国际企业的态度

人力资源管理是指组织为有效利用其人力资源所进行的各项活动,包括招募与甄选、培训与开发、薪酬与福利、绩效管理、劳资关系等内容。国际企业的人力资源管理指的是在一个国际企业内获得、分配和有效使用人力资源的过程。一般而言,国际企业的人力资源管理比国内企业的人力资源管理更复杂,对优秀雇员的需求更迫切,面临的选择也更多元化。本章聚焦于国际企业如何具体实施人力资源管理,详细阐述企业国际化进程对人力资源管理活动及政策可能产生的影响。

第一节　国际企业的人员配备

招聘合适的人,将其安排在合适的岗位上并使其发挥作用,这是任何组织用人的一大目标。国际企业的人员配备涉及其海外业务能否顺利开展并取得竞争优势,是国际企业能否获得成功的关键。

一、国际企业员工的来源

国际企业在一个复杂的全球环境下面临着更大的挑战,也面临着更多元化的选择,即可以在不同国家招募不同国籍的员工。

国际企业在人力资源招募过程中,可以选择母国员工(Parent-Country Nationals,PCNs)、东道国(所在国)员工(Host-Country Nationals,HCNs)以及其他国(第三国)员工(Third-Country Nationals,TCNs)。母国是指国际企业总部所在国家,东道国是指建立子公司或分公司的海外国家,其他国是指除母国和东道国以外的国家。例如,西门子公司设在中国的机构可以招募中国本土员工作为东道国员工，并且轮换安排德国总部员工到中国作为母国外派人员，也可以派遣新加坡籍员工到中国作为其他国员工。通常，高层管理职位由母国员工担任，中层管理职位由所在国和其他国员工担任，低层管理职位由所在国员工担任。国际企业中不同国籍的员工在管理岗位上大致呈现如图 9-1 所示的分配。

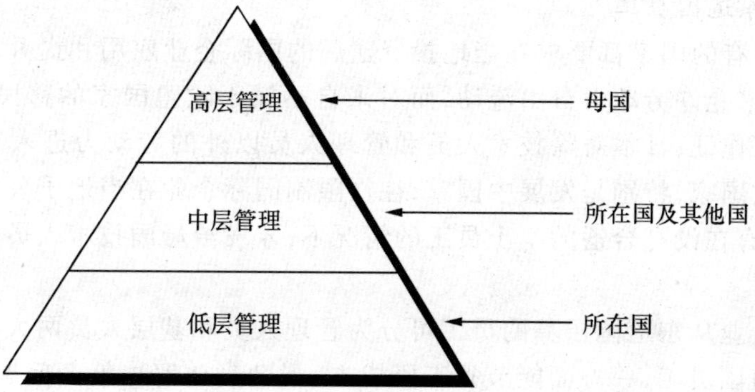

图 9-1　国际企业人员分配图①

（一）母国员工

母国员工的来源主要是国际企业母国总部的员工，有时也包括母国的侨籍人员和海外留学人员。国际企业在海外子公司配置母国员工主要是出于以下几方面的考虑：

（1）母国员工在海外子公司的任职能显示母公司的存在或影响，维护母公司的利益。母国员工的这种"总部代表"作用是其他国籍的员工所不能替代的。即使有些国际企业的海外子公司采用多数关键岗位由东道国员工担任的多中心策略，往往仍配置至少一到两个关键岗位由母国外派员工担任，如总经理和财务经理。

（2）母国员工较熟悉母公司的企业文化、管理风格和全球战略决策，与国际企业总部不存在交流隔阂，能与总部保持良好的沟通、协调和控制等方面的联系。

（3）为了保证国际经营活动中高新技术诀窍的保密，某些国际企业海外子公司的关键技术岗位常年派遣母国员工担任。

（4）为母公司培养国际骨干，满足母公司的全球战略需要。特别是对那些海外利润收入来源占其利润大部分的国际企业而言，高层管理人员需要有全球战略视野，而具备全球战略视野的前提是有在海外的管理工作经历。

当前国际企业的一个新动向是海外子公司积极招募"半外籍员工"，即出生

① 参见赵曙明、〔澳〕彼得·J. 道林、〔澳〕丹尼斯·E. 韦尔奇：《跨国公司人力资源管理》，中国人民大学出版社 2001 年版，第 61 页。

或长期留学、生活在母国且和子公司员工是同一国籍的员工。例如，美国的国际企业聘用在美国出生的华裔员工，将其派驻中国分公司担任管理岗位。这类员工大多通晓两国语言，熟悉、理解两国的文化和社会传统，他们的存在能减少母国员工和东道国员工之间因文化差异引起的摩擦，起到沟通桥梁的作用。

（二）东道国员工

几乎所有的国家都要求在当地投资建厂的国际企业雇用和提升当地人。例如，欧盟国家允许劳动力自由流动，而对来自不属于欧盟国家的移民，则要求有居留证或工作证；日本对除技术人员和管理人员以外的劳动力进入日本严加限制。大多数国家，特别是发展中国家，往往限制国际企业在当地子公司的母国员工比例，只有在没有合适的本土员工的情况下，才发给母国技术人员和管理人员工作签证。

国际企业从东道国招募的员工可分为管理人员和基层人员两大类。国际企业雇用东道国员工，一方面能节省工资成本，帮助当地解决就业问题，从而与东道国建立良好的政治、外交关系；另一方面有利于减少公司内部上下级沟通过程中的语言障碍，减少文化适应的培训成本。随着国际企业开展本土化经营，甄选合适的东道国员工担任管理岗位的优势日益显著。

（三）其他国员工

随着经济全球化进程和国际商务的发展，企业的无国界化趋势更加明显，国际企业海外子公司的管理人才不仅仅来自于母国，也来自于其他许多国家。一些国际企业试图在不同国籍员工中培养一批国际骨干队伍（International Cadre，也被称为“Globalites”），即专门从事国际任职的管理者群体。他们来自任何国家，愿意接受频繁的工作迁移，大多精通外语，熟悉其他国家的文化。与国家的外交官相似，国际骨干的职业生涯就是不断地接受国际任职，他们的主要工作是促进国际企业的所有员工的共享和学习。国际企业把国际骨干派往世界各地以开发其跨文化的技能，从而扩大企业在世界范围内的经营视野。

自“二战”以来，许多国际企业设法从其他国家选择合格的人才。例如，20世纪80年代末90年代初，不少国际企业中国分公司的外派经理来自东南亚等地的华人圈。在中国改革开放初期，国际企业由于难以在本土找到合适的、能够胜任的东道国员工，作为一种救急方法，把在中国香港、中国台湾、马来西亚、新加坡等分公司的管理人员调至中国分公司。这些外派经理被认为有四个优势：人事成本相对母国人员低，双语能力强，对中国文化熟悉，不至于离家太远。

二、国际企业人力资源甄选方法

员工甄选的国际化，不仅是指员工国籍的多样化，也是指甄选方式的国际化。尽管不同的企业有不同的做法，各个国际企业的甄选标准和方式不尽相同，但它们的目标是一致的，即把最合适的人才配置到最合适的岗位上。

（一）甄选母国和其他国外派员工

近年来，国际企业在选聘海外高层经理时，越来越重视候选人的海外工作经验和跨国经营管理的才能。现在许多跨国企业把有前途的年轻经理人员派遣到国外工作，使他们及时获得跨文化的管理经验，在年富力强时就能担任需要这种经验的高级管理职务。

然而，美国的一项人力资源调查结果显示，国际企业外派员工经常因不了解东道国的文化、经济、政治等环境，发生与东道国政府、顾客、员工的冲突而导致驻外失败（Expatiate Failure）。驻外失败造成的直接成本损失至少是该外派人员年薪的2—5倍；而其造成的间接损失，如国际市场份额的丧失、东道国政府或客户拒绝与该企业继续合作等，更是无法估量。因此，对许多走向国际的企业而言，甄选胜任的外派人员十分关键，确定外派人员的甄选标准和方式更需谨慎。

1. 甄选标准

一些国际企业片面地认为，管理人员的国内业绩可以预示其海外派遣的业绩。这种看法导致企业在甄选外派人员时，注重候选人的技术技能和专业能力。其实，外派人员的某些能力可以通过任职前和到任后的培训和开发加以培养，而有些必须具有的性格特点，如乐观、创业精神、文化适应性、国际工作动力等，通过培训也无法立即见效。具体来说，在母国或者第三国甄选人员时，影响国际企业外派成功与否的关键因素有以下几项：

（1）职业/技术能力

考虑的要点包含：专业技术与知识、领导能力、管理与行政能力、人才培育能力、制定制度并切实执行的知识与技能、经营管理知识、搜集相关信息与知识的技能、整合有限资源以完成工作目标的技能等。这方面的能力可以从候选人历年考核、专长与受训记录、日常工作观察、面谈中加以观察。

（2）交际关系能力

考虑的内容包括：人际沟通技巧，发展正当社交关系的能力；对不同的文化标准、价值观和信仰是否十分敏感；能否高效地传输母公司企业文化等。这方面的能力可以通过心理测验、日常工作观察、工作访谈、国外生活经验、派驻经验记录等方式加以衡量。

（3）国际动力/态度

这包括：是否对外派任务有兴趣，对任务是否有信心，对派驻国是否有兴趣，以及是否将外派视为人生、职业规划的一部分。这方面可以通过日常工作观察及面谈加以了解、评估。

（4）家庭配合程度

这包括：眷属是否认同外派任务并有意愿居住在国外，候选人对家庭的依赖程度、对年迈双亲的责任,候选人眷属的适应力、子女的教育障碍,候选人的宗教信仰及稳定的婚姻关系等。这方面可以通过家属拜访了解实际状况。

(5) 语言技能

懂得东道国语言会增进该员工对当地文化的了解,减缓适应一种新的文化环境的压力。能否用东道国语言说、读、写也是评价候选人胜任因素之一,这包括语言沟通和非语言沟通的意愿和能力。评估的方式包括口试、书面作业能力审查等。

2. 甄选方式

国际任职中需要考虑的关键性甄选因素比国内任职多得多。大多数成功的国际企业综合运用多种选拔方法识别具备国际任职才能的员工。其中,普遍使用的方法包括:面谈、标准化的智力测验或技术知识测验、评价中心、个人资料、工作样本和推荐信等。表 9-1 罗列了一些国际任职的关键成功因素和所应用的选拔技术。

表 9-1 外派成功因素和选拔方法①

关键性成功因素	选拔方法					
	面谈	标准测试	评价中心	个人资料	工作样本	推荐信
职业/技术技能						
• 技术技能	√	√		√	√	√
• 行政技能	√		√	√	√	√
• 领导技能						
交际能力						
• 沟通能力	√		√			√
• 文化容忍力和接受力	√	√	√			
• 对模棱两可的容忍度	√		√			
• 灵活适应新的行为和态度	√		√			√
• 强调适应能力	√		√			
国际动力						
• 愿意接受外派职位的程度	√			√		
• 对派遣区位文化的兴趣	√					
• 对国际任务的责任感	√					
• 与职业发展阶段吻合	√			√		√

① 参见〔美〕约翰·B. 库仑:《跨国管理:战略要径》,邱立成等译,机械工业出版社 2003 年版,第 312 页。

（续表）

关键性成功因素	选拔方法					
	面谈	标准测试	评价中心	个人资料	工作样本	推荐信
家庭状况						
• 配偶愿意到国外生活的程度	√					
• 配偶的交际能力	√	√	√			
• 配偶的职业目标	√					
• 子女的教育要求	√					
语言技能						
• 用当地语言沟通的能力	√	√	√	√		√

近年来，特殊的评价中心技术经常被应用在国际任职的甄选过程中，多文化评价中心（Intercultural Assessment Center，IAC）就是其中之一。其方法是：运用跨文化角色扮演、案例研究、小组讨论和国际谈判模拟等测量候选人对不确定性的容忍度、对异文化的接受力、交际能力和沟通技能等，以此评估外派候选人的多文化胜任能力。

目前，一些欧洲国际企业已经开始采用此类评价中心方法作为国际管理项目的一部分。例如，德国的戴姆勒克莱斯勒太空公司（Daimler Chrysler Aerospace）采用两年一次的评价中心技术甄选和培训海外派遣的候选人。参加这个甄选项目的候选人必须由他们的上级提名，是在母公司内有良好业绩且被认为具有潜力的年轻管理者。接受评价中心的评估后，候选人会收到关于他们在国际派遣上的优势和缺点的详细反馈。根据反馈，人力资源部门会制定具体培训项目，以符合这些管理者的具体需要。之后，候选人会被要求参加为期 18 个月的管理培训项目，包括跨文化沟通、自我意识培训等。培训项目结束后，候选人参加第二轮的多文化评价中心的活动，接受对他们学习过程的评估，胜出的管理者将成为海外公司关键岗位的候选人。

（二）甄选东道国员工

国际企业在海外子公司招募东道国员工时，可以借助当地人才中介机构、劳务市场，也可以通过国际或本土猎头公司高薪聘请高级管理人才或稀缺技术人才。在招募过程中，国际企业必须制定符合当地劳动力市场规律的招募政策，遵守东道国的雇佣法规，注意东道国的种族、民族及宗教等。

1. 符合当地的劳动立法和社会传统

有些国家对国际企业在当地招募员工有较多限制。例如，在越南，劳动局有很大的权限。劳动局可能只批准国际企业在特定区域招收特定的工种，也可能简单指派工人给国际企业。即使这些工人技术不熟练，国际企业也难以拒绝。

在发达国家设立子公司，国际企业必须考虑到当地政府对平等就业机会问题进行的法律限定及相关法律设计的范围。澳大利亚的凯悦饭店(Hyatt)曾不得不在国家电视台向平等就业机会委员会委员长作出解释,原因是其招聘广告中明确要招聘两名未婚的年轻男子,违反了澳大利亚相关雇佣法律对年龄、婚姻状况和性别歧视的规定。同样,在美国,企业强制规定就业和退休年龄是非法的。

国际企业除了应考虑当地的劳动立法外,还不能忽视东道国的传统,例如裙带关系。裙带关系在有些国家十分流行,子公司的东道国管理人员往往特别照顾他们的家庭成员、亲戚和朋友。这在一些国家是不可思议的,但在另一些国家是符合当地的道德标准和传统习惯的,而且还可能产生最大的经济效益。

2. 注意东道国的种族、民族及宗教

在某些多民族或多种族的国家,人们的社会地位与种族或民族有关。例如,在印度,等级制度使低社会等级的人主管高社会等级的人让当地人不能接受。在日本,年轻人主管年纪大的人也是不合时宜的。在一个多文化的社会里,来自某个宗教组织的员工可能难以被另一个宗教组织的成员接受。因此,海外子公司在招募和甄选东道国员工时,要注意不能与当地的宗教信仰相冲突。[①]

三、国际企业人力资源配置的四种方法

国际企业人员资源配置可以考虑四种方案:民族中心法、多中心法、地区中心法、全球中心法。由于每一种方法都反映出总部高层管理者的国际经营管理理念,因此有必要对它们作深入研究。

(一) 民族中心法

民族中心法是指国际企业从本国权益出发,所有的关键岗位都由母国员工担任。这种策略对处于国际化早期的企业来说很普遍。

企业在国际化早期,要向海外转移资金、技术和管理方法。母国员工对这些内容最熟悉,所以在这种情况下,使用母国员工担任子公司的要职能保证公司整体目标和政策的成功转移,并且与母公司总部能够保持良好的沟通、协调和控制等方面的联系。

随着子公司的不断发展,民族中心法会暴露出很多缺点。首先,这种策略会妨碍公司总部派出的经理人员的晋升。长期在海外子公司服务的母国经理人员可能会意识到他们逐渐丧失了跻身于总公司高层职位的机会。其次,母国员工适应东道国的环境需要很长一段时间,在此期间可能会作出错误或不当决策。最后,实施这种策略需要付出高昂的成本代价。母国外派人员的平均维持费用包括外派人员甄选和培训的费用、安置家属和海外生活津贴等,通常是其国内工

① 参见何娟主编:《人力资源管理》,天津大学出版社2000年版,第379页。

资的3—4倍。同时,母国员工和东道国员工的待遇差距过大时,又会引起东道国员工的不满和士气下降。

(二)多中心法

多中心法是指国际企业聘用东道国员工担任子公司的关键管理岗位,母国总部要职仍由母国员工担任。这样,海外子公司基本独立于母公司,采取适合当地情况的各种销售、财务、人力资源等政策。

聘用东道国员工担任管理岗位有很多明显的优点:人事成本较低,可以消除语言障碍,免除昂贵的培训费用,避免外派经理人员的家庭适应、管理人员的跨文化调整等问题。另外,东道国员工对本国的法律、市场情况、消费习惯等经营环境有较深刻的认识,相对母国员工一般都有一个任期,其管理更具有连续性。

这种配置方法的缺点是:担任管理职位的东道国员工的个人价值观、管理风格的差别等,可能使母公司与子公司之间产生隔阂,甚至导致总部难以控制子公司的局面。经理人员的职业发展也是一个问题。国际企业海外子公司的负责人无法晋升至子公司之外的更高层。母国的高层经理人员也很少从事国际经营,长期下去将制约国际企业管理层决策的视野。

许多大型国际企业都在努力从民族中心法走向多中心法,致力于实现海外子公司的人才本土化。例如,美国的IBM公司虽然对海外子公司坚持100%持股,但子公司的经营管理层和基层人员几乎100%雇用东道国员工。它在法国的子公司采用本土化策略,主要体现在:尽量雇用东道国员工,并将经营权交给他们;注意尊重法国人的民族性和传统观念;实施利润分享制,分出一部分股份给东道国员工;支持并协助法国政府的各项政策。所以,在传统文化势力和民族意识很强的法国,有不少美国的国际企业都难以站稳脚跟,而IBM公司却取得了竞争优势。

(三)地区中心法

地区中心法是多中心法基础上的功能合理化组合。国际企业把经营按地理区域划分,使员工在区域内流动。区域内各国子公司实施的政策是一致的,但区域间及各区域与总部间的联系非常有限。例如,一家总部设在美国的国际企业可能形成三个地区:欧洲地区、美洲地区和亚太地区。欧洲员工在整个欧洲范围内流动,如英国人到德国,法国人到比利时,德国人到西班牙。然而,员工的跨区域流动很少,如欧洲区域子公司员工被派往亚太、亚太区域子公司员工被派往美洲工作的情况极少。

采用地区中心法的目的之一是,促进地区子公司调动到地区总部的高层管理人员与任命到地区总部的母国人员之间的互动。地区中心法是国际企业逐渐由纯粹的民族中心法或多中心法转移到全球中心法的一条途径。

(四) 全球中心法

全球中心法从理论上分析是最有效的,也是一种比较理想化的人员配置方式。其方针是:在整个组织中选择最佳人员担任关键职位,而不考虑其国别,唯才是用。

全球中心法如果能得到较好的实行,国际企业由此能组建一支国际骨干队伍。无论总部还是子公司,都能培养高素质员工,具有开放的思维和很强的适应能力的经理人员可以随时被从一个国家调往另一个国家。

不过,国际企业采用这种方法的并不多见。以下几个因素限制了全球中心法的普及:首先,根据很多国家的政策,国际企业被要求聘用东道国员工。其次,全球中心法需要大笔投资用于国际骨干及其家属的语言和文化培训计划,其薪酬水平也明显高于各国一般员工。最后,全球中心法需要对人员及其职业进行高度集中控制,可能削弱东道国经理选择自己所需部下人员的特权。

四、影响国际企业选择人员配置方法的因素

许多因素可能会影响国际企业选择人员配置方法,其中包括:东道国的政策和法规,东道国的管理、教育和技术水平,技术和产品的自然属性,组织的生命周期,以及文化上的区别。

(一) 东道国的政策和法规

采用民族中心法管理海外人力资源的国际企业可能发现,其管理方式会被东道国的政策和法规抵制。不少国家的政策要求国际企业为东道国劳动者提供广泛的就业机会,并鼓励国际企业培训、发展当地的员工,特别是管理和技术型的员工。这种情况最有可能发生在发展中国家。这些国家的管理和技术,教育系统尚未完善,而且当地政府通常把吸引海外投资视为培养和开发本土人才的一种方式。

(二) 东道国的管理、教育和技术水平

一个国际企业在日本开设子公司会比在西非任何一个国家开设子公司有更多的人力资源配置方法的挑选余地。在日本,劳动力大多已接受过充分的教育,在 25 岁到 34 岁的人群中,超过 90% 的人具有中学学历。同时,日本的劳动力市场能够提供具有相当技术能力和管理经验的中高级人才。因此,国际企业如果在日本开设子公司,前文所述几种人力资源的配置方式都是可行的。但是,在西非,管理和技术教育可能非常有限,大量的劳动力又缺乏完成现代化生产过程或服务活动的基本技能。在这种情况下,管理岗位和关键技术岗位都需要母国员工担任。

(三) 技术和产品的自然属性

在一般情况下,国际企业子公司员工的国籍组合会随着企业的业务和产品

策略而改变。在地区性专门知识起作用的情况下,为使产品适应东道国市场,较多采用多中心的人员配置方式。在产品性专门知识极为重要且工业市场竞争激烈的情况下,就会有很多母国人员被派往国外,因为他们能够很快得到母国的供给与技术信息的支援。例如,石油、建筑、服务性行业中常常派出较多的母国人员等。

(四)组织的生命周期

适宜的国际人力资源管理方式将由组织的生命周期和在多变的国际市场上的产品周期决定。

在早期生产阶段,技术和管理经验最关键,国际企业多派出母国员工,尤其是经理人员到海外任职。随着海外生产进入标准化阶段,东道国员工经过一定的培训,掌握了生产技术和管理知识,开始在子公司任职。在功能性成长阶段,国际企业可采用多中心法,依靠当地的管理者经营管理每一个海外分支机构。在受控成长阶段,企业试图扩大产品的生产能力并控制成本,此时采用地区中心法,可充分利用规模经济和范围经济扩展海外业务。最后,在战略成长阶段,国内和国际竞争迫使企业将它的业务看作全球业务,此时主要的战略决策和政策集中在母公司,日常的生产经营活动是标准化的,国际企业倾向于选择素质好的、经过培训的本土员工担任子公司经理。

(五)文化上的区别

文化,特别是总公司的民族文化,决定了人员甄选的方式。首先,一些母国社会文化导致该国国际企业更多运用民族中心的管理方式。例如,日本的国际企业比美国或欧洲的国际企业更加频繁地以母国的管理人员充实海外子公司的管理层。其次,国际企业子公司内文化的混合和文化水平的差异会排斥或抵制所运用的人力资源管理方式。由于子公司内文化差异增大,国际企业总部的管理层要在世界范围内制定和实行总公司的政策、惯例会很困难。即使国际企业总部愿意以民族中心的方式管理人力资源,总部制定的政策也许在一个特定的子公司内完全不适用,不能被接受,而可能采用多中心或地区中心的管理方式。①

第二节　国际企业的员工培训

不论国际企业采用哪种员工配置的政策,它必须制定与其全球战略及其业务结合在一起的人才培训与开发计划。培训的目的是为员工提供完成其目前工作所必需的技能,而开发强调的是增加与未来的岗位或工作相关的管理方面的

① 参见何娟主编:《人力资源管理》,天津大学出版社 2000 年版,第 374 页。

能力。国际企业面临的问题在于，如何保持和影响自己所拥有的人力资源，使其成员受到适当的培训，成为国际型人才。

一、母国与其他国员工的培训与开发

不论是母国员工还是其他国员工，大多数外派人员都是从国际企业现有的员工中挑选出来的。针对母国与其他国外派员工的培训与开发计划主要包括三大内容：跨文化培训、语言培训以及工作任务和工作环境培训。

（一）跨文化培训

每个人的文化价值观是其选择何种生存形态、行为模式和交往准则，以及判断是非、好坏、美丑和爱憎的基础。然而，这种价值观也很容易引起文化冲突，如种族优越感，不恰当的管理习惯，不同的感性认识、沟通误会以及文化态度等。跨文化培训也被称为"文化意识培训"，其目的是向受训者传授防止和解决跨文化冲突的有效方法，提高未来外派人员及其配偶和家庭的适应能力以及和东道国员工的沟通、交际能力。从时间上划分，针对外派人员的跨文化培训包括外派前的跨文化培训和到任后的跨文化培训。外派前的跨文化培训往往不能涉及所有的原则、所有的规范、所有的跨文化中的"灰色领域"，到达东道国后也很有可能遇到突发事件。到任后的跨文化培训可能比外派前的跨文化培训更有效。

1. 培训内容

跨文化培训的内容应包括两个方面：首先，使外派人员了解自己的文化背景和文化本质。其次，培养外派人员对东道国文化特征的理性和感性分析能力。后者尤为重要，可以包括以下内容：介绍东道国的自然、社会环境；介绍东道国的政治、经济、商业、法律、气候、生活环境、风俗、交通状况、住房状况等。对女性外派人员，还要专门培训，使她们了解长驻海外会遇到的一些特殊的、与性别有关的问题，减少在国外工作可能遇到的麻烦。

很多培训结果显示，跨文化培训可以降低外派人员的失败率，提高外派人员的工作业绩。跨文化培训的方式和强度取决于外派人员在其任职中预期可能遇到的情况。

由于外派人员的文化适应能力不是短期培训就能马上具备的，国际企业必须根据企业国际化战略和员工自身职业生涯的发展需要，有计划地培训和开发外派人员这一重要资源。如日本大型批发零售国际企业佳士客（Jusco），通过各种培训制度，有计划地开发外派人员的职业生涯：大学毕业生进入企业后，一般在24岁左右通过公司内部英语水平测验，其中英语成绩好的可被考虑培训成国际骨干，开始有针对性地接受系统培训。第一阶段，初级开发，培养国际感觉。被选拔的员工在国内不同地区和部门轮换工作，以理解公司管理风格和组织文化特色，积累国内工作经验；同时，也会被派往美国等海外大学研究生院留学，进修MBA课程。第二阶段，受训者要接受中级开发，如对不同文化的适应性培训，以便企业观察他们是否具备当海外管理者的素质。第三阶段，即该批员工34岁以后，开始被派往海外工作，在赴任前参加短期培训，驻外工作出色的将被派往参加名校的短期高级经理班接受培训。第四阶段，即他们40岁以后，接受高级开发，以培训国际性决策、判断的能力。46岁以后，这些人成为国外部门负责人，即国际骨干。

2. 培训方式

针对外派人员，可以采用研讨会、课程、语言培训、书籍、网站、讨论和模拟演练等多种培训方式。国际企业的人力资源管理部门也可以通过安排任职前的实地考察、录像、特别课程和企业内部网提供跨文化培训。例如，朗讯科技微电子集团(Lucent Technologies Microelectronics Group)开发了一套基于高技术、低成本的跨文化培训课程，包括：通过视听技术向受训者介绍不同国家的文化、传统习惯等概况；用讲授式的培训方法提供经营文化洗礼课程；设立公司内部网站，介绍各国文化和实用旅行要点等。设计这些课程的目的在于，减缓外派人员可能遇到的由于文化多样性造成的经营管理困难。

也有不少大型国际企业在母国总部的培训中心进行模拟(亲验式)的环境适应性训练，使候选人通过一定的体验，充分认识东道国的价值观念、行为标准，增强自己的文化敏感性，加强与当地员工合作共事的能力。

随着科技的发展，近年来，多媒体软件和基于因特网的培训也被频繁地应用到外派员工的培训中来。例如，衔接文化软件(Bridging Cultures)是一种主要被外派人员用来自我培训的工具。受训者可以通过说明书和光盘学习。在学习的每个阶段，该软件都会给受训者介绍相关跨文化概念，并提供自我评估测试，测试的结果通过软件计算得出并作相应解释。受训者还可以通过互动性案例练习评估自己最近掌握的知识。衔接文化软件对处理个人适应、跨文化调整和跨文化的价值观差异均具有重要的价值。它可以基于受训者的不同目的而被使用，如外派、外派家庭、商业旅行、外派培训师、回派等。这个软件的优点在于，外派人员的配偶和孩子也能借此获得相应的培训，而此类家庭培训通常被国际企业忽视。虽然这种软件不是万能的，不能代替传统的培训方式，但是它对外派人员和他们的家庭在跨文化适应上是一个非常好的工具。

对外派人员自我培训最具有价值的网络是由外派人员自己建立的主页。例如，一对定居和工作在马来西亚的英国夫妇基于自身外派经验而开设了一个网站，主要为有海外任职意向的国际企业员工及其家庭提供可供选择的外派信息资源。在这个网站中，他们讨论了文化震荡的现实性及如何克服这些震荡，指出了外派人员乐观和冒险的必要性，同时提供了在热带生活的建议及其他相关链接网址。①

在跨文化培训中,利用回派人员经验也是一种有效的、低成本的方式。回派人员是指在外派到期后,从东道国返回公司总部的员工。这些人员一般具有较好的全球性视野、丰富的海外市场经验和良好的外语能力,对东道国的文化、社会传统、风俗习惯都比较熟悉。国际企业的人力资源管理部门可以定期组织研讨会,安排回派人员给那些即将外派的员工及其配偶传授海外生活的经验。回派人员的海外经验对于国际企业来说是一种宝贵的资源,长期安排他们有组织地给母公司同事和下属传授跨文化技能、经验和洞察力,有助于企业形成“全球性思考,本地化行动”的企业文化。

3. 培训强度

培训强度是指要求培训者和受训者为海外任职作准备的努力程度。低强度意味着培训是短期的,包括一些与当地文化有关的讲座、录像以及与公司经营相关的手册。高强度培训可能会持续一个月以上,它包括更多的经验学习和广泛的语言培训,经常与东道国员工沟通。培训强度如图 9-2 所示。

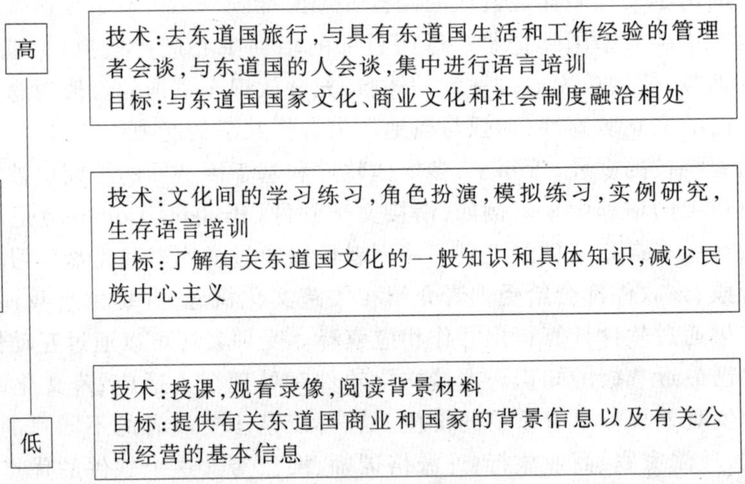

图 9-2　跨文化培训的方式和目标②

海外任职条件影响对外派人员培训强度的要求。任职时间越长,母国与东道国之间的文化差异越大,要求外派人员与东道国员工的接触和沟通越多。工作的复杂性和职责都要求外派人员在为海外任职作准备方面增强培训强度。

(二) 语言培训

语言是人与人之间沟通的工具。实际上,使用某一语言的社会集团对自己

① 相关内容参见企业内训培训网:http://www.neixun.cn。

② Adapted from Black, Gregersen and Mendenhall, 1992.

的母语有强烈的感情。要了解某一社会集团或争取其支持,如果能使用该社会集团的母语,不仅能进行满意的思想交流,而且会令其感到亲切。因此,语言培训是外派人员培训项目的一个十分必要的组成部分。国际企业中的一个普遍的现象是,企业的民族中心主义程度越低,在跨文化和语言方面提供的培训就越多。

语言技能是任职绩效的一个关键组成部分。外派人员如果通晓东道国语言,可以提高工作效率和谈判能力,更好地了解东道国的经济、政府和市场信息。通晓东道国语言甚至可以帮助外派人员及其家庭成员更好地融入当地生活,得到工作和外派人员圈子以外的社会帮助,提高外派工作和生活的质量。

语言能力对外派人员任职期内的工作绩效和文化适应都十分重要。它之所以被有些国际企业忽略,是由于获得最基本的语言能力需要时间。聘用具有语言能力的职员扩大"语言源",可以产生潜在的外派人员,这也是一种解决方法。针对外派人员的语言培训的主要内容应是加强口语和听力的训练,使受训员工能够在短期内强化、提高口语和听力的水平。这种培训可以请大学教师或东道国语言专家进行。如果外派人员曾经学过东道国的语言,则在赴任前可以进行强化训练,使其在短期内达到合格水平。如果外派人员没有接触过东道国语言,则可以进行入门训练,帮助其掌握一些基本交际用语,并达到可以自学的程度。

中国的国际企业一般比较重视对外派人员的语言培训。中国路桥集团总公司主要投标承建由世界银行、亚洲开发银行等提供援助的公路、桥梁建设项目,并在非洲、中东以及东南亚等地区设有二十多家子公司。该公司的外派人员以管理人员为主,也有一部分操作人员。该公司向外派人员提供广泛的出发前培训,培训内容包括业务、语言、文化、政策等。尤其在语言方面,该公司有非常高的要求。所有的外派人员在出国之前都要参加为期半年的外语强化训练,主要在北京外国语大学、北京第二外国语学院和北京对外经济贸易大学等院校进行正规的培训。

(三) 工作任务和工作环境培训

在赴任之前,国际企业母公司要对外派人员详细介绍工作住所、期限、工作性质、任务,同时也要介绍公司人事政策和薪酬政策,包括工资、津贴、福利、奖金、所得税的缴纳、回国后的待遇等,使他们了解自己在工作中处于何种地位、应发挥何种作用。

除了工作任务之外,使外派人员了解他们将要所处的工作和生活环境也是必要的。这包括东道国的住房和交通条件、学校教育等。通常的培训方式是:安排回派员工介绍东道国的环境、条件及应注意的问题,或者在正式任命前让外派人员到东道国进行一次短期实地考察,以获得对东道国环境的感性认识。任职前的实地考察可以给驻外候选人及其配偶一个亲身体验的机会,使他们可以判断自己对驻外任职的兴趣。作为出发前培训的一部分,对所在国的访问可以帮助外派人员实现初期的适应。

1997—1998年普华公司的一项调查显示,有53%的公司提供任职前的实地考察,平均考察的时间大约为一周。任职国是一个决定性的因素。如果外派人员对所去的国家比较熟悉,或者这些国家的文化与外派人员的本国文化比较相近,那么就不必提供实地考察。

国际企业为外派候选人员提供任职前的实地考察通常有两个目的:一是帮助候选人进行判断,二是出发前培训。前者是企业提供一个机会,让外派候选人及其配偶决定是否接受国外任职时,能有机会实地考察并了解更多的情况,以便作出最后的决定。提供实地考察也会带来这样一个问题:从外派候选人的角度看,很容易将这种实地考察理解为接受考察就等同于接受任职。因为公司花了大量经费,不管在访问中留下的印象如何,都很难拒绝这一任职。

把任职前的实地考察和跨文化培训结合起来是出发前培训项目的重要组成部分。如果在东道国已有外派人员,则外派人员对外派候选人的热情接待以及彼此之间的交流等,会对候选人跨国任职选择产生积极影响,甚至会激发候选人"复制"跨文化培训中保留下来的合适行为。如果允许外派人员带家属,培训内容还应包括对其家属进行有关海外公司生活环境和语言方面的全面培训,为他们准备好有关当地生活问题的重要信息。

二、东道国员工的培训与开发

国际企业在东道国开展经营之前,必须考虑在东道国可利用的工人和管理者的质量,还必须考察向东道国输出公司培训技术的可行性。例如,如果国际企业在东道国未来的工厂需要招募在数学和科学方面具有基本技能的工人,那么国际企业应该考虑选择在拥有良好教育体系的国家建厂,而不是投资于低成本工人的基础教育培训。

(一)东道国管理人员的培训与开发

东道国的管理人员是母国员工与本土一般员工之间沟通的桥梁。国际企业雇用东道国的管理人员,是希望他们所具备的素质能与母国人员形成互补。如果东道国的管理人员对母公司的总体经营战略、经营哲学与管理风格不理解,势必会影响他们在工作中与母国员工的合作,甚至可能导致母公司全球战略实施的失败。

1. 培训内容

在发展中国家,能成为国际企业管理人员的东道国员工一般基本素质都比较高。但是,他们可能缺乏类似的工作经验,对国际企业的先进技术、管理方式不适应。所以,针对这类员工的培训,其主要目的是解决内部由于不同文化背景、经营观念、管理方式带来的沟通困难和不协调,保证高质量的管理和组织的一致性。

针对国际企业中的东道国管理人员的培训主要包括两方面内容:一是国际企业的先进技术和管理方式的掌握,提高东道国管理人员的业务能力;二是母国总部的战略、企业文化等方面的培训,使其与母公司利益、目标保持一致。

东道国管理人员的培训中还有一个重要组成部分是语言培训,因为只有具备了相当的语言能力,东道国管理人员才能从以母公司为基地的培训中获益较多。缺乏语言能力可能是公司培训项目最主要的障碍,因为培训基地的培训内容往往都是以母公司语言进行的。

2. 培训方式

国际企业对东道国员工的培训项目一般是本土化的。培训由各个海外子公司负责,母公司总部监督各分公司的培训效果,向子公司提供培训资料,组织各子公司交流经验。

一些以技术转移为主要战略方针的国际企业往往是由母公司总部设计培训方案,各海外子公司复制执行培训方案。例如,日本的尼桑(Nissan)公司和本田(Honda)公司就相当成功地对它们在美国、英国以及欧洲的子公司人员进行了大量培训。为了节省开支,一些国际企业采用卫星技术远程传送母国所设计的培训课程。

生产标准产品的大型国际企业一般有一个大培训基地,对海外子公司的员工进行统一培训,以确保生产和营销的全球标准化。比如,麦当劳的脱产培训主要由在芝加哥的汉堡包大学(Hamburger University)完成,其海外子公司的所有经理级工作人员每年至少可以在汉堡包大学进修15天。这项培训制度使麦当劳极富魅力,吸引了大量有才华的东道国年轻员工加盟,使麦当劳的经营理念和管理方式超越了时间和空间的界限。同样,百事可乐跨国管理学院的培训课程中有一项是“选派计划”,即选拔东道国人员到该学院接受至少18个月的培训。许多国际企业之所以重视这种派遣东道国管理人员到母国培训机构进修的方式,一方面是考虑到这样非常有利于加深该类员工对母国、母公司文化的了解;另一方面,特别是对发展中国家的管理人员而言,有利于促进他们职业生涯的发展,是一种激励方式。

随着国际企业在中国的生产经营活动的深化和子公司的增加,一些有效开发本土人才的培训体制逐渐形成。例如,摩托罗拉公司投资数百万在中国设立了摩托罗拉大学,对在中国招聘的新员工和在职优秀员工进行培训,同时也为合资公司的中方伙伴、供应商、分销商、客户以及中国政府官员提供培训,每年共计提供一万人次的培训。

有的国际企业也利用流动培训的方式,让海外子公司的东道国员工到公司总部或其他海外机构轮换工作一段时间。这有助于他们进一步熟悉公司的整体情况和管理方式,增加阅历,提高管理水平。例如,日本电气(NEC)公司就让一些30岁左右的年轻海外管理者在东京总部工作2年,以培养全球性经营人才。但是,由于各国在发放入境签证、工作许可方面有很多限制,所以发展中国家的员工到发达国家轮换工作的做法实行起来比较困难,一般只能采取短期进修的方式。

(二)东道国基层员工的培训

每一个民族都有自己的特征,国际企业在招募当地人员时,要甄别他们的民族特征,注意人种和种族的区分。特别是一般员工,由于受教育水平有限,国际化程度和开放性程度也较低,受传统文化影响的程度较深,所以在对他们的管理上更要注意文化差异。因此,很多国际企业聘用当地人担任中层管理人员,由他们直接管理一般员工,以减少与一般员工的文化冲突。

几乎所有的国家都要求国际企业雇用和提升当地人。由于一些东道国的经济技术发展水平的限制,尽管国际企业的海外子公司对当地员工进行严格的选拔,但很多员工一开始还是无法胜任公司的工作。尤其是发展中国家的员工,他们的技能可能达不到国际企业的要求,所以必须为他们提供培训的机会。

绝大多数国际企业已经认识到对东道国一般员工进行培训的价值。由于员工人数多,国际企业一般就近通过学校或公司自己的培训部门进行集中培训。培训内容侧重于:生产知识和劳动技能的培训,良好的工作习惯和工作态度的养成,企业文化的熏陶,介绍公司发展历史和经营理念等。

国际企业在对东道国少数技工进行关键技能培训时,也可采用送到母国相关部门培训的方式。例如,梅塞德斯公司在美国建立一家新工厂时,650个工作岗位竟有4万人申请。然而,美国工人并未受过德国式的学徒培训,招募的新员工中只有极少数在汽车组装厂工作过。梅塞德斯公司的做法是把美国一线工人送往德国,与德国工人肩并肩地工作6个月。随后,70名德国教官回到美国继续培训。为了适应美国的文化,他们放弃了德国工厂的等级制企业文化,给予组装线上的工人以更多的自主权,并强调团队精神。①

三、开发国际员工队伍和跨国团队

长期以来,在国外任职一直被看作外派人员管理技能开发和组织发展的重要方法,而建立真正的全球企业需要有一支由母国员工和其他国员工组成的遍布世界各地的国际员工队伍。

为了开发这样一支队伍,很多国际企业意识到需要向各种不同层次的经理

① See John. B. Cullen, Multinational Management: A Stratigic Approach, p. 344.

提供国际经验,而不是只提供给一小部分母国的骨干。为了培养真正的全球管理者,一些美国企业在员工管理生涯的早期就提供全球培训和派遣。例如,美国运通公司将其低层管理者送往海外任职两年,不论其来自美国还是其他国家。运通公司的目标是使管理者在职业生涯早期就具有全球眼光,而不是在他们要成为副总裁之前。有些国际企业会要求其跨国经理必须能够在6—18个月内从一个国家转移到另一个国家。一些管理者在他们的最初5年职业生涯中已经有3次国际任职。

国际工作轮换是开发跨国团队和跨国管理人员的好办法。它可以通过由母国人员、其他国人员和所在国人员参加的在母国、地区中心或两方举行的普通培训和开发项目而得到支持。美国密歇根大学提供的全球领导课程就是外部提供培训课程的一个例子。全球领导课程的目的是使学员具有全球思维的能力。在大约5个星期的时间内,来自美国、日本和欧洲的经理通过行为学习以掌握全球企业管理技能。为了建立跨文化团队,这一项目利用讨论和演讲、冒险活动训练以及野外旅行等方式对跨国经理进行培训,如到巴西、中国和印度等国家寻找商业机会。

第三节　国际企业的绩效管理

绩效管理是对员工在一个既定时期内对组织的贡献作出评价的过程。绩效管理包括制定绩效标准、绩效考评、绩效反馈以及绩效沟通等一系列有序工作的系统过程。绩效管理一般需要明确五个问题,即考核的目的、考核的标准、考核的方法、考核人的选择和考核的周期。其目的主要有三个方面:改进组织与员工的个人绩效,促进企业发展;为薪酬与激励管理提供依据;为组织的人力资源管理决策提供依据。

国际企业需要一个科学、合理的制度管理其全球企业的绩效,如全球定位系统一样以巨大的网络覆盖各个海外子公司,使母国总部能迅速、及时地获取各子公司的绩效信息,并迅速作出适当的反应。如何对海外子公司进行有效的绩效管理,是国际企业管理中相当具有挑战性的工作之一。随着公司地理位置的扩张、生产运作模式的变化、人力资源来源的多样化、管理内容的增加等问题的产生,国际企业的绩效管理呈现日益复杂的趋势。

国际企业绩效管理的难点是对海外子公司中来自母国和其他国的外派员工的绩效考核。文化差异、工作环境的复杂性、战略目标的不一致等都是造成对外派员工考核困难的因素。一个有效的国际绩效管理系统应遵循一定的绩效评估原则,以解决如何对不同海外子公司的经理进行公平比较的问题。

一、国际企业人员绩效评估的原则

(一) 战略性原则

国际企业人员绩效评估着眼于企业跨国经营战略的全局,最终目的是促进跨国经营绩效的改进。所以,在绩效评估的各个环节,无论是指标的制定还是具体的实施,都必须以企业的整体经营战略为导向,为企业的战略实施服务。

(二) 适应性原则

跨文化绩效评估的一个突出特点是评估对象处于不同的文化氛围中。不同的文化氛围中,人们有不同的价值观、态度、思维方式,政府有不同的政策法规,市场有不同的特点,这些都要求评估标准、方式等必须随之调整,以适应不同的文化特征。

(三) 一致性原则

绩效评估是企业组织文化和管理理念的具体化和形象化,所以要与企业文化和管理理念相一致。企业文化和管理理念制约着企业的日常管理活动,而日常管理活动反过来也对其产生影响。如果绩效评估与企业文化不一致,就会产生混乱。

(四) 成本节约原则

国际企业人员绩效评估的成本包括很多方面,是一笔不小的开支。所以,国际企业要在评估的效益与成本之间寻求平衡,在达到评估目标的前提下,尽可能节约成本。

(五) 实效性原则

绩效评估的终极目的是促进企业经营绩效的改进,所以其结果应该能够给管理层提供有用的反馈,发掘在跨国经营中存在的一些问题及其根源,并能够为制定改进措施提供必要的参考。

(六) 时效性原则

每一次绩效评估都应该有一定的时间限制。在保证效果的前提下,应尽量缩短评估的时间。国际市场变化莫测,及时的反馈有助于企业紧跟市场的变化,而延迟的反馈是没有多大意义的。①

二、国际企业海外子公司绩效管理的影响因素

国际企业海外子公司的绩效管理可能受以下因素影响而造成考核困难:

(一) 母国总部的整体利益

海外子公司以利润为中心的考核指标可能难以反映外派人员的绩效。其主

① 参见姜秀珍编著:《国际企业人力资源管理》,上海交通大学出版社 2008 年版,第 164 页。

要原因是:国际企业为了整体利益和必要的控制,常常会牺牲海外某个子公司的短期利益。例如,为了使整体税负最小化,国际企业会通过转移价格将某个海外子公司的利润人为地转移到另外一个海外子公司,从而造成业绩考核的不真实。另外,在与东道国公司建立的合资企业中,为了减少东道国的利润分红比例,国际企业也可能通过技术转让费、管理费用等降低该子公司的利润水平。

(二)不可靠的数据

用以衡量海外子公司绩效的数据可能并不具备与母国总部单位数据或其他国际经营数据的可比性。例如,东道国会计准则会改变财务数据的含义,进口关税扭曲了价格,当地劳动法可能规定低生产能力工厂不能解聘员工而造成成本高居不下等。

(三)复杂多变的环境

国际环境是复杂多变的,经济及其他环境条件的快速变化通常是母国总部难以预料的,结果以前制定的合理的、可实现的业绩目标很快变得让海外子公司难以完成。因此,国际环境的巨大变动要求公司的长期目标具有灵活性,以便对潜在的市场机遇和威胁作出反应。例如,1989 年东欧和苏联的突变、1991 年的海湾战争、1992 年欧洲统一市场的形成、1997 年香港的回归以及 1998 年的东南亚金融风暴和经济滑坡等,这些事件都对相关国家国际企业的全球战略和本土战略产生了深刻的影响。由于子公司在这种多变且波动的环境中经营,其绩效必然会偏离原定的目标,从而产生管理上的困难。

(四)时间和地理造成的差异

国际企业和海外子公司活动的执行判断因实际距离远近、时空差异、公司总部负责人与子公司管理层联系的多少以及报告系统的成本等进一步复杂化。海外子公司与母国总部之间在地理上的分割和时间差别造成绩效管理的困难,两者之间缺乏足够的沟通频率和强度,无法使总部随时了解各方面的本土管理问题。

(五)当地文化差异

由于存在文化差异,各国在可接受的工作方式上差别很大。例如,假期的数量、员工期望工作的时间、对当地工人的培训类型以及当地现有管理人才的类型等因素,都会影响海外子公司的业绩。与海外子公司的管理人员相比,母国总部的管理人员几乎很少对当地情况有同样的理解。因此,一个有效的国际企业绩效管理制度必须为适应与工作有关的东道国文化期望而作出调整。①

① 参见李英、班博编著:《国际人力资源管理》,山东人民出版社 2004 年版,第 259 页。

三、外派人员的绩效管理

绩效考核需要标准,即以什么作为依据,衡量母国人员和外派人员对公司所作的贡献。国内企业一般是以子公司的利润等投资收益率指标作为考核的依据。然而,如果对外派人员的考核以其业务开展情况为标准,完全把对海外子公司经营业绩的考核与外派人员的考核等同起来作为考核的依据,就会有很大的局限性。

(一) 外派人员绩效考核标准的制定

国际企业经营内容的复杂性和不可控性造成其绩效管理必然受多方面因素的影响。因此,国际企业在制定其外派人员的绩效考核标准时,必须注意以下几点:

1. 区别子公司业绩考核和外派人员业绩考核的标准

对海外子公司而言,其经营业绩直接受东道国商业环境和政策变化、国际企业内部的战略调整如转移定价安排等各种复杂因素的影响,这些因素不同程度地影响着子公司的利润水平,而它们是外派人员不可控制的。因此,应将子公司业绩和外派人员业绩分别予以考核。即使将子公司的经营状况作为考核外派人员的一项指标,也必须充分考虑那些不可控制变量对海外子公司经营业绩的影响。

2. 外派人员的考核不能只注重有形的数字指标

国际企业在考核外派人员的业绩时,不能只关注当前子公司的财务状况,而忽略其他无形指标,如外派人员在维护产品形象、培养与东道国的良好关系等方面取得的成效。因为子公司的经营可能会受企业全球转移定价以及东道国汇率波动和商业环境变化等因素的影响,所以账面利润并不能全面、真实地反映其经营状况。因此,在考核外派人员的业绩时,除了利润、销售量、市场份额等数量指标外,还应评价他们在其他方面取得的成绩。此外,在海外开展业务不同于在母国国内从事商业活动,海外子公司要冒更大的风险。因此,对外派人员的考核应将长期表现与突发事件的影响一并加以考虑,才能更加客观公正。

3. 考虑汇率对外派人员业绩的影响

国际企业财务部门应该设计一套经过会计调整的、受汇率波动和转移定价因素影响较小的、能更加准确地评价海外子公司经营状况的会计处理方法,作为考核海外子公司的财务状况和外派人员实际业绩的依据。

4. 总部战略目标对外派人员业绩的影响

由于不同海外子公司在公司整体中的战略地位和经营环境不同,同一子公司在不同时期的环境条件和经营目标不同,因此不能以不同子公司同一时期或同一子公司不同时期财务指标的对比作为考核子公司经营业绩的依据,而应以子公司制定的经营目标和计划的完成情况作为对外派人员业绩的考核标准。

为了克服对外派人员业绩考核方面存在的困难，国际企业可以采取以下几个步骤改善考核过程：(1) 使考核标准与战略相适应。例如，如果海外子公司的目标是进入市场以取得长期的竞争地位，那么需要调整其财务业绩考核的周期。(2) 调整合适的考核标准。高层经理需要认真考虑其国际经营的所有目标，并需要出访经营地区，以更加清楚地了解外派人员所面临的问题与环境。(3) 将多种渠道考核与不同时期考核相结合。国际环境的复杂性要求国际考核比国内考核掌握更多的信息。因此，考核人应该有多种信息来源。海外雇员业绩考核的评估渠道、标准和时间如表 9-2 所示，它展示了海外雇员业绩考核的一些基本内容。

表 9-2　海外雇员业绩考核的评估渠道、标准和时间①

评估渠道	标准	时间
自我评估	达到目标 管理技能 项目成功	六个月和在主要项目结束时
下属	领导技能 沟通技能 下属发展	在主要项目结束时
外派管理者和东道国管理者的观察	团队建设 人际交往技能 跨文化沟通技能	六个月
现场监管	管理技能 领导技能 达到目标	在重大项目结束时
顾客和主顾	服务质量和及时性 谈判技能 跨文化沟通技能	每年

（二）选择考核人

国际企业绩效管理中的一个突出的问题是：选择谁担任能客观公正考核外派人员业绩的考核人？虽然东道国管理层每天都能看到外派人员在当地是如何表现的，对外派人员的绩效最清楚，但是他们可能持有文化偏见，也可能缺少对外派人员在全球视野下的表现予以正确评价的能力。例如，一名美国员工在马

① Adapted from Black, Gregersen and Mendenhall, 1992.

来西亚工作,他的东道国上司可能不满意其自认为很民主的员工参与决策方式。

如果由国际企业总部的管理者对外派人员进行考核,很可能因为距离遥远引起的信息不充分而难以作出正确的评价。如果母公司只采用利润或市场占有率等客观的数量指标考核外派人员,将会由于对外派人员面临的工作环境的不稳定性缺乏了解而导致评价失误。

因此,考虑到国外跨文化管理的复杂性,国际企业可以用一组考核人对外派人员进行绩效考核,即所谓的"360度绩效考核"。事实上,大多数的国际企业在进行外派人员绩效考核时都用到不止一个考核人。直接主管、外派人员自己、母国的人力资源经理和东道国的人力资源经理经常被当作外派人员的多方绩效考核人。也有一部分国际企业采用以东道国当地管理层的意见为主、以母国总部的考核意见为辅的考核方式。

四、东道国员工的绩效管理

文化的差异性对员工绩效考核的衡量对象和考核方法有重要的影响。所以,在海外子公司中,国际企业的管理人员在选择针对东道国员工的绩效考核方法时,必须考虑与东道国文化的适应性。例如,在实施现代企业常用的一种考评方法——目标管理时,主管人员及其下属首先要协商决定员工必须达到的中等难度的工作目标。在权力距离比较大的东道国,目标设定的过程存在着困难。因为主管人员拥有比较高的地位和比较大的权力,下属员工认为应该等待上司向自己布置工作任务,对自己参与目标的制定会有是否越权的顾虑。例如,在印度,基层员工就希望上司为自己确定工作目标,试图与员工一起制定工作目标的母国经理不会被当地员工认为有民主作风,反而会被下属认为是没有工作能力的表现。另外,在不确定性规避程度比较高的社会中,由于员工规避风险的程度高,他们不愿意承担有挑战性的工作,这也为目标的设定带来困难。

许多业绩考核方法都强调对员工个体的工作绩效进行评价,这在个人主义倾向比较重的社会中非常适合。但是,这在集体主义倾向较重的东道国中实行就不太适合。例如,新加坡政府在20世纪80年代开始鼓励当地企业推行员工绩效考核体系,并希望将员工个人的工作绩效与个人薪酬相联系,以提高当地的工作效率水平。但是,由于新加坡社会主要由华人构成,受儒家的等级观念和长幼尊卑思想影响较深,企业的薪酬和晋升制度一直都以员工的年龄和工龄为基础,而强调个人绩效的考核体系有可能使年轻的员工比他们年长的同事获得更高的报酬。因此,这一政策在推行的初始阶段遇到了很大的阻力。同样,在东方社会中,对主管人员的评价也存在着与欧美国家不同的问题。能够与员工维系良好的人际关系的主管人员要比那些单纯具有较高水平的客观工作绩效的主管人员更容易被员工看作好的管理者。

第四节　国际企业的薪酬管理

国际企业的每一个子公司的薪酬系统必须与当地的薪酬行情、相关法规、工会的影响、子公司的经济效益、文化偏好等因素相一致，同时又要与整个国际企业的经营战略保持一致。除了要建立东道国员工的薪酬系统外，子公司还必须保持母公司外派人员薪酬与其他海外子公司外派人员薪酬的一致性。

一、国际企业薪酬管理的复杂性

薪酬是指员工从企业所得到的金钱以及各种形式的服务和福利。薪酬分外在薪酬和内在薪酬两个方面。外在薪酬是指员工因被雇用而获得的各种形式的收入，包括工资或薪水、绩效工资、短期奖励、津贴，以及各种非货币形式的福利、服务和员工保护等。外在薪酬的优点在于，比较容易定性和定量分析，在不同的组织、个人和工种之间容易比较。内在薪酬是指企业为员工提供较多的学习机会、挑战性工作、职业安全感，以及员工通过努力工作而受到的晋升、表扬或组织的认可等。内在薪酬的特点是难以进行清晰的定义，不易进行定量分析和比较，需要较高的管理艺术。本节主要讨论国际企业员工外在薪酬的制定。

国际企业需要面对不同国家的社会文化和法律制度背景，薪酬制度不能照搬本国企业的做法。国际企业必须了解东道国的税收等相关法律、习俗、环境和招募实践等多方面的知识，同时还需关注汇率波动和通货膨胀对薪酬的影响，以及理解为什么和什么时候应该提供特殊的津贴。国际企业薪酬管理的复杂性可以归纳为以下几点：

（一）国际薪酬的多样性

国际企业员工类型的多样性引起了不同的薪酬待遇问题。在不同国家，对于员工的养老金、社会保障、医疗保险和其他各种福利的管理规定存在着很大的差异。有些国家在传统上还会为员工提供住房、上下班的交通条件和年终奖金。由于国家差异引起的薪酬货币购买力问题，以及文化差异引起的福利待遇问题等，国际企业往往对不同国家的员工采用不同的薪酬制度。

国际企业在海外子公司的薪酬政策制定中，既要考虑与母公司的整体经营战略保持足够的一致，也要考虑当地劳动力市场的工资行为、有关薪酬的法规和文化倾向。

（二）汇率的波动

国际上某种货币的贬值或升值，使得在用母国货币支付工资时，外派员工的工资会随着两国汇率的变化而变化。例如，2002—2004 年，英镑和欧元对美元的汇率分别上升了 24.1% 和 33.2%。一位被派往伦敦任职、其公司总部在芝加哥的美国经理突然发现他的1万美元月薪在伦敦的购买力由于英镑的升值而缩水不少,这使得本来已经不便宜的生活用品、食品、服装等生活支出增加。由于美元预计还要继续贬值,很多在海外为美国总公司工作的员工都准备与总部商议,争取能使自己的工资及福利有相应的涨幅。

对于货币汇率给外派员工带来的影响,多数国际企业都会进行一年一度的调查和调整。如果货币汇率有大于10%的剧烈变动,国际企业可能会在半年甚至更短的时间内对外派员工的工资进行调整。

(三)国际化经营导致的薪酬成本的计算问题和公平问题

对外派员工而言,海外任职意味着要舍弃已经习惯的舒适的工作和生活环境,要冒自身职业生涯发展的风险,有时还要冒国际政治风险。所以,为了吸引总部有事业心和责任感的优秀员工赴海外任职,国际企业尽量用有吸引力的、丰厚的薪酬作为激励手段。

这种高成本的支出很可能造成国际企业内部薪酬公平性的失衡。一项调查表明,29%的企业外派人员的薪酬是其国内工资的2—2.9倍,50%的企业称是3—3.9倍,18%的企业称是4—4.9倍。

在保持内部公平问题上,还有一个更常见、更突出的现象是,即使发展中国家的东道国员工与发达国家母公司派来的员工承担责任、复杂程度和重要性相同的工作,母国员工薪酬也是东道国员工薪酬的十几倍甚至几十倍。这种做法容易使东道国员工产生一种没有被公平对待的感觉。

因此,从根本上看,国际薪酬是复杂的,因为国际企业必须满足母国员工、东道国员工、其他国员工这三类员工的要求。国际企业在制定薪酬政策时,必须注意以下几方面:(1)海外子公司的薪酬政策要与母公司的总体战略和企业的需求保持一致。(2)国际薪酬制度必须具有激励性,能吸引优秀人才到企业最需要的地方并留住他们。(3)国际薪酬要有利于公司以最经济的方式调动外派人员。(4)要考虑到薪酬的一致性,即外派员工的薪酬水平至少能使其在东道国工作期间保持与在本国相同的住房、消费及储蓄水平。(5)合法性,即必须遵守东道国有关养老金、社会保险、医疗保险及其他保护员工利益的法律法规。

二、母国和其他国员工的薪酬制定

在讨论母国和其他国员工的薪酬之前,国际企业必须了解外派人员的一些个人目标,即这类员工希望通过海外赴任实现的一些个人期望。具体而言,大多数外派人员期望:(1)在海外任职期间获得在国外的福利、社会保险和生活费等财政保护;(2)出国能够增加收入和存款;(3)企业对任职期间的住房、子女的教育以及娱乐等问题作出政策规定;(4)企业对自己的职业生涯发展和回派有相应安排。

由此可见,支付给母国外派人员的薪酬至少要满足这样一个原则:保证在海外任职期间,外派人员本人及其家属维持与以前一样的生活消费水平。

国际企业支付给母国外派人员的薪酬一般包括四个方面:基本工资、出国服务奖励/艰苦补贴、海外任职津贴和福利。

(一)基本工资的计算方法

国际企业外派人员基本工资的计算方法主要有两种:现行费率法和资金平衡法。以下对这两种方法的优缺点作一比较。

1. 现行费率法

这种方法是把外派人员的基本工资与东道国的工资结构挂钩。国际企业一般通过当地的专业薪酬调查机构取得当地人员、相同国籍的驻外人员和所有国家的驻外人员的薪酬信息。现行费率法的主要特点是:

(1) 以当地的市场费率为基准;

(2) 以调查比较结果为基准;

(3) 对低工资国家,在基本工资和福利之外提供额外支付。①

例如,在伦敦设立子公司的一家美国企业需要决定,其外派人员的工资是以伦敦当地企业的工资标准支付,还是以伦敦其他同行竞争对手(国际企业)的工资标准支付,或者是以伦敦所有外资同行的工资标准支付。如果在发展中国家使用现行费率法,国际企业通常在外派人员的基本工资之外提供额外福利和津贴。

现行费率法的优点主要是:外派人员能够得到与东道国员工平等的待遇。尤其是在东道国工资高于母国工资的情况下,该方法能够有效吸引母国人员和其他国人员。这种国际薪酬的计算方法简洁、明了、易于理解,并且与工作所在国的情况一致。

现行费率法也存在着一些缺点:首先,同一人员被派往不同国家会产生差异,尤其是发达国家和发展中国家之间的差距最为明显。其次,东道国国籍相同而派遣地不同的外派人员之间会有差异。采用现行费率法会导致外派人员争相要求被派遣到待遇优厚的地方,而不愿意去工资标准较低的国家。最后,在东道国的工资水平高于母国公司的情况下,外派人员回国时,其工资要恢复到后者水平,会引起很多麻烦。②

2. 资金平衡法

根据雷诺兹(Reynolds)的定义,用于国际薪酬的资金平衡法是这样一种系

① 参见赵曙明、〔澳〕彼得·J.道林、〔澳〕丹尼斯·E.韦尔奇:《跨国公司人力资源管理》,中国人民大学出版社 2001 年版,第 156 页。

② 同上书,第 157 页。

统:它使居住在国外的员工与国内和其职位相同的人员具有同等的购买力,并且提供奖励以补偿不同派遣地之间生活质量的差别。[①]

资金平衡法在国际薪酬中应用最为广泛,其基本目标是从外派人员总体上考虑,使他们维持本国的生活标准,并通过经济激励使薪酬计划具有吸引力。这种方法主要考虑使外派人员的薪酬与其在母国的同事保持一致,并补偿国际任职的费用。此方法将母国人员和其他国人员的基本工资与相对的本国工资结构挂钩。例如,一位美国经理如果接受了跨国任职,其薪酬计划将以美国(而不是东道国)的基本工资水平为基准。资金平衡法的准则是:国际任职的外派人员不应因工作调动而蒙受损失。

资金平衡法为在不同国家任职的国际企业的外派人员提供了平等待遇。同时,由于外派人员的薪酬与母国的薪酬结构挂钩,强调了待遇平等,因而使外派人员的回国安排变得简单。

资金平衡法也有缺点:(1) 可能会在不同国籍的外派人员之间、母国人员和东道国人员之间产生相当大的差距。例如,任职于中国的一家美国跨国咨询公司总部的美国员工要比东道国的中国员工的工资高许多。这种"双重薪资"制度非常容易引起外派母国员工和东道国员工之间的矛盾。(2) 尽管这种方法在理论上便于员工理解,但在管理上会变得相当复杂。复杂性出现在税收、生活费用以及母国人员和其他国人员之间的待遇差异等方面。

(二) 出国服务奖励/艰苦补贴

母国员工通常会得到一份奖金或补贴,作为对其接受出国派遣的奖励或在海外任职中所遇到的艰苦条件(地方病、气候恶劣、高风险等)的补偿。国际企业总部会根据各个东道国的实际情况,对艰苦程度的定义、领取奖金的资格、补贴的金额和时间等予以规定。例如,美国的国际企业在支付艰苦补贴时,往往会参照美国艰苦岗位差别指导局的指导价格确定支付级别。

艰苦补贴一般只支付给母国人员,而不支付给其他国人员。国际企业通常以工资的百分比形式支付出国服务奖励,通常是该名员工基本工资的5%—40%,并随着任职、实际艰苦情况、税收情况、派遣时间的长短而变动。

(三) 海外任职津贴

海外任职津贴是为了帮助外派人员继续保持正常生活水平而支付的,不同的东道国有不同的支付标准。它一般包括生活费津贴、住房津贴、子女教育津贴、搬家费和某些特殊保险。

生活费津贴(Cost-of-Living Allowance)通常最受外派人员的关注,它涉及对

---

① See Reynolds, Compensation of Overseas Personnel, In Handbook of Human Resources Administration, 2nd ed., J. J. Famularo, New York: McGraw-Hill, 1986.

母国和所在国之间支付差额的补偿费用,如用于解决通货膨胀造成的差别。这种津贴通常很难确定。国际企业可以聘请专业咨询公司,以获得全球性最新生活费津贴的信息。一位所任职企业总部在美国的经理如果被派到日本东京工作,那么他获得的生活费津贴就会比派到中国北京多,因为东京的物价比北京高。

国际企业提供住房津贴的目的是,使外派人员能够保持在母国时的生活水平,或者保证他们获得与同类外派员工、同事相同的居住条件。住房津贴往往根据东道国房屋市场的租金价格定期调整,或根据外派人员的实际住房费用支付。其他的替代办法包括公司提供强制性或选择性的住房、固定的住房津贴以及按基本工资的比例支付。虽然住房津贴通常根据东道国的情况作个别处理,但是国际企业内部制定全球性的住房津贴政策是必要和有效的。

外派人员在两国之间的活动需要很大数额的额外补贴。很多国际企业在制定这些福利措施的时候非常具体,使员工感受到组织的关心。例如,搬家费包括:搬迁、运输和储存的费用,临时酒店住宿费,以及电器或汽车购买(或出售)的补贴等相关费用。一些银行和金融企业会向其外派人员提供出售或出租住房的帮助,为员工支付离家费和出租管理费,并提供租金保护和财产保护。在这些方面,其他国员工获得的福利通常少于母国员工。

影响海外任职成功与否的重要因素之一是外派人员的子女教育问题。国际企业一般都为外派人员所抚养的子女支付在东道国国际学校或本土学校的学习费用。这笔教育津贴往往包括学费、学习语言课程的费用、交通费和食宿费等。东道国是否有合适的国际学校、是否能提供不亚于母国的教育水平,都会成为外派人员海外任职考虑的重要因素。但是,优厚的教育津贴并不能解决一切问题。外派人员及其家属长期在外,不利于他们处于学龄期子女的母语教育。这些外派人员的子女归国后,在激烈的母国升学竞争中可能处于不利地位,难以被名牌大学录取。随着经济全球化和国际企业数量的急剧上升,一些国家的政府和大学也相应制定了一些优惠政策,比如为归国子女准备特殊考试等,以尽量消除外派人员的后顾之忧。

另外,越来越多的国际企业开始提供配偶补助,以抵消外派人员的配偶因随同海外赴任而损失的收入。例如,3M 公司向外派人员的配偶提供了一些外迁津贴,并且允许身为公司雇员的配偶以私假形式离职。此外,更多的国际企业开始注重为外派人员的配偶提供在国外工作的机会。例如,荷兰皇家壳牌公司(Royal Dutch Shell Group)宣布向外派经理的配偶和未婚伴侣提供职业顾问,并为此创建了一个有 44 个中心的信息网络,帮助这些配偶在东道国找到合适的工作。德勤会计公司(Deloitte & Touche)在其公司内部网站为外派员工的配偶提供寻找工作的数据库等。

除上述为外派人员提供的主要海外任职津贴外,一些国际企业根据外派人员的职务级别,还提供一些其他的优厚福利待遇。例如,外派人员在海外作为国际企业的代表,可代表公司参加当地的政治、社交活动等,享受较高级别的待遇。被派往发展中国家时,外派人员有时还能享受到比在母国更为优厚的生活待遇。比如,企业无偿向他们及其家属提供高级住宅、厨师、司机等。

综上所述,国际企业通常以支付津贴的方式,鼓励外派人员接受到海外工作的任务,使外派人员在总体水平上达到甚至超过国内标准。

(四) 福利

与薪酬、津贴相比,法定福利的复杂性经常会造成很大的困难。由于各国的法定福利之间存在很大的差异,所以养老金、医药费和社会保险费的可转移性使国际企业的实际操作十分困难。

通常,国际企业都会保留外派人员的国内基本工资,以便保证其能照常享受国内的各项医疗保险、养老保险等法定福利。由于各国涉及社会福利的法律法规各不相同,所以国际企业的操作方式也存在差异。大部分美国和日本企业的外派人员都享受母国的福利计划。欧洲的母国人员和其他国人员在欧盟内能享受可转移的社会保险福利。

除法定福利外,国际企业大多为外派人员提供休假和特殊假期。作为外派人员定期休假的一部分,每年的探亲福利中通常包括家庭成员回国的机票费用。这么做的目的之一是使外派人员保持其与家庭和母国同事、客户之间的联系,避免他们在海外任职结束归国后出现不适应问题。此外,根据工作所在地的条件,疗养福利也包括为外派人员的家属提供免费的机票去东道国附近的疗养地疗养。企业还需要制定应急条款,以处理家庭成员的死亡或生病等突发事件。在艰苦地区工作的外派人员经常能获得额外的休假费用和疗养假期。

三、东道国员工的薪酬制定

针对东道国员工,如果国际企业能够建立具有合法性、公平性、激励性、竞争性的薪酬体系,势必有助于提高东道国员工的工作满意度和工作绩效,进而推动国际企业在东道国的发展。

(一) 基本工资和薪资调查

国际企业的海外子公司制定针对东道国员工的薪酬政策,首先必须考虑到当地劳动力市场的工资行为和有关劳动薪酬方面的法律法规。支付给东道国员工的薪酬必须能与当地劳动力市场的工资相匹配,同时必须符合当地最低工资率的规定。国际企业的薪酬管理者还必须考虑到各国国内的地区差别。各国国内各地区的劳动力成本和地区政府法规都可能有所差异。所以,在东道国进行薪资调查是非常必要的,应通过各种途径了解同行业、同地区的平均薪资,做到既不低于平均水平，也不高得离奇而成为成本包袱。

国际企业如果不能满足东道国当地的工资标准，会导致雇用低素质的工人，并可能恶化与东道国政府的关系。此外，在东道国支付较低的工资还会给母国带来负面影响。事实上，不少国际企业在低工资国家一般愿意支付较高于当地水平的工资，以吸引企业所需要的技术熟练且有经验的工人。这么做不但可以提升企业在当地的形象，而且高素质的员工会为企业创造较高的经济效益，保证企业可以有足够的能力支付高于一般水平的工资。

（二）津贴、福利

国际企业在设计津贴、福利等方面应该入乡随俗，遵守各国的法律法规。有些国家对此有很详细的规定。例如，墨西哥政府要求企业必须将公司纳税收入的10%付给员工作为利润分成，员工在工作4年后可享受12天的带薪假期等。

在确定东道国员工基本工资和福利的分配比例时，国际企业要考虑到东道国的价值观和文化传统对福利的激励作用和影响。在中国设有子公司的国际企业一般都会考虑到中国员工的实际需求，如住房问题。例如，IBM中国有限公司实施了与中国国内企业相同的住房公积金制度，并推出了“住房补助基金计划”：凡是在公司工作满两年以上的员工，如需购买住房，均可以向公司申请补助，按本人月工资的15%累计，最高可以得到7.5万元的补助。上海贝尔公司考虑到员工队伍的平均年龄结构为28岁，大多数员工正值成家立业之年，于是推出了无息购房贷款的福利项目。该公司同时规定，员工工作满规定期限后，此项贷款可减半偿还。这项福利在无形中加深了员工和公司之间长期的心理契约。

（三）奖金

越来越多的国际企业认识到，只有通过人才本土化才能实现有效和成功的管理，并开始注重及时奖励对东道国员工的激励作用。然而，不同的社会文化对奖金制度的选择有不同的偏好。例如，美国林肯电气公司在美国成功实行了以生产率为基础的激励性薪酬体系，包括计件工资和年终奖金等措施。林肯电气公司把这种制度全部或部分较成功地应用到澳大利亚和墨西哥的子公司。但是，当林肯电气公司将这种制度移植到欧洲时，却因为文化差异而遭遇到了很大的阻力。

国际企业必须重视东道国的文化特征与薪酬体系之间的配合关系。如果是在权力距离比较大的社会中，薪酬体系应该与公司中的等级观念一致，员工的薪酬水平之间的差异程度应该大一些，能够反映员工在公司中地位上的差距；而在权力距离比较小的社会中，应该采取比较平等化的薪酬体系。在比较注重个人主义的社会中，薪酬体系应该强调奖励个人的工作成就；而在集体主义倾向比较明显的文化中，薪酬体系的建立应该以奖励集体为主，或者以员工的资历为基础。

第五节 国际企业的劳资关系

劳资关系(Industrial Relations)主要是指代表资本方的经营管理层与代表员工的工会之间的关系。在企业人力资源管理中,劳资关系占有重要地位。

如果国际企业对海外子公司所在国的劳资关系和工会力量没有事先进行详细了解而贸然进入,则可能会遇到难以想象的挫折。中国首钢收购了秘鲁铁矿后(以下简称"首钢秘铁"),为保证生产,对当地工会连续三年让步,造成工资总额急剧增长,企业薪酬水平一下跃居秘鲁矿业部门之首。当地工会领导得寸进尺,继续要求提高工资。1996 年劳资谈判僵持以来,当地工会多次发动不定期的全面罢工。2006 年,当地工会组织的罢工使首钢秘铁每天遭受的铁矿产量损失达 1.8 万吨,经济损失严重。此外,当地一些新闻媒体也经常利用首钢秘铁的劳工问题大做文章,使中国首钢的公司形象受到严重影响。①由此可见,处理好国际企业内部的劳资关系是跨国经营成功的关键。

一、劳资关系管理中工会的作用

劳资关系的一个重要内容是,作为劳动者代表的工会与管理阶层为消除两者之间的矛盾与分歧所进行的议价过程。这种过程是一种典型的决策方式,对劳资双方解决分歧、达成共识起着重要作用。在国际化经营中,劳资关系往往通过工会或劳工组织对国际企业的战略选择发挥作用。由于各国劳资关系和工会性质的差异,工会对国际企业的影响程度有很大的不同。

(一) 工会的性质及其作用

工会是代表劳动者的一种组织。在西方国家,由于劳动力市场的发育比较成熟,在工人与企业管理者或企业所有者的关系中,单个工人的力量往往比较弱小而处于不利地位。为了保障自身的权利与利益,劳动者自发联合起来,以一个集团的力量平衡经营者的力量。因此,工会是劳动者与经营者利益冲突的产物,其存在主要是为了团结起来与资方讨价还价。工会的作用主要体现在以下三方面:

(1) 经济方面

为了改善劳动者的工资、奖金、劳动条件,工会和资方定期进行集体谈判,以维护工会成员的权益。

(2) 工会成员之间的互助方面

工会为其会员提供多项服务、福利。例如,工会为员工提供劳动法律咨询

① 参见刘国强:《首钢收购秘鲁铁矿后多管齐下 成功应对无理罢工》,载《国际先驱导报》2006 年 7 月 11 日。

等。有些规模大、活动资金较充沛的工会还为员工提供购房利息补贴等。

(3) 工会具有一定的政治特性

促进政府完善保护劳动者权益的法律法规也是工会的主要工作之一。此外,由于会员多,在政党选举中,工会能形成很大的"票源"。一些政党为了获得工会的支持,积极与工会保持良好关系。有些工会领袖也会凭借群众基础,自己参与政治选举。所以,在一些西方国家,工会有较强的政治力量。

不同国家的劳资关系的模式相差很大,每一种模式都反映了独特的文化、法律与社会制度。不同的价值观、劳动者的精神需要、特殊的工业关系以及有关的法律条文也会影响劳资关系。发达国家的工会在长期的斗争中,从各自的国情出发,形成了适应市场经济的不同组织结构。

(1) 英、澳的劳资关系和工会组织的特点

英国是工业革命的发源地,劳动者的觉悟和素质处于世界前列。19 世纪初,伴随着以工厂为基础的主要产业的兴起,英国建立了强大而完备的工会组织机构。英国的劳资关系在 20 世纪 80 年代之前一直处于对抗、强烈冲突的状态。近年来,英国的劳资关系发生了很大变化,呈现由对抗转向协商型、谈判型劳资关系的转变趋势。

英国工会组织最主要的特点是以行业工会为主的多元工会结构。在一些英国的大企业中,往往同时有两三个行业工会存在。这些工会相互联系、相互合作,同时也相互竞争,关系十分复杂。在和资方进行集体谈判时,各个行业工会也有不同的标准。这种错综复杂的组织结构在很大程度上影响了各工会之间的团结,削弱了英国工会的力量。

澳大利亚工会运动的发展一直受英国工会运动的影响,其组织结构与英国工会相仿,基本上以行业为原则组建。20 世纪 90 年代之后,澳大利亚工会的组织结构进入大转变时期,许多小的行业工会合并成较大的产业工会以适应新的产业结构,逐步加强了工会组织的团结。

(2) 德国的劳资关系和工会组织的特点

德国的劳资关系长期处于正式的、法律化的、低冲突的状态,其中政府起着工会和资方中间人的作用。由于德国文化更加重视规避不确定性,所以早在 19 世纪 80 年代中期,德国政府就承认了工会运动的合法性,同时大力促进劳资双方关系较为和谐地发展。

德国工会采用以产业工会为主、产业和地方相结合的组织结构,主要是为了适应德国现代化、社会化大生产的要求。这种组织结构使德国工会在国家经济和社会发展中起到了重要的作用。

(3) 美国的劳资关系和工会组织的特点

在 1926 年以前,美国对工会活动几乎没有法律支持。1935 年,美国正式通

过立法,给予工会集体组织和集体议价的权利。美国的工会力量在 20 世纪 40 年代达到顶峰。然而,随着许多传统的已组成工会的产业衰落和美国制造业向海外转移,此后美国的工会力量一直呈弱化趋势。美国现在是西方国家中工会密度最低的国家之一。地方工会是美国工会的主要组织结构形式。同时,大多数地方工会与一些行业、产业以及全国工会保持着联系。

虽然美国工会的力量正在日趋衰落,但是劳资关系由以往的对立关系逐渐向有利于生产力不断增长的新型关系转变。许多美国企业的劳资协议都有一项特别的条款规定禁止罢工,因此突发性的或未经授权的罢工——通常被称为"野猫罢工"(Wildcat Strike)不是那么普遍。如果劳资任何一方觉得对方没有诚意执行协议条款,可以通过抱怨程序和平解决问题。越来越多的美国工会意识到,与其采取"势不两立"的态度,还不如与资方共同研究以达成共识,这样更能引导工会保持长期的繁荣。

(4) 瑞典、挪威的劳资关系和工会组织的特点

由于社会内部的聚合力很强,瑞典各民族、宗教高度统一,避免了一般西方社会的各种摩擦。瑞典 90% 的蓝领工会都加入了瑞典总工会。瑞典的工会组织一直十分团结,既没有分裂成几个派别,也没有由几个政党分而治之。总工会的内部权力较为集中,集权特征使其在"二战"后相当长的时间内维持了与雇主协会的对等谈判地位,代表会员与雇主进行具体谈判,在劳资关系中发挥特殊作用。

挪威总工会与瑞典总工会一样,有着严密的组织系统,通过工党对议会及政府施加影响,在经济上支持工党。挪威总工会与雇主联合会于 1935 年达成协议,规定了解决劳资双方冲突的基本原则,确定了集体谈判制度为该原则的重要组成部分,并在集体谈判中起着主导作用。

(5) 亚洲国家的劳资关系和工会组织的特点

由于各国政治体制不同,各国工会起的作用也有所不同。《中国工会章程》明确定义:中国工会是中国共产党领导职工自愿结合的工人阶级群众组织,在中国的政治体制中处于重要地位。中国工会的权利主要有:参与管理国家事务、经济文化事务和社会事务的权利;对执行劳动法的监督权;保障职工依法行使民主参与的权利;帮助、指导职工与用人单位签订劳动合同和代表职工与企业签订集体合同的权利。

日本企业建立的是一种比较和谐的合作型的劳资关系。日本企业的经营方式的重要特点之一是采用了企业工会的形态,即一个企业内只有一个工会,管理方每年只要与一个工会打交道,省时省力。日本的文化价值观主张个人利益应当服从集体利益,这一点也促成了日本劳资之间的融洽关系。日本工会在每年的春季和年末最活跃,因为这是商议定期加薪和年度奖金数额的两个时期。近

年来，日本工会试图像德国工会一样，把工资谈判的范围扩展、覆盖至某一个行业中所有的企业，使工会具有更大的议价力量。这种全行业议价战略虽然会对在日本开展经营的国际企业产生一些影响，但是与许多其他发达国家的工会相比，日本工会的力量仍然是相对弱小的。

韩国工会与企业和政府的关系更具有冲突性。例如，由于韩国劳动立法授予公司解雇工人更大的自由，导致了学生骚乱和工人罢工，损失估计超过20亿美元。同样在亚洲，在新加坡政府的严格控制下，工会力量受到限制，基本没有出现过类似韩国那样由于工会运动而造成的经济损失。①

综上所述，由于受到所在国家的政治、经济体制和产业结构等方面的影响，各国工会采取了与之相适应的组织结构，形成了当今各国不同的劳资关系和工会组织结构。国际企业在投资建厂之前，有必要充分调查，了解当地工会组织情况、工会力量强弱以及劳资关系特点。

二、影响国际企业参与劳资关系程度的因素

国际企业总部通常授权海外子公司管理劳资关系。然而，国际企业即使采取的是分权政策，也需要对各子公司的劳资关系战略予以协调。国际企业总部通常参与或监督由海外子公司制定的劳动协议，因为这些协议会影响企业的国际规划，或为在其他海外子公司的谈判创造先例。许多研究显示，受若干因素影响，国际企业总部参与海外子公司劳资关系管理的程度各不相同。②

（一）海外子公司之间生产一体化的程度

一体化程度的高低是影响国际企业参与劳资关系程度的一个重要因素。劳资关系在跨国资源发展时对国际企业总部十分重要。这是因为，如果国际企业的某个海外子公司依赖于其他海外子公司提供零部件或是其产品的用户，那么协作型劳资关系政策对国际企业的全球生产战略来说是至关重要的。

（二）国际企业总部的国籍

关于国际企业总部参与劳资关系的程度，美国和欧洲的国际企业之间存在较明显的差异。许多研究显示，美国国际企业比英国等欧洲企业更倾向于民族中心的管理模式，在劳资关系决策的制定方面更为专制。这是因为，避免与工会冲突的观念已深深扎根于美国高层管理者的价值体系。

（三）本国产品市场的特征

如果国际企业的国内销售量比海外子公司的销售量大，那么海外销售很有

---

① See John B. Cullen, Multinational Management: A Strategic Approach, p. 352.

② 参见赵曙明、〔澳〕彼得·J. 道林、〔澳〕丹尼斯·E. 韦尔奇：《跨国公司人力资源管理》，中国人民大学出版社2001年版，第201页。

可能会被总部认为是国内销售的延伸。许多欧洲企业并非如此,它们的海外子公司承担了业务的主要部分,缺乏大的国内市场是适应国外的规则和惯例的一种强大的动力。自从1993年欧洲统一市场运行以来,大规模的欧洲企业通过并购和合资迅速增加,它们在对组织进行集权管理并指定战略决策的同时,对劳资关系进行分权管理的进展也比较迅速。

(四)对工会管理的态度

国际企业对工会管理的态度或管理思想也是重要因素之一。关于对工会管理的态度的知识可以为国际劳资关系提供一种比仅依靠合理的经济模式更为全面的解释。因此,在以管理态度解释任何影响管理行为的因素时,应该把市场力和战略选择放在一起考虑。

一些美国企业的高层管理者坚定地认为雇员组织起来会对经营管理不利,同时担心成立工会会增加企业成本。美国企业往往设立高度发达和专业化的人力资源部门,为雇员提供高报酬和额外的福利,作为协调劳资关系的替代方法。全球零售巨头沃尔玛在中国的"工会门事件"具有典型的代表意义。1976年创立以后,沃尔玛一直保持着在美国国内绝不雇用工会成员和在海外子公司不建工会的惯例。沃尔玛1996年登陆中国之后,中国各地总工会根据中国《工会法》总则第10条要求其建立基层工会。沃尔玛以"不符合其全球惯例"的说辞对此予以回避。2004年10月,中华全国总工会态度强硬地指出,如果沃尔玛再不组建工会,将依中国法律提起诉讼。经过十年的博弈,2006年9月,随着沃尔玛(中国)公司汕头南国店工会的成立,沃尔玛在中国的分店陆续建立工会。沃尔玛在德国和韩国市场分别受挫,因此保住庞大的中国市场被认为是沃尔玛在华工会问题上妥协的重要动机。

三、工会对国际企业的态度

尽管许多国家对外资持欢迎态度,但总免不了把国际企业看作"外来人"、"入侵者",因此在劳资关系上存在着许多问题。国际企业的劳动条件、就业规定以及员工福利等问题一直受到当地政府和工会组织的关注。劳工运动趋于国际化,这对国际企业的发展有直接的影响。同时,世界各国和地区的工会日益感受到来自于国际企业的强烈冲击。

(一)工会与国际企业的利益矛盾点

首先,工会认为,国际企业在各地投资过程中审时度势的能力,及其在跨国经营的实践中积累起来的开办新厂的经验,将使它对生产的重新定位比国内公司更快、更容易,成本也更低。同时,在经济形势恶化或竞争更加激烈时,国际企业会以解雇人员或关闭工厂相威胁,作为与各国工会就工资进行谈判的筹码,从而在不同国家配置劳动力。例如,英国汽车制造商曾以将工厂移至欧洲大陆的计划威胁英国工会，逼迫工人放弃限制生产率的劳动条例。

其次，工会认为，国际企业依据全球利润最大化所作的决策可能会有损于东道国的利益。许多国际企业有多个生产点，在发生罢工时，能够依靠其他国家的生产保证向消费者提供产品。这种“双重资源政策”被认为减少了工会组织罢工的影响，削弱了工会集体谈判的力量。此外，国际企业可以把现有业务转移到工会力量较弱的国家，而拒绝对某个工会力量强大的国家作进一步的投资，即所谓的“投资罢工”策略。这样，劳动者为了保持就业，有可能被迫降低自己的要求。

最后，工会认为，有些国际企业在国际劳动分工中实行了“技术歧视”。东道国的工会往往担心国际企业会在母国保持高技术含量的工作，而把低技术含量的操作性工作放在东道国。由于高技术和监督性的管理工作被来自母国的人把持，国际企业剥夺了东道国雇员职业发展的机会。

（二）工会与国际企业的利益一致点

首先，在就业方面，工会认可国际企业在一定时期能够提供更多的就业岗位的能力。国际企业的跨国经营不但给东道国提供很多新的就业岗位，而且可能由于将生产转移到海外，在总部创造更多的工作机会，如更多的服务协调人员、技术开发人员、财务人员等。

其次，工会也意识到国际企业能向雇员提供比国内企业更好的条件、更优越的工作环境和更高的工资。在某些情况下，国际企业乐于接受公开的“雇员费用”，从而使其有能力化解最直接的工会压力。实际上，在一些政府眼中，国际企业似乎太易于屈从工会的要求，以致政府降低工资增长以减少通货膨胀的政策被弃之不顾。

再次，国际企业通过对东道国雇员的培训与开发，部分提高了东道国劳动力素质，促进了劳务市场上经营人才的发展。国际企业有可能吸引那些最优秀、最守纪律、适应力强的人才，并靠支付高于当地水平的工资保持对这些人才的吸引力。国际企业也很重视人力资源的培训，这种努力往往是当地公司所不能企及的。但是，国际企业也可能因为获得了最优秀、最富创造力的人才而损害了当地公司的利益。这显然是东道国政府尤其是发展中国家急需解决的问题，但似乎还未成为工会关注的热点。

最后，当一个国家发生经济衰退时，国内企业尤其是那些产品只在国内销售的公司难以分散经济风险，可能会通过解雇员工降低成本以增强竞争力。但是，国际企业由于在多个国家分布其价值链的各个环节，抗风险的能力大大增强，相比国内企业来讲，可以不通过解雇员工增强竞争力。

种种因素表明，工会已经意识到应该综合评价国际企业的发展对工会的影响。也就是说，工会应该建立完整的约束机制，以保护国际企业中劳动者的权益。其目的是,既要使工会在国际企业的活动有利于推动国家经济和社会的发展,又要规范和约束国际企业行为,与国际企业的违法行为进行斗争。

立法和执法活动是维护劳动者合法权益的有效途径。工会参与制定的有关国际企业的重要国际法规主要有:国际劳工组织1977年通过了调节政府、雇主组织和工会关系的《三方原则宣言》;1993年,联合国制定了《跨国公司行为法典》,并成立了国际企业专门委员会。多年来,一些国家也制定了不少有关国际企业的法规。同时,工会自己也制定了一些相关文件。工会强调,要善于运用有关的法规,在国际企业中开展维权活动,并监督国际企业遵守有关法律,促使其尊重本国工人和工会的合法权益。

四、国际企业的劳资关系对策

国际企业应当重视对海外子公司劳资关系的管理,处理好和当地工会的关系。为此,国际企业必须重视以下三个方面:

(一)了解东道国的劳资关系特征

对于在不同国家从事经营活动的国际企业而言,由于各国政治经济制度、法律法规、传统文化的不同,工会所起的作用和劳资关系的特征也截然不同。国际企业很少能够改变东道国的劳动关系传统,因此必须对东道国的劳资关系进行详尽的研究,并以此作为影响选择东道国的一个关键因素。例如,在美国的日本企业力求避免那些工会力量强大的北方各州,而选择工会活动较少的南方地区。西欧强势的工会力量使一些国际企业到捷克去寻求投资目标,因为那里不仅工资较低,而且劳资冲突较少。

(二)确定海外子公司处理劳资关系的权限

由于各国情况的差异,在国际企业是否应该把处理劳资关系的权限下放给海外子公司的经理这一问题上,各方还在争论不休。有些国际企业不把处理劳资关系的权力限放到海外子公司经理身上,总部可能用全球目标或母国目标压倒海外子公司的考虑。例如,花旗银行规定,花旗银行的海外子公司在处理劳资关系时,必须避免建立工会。在这种情况下,总部应当就劳资关系进行某种中央协调。海外子公司的当地经理在处理劳资纠纷方面的经验可能不足,也达不到国际企业所期望的标准。同时,在一个国家中达成的协议可能影响国际企业覆盖全球的整体安排,或者给其他国家造成谈判的障碍。跨国界的经营越多,资方就越需要有协调一致的统一战线。因此,中央协调劳资关系的理由就很充分。当然,这类协调必须让当地经理充分参与,并尽可能不影响当地的自主权。

然而,如果在处理劳资纠纷时,海外子公司的经理没有独立的决策权,当工会不能直接与最后决策者打交道时,谈判就不可避免地会更加困难。某些东道国的工会领袖抱怨与国际企业打交道时,工会接触不到总部的经理人员。

一些国际企业认为,海外子公司在处理劳资关系方面应具有连续的权力与责任。由于当地经理更熟悉情况,而且在达成协议后必须由他们在工作中加以观测实施,所以有必要把权力下放给子公司。如果没有这种权力与责任,子公司将难以与员工和员工代表建立良好的关系,而这正是子公司成功的关键因素。当然,这种政策的假设前提是海外子公司经理在处理劳资关系方面已获得充分的经验。

有些国际企业采取由子公司工会推举代表,组成统一的谈判团,与总公司直接进行谈判的做法。例如,瑞典的一家国际企业在 21 个国家有子公司,全部工人达 6 万多人。为了便于维权活动,公司各层次的工会组织经常协调立场、交流信息和经验,并统一与总公司进行集体谈判。美国和加拿大等国的一些国际企业的工会也采取了类似的做法。

（三）建立协作型劳资关系

20 世纪前半叶,大多数工会的存在是为了改善成员的劳动待遇、劳动条件。20 世纪 60 年代起,由于民主化潮流的兴起和各国保护劳动者权益的法制的健全,加上企业经营方主动改进员工的工作条件和待遇,减少了工会在这些方面的工作,所以越来越多的工会把工作重点转移到对企业经营管理的参与上。同时,欧美的企业从日本、德国企业的成功中发现协作型劳资关系对企业发展的重要性。在经济全球化的趋势下,国际企业越来越注重加强劳资双方的合作,鼓励员工对管理的参与,以培养员工对企业的献身精神。例如,NUMMI(日本丰田汽车公司和美国通用汽车公司在加州成立的合资企业)拥有员工 4500 名,其中全美汽车工会(UAW)会员占了 85%。NUMMI 经营状态良好,主要原因是与 UAW 建立了协作关系。为了实现与 UAW 的合作,NUMMI 宣布不解雇员工,保证安定雇佣,以取得工会和员工的充分信任;同时,努力与 UAW 搞好分工,并经常互相交流。

总之,国际企业应高度重视对海外子公司的劳资关系管理。在投资建厂之前,国际企业要充分调查,了解当地劳工状况、工会组织情况和工会力量强弱,并参考制定当地其他国际企业的劳资政策。劳资关系不融洽,企业跨国经营难上正轨,而东道国工会成员及其家庭社会关系广,会影响企业在当地的社会形象,有时甚至会激发民族矛盾。对被派往东道国的外派管理人员进行培训时,内容也应包括对当地工会结构特点、劳资关系的介绍。投资建厂之后,国际企业仍需关心和改善东道国雇员的生活和工作条件,注意与当地工会组织的沟通和协调,同时应与国际劳工组织保持沟通和联系,以了解有关信息和国际上承认的惯例。

本章小结

国际企业的人力资源管理是指国际企业在全球范围内获得、分配和有效使用人力资源的过程。国际企业的员工可能来自母国、东道国和其他国,其种族构成也多种多样。由于涉及不同国家的文化和民族感情,国际企业人力资源管理的环境变得更加复杂,需要高层管理者具备更深刻的洞察力,在母国总部和海外子公司之间进行有效的协调。人员的配备与培训、绩效考核、薪酬设计以及子公司的劳资关系管理都关系到公司海外业务是否能顺利展开,这对国际企业人力资源管理来说是一个严峻的挑战。

国际企业实施人力资源管理的方法可以分为民族中心法、多中心法、地区中心法和全球中心法。国际企业可以根据东道国的政治和法律环境、管理水平、教育程度、公司产品的特性以及组织的生命周期,采用不同的方法进行人力资源管理。海外子公司的人力资源经理在东道国需注意母公司的人力资源管理系统与当地文化是否相适应,而母公司的人力资源经理需认真考虑外派人员的选派、培训、绩效考核和薪酬、归国后的安置以及海外各子公司之间的协调和平衡。

习题

1. 国际企业人力资源配置有哪几种方法? 选择的依据是什么?
2. 一位国际企业的海外经理人员应具备的基本条件有哪些?
3. 国际企业人力资源管理在员工绩效考核上有什么样的特殊性?
4. 国际企业的薪酬管理要考虑哪些因素?
5. 国际企业的劳资关系有什么特点?

案例

海尔国际化经营中的人才本土化①

海尔是全球大型家电第一品牌,1984 年创立于中国青岛,现任董事局主席、首席执行官张瑞敏是海尔的主要创始人。目前,海尔在中国、亚洲、美洲、欧洲、澳洲拥有全球五大研发中心,在美国、欧洲、中东等地设立了 21 个工业园,在全球建立了 61 个贸易公司、143330 个销售网点,全球员工超过 8 万人。2012 年,海尔集团全球营业额实现 1631 亿元。中国企业在国际化经营过程中,面临人才

① 参见王朝晖:《跨国公司的人才本土化》,机械工业出版社 2007 年版。

匮乏和不熟悉海外市场的难题。在这方面,海尔作为中国企业国际化的先行者,通过人才本土化策略,实现了设计、生产和销售的本土化,成为一个获得广泛认可的国际品牌,其成功经验值得后来者学习和借鉴。

一、管理就是借力

企业国际化经营要考虑一个最基本的问题:是全球化,还是本土化?全球化是指企业针对全球市场生产产品,不考虑或较少考虑地区之间的需求差异。因此,企业尽可能在每个国家都采用标准化的产品、促销战略和分销渠道。本土化最重视的是当地特殊的消费需求,因此强调针对当地市场设计和营销产品,其最大优势是提供的产品特别考虑了地区之间的需求差异。

张瑞敏认为,要想全球化,必须本土化。"国际化"是一个综合的概念,即设计中心、制造中心、营销中心三位一体,其关键在于人的国际化。海尔开展国际化经营,从中国总部派人过去当然也可以,但很难与当地文化真正融合,进不了当地的主流社会。所以,海尔在全球范围内整合资源,以强化企业的整体竞争力。海尔通过人才本土化,带动产品本土化,使海尔产品成为了真正的国际化产品,稳居美国、欧洲等发达国家市场,受到国外消费者的青睐。

管理其实就是借力。借力缩小了海尔与国际先进企业的差距。这个行之有效的办法也是不少企业总结教训得来的。曾经有一些国际企业从母国派人到海外去投资设厂,中国也有大企业派自己人到国外去开辟市场,最后的结果都不理想,原因是这些人很难融入到当地的环境中去。海尔从创业以来,特别是国际化经营以后,也存在人才的增长速度和规模的增长速度难以匹配的难题。比如,派人到海外去开拓市场,有的懂外贸但外语不好,有的外语好但不懂外贸。海尔自己提供这么多高级人才肯定不可能,即使能做到,也是很多年以后的事。在这种情况下,海尔想到了就地取材,即采取了本土化策略,大胆使用更富成效的海外人才。

由此可见,海尔全球化的过程也就是本土化的过程。本土化的成功意味着消除了全球化战略推进中的最大障碍。比如,针对美国市场,海尔在洛杉矶建立了"海尔设计中心",在南卡罗莱纳建立了"海尔生产中心",在纽约建立了"海尔美国贸易公司"。这些机构的雇员主要是当地人,形成本土化的美国海尔,取得了不俗的成果。近年来,随着海尔跨国经营能力的提高和经验的积累,其海外企业的经营和管理越来越依靠当地人才。

二、海外人才的应用

(一)设计

在经济全球化时代,一个国家在国际市场上的竞争能力在很大程度上取决于技术创新,即研发能力与水平,而研发能力与水平又取决于科研人才的获得。

海尔响应中国政府制定的“走出去”战略,在发达国家设立研发机构,开发出了适合国外市场需求的产品。例如,海尔在德国设立研发机构,主要聘用当地研发人员,于1999年初研制出海尔“99世纪通”系列彩电,一上市即在欧洲市场获得成功。同样在美国,通过聘用当地的优秀人才,海尔迅速推出适合美国消费者的产品,同时加入美国的家电协会,获得了最新的行业信息。海尔在美国实施研发人才本土化战略的一个例子是海尔酒柜。该产品从美国团队构思设计到投放市场,相隔不到一年的时间。海尔酒柜在纽约的P. C. Richard & Son百货商店的大厅出入口处,以及洛杉矶著名的零售商店百思买(BestBuy)商场展出,深受消费者喜爱。[①]

在市场上,如果很多产品销不出去,往往是由于设计师对市场不了解,没有能够满足市场的需求。例如,欧洲市场和亚洲市场有很大的区别。首先,用户的需求就不一样。欧洲有不少国家,它们的需求也不一样。因此,只有本地的设计师才能“近水楼台先得月”,及时对市场变化作出反应。海尔很早就认识到,国际化要从基础的产品设计开始。从1997年至今,海尔在世界各地寻求可以合作的家电产品设计工作室,由海尔控股,双方以利益共享的合资方式组建设计中心。目前,这样的海尔设计中心在全球已有很多,广泛分布在美国、英国、法国、日本等国家,同时还配备了几百名本土的专业设计师。

米罗是加盟海尔的一名法国设计师,他在巴黎有一家独立的设计公司。二十多年家电产品设计的从业经历使米罗非常清楚本地顾客的需求,能够设计适合欧洲消费者口味的产品,帮助海尔开拓欧洲市场。[②] 于是,原来在海尔看来捉摸不定的海外市场,经由像米罗这样熟悉本土情况的人才进行设计,款款样式各异的海尔产品便逐一亮相了。

(二)生产

国际企业大多选择到劳动力成本低廉的地区开设工厂,海尔却舍弃国内劳动力成本低廉的优势,到劳动力成本昂贵的欧美投资建厂。从表面上看,海尔此举似乎违背了比较优势规律。但是,仔细分析,又不难明白其中的道理。国际企业之所以到中国来投资,原因之一是在它们的资源组合中缺少廉价劳动力。但是,对中国企业来讲,国际化经营中很稀缺的是高级技术和管理人才。这样,海尔到发达国家设厂,虽然所雇用的员工比国内昂贵,但是获得了自己需要的人力资源,基本上和当地企业站在同一条起跑线上。

大量聘用本土人才,解决了海尔海外生产的关键问题。例如,海尔在美国的

① 参见曾忠禄:《海尔在美国市场上的竞争战略分析》,载《企业管理》2001年第6期。

② 参见宜君:《海尔全球行(三):“三融一创”打造本土品牌》,http://www.people.com.cn/GB/jinji/33/172/20020524/735772.html,2002年6月1日访问。

生产中心虽然是海尔的独资企业,但是除了中国青岛总部派去的主管和财务人员外,其余员工几乎都是美国人。海尔分布在全球的十几家工厂共有上千名这样的国外"海尔人"。由于在当地影响越来越大,这些企业甚至吸引了竞争对手的一些非常好的管理人才。

海尔在国际化经营中,通过人才本土化,推动生产本土化,有许多无形的好处:

首先,海外高级人才在许多方面具有较高的素质,能方便海尔学习到西方先进的技术和管理,使企业尽快与国际接轨。例如,美国每两年提高一次家电的能耗标准,如果企业不在那里建厂,就很难跟上要求。又如,美国政府采购制度规定,不管什么品牌,只有在美国生产的产品才能获得投标的资格。因为美国政府采购用的是纳税人的钱,这样做有助于解决本国国民的就业。

其次,本土化生产有助于海尔消除"外来者"的形象,成为本地人自己制造的、受到本地消费者欢迎的品牌。欧美零售商和消费者一般都不喜欢"流寇",因为家电产品需要解决售后服务的问题。海尔从"中国造"发展到"世界造",意味着对当地消费者和销售商的一种承诺:我们将长期在这里为客户服务和提供后勤保障。这自然会使海尔的客户对海尔的产品感到放心,零售商的积极性被调动起来,消费者也更容易认可海尔品牌。

(三)销售

国际市场的营销实践中流行着一句话:宁愿要第一流的经销商、第二流的市场,也不要第一流的市场、第二流的经销商。海尔在国际化经营中注重营销人才的本土化。海尔通常采取合资合作的方式,利用海外本土经销商原有的网络销售产品。例如,海尔美国贸易公司就是海尔与美国家电公司(ACA)的合资企业,海尔持多数股权,ACA持少数股权。该合资企业交给当地雇用的具有产业经验和开拓能力的美国经理管理。美国管理人员得到了很大的自主权,他们负责推广品牌,并争取新的客户。

优秀的本土销售人才无疑给海尔的国际化开辟了道路。例如,亚默瑞曾经担任过飞利浦和梅洛尼的销售负责人,具有40年销售家电的经验。后来,他成为海尔全球经销商之一。2001年海尔欧洲贸易公司成立后,他又担任总裁。在谈到开拓市场的经历时,他说,一开始确实不太容易让人相信中国产品的质量和信誉。正是由于亚默瑞已经在欧洲市场上做了很多年,所以进口商、分销商和零售商们都很相信他,进而接受他提供的海尔产品。

这样,海尔借助已有的资源和产品的信誉度,让当地经销商参与竞争,营造自己的营销网,避免了人员外派可能引起的高投入、高风险、低效益、多腐败的弊端。海尔在全球已经拥有众多的营销网点和营销经理。从青岛到意大利,再到纽约,海尔全球经理人年会已经成了经销商交流和总结营销经验的聚会。这种交流非常重要,营销经理可以借此了解同行和业界的情况,也可以了解市场和技术发展的状况。

三、海尔文化凝聚国内外人心

文化是企业发展强大的内在驱动力。企业文化是当代企业竞争的最高形式。在中国,海尔文化作为海尔收购兼并的利器,曾经所向披靡。同样,在海尔国际化经营过程中,海尔文化也发挥了巨大的作用。海尔认为,实现国际化战略的目的是让海尔的产品和品牌在当地扎根,这与简单的出口创汇不同。如果当地的经理人在企业文化和管理理念方面不能与海尔达成共识,仅仅简单地追求销售额,即使今天上去了,明天也会下来。

独特的海尔文化已经成为维系海尔海内外员工的纽带。为了让国外人才认同海尔文化,海尔追求的是:不在于拥有多少人才,而在于整合了多少人才。这方面的具体做法:一是与国外人才充分沟通,让他们接受海尔的理念,如“创新”和“日清”的价值观;二是建立海尔大学,大量培训国外海尔科技和经营人才,使企业的国际化水平不断提高。这正如张瑞敏所说,先把洋经理人“海尔化”,再由这些“海尔化”了的洋经理人实现海尔国际化的目标。① 时至今日,“迅速反应,马上行动”、“真诚到永远”等曾经是国内海尔人喜闻乐见的口号,已被国外海尔人津津乐道。

美国海尔是第一个“三位一体”本土化的国外分公司。海尔认为,关键的一点是能否融智,即如何使海尔文化得到美国海尔人的认同。因此,海尔尽量不从中国总部派人,而是聘用美国人经营。例如,美国海尔贸易有限公司的总裁聘的就是美国人迈克,先让他认同海尔文化,再通过他的言传身教影响其他美国海尔人。为了开拓美国市场,迈克经常加班工作,甚至星期天也把软件和笔记本电脑带回家继续干。这种情况在美国其他企业是很难发生的,也说明了海尔文化具有强大的影响力和渗透力。

? 思考题

1. 海尔在国际化经营中为什么要实施人才本土化?
2. 海尔的人才本土化有哪些措施和特点?
3. 海尔如何管理其国外分支机构的本土人才?

---

① 参见英子:《海尔:我们已提前入世》,载《开发潮》2001年第7期。

参考文献

1.〔美〕查尔斯·W.L.希尔、威廉·埃尔南德斯-雷克霍:《现代国际商务》(英文原书第7版),曹海陵、刘萍译注,机械工业出版社2012年版。

2.〔美〕威廉·J.史蒂文森、张群、张杰、马凤才:《运营管理》(原书第11版),机械工业出版社2012年版。

3.〔美〕F.罗伯特·雅各布斯、理查德·B.蔡斯:《运营管理》(英文原书第13版),任建标译注,机械工业出版社2011年版。

4.〔美〕詹姆斯·C.范霍恩:《财务管理与政策》(第12版),刘志远译,东北财经大学出版社2011年版。

5.〔美〕菲利普·R.凯特奥拉等:《国际市场营销学》(原书第14版),赵银德等译,机械工业出版社2010年版。

6.〔美〕迪恩·B.麦克法林、保罗·D.斯威尼:《国际管理》(第3版),黄磊译,中国市场出版社2009年版。

7.〔加〕米歇尔·R.利恩德斯等:《采购与供应管理》(原书第13版),张杰等译,机械工业出版社2009年版。

8. 王朝晖主编:《跨文化管理》,北京大学出版社2009年版。

9. 姜秀珍编著:《国际企业人力资源管理》,上海交通大学出版社2008年版。

10. 陈启杰主编:《现代国际市场营销学》,上海财经大学出版社2008年版。

11.〔美〕加里·德斯勒:《人力资源管理》(第10版),清华大学出版社2008年版。

12. 王朝晖:《跨国公司的人才本土化》,机械工业出版社2007年版。

13. 王朝晖主编:《国际企业管理》,机械工业出版社2006年版。

14. 王辉:《跨国公司技术联盟管理》,立信会计出版社2006年版。

15. 徐波主编:《管理学:案例、题库、课件》,上海人民出版社2006年版。

16.〔美〕谢尔比·D.亨特:《市场营销理论基础》,陈启杰、王朝晖等译,上海财经大学出版社2006年版。

17.〔美〕大卫·H.霍尔特、卡伦·W.维吉顿:《跨国管理》(第2版),王晓龙、史锐译,清华大学出版社2005年版。

18. 金润圭:《国际企业管理》,中国人民大学出版社2005年版。

19. 张海东编著:《国际商务管理》,上海财经大学出版社2005年版。

20. 潘渭河:《国际财务管理》,上海财经大学出版社2005年版。

21. 赵曙明:《国际企业:人力资源管理》,南京大学出版社2005年版。

22. 邵祥林:《"走出去"跨国经营——中国经贸强国之路》,中国经济出版社2005版。

23. 徐波:《第五次企业购并浪潮及对我国经济影响的研究》,中国商务出版社2004年版。

24. 于斌:《跨国管理》,南开大学出版社 2004 年版。

25. 张纪康主编:《跨国公司与直接投资》,复旦大学出版社 2004 年版。

26. 林新奇主编:《国际人力资源管理》,复旦大学出版社 2004 年版。

27. 李英、班博编著:《国际人力资源管理》,山东人民出版社 2004 年版。

28. 符正平主编:《公司国际化经营》,中国人民大学出版社 2004 年版。

29. 马洪、王梦奎主编:《中国发展研究:2005 版》,中国发展出版社 2005 年版。

30. 梅强、李文元、赵观兵编著:《新产品开发管理》,化学工业出版社 2004 年版。

31. 王志乐主编:《2007 走向世界的中国跨国公司》,中国商业出版社 2004 年版。

32. 石建勋编著:《战略规划中国跨国公司:理论 · 案例 · 对策 · 方案》,机械工业出版社 2004 年版。

33. 郭杰、肖善:《企业跨国并购问题分析》,中国三峡出版社 2004 年版。

34. 宋军:《跨国并购与经济发展》,中国财政经济出版社 2004 年版。

35. 陈启杰主编:《绿色市场营销学》,中国财政经济出版社 2004 年版。

36. 〔美〕弗拉赫蒂著:《全球运营管理》,陈鹤琴等译,清华大学出版社 2003 年版。

37. 〔美〕约翰 · B. 库伦:《跨国管理:战略要径》(原书第 2 版),赵树峰译,机械工业出版社 2003 年版。

38. 〔英〕阿伦 · 布兰奇:《国际采购与管理》,逯宇铎、王海涛等译,机械工业出版社 2003 年版。

39. 刘松柏:《国际管理》,中国经济出版社 2003 年版。

40. 王林生、范黎波:《跨国经营理论与战略》,对外经济贸易大学出版社 2003 年版。

41. 潘丽春主编:《国际企业财务管理》,浙江人民出版社 2003 年版。

42. 杨长春、顾永才主编:《国际物流》,首都经济贸易大学出版社 2003 年版。

43. 曾忠禄主编:《中国企业跨国经营:决策、管理与案例分析》,广东经济出版社 2003 年版。

44. 吴声功:《跨国公司经营管理》,上海人民出版社 2003 年版。

45. 寇亚明主编:《国际物流学》,西南财经大学出版社 2003 年版。

46. 刘求生:《新产品开发》,清华大学出版社 2003 年版。

47. 〔美〕克里斯托弗 · A. 巴特利特、苏曼特 · 高沙尔:《跨边界管理:跨国公司经营决策》(第 2 版),马野青等译,人民邮电出版社 2002 年版。

48. 〔美〕J. C. 伦蒂亚兹:《全球企业管理》,田俊丽、孔维峰译,广西师范大学出版社 2002 年版。

49. 薛求知、刘子馨主编:《国际商务管理》,复旦大学出版社 2002 年版。

50. 张新胜、王湲、〔澳〕杰夫 · 拉索尔、〔澳〕迈克尔 · M. 伯瑞尔等:《国际管理学——全球化时代的管理》,中国人民大学出版社 2002 年版。

51. 葛京、杨莉、李武:《跨国企业集团管理》,机械工业出版社 2002 年版。

52. 韩世坤:《全球企业并购研究》,人民出版社 2002 年版。

53. 〔美〕菲利普 · 柯特勒:《营销管理》(原书第 10 版),梅汝和等译,中国人民大学出版社 2001 年版。

54. 〔美〕约瑟夫·L. 卡维纳托、拉尔夫·G. 考夫曼:《采购手册:专业采购与供应人员指南》(原书第6版),机械工业出版社2001年版。

55. 王一:《企业并购》,上海财经大学出版社2001年版。

56. 赵曙明、〔澳〕彼得·J. 道林、〔澳〕丹尼斯·E. 韦尔奇:《跨国公司人力资源管理》,中国人民大学出版社2001年版。

57. 韩福荣主编:《国际企业管理》,北京工业大学出版社2001年版。

58. 尹柳营、李敏编著:《国际企业管理——经营国际化的理论与实务》,华南理工大学出版社2001年版。

59. 宋力刚主编:《国际化企业现代物流管理》,中国石化出版社2001年版。

60. 何娟主编:《人力资源管理》,天津大学出版社2000年版。

61. 杨德新:《跨国经营与跨国公司》,中国统计出版社2000年版。

62. 金润圭:《国际企业经营与管理》,华东师范大学出版社1999年版。

63. 宋亚飞主编:《国际企业管理学》,东北财经大学出版社1999年版。

64. 佟福全:《第五次浪潮——企业并购与产权重组启示录》,中国民航出版社1999年版。

65. 张一驰、张正堂编著:《人力资源管理教程》,北京大学出版社1999年版。

66. 谢佩苓编著:《企业购并概论》,华东师范大学出版社1998年版。

67. 张德主编:《人力资源开发与管理》,清华大学出版社1996年版。

68. 郭宏湘:《国际企业管理》,企业管理出版社1995年版。

69. 王林生:《跨国经营理论与实务》,对外经济贸易大学出版社1994年版。

70. 余劲松主编:《国际经济法学》,高等教育出版社1994年版。

71. 姚梅镇主编:《比较外资法》,武汉大学出版社1993年版。